《当代中东国家社会与文化》丛书　主编　朱威烈
教育部2001年年度重大项目
上海市哲学社会科学"十五"规划课题
上海高校一流学科外国语言文学（A类）项目
上海市I类高峰学科（外国语言文学）建设项目成果
Supported by Shanghai Peak Discipline Program (Class I): Foreign Languages and Literature
上海外国语大学区域国别研究项目（项目编号 2014114060）

当代巴林社会与文化

دراسة في المجتمع البحريني المعاصر وثقافته

王广大　著

世界知识出版社

《当代中东国家社会与文化》丛书总序

朱威烈

从事地区研究，了解和熟悉对象国的社会文化，是一项必不可少的基础工作。20世纪90年代末，我正担任教育部外语专业教学指导委员会副主任兼阿拉伯语指导组组长，在讨论"面向21世纪的课程和教材建设"项目时，我倡议并获准组织力量编写几种阿拉伯国家的社会文化专著。因为教学与科研总是相辅相成的，很难想像高等学校的专业建设离开了认真的科研，倒能形成一流的教学。2000年，教育部组建起百家人文社会科学重点研究基地，我有幸受聘负责上海外国语大学中东研究所的工作，在编写"十五"规划时，遂把原先的"阿拉伯国家社会与文化研究"项目扩大为"当代中东国家社会与文化"，后经过专家评审，被列为教育部2001年度的重大课题和上海市哲学社会科学的规划课题。

迄今为止，阿拉伯研究或中东地区研究一般划入国际问题研究学科，社会很关注，影响也在扩大。但国际问题研究似还不像语言学、历史学、政治学那样，能构成一门"学"。相对而言，这块区域的研究，学科交叉现象突出，与西方已盛行数百年的东方学（Orientalism）倒很接近，有许多相似之处。何谓"东方学"？我国的大百科全书、不列颠百科全书和大美百科全书等辞书均未专门列条，只有《辞海》中有"东方学"的释义："研究东方（亚洲、东北非洲）各国语言文字、社会历史、艺术、宗教以及其他物质、精神文化诸学科的总称。产生于16—17世纪欧洲资本主义对外扩张时期。18、19世纪以来随着古文字译解的成功，该学科有新的发展并出现了埃及学、亚述学等专门学科。"释义中所说的"东方（亚洲、东北非洲）"，是欧洲中心论经验中的地理位置。在原先主要作为法国、英国文化事业的东方学中，亚洲部分包括利凡特（拉丁文Levant指地中海东部沿海地区）、《圣经》文本及《圣经》所述之地，以及印度、中国等地域。第二次世界大战以后，美国迅速崛起，对东方事务介入日深，从而确立起了它在东方学领域中的优势地位，使东方学的研究对象和研究内容都受到它政策走向的影响，发生了变化。以色列国的建立，以巴勒斯坦问题为核心的阿拉伯—以色列冲突持续不断，美苏两极在中东的激烈对峙和争斗，很快把中东变成了举世瞩目的一个热点地区，中东的民族、宗教问题也随之凸显，加上本来就属于伊斯兰文化圈的东北非洲国家，又都先后加入了阿拉伯国家联盟，这些事态的发展在学术上产生的直接巨大影响，便是阿拉伯、伊斯兰问题越来越受到美国、西方的重视，被视为东方学中最重要的组成部分之一。因此，在20世纪90年代沙特阿拉伯王国出版的《全球大百科全书》中，对东方学的诠释便成为："外国学者特别是作家从事的关于东方文明尤其是伊斯兰和穆斯林的历史、信仰、教律、文化和文明等各个方面的学术研究。"

　　同时，我们也注意到，西方的东方学并非只是一个由文化学术机构或研究单位用作客观、中性描述的政治性对象或领域，而是要通过学术发现、语言重构、心理分析、自然描述或社会描述将西方的利益体系创造出来，并设法加以维持和巩固。由释读古代文字而发轫的隶属于东方学范畴的埃及学、亚述学、赫梯学等，即便在西方发达国家，也仅仅是极少数专家赏析的象牙塔，而反映东方学本质的西方和东方之间的权力关系——支配关系、霸权关系的一面，则日益彰显和表现得越来越充分。因为东方学出现之初，即带有早期欧洲殖民主义强烈而专横的政治色彩，是"通过做出与东方有关的陈述、教授、殖民、统治等方式来处理东方的一种机制：简言之，将东方学视为西方用以控制、重建和君临东方的一种方式"（爱·W.萨义德：《东方学》，三联书店1999年版）。可以说，西方尤其是美国眼下流行的东方学概念在很大程度上是基于这样一种冲动和目的：不仅对东方进行描述，而且要控制它，并在某些领域要与之对抗。这表明，传统东方学的侧重面，已经明显转移到了具有鲜明现实意义的政治、经济、文化的利益层面，带有为西方地缘政治、地缘经济甚至国家安全战略服务的功能。

因此，从当前东方学研究的主要对象和所具有的现实性、战略性来看，与我们从事的国际问题研究范畴中的中东地区研究之间，客观上确有许多相似、相通之处。何况，东方学作为一套理论和实践体系，包含着几个世纪积聚起来的丰富的学术和知识内涵，它对语言文字学、文学、民族学、宗教学、历史学、社会学等许多学科的发展，都做出过巨大的贡献，它的历史文本考证和研究方法，以及所提供的有关东方的一系列符号、意象、概念和词汇传统，至今仍有着重要的学术意义和参考价值，依然非常值得我们深入学习和借鉴。但是，必须郑重指出的是，东方学所包含的三个方面：一种学术研究学科，一种思维方式，一种权力话语，却都无不烙有难以磨灭的殖民主义深痕。比如，殖民列强用来为其殖民主义行为提供合法证明的有关伊斯兰和东方的信息和知识，很多就是来自东方学研究，而东方学的话语也确实是产生于殖民主义时代的权力话语，或者说，其内在的一致性，其严格的程序，都是为西方读者、西方统治者和消费者设计的。即以冷战开始至今对中东事务卷入最深的美国而论，为其政策制定者提供分析、建议的中东问题专家们，大都受过严格的东方学训练，他们惯于运用东方学的话语，从东方学的一些老旧观念出发，去描述那里的矛盾、冲突、事件或宗教、文化、社会现象，作为政策建言的依据，这几乎已成为一种规则。90年代，用这种传统东方学思维方式和话语，来对当代世界场景作文化和政治分析解释的最激烈也最有名的，当首推塞缪尔·亨廷顿教授的"文明冲突论"。他假设的前提，是西方文明与儒家文明、伊斯兰文明间的冲突，将取代冷战时代的两极对立模式，认为各种文明的支持者从本性上说，都会竭尽全力将所有与自己异质的文明排斥在外。而紧随其后的费兰西斯·福山、保罗·约翰逊则又进一步鼓噪，扬言"殖民主义卷土重来，决非为时过早"。于是，19世纪那种殖民主义模式——为使欧洲人在商业上获利，必须使东方国家重新恢复政治秩序，到21世纪前后又一次甚嚣尘上，使超级大国的决策者、传媒的眼光一下子转向了东方，早在"9·11"事件之前，就已经在阿拉伯、伊斯兰中寻找并设定"无赖国家"和"邪恶帝国"了，伴随这种政策导向的，是西方的影视、电子媒体、印刷媒体中充斥着将伊斯兰和恐怖主义，或阿拉伯和暴力，或东方和专制等同起来的负面的定型形象。

凡此种种，都提醒我们，在构建中国中东地区研究的过程中，我们对待传统东方学的态度，只能是批判继承，即要用审慎的眼光去详察、评估它庞大的库藏和遗产，做好扬弃工作，特别应当注意与它对中东事务一直所持的干预立场，与它那种否认民族和文化差异在人类交往过程中所起的积极作用，把差异视作永远无法消解的敌对观念划清界线。同时，还应看到，大约80年代以来，西方的公众意识已开始出现分化，许多处于弱势地位的知识分子、学者和社会群体形成了与东方学体系中的霸权观念相对立的新观念；在欧美的大学里，为扩大学术关注的视野，将一些优秀女性作家、非欧美思想家和少数民族作家的作品列入了核心课程，这些都导致了长期由传统东方学家主导的区域研究方法开始出现一些变化。"9·11"事件以来，美国的学术界、舆论界也有不少自我反省，想找出引发恐怖袭击的憎恨原因，欲推动当局采取一些改善美国在全球形象的措施。尽管这些学术努力和社会反思，还不足以挣脱或超越传统东方学中帝国主义枷锁对思想和人类关系的影响，但至少可以视作东方学研究中值得我们关注的新尝试和新迹象。

解放以来，我国通过高等教育——首先是季羡林教授主持的北京大学东语系，以及60年代起其他一些高校相继开设的亚非语言系科，培养出一批又一批合格的毕业生。80年代以来，更有林志纯教授在东北师大倡建的世界古典文明研究机构，聘请了外国专家来讲授象形文字、楔形文字等专业知识，造就了我国人数虽少却弥足珍贵的埃及学、亚述学、赫梯学等学科的专门人才。此外，还有毕业于史学、政治学、哲学等人文社会科学专业、长期从事与东方学相关领域各种工作的专家学者，可以说，我们已经拥有了相当数量的一批对东方语言和历史有着扎实学术知识的东方学家,他们翻译、撰写的许多有重要学术价值和影响的论文、专著也是世界东方学的宝贵财富。当前,有待中国东方学家继续努力的,也许是应当积聚力量去完成一种建构——研究对象的建构,对其特质的不断阐释和再阐释,这个过程牵涉到许多具体问题,如政治体制、个人行为规范、正统观念的形成、教育的特点和内容以及内外政策的走向等等,并且运用历史唯物主义和辩证唯物主义的思维方式,实事求是地对研究对象进行描述,形成我们与欧美东方学那种霸权话语截然不同的话语体系——平等相待而非居高临下,客观公允而非偏颇武断,进而从历史和社会意义角度确立起中国东方学的地位和特色。

我们目前组织编写的中东国家社会与文化丛书,属于中东地区研究学科建设范畴内的一项基础工作。为了避免扭曲研究对象的危险和因过于教条化的概括、过于狭窄的定位所带来的不准确,承担编写工作的专家学者,大都通晓对象国的语言,有过去彼学习或工作的经历,且也都有能力用人文和政治的方式去分析和描述一个个非常现实的专题,作出合乎实情的判断。在书稿完成之后,我们不揣冒昧,特请了曾任或现任驻在国大使的资深外交官审读,以求这项基础性的学术研究能得到长期工作在外交工作第一线的高明行家的指点和帮助,聆听他们深中肯綮的意见,再进行修改、修润,努力在应用性方面也有所兼顾。北宋王安石曾提倡"文者,务为有补于世"。从事中东研究自当重视文章的适用性,讲求其具体实际的社会作用,也正是我们在学科建设过程中不敢稍懈之处。

前　言

巴林被誉为"海湾明珠"，是一个令人向往的国家。

巴林虽然国土面积小，但却是历史悠久的文明古国。公元前3000年，巴林建立了城市。公元前1000年，腓尼基人来到巴林。公元7世纪，巴林进入伊斯兰时代，后来成为阿拉伯帝国巴士拉省的一部分。作为阿拉伯世界唯一的岛国，巴林曾为阿拉伯伊斯兰文明的发展和繁荣做出过独特的贡献。近代以来，巴林先后受到葡萄牙人（1521—1602年）、波斯人（1602—1783年）和英国人（1820—1971年）的统治。1783年，巴林人赶走波斯人之后宣布独立，哈利法家族开始崛起并统治巴林。1820年，巴林沦为英国的保护国。1971年独立，随后走上现代化建设道路。2002年2月14日，巴林改国名为"巴林王国"。

历史上，巴林一直是海湾甚至整个中东的交通枢纽和商品集散地，巴林的航海家到过红海、阿拉伯海、印度洋甚至太平洋沿岸的许多著名港口。然而自宣布独立以来，随着邻国沙特阿拉伯各港口的迅速发展和迪拜强有力的竞争，巴林原来作为海湾贸易中转站的地位面临着诸多挑战和竞争。巴林的主要支柱产业是油气产业、金融业、制造业、交通运输业等。石油收入在巴林的国际贸易中仍占据着最为重要的地位，相当于整个国家进出口总额的一半以上。同时，经济多元化政策也使巴林的非石油行业获得了蓬勃发展的机会，尤其是在伊斯兰金融领域已经处于全球领先地位。巴林拥有海湾地区受教育程度和文化素质最高的国际化人力资源。多年以来，巴林都被世界银行列入高收入国家的行列。

巴林社会多元、经济转型早，是中东开放度和自由度最高的国家，被誉为"中东的香港"或"中东的瑞士"。2007年，《华尔街日报》将巴林列为阿拉伯世界最自由的国家。2014年,《美国传统基金会经济自由指数》显示,巴林是中东地区最开放、最自由的经济体,世界排名第13位。作为通往海湾和中东市场的重要通道和门户,巴林在吸引外国投资方面具有显著的优势。巴林是世界上实行最优惠税收制度的国家之一,允许外资100%拥有股权,无需当地担保人。巴林没有企业所得税和增值税,也没有个人所得税,更没有外汇管制,特别适合作为各国企业的区域总部或财务结算中心。

2011年,巴林国内反对派举行了要求政治改革的游行示威,局势一度动荡。尽管其后小规模的游行示威时有发生,但巴林反对派并非武装组织,总体局势已经趋于稳定。在这种情况下,巴林政府希望重获2011年之前的金融中心和贸易中心的地位。因此,巴林政府对于外商和外国投资会继续采取友好的态度。

当今巴林,传统文化和现代文明完美结合,"海湾明珠"之美誉可谓名副其实。蓝天、碧海、绿树、沙滩、阳光、美食,岛国风光,处处充满诗情画意。航海、潜水、游泳、赛马、高尔夫,运动休闲,异彩纷呈。五千多年的文明史留存下大批完好的宗教活动场所和其他历史文化遗迹,加上热情好客的民风和相对自由的社会环境也吸引着海湾国家和世界其他地方的大批游客。

巴林是"丝绸之路"和"香料之路"上重要的中转站。1989年,中巴建交之后,两国关系发展平稳迅速,在政治、经济、文化等各领域的合作进展顺利。近两年来,巴林政府和人民积极响应中国提出的"一带一路"倡议,双边在各领域的往来和交流逐年迈上新台阶。

本书共分十五个章节,涉及巴林的概况、历史发展、政治制度、对外关系、经济状况、教育科研、文化习俗、社会生活、妇女解放、宗教信仰和军事安全等方面的内容,书的最后还附有巴林王国宪法、2030年巴林经济愿景、中国与巴林有关协定和巴林政府机构一览表,以方便读者查阅、参考。

本书是上海外国语大学中东研究所名誉所长、上海市高校智库上海外国语大学中东研究中心主任朱威烈教授主持的教育部重大课题

前　言

《当代中东国家社会与文化》丛书之一。朱老先生曾长期担任上海外国语大学阿拉伯语系主任，也是中国阿拉伯语界、中东学界的学术权威，十分关心阿语后辈学人的成长。在本书的编写、出版过程中，朱威烈教授都给予了精心指导。

1999年，作者在科威特大学留学时，距离巴林不远，曾计划到访，然终未成行。2009年10月，趁着到沙特利雅得参加世界阿拉伯语大会的机会，顺访巴林，终于得以一睹"海湾新娘"的芳容，遂深深折服于其悠久的历史传统、旖旎的自然风光和开放包容的现代文明。2010年初，接到撰写《当代巴林社会与文化》的任务之后，即开始收集、整理文献资料，确定框架结构，写作初稿。2012年11月，作者被派往上海外国语大学共建的摩洛哥卡萨布兰卡哈桑二世大学孔子学院担任中方院长，负责国际汉语教育推广和中华文化传播工作。在任期间，尽管工作十分繁忙，但还是利用工作之余继续写作《当代巴林社会与文化》。2015年初卸任回国之后，正好赶上"一带一路"倡议顺利推进之时，国内区域国别研究的热潮渐起，遂对初稿加以修改、润色，终于在岁末年初完稿付梓。期间，曹语庭博士、张秀丽博士都曾参与收集资料或校对工作，在此一并致以诚挚的谢意。

囿于学识和时间，书中出现的错误、不足之处，恳请同行、专家不吝指正。

王广大
2016年1月18日于上海

目　录

第一章	概况	1
第一节	国名、国旗、国徽和国歌	1
第二节	语言与人口	4
第三节	位置与面积	9
第四节	地形与气候	10
第五节	自然资源	12
第六节	行政区划与主要城市	14
第二章	历史发展	22
第一节	上古时期	22
第二节	中古时期	28
第三节	近现代时期	31
第三章	政治制度	42
第一节	君主制政体	42
第二节	统治家族与国家元首	44
第三节	行政机关	48
第四节	立法机构	49
第五节	司法机构	57

| 第六节 | 政治民主化进程 | 60 |

第四章 对外政策与对外关系 ... 70
- 第一节 对外政策 ... 70
- 第二节 对外关系 ... 76
- 第三节 中国与巴林 ... 94

第五章 多元化经济 ... 104
- 第一节 经济概述 ... 104
- 第二节 第一产业 ... 109
- 第三节 能源产业 ... 113
- 第四节 大型工业 ... 117
- 第五节 中小型工业 ... 120
- 第六节 海湾经济一体化 ... 123

第六章 金融、商务与贸易 ... 126
- 第一节 金融 ... 126
- 第二节 商务 ... 148
- 第三节 贸易 ... 153

第七章 交通、通讯与新闻媒体 ... 157
- 第一节 交通 ... 157
- 第二节 通讯与邮政 ... 162
- 第三节 新闻媒体 ... 166

第八章　旅游业 174
第一节　概述 174
第二节　旅游资源 177
第三节　旅游产业链 187

第九章　教育与科研 192
第一节　教育概述 192
第二节　大学前教育 197
第三节　高等教育 201
第四节　成人教育和技术教育 203
第五节　科学研究 204

第十章　文学艺术 209
第一节　现代文学 209
第二节　传统艺术 220
第三节　现代艺术 223

第十一章　社会风情 225
第一节　社交礼仪 225
第二节　休闲娱乐 228
第三节　服饰和饮食 233
第四节　古今婚俗 236
第五节　丧葬习俗 238

第十二章　妇女解放 240

第一节　穆斯林妇女 240
第二节　伊斯兰婚姻中的妇女 241
第三节　巴林妇女解放运动 245
第四节　当代巴林妇女 247

第十三章　宗教信仰与传统节日 255

第一节　多元宗教共存 255
第二节　伊斯兰教 256
第三节　伊斯兰教节日 265
第四节　公众节假日 268

第十四章　国民生活与社会福利 270

第一节　市政建设 270
第二节　环境保护 273
第三节　住房保障 274
第四节　医疗卫生 276
第五节　劳动与社会保障 281

第十五章　军事安全 285

第一节　概述 285
第二节　军事力量发展历程 287
第三节　军种与装备 289

第四节　外国驻军..295

参考文献..299

附录一　巴林王国宪法..304
附录二　2030年巴林经济愿景..............................335
附录三　中国与巴林有关协议..............................343
附录四　巴林王国政府机构一览表......................385

第一章 概况

巴林（Bahrain）全称巴林王国（The Kingdom of Bahrain），是阿拉伯世界唯一的岛国。它位于海湾[①]中部，总面积767平方公里，主要居民是阿拉伯人，大都信奉伊斯兰教，通用阿拉伯语和英语。全国分为四个省区，首都麦纳麦（Manama）。

第一节 国名、国旗、国徽和国歌

国名、国旗、国徽和国歌是国家的主要标志和象征，往往反映一个国家的背景、思想和文化，是我们了解一个国家必须掌握的基本内容。

一、国名

巴林是阿拉伯语"Bahr"（大海）的双数名词"Bahrain"的音译，意思是"两片海洋"。关于这个名字的起源有两种说法。一种说法是，巴林岛两侧的海水因深浅不同而呈现出两种不同的颜色，巴林岛就好像处于两片海洋之间；另一种说法是，巴林岛附近有淡水资源，与外域海水形成清晰的分界，两种颜色"泾渭分明"，故得此名。

巴林群岛历史悠久，在被各民族统治的过程中先后有过多个不同的名称。传说中，巴林就是伊甸园的所在地。许多巴林人相信，他们脚下的这片土地就是《圣经》和《古兰经》中都有记载的、人类始祖亚当（阿丹）曾经居住的地方——伊甸园。

[①] 海湾，The Gulf，伊朗人称之为波斯湾，阿拉伯人称之为阿拉伯湾，也有人称之为海湾，本书统一采用"海湾"这一指称。

据苏美尔文字记载，巴林群岛从公元前3000年开始就是狄勒蒙（Dilmun）文明的发祥地。公元前4世纪至公元7世纪期间，巴林一直以希腊名字泰罗斯岛（Tylos）为人所知。伊斯兰时期，巴林岛则被称为阿瓦勒（Awal）。

据统计，"巴林"在伊斯兰教经典《古兰经》中被提到五次，但并非局限于现今的巴林群岛，而是指"阿拉伯半岛东部沿海地区的大部分"，其地理区域远远超过现今巴林王国的范围，包括现今科威特的一部分、沙特阿拉伯东部、巴林、卡塔尔和阿拉伯联合酋长国的一部分。也有历史文献提到"巴林"往北可延伸至伊拉克境内的巴士拉，包括科威特、盖提夫、卡塔尔和沙特城市阿哈萨。

无法确定究竟是什么时候开始"巴林不再指称阿拉伯半岛东部地区，而专门指称现今巴林"。有据可查的资料显示，13世纪的大马士革旅行家伊本·马甲维尔和14世纪的摩洛哥旅行家伊本·白图泰最早用"巴林"指称现今巴林群岛，而非阿拉伯半岛东部地区。

二、国旗

巴林国旗呈横长方形，长与宽之比约为5∶3，旗面由红、白两色构成，靠旗杆一侧为白色，约占旗面的1/5，右侧为红色，红、白相接处为锯齿状。

巴林原先使用的是一面简单的红色旗帜，但是后来海湾各酋长国的国旗大都以红色为底色。为了显示区别，巴林国旗左侧加上了三角锯齿形线的白底。起初，巴林各地区给国旗上添加的三角锯齿数目并不统一。1971年独立之后，巴林政府把锯齿数目改为8个，代表巴林的8个部族。① 2002年，巴林国改称"巴林王国"，巴林政府又把锯齿数目改为5个，象征伊斯兰教的五功。

---

① 关于巴林国旗上的8个锯齿，还有说法认为是代表巴林是第8个与英国签署保护条约的阿拉伯首长国，或者代表天地的8个方位。

巴林国旗　　　　　　　　巴林国徽

三、国徽

巴林国徽的中心为盾形竖立的国旗图案，上面为白色，下面为红色。国徽周围以红、银两色的枝叶装饰。1932年，查尔斯·贝尔格雷夫（Charles Belgrave）[①]设计了巴林国徽图案。1971年和2002年进行了两次修改，但是最初的设计图案依然清晰可见。

四、国歌

巴林国歌最早的版本是1971年独立时确定的，仅有7小节的号角之音，没有歌词，是当时世界上最短的国歌。2002年，《我们的巴林》（Our Bahrain）成为巴林王国的国歌。歌词内容如下：

我们的巴林
我们的国王
和谐的象征
她的宪法高高在上，地位不动摇
她的宪章遵循沙里亚教法、阿拉伯主义和她的价值观
贵族之国，巴林万岁
和平的摇篮
她的宪法高高在上，地位不动摇

---

① 查尔斯·贝尔格雷夫，1926—1957年担任巴林酋长政治顾问，是巴林实际上的统治者。

她的宪章遵循沙里亚教法、阿拉伯主义和她的价值观

巴林王国万岁。

巴林国歌洋溢着对国家和国王的热爱，体现了巴林的君主立宪制政体，彰显了巴林的国教伊斯兰教和阿拉伯属性。

第二节 语言与人口

尽管巴林国土面积狭小，但是方言众多，人口构成复杂多元，分布密度不均。

一、语言

巴林现行的官方语言是阿拉伯语，通用英语、波斯语和乌尔都语。尽管阿拉伯语是官方语言，但事实上英语应用相当广泛，很多商业机构和马路标志都是阿拉伯语和英语双语标示。英语除了是各级各类学校规定的第二语言之外，也较多应用于商务活动。波斯语也很通用，但通常局限在家庭成员之间。乌尔都语和印地语主要用于外来务工人员之间的交流。此外，尼泊尔语、马来语和泰米尔语也是东南亚和南亚人在巴林交流的语言。

尽管巴林面积不大，但是因为种种原因却形成了复杂的方言，这成为巴林的一大奇特现象。最主要的方言有三种，分别是：巴林方言、穆哈拉格方言和海湾方言。海湾方言更接近沙特方言，巴林方言在巴林国内和沙特东部使用。因为地域差异，巴林方言又分化出12个支系。

公元前300年左右，游牧部落开始在巴林定居，古代巴林方言逐渐形成。当时的巴林方言有很多古代闪米特语的词根和句子，吸取了阿卡德语和阿拉米语的部分词汇。伊斯兰时期，阿拉伯语传入巴林，巴林方言进行了一次较大的转型，逐渐形成现代巴林方言。后来，随着外族进入，巴林方言又融合了波斯语、乌尔都语、印地语、土耳其语和英语的词汇。

二、人口

关于巴林的人口统计数据有两组，一组是巴林国家统计中心统计的数据，另一组是世界卫生组织统计的数据。这两组数据相差甚大。

据巴林国家统计中心公布，截至2014年12月31日，巴林总人口为707,160人。[①] 其中438,209人拥有巴林国籍，占总人口比例的61.2%；其余268,951人为非巴林籍的外国人，占总人口的比例的38.8%。巴林籍人口中男性221,019人，女性217,190人，男女比例是101∶100。[②] 受巴林用工条件等因素的影响，非巴林籍的外来常住人口中男性（185,598人）远多于女性（83,353人）。

世界卫生组织统计数据显示，2014年巴林总人口1406,173人，其中男性880,021人，占总人口的62.6%，女性526,152人，占总人口的37.4%，男女比例约为62.6∶37.4，人口增长率3.78%。

表一：巴林王国人口统计数据及人口增长率

年份	人口数量	增长率
1960	162501	N/A%
1971	220808	3.62%
1981	374125	3.95%
1991	509645	2.76%
2001	698749	4.57%
2002	732541	4.84%
2003	772058	5.39%
2004	820505	6.28%
2005	879534	7.19%
2006	950951	8.12%
2007	1032353	8.56%
2008	1116038	8.11%

---

① 转引自中华人民共和国驻巴林王国大使馆经济商务参赞处：《巴林最新人口数据综述》，http://bh.mofcom.gov.cn/aarticle/jmxw/200501/20050100327525.html。

② 海湾合作委员会成员国和其他阿拉伯国家的平均男女比例为103∶100，世界人口的平均男女比例是102∶100。巴林统计局认为，巴林人口增长速度和男女比例都属正常值。但是巴林男女总人口比例为135∶100，性别比例严重失衡，很大原因在于非巴林籍男女人口比例失衡达222∶100。

续表

年份	人口数量	增长率
2009	1191539	6.77%
2010	1251513	5.03%
2011	1292764	3.30%
2012	1317827	1.94%
2013	1354897	2.81%
2014	1406152	3.78%

*数据来源：世界卫生组织

巴林自1941年以来，坚持每10年进行一次人口普查。1981—1991年巴林总人口年均增长率为3.6%，1991—2001年为2.7%，2001—2010年为7.2%。但自2011年国内动荡以来，巴林总人口年均增长率明显放缓。预计到2045—2050年，这一比率将进一步降至0.56%。

根据英国《经济学人》杂志2013年统计，巴林人口密度为每平方公里1818人，居阿拉伯国家首位、世界第4位。2010—2015年人口增长率2.13%，居世界第42位、阿拉伯国家第8位。从地域分布上看，巴林人口大多集中在北部主要城市。麦纳麦仍然是人口最多的地区，占总人口的23.6%，穆哈拉格人口占14.1%，里法人口占12.3%。巴林南部省居住人口少，人口密度也小。

表二：巴林分省区/性别人口统计表

省区	巴林籍			非巴林籍			总计		
	男	女	合计	男	女	合计	男	女	合计
首都省	83,859	82,606	166,465	255,870	94,382	350,252	339,729	176,988	516,717
穆哈拉格	60,319	57,565	117,884	67,437	35,688	103,125	127,756	93,253	221,009
北方省	112,992	109,616	222,608	64,294	29,378	93,672	177,286	138,994	316,280

续表

省区	巴林籍			非巴林籍			总计		
	男	女	合计	男	女	合计	男	女	合计
南方省	63,669	60,118	123,787	98,047	38,722	136,769	161,716	98,840	260,556
总计	320,839	309,905	630,744	485,648	198,170	683,818	806,487	508,075	1,314,562

*数据来源：巴林中央信息局

巴林国内绝大多数人口为阿拉伯裔，其他族裔按人数由多到少依次为：印度裔、孟加拉裔、巴基斯坦裔、伊朗裔、菲律宾裔以及阿曼裔。据统计，2008年巴林的印度裔人口约为29万，是巴林国内人口最多的非阿拉伯族裔。21世纪的第一个10年，非巴林籍人口从2001年的25.17万，猛增至2010年的66.61万，上升了165%，而巴林籍人口在同比期间内从40.96万增至56.84万，仅上升了38.8%。2011年，巴林本国人口占总人口的46%，非巴林人占54%。

按照宗教信仰划分，穆斯林占总人口的70.2%，其余29.8%信仰其他宗教，其中基督教徒占10.2%，犹太教徒占0.21%，还包括印度教徒、巴哈伊教徒、佛教徒等，主要是阿拉伯国家和南亚国家的教徒。就拥有巴林籍的人口来看，穆斯林占99.8%，其他信徒仅占0.2%。

关于穆斯林人口中什叶派的比例也有不同的说法。历史上，什叶派曾占主导地位，哈利法家族的到来使逊尼派占据了统治地位。20世纪30年代，逊尼派和什叶派几乎各占一半。1941年，什叶派占巴林总人口的52.5%。20世纪90年代，这一数字上升至70%，巴林是阿拉伯世界什叶派穆斯林比例最高的国家。其中本土什叶派占总人口的50%，20世纪之前进入巴林的什叶派占总人口的20%。[1]但美国的中东问题专家肯尼斯在2014年7月31日提交给国会的报告中称："巴林什叶派60万人口，在巴林120万总人口中略少于一半。"[2]但他也注意到很多关于巴林的著作都采用了巴

---

[1] 李福泉：《巴林什叶派穆斯林问题简介》，《国际资料信息》，2009年第9期。
[2] Kenneth Katzman: Bahrain:Reform, Security, and U.S.Policy, July 31, 2014, p.1.

林官方的说法，认为什叶派占人口总数的70%，其中本土什叶派人口数量庞大，他们是阿拉伯血统，在前伊斯兰时代就居住在巴林；伊朗裔什叶派人数较少，他们在过去的400年之间陆续来到巴林定居，讲波斯语，基本上不与本土什叶派和逊尼派阿拉伯人接触。另外还有卡塔尔半岛电视台的一份文献资料也提到巴林什叶派人口只占总人口的49%，而且在过去的20年时间里，一些国际组织、外国政府和新闻媒体都错误地认为巴林的什叶派是多数派，占人口的60%—70%；而逊尼派是少数派，仅占人口的30%—40%。[①]

按照年龄统计，巴林0—19岁年龄段占25.9%，20—64岁年龄段占71.9%，65岁以上的占2.1%。劳动力约达71.64万。[②]

1980—1985年，巴林新生儿死亡率为21.0‰，2008年降至4.29‰，2013年降至2.3‰。据统计，2009年男、女年龄中位数[③]分别为33.2岁和26.7岁；男、女人均寿命分别为74.45岁和77岁，是海湾地区人均寿命最长的国家之一。2012年，巴林人平均寿命77岁。预计到2050年，男、女人均寿命将分别达到74.8岁和80.7岁。

自20世纪80年代以来，巴林城市化进程迅速。2005年，巴林城市人口比例为88.4%，2014年，达到88.7%。预计到2050年，这一比例将升至92.8%。

据联合国开发计划署报告，巴林在2014年人类发展指数（HDI）[④]中处在第一档"极高人类发展水平"，世界排名第44位，在阿拉伯国家中仅

---

① 《巴林文献：什叶派不到半数》，半岛台，2011年7月4日，http://www.aljazeera.net/news/reportsandinterviews/2011/7/4/.
② 《人口和人口增长》，巴林新闻部网站，2014年9月2日，http://www.msia.gov.bh/ar/Kingdom-of-Bahrain/Pages/Population-and-Demographic-Growth.aspx.
③ 年龄中位数，又称中位年龄，是将全体人口按年龄大小排列，位于中点的那个人的年龄，年龄在这个人以上的人数和以下的人数相等。
④ 人类发展指数（HDI）是衡量一个国家经济社会发展水平的指标，以"收入水平、教育水平、平均寿命、婴儿死亡率"等变量按照一定的方法计算而成。HDI接近1.00，说明该国家的经济社会发展水平越高。2014年人类发展指数中，中国大陆排在第91位，首次从第三档"中等人类发展指数"迈入第二档"高人类发展水平"。

排在卡塔尔（31）、沙特阿拉伯（34）、阿联酋（40）之后。①

第三节　位置与面积

巴林拥有四面环海得天独厚的战略位置和"不断扩大"的国土面积。

一、地理位置

巴林是一个群岛之国，也是阿拉伯世界唯一的岛国，中心位置位于北纬26°，东经50°33'，西临阿拉伯半岛，北临伊朗，东、西分别与卡塔尔、沙特阿拉伯相望，距卡塔尔西海岸28公里，距沙特阿拉伯东海岸24公里。巴林地处东三区，比北京时间晚5个小时。

巴林不与任何国家陆上交界，拥有161公里的海岸线，22公里的领海和44公里的毗连区。从地理位置上看，巴林位于海湾中部，是沟通东西交通的要塞，也是连接美索不达米亚平原和印度河流域的必经之地。因此，巴林既是古代海上"丝绸之路"的必经之地，也是重要的交通枢纽和商品集散地。巴林岛国风光旖旎，造船业与捕鱼业自古发达，素有"海湾明珠"、"海湾绿洲"、"海湾新娘"的美称。

二、国土面积

巴林是阿拉伯国家中面积最小、人口最稠密的国家。通常认为，巴林国土由33个大小不等的天然岛屿组成，其中最大的岛为巴林岛，国家因此得名。因为巴林不断地进行大规模填海造陆，巴林岛屿的数量和国土面积也不断增大。截至2008年8月，巴林岛屿总数已多达84座。2011年巴林国土面积为711.85平方公里，2014年巴林国土总面积约为767平方公里。

除了几个面积较大的岛，如：巴林岛、穆哈拉格岛、乌姆纳阿桑岛（Um Al Naasan）、锡特拉岛（Sitra）等有人居住外，其他零星散布的岛屿

---

① Human Development Report 2014, United Nations development Programme (UNDP), p.160, http://hdr.undp.org/sites/default/files/hdr14-report-en-1.pdf.

面积狭小，石漠化严重，淡水资源匮乏，人烟稀少。一些小岛甚至会在涨潮时淹没在海水之中。

巴林岛是巴林群岛中面积最大的岛，中心位置位于北纬26°0358'，东经50°5508'，南北纵贯线长度约48公里，东西宽约16公里，全岛面积约572平方公里，占巴林国土总面积的75%，聚集着三分之二以上的巴林人口。巴林可以称得上是一个名副其实的袖珍国家，如果从巴林岛的最南端驱车到最北端，通常情况下，只需40分钟，而横穿巴林岛的东西两端仅需20分钟。

第四节　地形与气候

巴林是处在沙漠和海湾之间的岛国，地形总体平坦，气候炎热，降雨量少。

一、地形

巴林群岛的整体形状南北长，东西窄。群岛西边、南边的海域称为巴林湾，属于海湾相对较浅的海域，这为巴林人填海造陆提供了便利条件。群岛附近的海床是岩石礁，群岛北部海床以珊瑚礁为主。

巴林各岛地势低平，多属石灰岩岛。沙漠占巴林国土总面积的92%，巴林的自然灾害主要是规律性的干旱和沙尘暴。巴林面临的环境问题，包括耕地荒漠化、海岸线倒退、珊瑚礁和植被损害等。

中部地形略高，为断崖地层，多石灰岩洼地，表面被多种密度的盐渍土覆盖。沿群岛北海岸有一条宽约5公里的肥沃地带，生长着枣椰树、杏仁树、无花果树和石榴树等。

巴林岛地势由沿海向内地逐渐抬高，北部沙丘连绵，中部有一条长约19公里、宽约6公里的洼地。巴林岛海拔一般在30至60米，最高点海拔134米，因常年袅绕山顶的薄雾而得名杜汉山，又名烟山。

二、气候

巴林地处副热带高压带，属于热带沙漠气候，全年只有冬、夏两季。冬季温和多雨，夏季炎热干燥，有时潮湿。年平均温度为23℃—30.1℃。每年11—3月为冬季，平均气温10℃—20℃，12—3月盛行季节性东南风，空气湿度常在90%以上。4—10月为夏季，午后平均气温40℃，6—7月的午后平均气温高达48℃，夜间平均气温也将近28℃，是世界上气候最炎热的国家之一。所以，夏季去巴林要穿最凉爽的衣服，但是也要切记当地的文化不允许在公共场合穿暴露的衣服。冬季要适当注意保暖，影院、餐厅等地方也有些许凉意。总体而言，巴林3月、4月、10月和11月的气候最舒适宜人，尤其是在巴林岛东北部地区，那里气候温和，非常适合旅游。

受伊朗高原西南部的扎格罗斯山脉地形影响，巴林常年被酷热、干燥的低压控制。与此同时，由于每年6—7月受季节性西北风侵袭，在伊拉克和沙特阿拉伯形成的沙尘暴从西北部吹向巴林，空气瞬间变得特别混浊，能见度骤降。

巴林终年晴热少雨，降雨主要集中在冬季，持续时间短，雨量集中。全年平均降水量仅为77毫米，年平均降雨日为7—9天。由于雨水蒸发较快，只有少量雨水能被保存下来作为饮用水和灌溉资源。巴林周围的海域很浅，在夏季会迅速升温，亦会产生高湿度，尤其是在夜间。

表三：麦纳麦气候平均数据

月份	平均日最低气温（°C）	平均日最高气温（°C）	平均降水总量（mm）	平均降水天数
1	14.1	20	14.6	2
2	14.9	21.2	16	1.9
3	17.8	24.7	13.9	1.9
4	21.5	29.2	10	1.4
5	26	34.1	1.1	0.2
6	28.8	36.4	0	0
7	30.4	37.9	0	0
8	30.5	38	0	0

续表

月份	平均日最低气温（°C）	平均日最高气温（°C）	平均降水总量（mm）	平均降水天数
9	28.6	36.5	0	0
10	25.5	33.1	0.5	0.1
11	21.2	27.8	3.8	0.7
12	16.2	22.3	10.9	1.7

*数据来源：世界气象组织①

第五节 自然资源

除了石油、天然气和渔业资源之外，巴林拥有的淡水资源有限。巴林的动植物非常具有地域特色，鸟类资源丰富。

一、淡水资源

巴林气候炎热干旱，没有河流、湖泊等地表水资源。但令人称奇的是，在巴林岛北部和巴林湾至沙特阿拉伯海岸区域，蕴藏着珍贵的天然地下水资源，为生活以及农业和工业用水提供了水源保障。近年来，尽管天然地下水的含盐量越来越高，加上制造业对水质造成一定程度的污染，这些天然地下水资源却依然是保障生活所需不可或缺的重要来源。从20世纪80年代初至今，巴林建造了多座海水淡化工厂。这些工厂将海水进行净化处理，来保障生活和工业需要，满足了全国日均水消耗量的60%。

巴林有多处泉眼，这也形成了一大自然景观。位于麦纳麦附近的"阿紫拉泉"（阿拉伯语音译词，意为"处女泉"），常年浇灌着附近的种植园。巴林人喜欢用泉水治疗各种皮肤疾病。经实验证明，这些泉水含丰富的矿物质和微量元素，能舒缓皮肤，加强皮肤的自我保护功能，对皮肤病具有良好的治疗效果。

---

① World Weather Information Service - Bahrain/Manama, World Meteorological Organization. June 7, 2015, http://worldweather.wmo.int/en/city.html?cityId=220.

二、动植物

巴林土质贫瘠。在这种恶劣、严酷的自然环境下,动植物练就了一身顽强应对沙漠环境的本领,并能在此生活繁衍。大部分植物兼具耐旱和耐盐碱性,高大挺拔的枣椰树和郁郁葱葱的常绿灌木给干涸的沙漠带来了生机。

巴林炎热干燥的陆地上栖息着蝎子、蛇等爬行动物。除此之外,巴林发现有豪猪、野兔、瞪羚等18种哺乳动物,羚羊、沙漠兔子和刺猬是该国常见的野生动物,但是阿拉伯羚羊却因被猎杀而近乎灭绝。据记载,巴林有两栖类和爬虫类25种、蝴蝶21种、植物307种。巴林岛南部海岸附近的阿尔阿林野生动物保护区可供游客近距离观赏这些野生动物。

巴林周边海域环境适合多种海洋生物生长,包括广布的海草床和泥滩、斑状珊瑚礁等。海草床是儒艮和绿海龟等濒危物种重要的食物来源。温暖的浅海区,水生动物丰富,分布着鲶鱼、鲭鱼、虾、珍珠贝、儒艮等海洋动物。2003年,巴林政府禁止在其领海捕捉海牛、海龟和海豚。

三、鸟类资源

对于观鸟爱好者而言,巴林是鸟类的福地。巴林群岛鸟类资源十分丰富,拥有超过330种鸟类,其中26种在巴林繁殖。数以百万计的候鸟在秋冬季节经过海湾地区。巴林秋季常见的候鸟包括全球濒危物种翎颌鸨。巴林的许多岛屿和浅海是世界上重要的鸬鹚生育地,哈瓦尔岛(Hawar)记录多达10万对以上。巴林多样化的沙漠、湿地、泥滩、红树林沼泽地和亚热带花园成为鸟类栖息的天堂。泥滩地区的鸟类有矶鹬、杓鹬、苍鹭、珩等;红树林沼泽地的鸟类有苍鹭、火烈鸟、白鹭、燕鸥、海鸥等。

哈瓦尔群岛保护区为各种迁徙的海鸟提供了饲养和繁殖地,是国际公认鸟类迁徙的地区之一,亦是全球最大的鸬鹚繁殖地。巴林周围的群岛形成继澳大利亚之后的世界第二大儒艮聚集地。目前巴林有哈瓦尔群岛、马斯坦岛(Mashtan)、阿拉德湾(Arad)、都柏利湾(Tubli Bay)及阿尔阿林野生动物园(Al Areen Wildlife Park)五个特定保护区,其中前四个保护区为海洋保护区。

第六节　行政区划与主要城市

现今巴林全国划分为4个行政省，主要城市有麦纳麦、里法（Riffa）、穆哈拉格（Muharraq）、贾法勒（Juffair）、萨赫尔（Sakhir）和锡特拉等。

一、行政区划

巴林的行政区划经历了一个不断调整的过程。1919年，麦纳麦成立市政议会。1960年，巴林共有4个市政议会：麦纳麦、哈德（Hadd）、穆哈拉格和里法。1971年独立时全国设6个市。1984年，全国6个市升格为6个区。1985年，设立哈德区。1988年，设立伊萨城区。1991年，设立哈马德城区。1991年全国人口普查时，已增加到12个区，包括哈德、穆哈拉格、麦纳麦、吉达（Jidd Hafs）、北部、锡特拉、中部、伊萨城、里法、西部、东部和哈马德城。2002年7月3日，巴林全国重新调整为五省，即：首都省、中部省、穆哈拉格省、北部省和南部省，如图一所示：

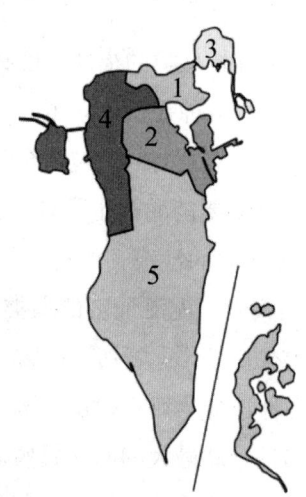

序号	1	2	3	4	5
省区	首都省	中部省	穆哈拉格省	北部省	南部省

图一：2014年9月25日之前的巴林行政区划图

2014年9月25日,哈马德国王发布命令,取消中部省及其市政议会,撤销麦纳麦市政议会,改为总秘书处。全国划分为4个省区:首都省、穆哈拉格省、北部省和南部省,如图二所示:

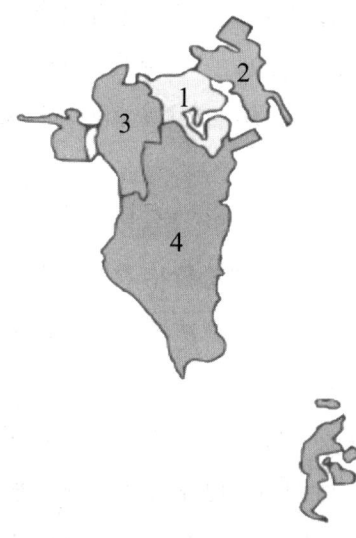

序号	1	2	3	4
省区	首都省	穆哈拉格省	北部省	南部省

图二:2014年9月25日之后的巴林行政区划图

首都省位于巴林岛北部,建于1997年,是巴林的"心脏"。除了麦纳麦市内的滨海区、外交区、海滩区、贾法勒区等20个区之外,该省还包括另外9个区。

从人口、历史、旅游的角度来说,穆哈拉格省都是巴林最重要的省份之一。历史上,穆哈拉格省曾经是阿拉伯帝国巴林省的一个区,所辖的哈德和穆哈拉格包含在全国12个区之内。鉴于穆哈拉格的独特性,2002年,穆哈拉格成为巴林的五个省之一。穆哈拉格省包括穆哈拉格岛、阿玛瓦基岛(Amwaj)和迪亚尔·穆哈拉格岛(Diyar Al Muharraq),面积56.13平方公里,占巴林国土总面积的7%左右。1955年,穆哈拉格省面积还不足

13平方公里。但是随着不断的填海造陆，该省面积扩展到今天的规模。也就是说，在过去的60年间总共填海造陆43平方公里。随着填海造陆工程的继续推进，穆哈拉格省的面积将会继续增大。

穆哈拉格省居民中的四分之三住在穆哈拉格市。全省居民多为穆斯林，什叶派住在迪亚尔（Diyar）、萨马希支（Samaheej）、阿拉德（Arad），逊尼派住在其他地区。来自其他海湾国家和西方国家的人主要住在阿玛瓦基岛，巴林人不在此岛居住。

穆哈拉格省分为8大选区、66个聚居地。医疗设施齐全，交通便利，教育发达，文盲率仅为2.5%。穆哈拉格省商业发达，店铺林立。哈德远离居民区，是传统工业城市。哈利法·本·萨勒曼港是巴林最重要的港口，也是海湾的航运中心。

北部省占地138.54平方公里，包括巴林的大部分区，如布代伊、撒拉、玛尔哈、格尔亚、马伽佰、巴尔巴尔、迪尔兹、哈马德城、马利基村、丹马斯潭村、卡尔扎坎村、拜尼·扎玛尔村、达尔库莱伊布村、沙哈尔坎村、萨达迪村、哈姆赖村和扎拜尼亚地区。北部省有众多历史古迹，如巴林古堡、哈米斯清真寺、巴尔巴尔神庙等。

南部省地广人稀，包括9个城市和村庄，占地434.8平方公里，约占整个巴林国土总面积的60%，人口约4.5万人。

二、麦纳麦

麦纳麦，在阿拉伯语中的原意是"睡觉之地"，位于巴林岛的东北角，气候温和，风光旖旎。据统计，2010年，麦纳麦人口约有48.7万，大约占巴林总人口的三分之一。麦纳麦是全国最大的城市，也是巴林的经济、贸易、商业、交通和文化中心，海湾地区重要的港口、金融中心以及贸易中转站，素有"阿拉伯世界的苏黎世"之称。2008年，英国咨询公司ECA International公布的对全球254个城市生活水平调查报告显示，亚洲人认为麦纳麦为中东宜居城市，迪拜和马斯喀特名列第二和第三。

麦纳麦历史悠久，伊斯兰编年史上提到麦纳麦建城的时间至少可以追溯至公元1345年。阿拉伯大旅行家伊本·白图泰对麦纳麦做过如下描写："该市整洁宽敞，到处是繁花似锦的园林，绿树成荫，河曲纵横，地下水位很高，用手便可以在地下挖出水来。城内有许多枣椰园、石榴园、佛手柑园和柠檬园……"

1521年，葡萄牙人开始统治麦纳麦。1602年，麦纳麦由波斯人统治。自1783年至今，麦纳麦一直由哈利法家族统治。1919年，阿拉伯世界第一个市政议会麦纳麦市政议会成立，主要负责清扫道路、租赁房屋和商铺。1929年，麦纳麦市政议会拓宽道路，开放了市场和屠宰场。1958年，麦纳麦开始实施净化水工程，并成为自由港。1960年后，麦纳麦逐步向东、北、南部方向延伸，并通过开垦西部数百公顷海田，从一个只有6.2万人口的小城发展成为全国第一大城市。

20世纪初，巴林发现石油，麦纳麦迅速发展起来。现今的麦纳麦，古老的风貌和现代化的设施形成鲜明的对比。一边是豪华酒店、幽雅宅邸，一边是成簇的阿拉伯老式民宅和迷宫似的曲径小巷，骆驼悠闲地卧在高耸的银行大门前打盹，两轮无顶马车和新型奔驰轿车并驶在沙漠公路上。麦纳麦汇集了来自世界各国的人口，是一座洋溢着时代气息的国际化大都市。

麦纳麦市区建有6—8车道的高速公路，分别被命名为法蒂哈大道、费萨尔大道、伊萨大道和哈利法大道等。市内有国王接受本国官员、家族成员和外国使节前来祝贺节日的古达比亚宫、首相府和外交部等政府机关，利兹·卡尔顿、喜来登、皇冠假日、摄政、海湾、凯宾斯基等五星级酒店，以及巴林世贸中心和巴林金融港塔等标志性建筑。北区是国家机关、商业区和银行等金融机构的所在地。西北区是购物、商贸区，分别有城市中心（City Center）、希福商城（Seef Mall）、巴林商城（Bahrain Mall）和达娜商城（Dana Mall）等大型购物中心和花旗银行、汇丰银行、国民银行等金融机构。南区有新开发的商住区、美国海军基地和萨勒曼港。

在麦纳麦市中心中央商务区费萨尔大道与伊萨大道交汇处，一栋双子塔楼俯瞰着海湾，这就是2008年4月竣工的巴林世贸中心。两座塔楼各44层，高240米，[①] 仅次于巴林金融港塔，塔楼外形酷似一对高扬的风帆。最特别的是，双子塔楼建筑之间安装了3台直径29米的水平轴发电风车，可发电675千瓦，为两座大楼提供了15%的能源供应，这是世界上首座将风力发动机组与建筑融为一体并能为自身持续提供可再生能源的摩天大楼。巴林世贸中心项目因此获得了多个可持续性建筑奖项，有2006年度"阿联酋绿叶奖"颁发的"大型规划技术最佳使用奖"、"阿拉伯建筑世界"颁发的"可持续设计奖"和"芝加哥高层建筑和城市住区理事会"评定的"2008年度中东北非地区最佳高层建筑奖"等。巴林世贸中心耗资1.5亿美元，总建筑面积约12万平方米，除设有办公区间和商务设施外，还有酒店、商场、咖啡屋、饭店和健身俱乐部等，设有1700个停车位。

另一座地标性建筑巴林金融港，位于费萨尔大道北部，2004年开始建设，2007年5月2日竣工，耗资15亿美元，占地38万平方米，拥有1.1万个停车位。这里是巴林股票交易所、金融交易所、巴林伊斯兰银行等金融机构所在地，因其滨海区位以及在全球金融市场中的地位而享有"中东的金丝雀港"的美誉。巴林金融港的中心矗立着巴林第一高楼——巴林金融港塔，象征着巴林金融港力争在中东和全球经济中建立自己的地位。巴林金融港塔是两座各高260米53层的姐妹塔，其中有4层在地下。巴林金融港紧邻旧港区、渔港和老集市，新旧景观的强烈对比印证了麦纳麦经济发展历程。巴林金融港打破了传统的中央商务区模式，首创了一种商务、旅游、展览、城中居住和休闲娱乐功能混合的用地模式，这里夜晚与白天一样迸发着活力，体现了一种与当地人习惯于夜间出行相适应的人性化设计理念。

麦纳麦的街道一尘不染，非常有特色，街道两旁一排排高大挺拔的枣

---

① 数据来源：巴林世贸中心网站，http://www.bahrainwtc.com/ar.

椰树昂首冲天，映衬着一幢幢造型各异的建筑。麦纳麦老城区集市林立，传统砖房具有浓郁的伊朗南部建筑风格，建有中央庭院和风塔。在拥挤的新城区，到处是多层式公寓、酒店、商务楼宇和超市。建筑一般以两至三层的别墅为主，偶尔也有高楼，每一座风格各异，颜色以白色居多，还有红色、黄色、褐色、茶色和浅灰色等，这些颜色与蓝天、白云、碧海和绿树在搭配上十分和谐，令人赏心悦目。

除此之外，麦纳麦遍布枣椰树林与天然地下水，街道两旁绿荫蔽空，房舍前后多种棕榈和枣椰树随风摇曳，是海湾一带少有的绿色城市。郊区的农田和果园多以天然地下水灌溉，此外，地下汩汩涌出的泉水形成小湖和溪流，使岛国之都的景色显得格外柔美。

麦纳麦城内古迹众多，市郊耸立着一座哈里发奥马尔·本·阿卜杜勒·阿齐兹时代的哈米斯清真寺，这座建造于公元692年的清真寺至今依然保存完整。近年来，考古学家在这座清真寺下又发现了伊斯兰教传播前古建筑的残垣断壁及古墓。16世纪初，葡萄牙人占领巴林，在麦纳麦附近的卡拉特海滨修筑了堡垒，其中有两座至今完好无损。考古学家在发掘这些碉堡下面的废墟时，还发现在最古老的断层中，有两座约公元前3000年的古城遗址。古城笔直的街道两旁，是许多宽阔的石屋，四周修造了高大宽阔的石墙，用于抵御外来侵略。这两座古城的发现，证明了古代巴林人在建筑工程方面已经达到很高的造诣。

平民市场也是麦纳麦的一大旅游景点，其中最为著名的当属艾尔比阿市场，在那里可以购买到各种地方特产和民间工艺品。此外，平民市场还有哈达丁市场、烟草市场，以及出售各种银、铜器皿的萨法菲尔市场。

麦纳麦南部集中了全国大多数的工业企业，以炼油工业为主，衍生出石油化工、天然气加工、海水淡化、帆船制造、鱼类罐头加工等行业。

三、里法

里法是巴林第二大城市，面积292.9平方公里，其地势在巴林最高。据统计，2010年，里法人口约为12.1万，大都属于逊尼派。里法始建于19世纪，位于巴林岛中部天然泉附近，分为东里法和西里法，钟楼是里法最主要的景观建筑。东里法有大量的古迹，如里法城堡等，西里法是政府所在地。1952年，萨勒曼国王在此建立官邸后，里法的城市化建设得到迅速发展。之后，埃米尔伊萨和其他王室成员又相继在此建造行宫，如现任国王哈马德和首相哈利法均在此拥有行宫，里法作为巴林政治中心的地位可见一斑。如今，各种购物中心、商业街、大型超市、皇家俱乐部里法球场和巴林皇家女子大学均坐落于此。此外，巴林国防军总部也设在里法。

四、穆哈拉格

穆哈拉格地处巴林最北部，是巴林第三大城市，也是巴林旧都，在阿拉伯语中意为"灰烬之地"。关于这个名称的由来，有不同的说法，先后使用过阿拉都司、萨马希支和穆哈拉格等名称。据统计，2010年穆哈拉格人口约为10.97万。公元前4世纪，亚历山大大帝派遣大将奈阿尔科斯到达巴林，他们用古希腊语称穆哈拉格为"阿拉都司"。还有文献资料指出，穆哈拉格还一度被称为"萨马希支"。伊拉克作家贾瓦德·阿里认为，"穆哈拉格"这个名称跟贾西利亚时期的著名诗人乌穆鲁·盖斯有关，诗人称其是"灰烬之地"。还有人认为"穆哈拉格"是当地居民崇拜的偶像神之一。1783年阿勒哈利法家族攻占穆哈拉格，1796年开始建设穆哈拉格城。穆哈拉格曾是巴林的政治、宗教与商业中心，直到1923年首都正式迁至麦纳麦，穆哈拉格的地位才逐渐被麦纳麦取代。如今的穆哈拉格不仅拥有巴林古老而繁荣的传统贸易集市，而且是巴林传统艺术汇集的地方、蜚声海内外的穆哈拉格足球俱乐部和巴林国际机场所在地。

穆哈拉格，拥有世界上保护最完整的采珠业遗址，2012年被联合国教科文组织列入世界遗产名录。

五、贾法勒

贾法勒位于麦纳麦市郊，是填海造地而建的一座新城，如今已成为麦纳麦的一个区，这里聚集了众多现代化酒店、餐馆、别墅和公寓，居民以非巴林籍人和巴林年轻人为主。贾法勒拥有巴林国内规模最大的艾哈迈德·法蒂哈大清真寺，该建筑完美呈现了伊斯兰建筑艺术，可容纳7000

人同时礼拜。除此以外，伊斯兰事务部、巴林中央信息组织、《巴林先驱报》总社也坐落于此。

1935年4月，英国皇家海军在原贾法勒村附近建立贾法勒海岸港口。1950年，美国海军从英军手里租借办公区域。1971年，英军撤出之后，这里成为美国海军基地。

六、萨赫尔

萨赫尔位于南部的沙漠地带，距离麦纳麦约30公里。1870年，著名的萨赫尔宫殿建于此。21世纪以来，萨赫尔变化很大，巴林国际赛道、巴林大学以及阿尔阿林野生动物保护区均坐落于此。阿尔阿林野生动物保护区是巴林岛上唯一的自然保护区和动物园。目前，巴林国际赛车场附近正在兴建一座占地面积约100多万平方米的集商业、娱乐、大学于一体的大型综合体，政府还计划修建萨赫尔机场，萨赫尔的发展前景可谓极为广阔。

七、锡特拉

锡特拉位于原来的中部省，麦纳麦南部，面积14.44平方公里，最初由多座棕榈种植园组成，经济上依赖农业和捕鱼业。20世纪70年代，大量住宅建设项目落成于此。锡特拉的居民大都是什叶派穆斯林或者南亚移民，他们主要居住在7个村落，另外还有大量无人居住的地方。锡特拉的逊尼派阿拉伯穆斯林大都在20世纪20年代死于天花病大流行或者迁回自己祖国去了。城北是工业区，有巴林石油公司的储油库和连接沙特宰赫兰的天然气管道。

第二章　历史发展

历史上，巴林是人们来往于东西方之间的必经之地。无论是2300多年前的希腊历史学家希罗多德，还是阿拉伯大旅行家伊本·白图泰、《一千零一夜》里的水手辛巴达、意大利著名旅行家马可·波罗，都曾描述过这座小岛。据说，举世闻名的亚历山大大帝也曾途经此地。

巴林的历史遍布着侵略者和殖民主义者的足迹。古代波斯国王科斯鲁为了从埃塞俄比亚人手里夺回也门，曾途经巴林。蒙古帝国的成吉思汗一路远征，曾将巴林群岛等数个国家纳入其版图之内。之后，葡萄牙人在巴林兴建堡垒要塞，开始对其长期占领。紧接着，波斯人也开始觊觎这片土地，并攻占巴林。19世纪初，英国殖民主义者来到巴林。然而巴林人民并未就此屈服，他们不断抗争，终于在1971年获得独立。直至今日，巴林仍然保留着石器时代的遗迹和浓郁的东方风情。

第一节　上古时期

地质学家认为，巴林群岛形成于几十万年之前的古地质年代，当时人类尚未登上这些岛屿。有一种观点认为，巴林曾是大海海床的一部分，当时的大海覆盖着阿拉伯半岛的绝大部分。在随后的地质时期中，局部性地壳升降运动引起区域性的海平面变动，海水后退，在海湾中部露出了巴林群岛。另一些地质学家推断，在古地质年代的某一阶段，巴林群岛很可能曾是阿拉伯半岛的一部分。大陆强烈的地壳运动，使巴林群岛与阿拉伯半岛分离，并散布在海洋中。地质学家用了以下示例来支撑这一观点：将巴林群岛非常精准地画在地图上，并将其剪开，然后把大大小小的群岛填补到假设分离的位置，会发现其形状、轮廓与阿拉伯半岛能够吻合，从而证明巴林群岛原本是由许多相互接附的陆块集结而成。

一、石器时代

巴林历史悠久，人类活动的历史可追溯到5万年前。考古学家发现的打火石等史前器物表明，巴林早在公元前8000年就拥有农耕文明。

考古证明，距今7000多年以前，人类找到了从阿拉伯半岛到达巴林群岛的途径，并建立了人类文明。从此，巴林进入石器时代——一个小型的渔猎社会。地质学家和考古学家们认为，当时巴林群岛的气候与现在的气候截然不同。当时，北半球的绝大部分土地处于冰川时期，巴林群岛是一片沟壑纵横的绿色土地，繁衍着各种动植物。丹麦与英国的考古队发现了许多证据，如：制作燧石的刀、槌、刮刀、箭头，还有用于割草和其他植物的带齿镰刀、大量的野兽骨和鱼骨。这些文物证实了公元前5000年至公元前4000年期间，在巴林的南部、中部和北部地区，特别是在沃斯米叶东南部的买尔赫和吉札伊尔海滨一带，已经有人类的居住地存在。

二、史前时期

巴林群岛上的渔猎团体为了生产、生活的方便，组成了简单的村落集合体，以渔猎和农耕为生，同时还从事一些手工业，最主要的是制陶和用海中的贝壳打制而成的一种"贝章"。他们把这些东西连同死者一起埋入坟墓。他们的坟墓与阿布扎比的乌姆纳尔岛上的坟墓及伊拉克的法特拉处的坟墓十分相像。那些陶器被确定为公元前3500年至公元前3000年时的制品。这一古老历史时期的陶制品制作精细，饰以黑色或咖啡色的线纹，多为椭圆形或圆形，颈部很短，口部边缘较向外倾。

狄勒蒙时期，"贝章"的最初形状十分简单。他们选取海中的贝壳，然后将每一个贝壳的大部分去掉，只保留状如小丘的那一部分，然后在其外表面做上环形线条，保留内部的蜗旋部分。后来，他们又发展了这种工艺，即在内面做上各种图案，如太阳、阳光和各种动物的图案，在后部做上孔，穿入细线，以方便挂在脖颈上作为装饰。

三、狄勒蒙时期

公元前3000年,阿拉伯半岛东部和巴林群岛成为狄勒蒙文明(公元前3000至公元前450年)的发祥地,因此古代巴林也被称作"狄勒蒙"。狄勒蒙文明前后持续了2000多年之久,之所以能长期兴旺不衰,其原因多是得益于巴林群岛得天独厚的地理位置——它既是美索不达米亚与印度河平原之间进行海运贸易的一个中间站,又是从海湾经底格里斯河和幼发拉底河流域直通地中海商路的重要站点。当时的巴林群岛物产富饶,商贸繁荣,天然地下水资源丰富。同时,它也是世界上最早利用灌溉技术缔造沙漠绿洲神话的国家之一。狄勒蒙从农业生产起步,迅速成为世界文明的中心。在公元前3000至公元前2000年期间,狄勒蒙商人贩运各种香料、丝绸、宝石到东西方各国出售。狄勒蒙还出产两种带有浓郁海湾风情的商品,一种是椰枣,直至今天依然是巴林人的重要食品和出口产品。椰枣是枣椰树的果实,具有极高的营养价值。鲜椰枣很容易脱水晒干,能储藏很长时间。另一种商品是绚丽夺目的鱼眼(石)——天然海水珍珠,这是巴林几千年来的传统产品。

美索不达米亚的苏美尔人将巴林视作"不朽的土地",称之为"天堂之地"、"生命之地"、"众神之家"。事实上,苏美尔人还非常崇拜狄勒蒙诗歌,著名的《吉尔伽美什史诗》中记载,伟大的英雄王吉尔伽美什曾造访狄勒蒙,试图寻找大洪水后的幸存者。

狄勒蒙时期的巴林如同海湾上的一座绿洲,给疲劳困顿的旅行者们带去丝丝惬意。早期的苏美尔人认为,狄勒蒙是神圣之地,是"大洪水"之后的"天堂乐园"和"永生王国"。巴比伦人也深信这里承载着永恒的生命,过往英雄都能在此安歇。有学者认为,巴林就是《圣经》、《古兰经》中提到的伊甸园所在的地方。

---

① 狄勒蒙覆盖了现在的巴林、科威特以及沙特阿拉伯的一部分。狄勒蒙文明鼎盛时期的重要特征是其中间贸易文明。更多关于狄勒蒙文明的信息,参见 Harriet E. W. Crawford, *Dilmun and its Gulf Neighbors*, Cambridge University Press, March 1998.

第二章 历史发展

狄勒蒙处在古代两河流域的海上贸易线上，扮演了两河流域文明和埃及文明以及印度文明三大文明贸易和文化交往的中介角色，此间发展起来的古代狄勒蒙文化深受古代两河流域与古代印度河流域两大文明的影响，还一度进入两河流域文明范围。大量的珍贵物资由狄勒蒙进入两河流域，由此认为狄勒蒙是富俗、和平、令人向往的神圣地方。①

由于狄勒蒙是美索不达米亚平原与印度河平原的中间站，它的繁荣很大程度上依赖于这两个地区。随着公元前2500年印度河流域文明逐渐衰落，狄勒蒙也走向没落。到了公元前8世纪，狄勒蒙隶属于亚述王国。公元前600年，狄勒蒙又被巴比伦王国吞并。

1. 第一狄勒蒙城

公元前3000年，是狄勒蒙文明的繁荣时期，与两河流域苏美尔人的文明同时存在。苏美尔人的神话记载，他们的祖辈来自太阳升起的地方，那里的人们耕织、种粮、栽树，会制作陶器、书写文字。这一切均被希腊历史学家希罗多德记录在他的巨著《希腊波斯战争史》之中。

约公元前2500年，在今巴林岛的巴林城堡所在地，建成了第一座面朝大海的自卫防御建筑。同时，狄勒蒙人与苏美尔人、阿迦底人、乌尔人保持着紧密的商贸关系。一系列考古发掘以及苏美尔人、阿迦底人的楔形文字史料记载均证实：公元前2200年至公元前1900年间，第一狄勒蒙城遭受到阿迦底国王塞古率领的军队的进攻，阿迦底军队放火烧毁了这座城市。

2. 第二狄勒蒙城

在两河流域国家的城市中心挖掘出的公元前2000至公元前1600年间的楔形文刻，证明了狄勒蒙王国在历史长河中的重要意义，也证实了当时狄勒蒙与各个王国之间存在着贸易关系。文刻详细描述了狄勒蒙的商船与穆加努（今阿曼）和米路迦（今印度与巴基斯坦）商船的竞争情况。那时，狄勒蒙不仅垄断了铜矿石贸易，还出口大量的椰枣、粮食、珍珠及各种

---

① 国洪更、吴宇虹：《古代两河流域和巴林的海上国际贸易——楔形文字文献和考古发现中的狄勒蒙》，《东北师大学报（哲学社会科学版）》，2004年第5期。

宝石。

当时，狄勒蒙的建筑业日趋发达，狄勒蒙城不断向巴林岛的北部扩建，并在沿海建造了一座大型港口。考古挖掘证实，港口建有海关和存放进出口货物的仓库，街道和广场有水源分布。另外，考古人员还找到了当时使用的狄勒蒙秤，发现了环城而建、阻挡各方入侵者的古城墙遗迹。

宏大的巴尔巴尔神庙遗址向世人展现了神秘而久远的狄勒蒙文明的宗教仪式。出土的青铜器、雪花石制品和其他文物，都证明了狄勒蒙制造业在这一历史时期已经十分发达，艺术水平亦相当高超，特别是在建筑、航海、贸易、雕刻与音乐方面，均呈现出繁荣景象。人们在一些中等体积的瓮中发现了一些人体骨架，这些瓮就是当时人们利用器皿安置夭折儿童的坟墓。死亡的成年人则被装入用陶土制作的棺材内，棺木的外侧涂有防潮用的天然沥青。在发掘出的文物中，还有一些圆形的狄勒蒙"贝章"和古埃及人使用过的圆柱形或硬壳虫形的印章。

亚述国王塞古曾在备忘录中记载："我收到了狄勒蒙国王奥比尔的礼物。奥比尔国王的国家形状犹如一条鱼，位于初生朝阳之海的中部，从亚述王国出发至狄勒蒙的行程需要60个小时。"在楔形文字的商贸记载中还有关于"鱼眼"的描述，所谓"鱼眼"就是巴林自古以来举世闻名的天然海水珍珠。已出土的狄勒蒙时期最为重要的文物当属豪华的亚述宫，它位于巴林城堡的南部。历史学家认为这里很可能就是与两河流域的亚述国王塞古同时代的狄勒蒙国王奥比尔的王宫。

3. 腓尼基人的转口贸易

公元前1000年左右，腓尼基人来到了狄勒蒙。他们与当地居民达成协议，设立商业站点，长期定居下来。腓尼基人与美索不达米亚建立联系，主要从事转口贸易。在亚述与巴比伦的战争中，腓尼基人支持亚述人。于是，亚述人满足于收受一些海产工艺品和外国货物作为贡礼，而不去干扰腓尼基人的商业活动。这样一来，腓尼基人在海湾的航海事业也得到了发展。在腓尼基人的经营下，狄勒蒙重新成为转口贸易的中心。他们把地中海的谷物、植物油、酒类、亚麻织品、矿产、武器、香料和硬币运到海湾各国，再从阿拉伯地区出口没药、乳香、树香脂、干松香、各种药材以及若干非洲货物。腓尼基人的商船从印度运来奴隶、象牙、涂漆、植物性染料、大米、调味香精、蔗糖、棉纱和棉织品,从中国进口丝绸、毛货、皮革和铁器。

公元前6世纪,新巴比伦王国尼布甲尼撒二世击溃亚述,征服了美索不达米亚和地中海东岸各国,切断了连接东西方的商路。波斯帝国时期,传统的商路转移到红海沿岸,腓尼基人遭到排挤,海湾的贸易从此衰落。①

四、泰罗斯时期

公元前4世纪,亚历山大大帝军队的勇者奈阿尔科斯将军攻占了邻近科威特的费勒卡岛。自那时起至公元7世纪伊斯兰教在此传播的1000年间,巴林一直以希腊名字泰罗斯岛为人所知。

从公元前300年至公元300年期间,泰罗斯岛上的居民越来越多。古罗马历史学者普林尼曾在书中提到"巴林盛产美丽的珍珠"。在这600年间,巴林一直处于波斯帝国的统治之下。

古希腊史料有这样一段记载:马其顿的亚历山大大帝在巴比伦安顿下来,将其作为他在东方的首都,派一名叫尼胡斯的将领到海湾地区了解那里诸岛的情况。尼胡斯先来到伊卡鲁斯岛(今科威特国对面的费勒卡),随后到达泰罗斯岛。他向亚历山大讲述了那里的海港、绿树、天然泉水和近海捞取珍珠的情况。当时,亚历山大已准备着手征服阿拉伯半岛和海湾,但他却野心未果,于公元前323年便去世。

亚历山大大帝去世后,手下的将领们开始瓜分帝国国土。塞琉西人争得包括伊拉克及其周边国家在内的大部分土地。从此,这一地区进入一个新的时期,即"希林斯提"时代,这是一个古希腊文明与东方文明相互交融的时期。

这一时期,巴林文明的标志是修建在平地和凿挖在石地上的坟墓。这些坟墓中有玻璃器皿、武器、陶器、琉璃制品、泥制品与石雕墓碑。考古

---

① [苏]瓦·拉·波将斯基:《巴林》,北京人民出版社,1974年版,第7—10页。

学家们还挖掘出数量可观的两河流域的塞琉西国王时代通用的各种银币。

与此同时，巴林与阿拉伯半岛上南来北往的商贸驼队有了联系，出现了香料贸易，他们往来于伊拉克的萨吉城及周边地区。历史上，叙利亚及其北部的小亚细亚的陆上和海上的商路，都要从巴林经过。

第二节　中古时期

中古时期主要是指伊斯兰教产生之前的一段历史时期和伊斯兰时期的历史。

一、前伊斯兰时期

在伊斯兰教兴起前，巴林岛就被称为"阿瓦勒"。"阿瓦勒"是伯克尔·瓦伊勒·本·拉比阿部落和泰米姆部落崇拜的神，他形似牛头，位于现今穆哈拉格岛上。记载说，"阿瓦勒"位于重要的海上商路上，这条商路在古代阿拉伯市场、特别是海湾市场的繁荣中起了重要作用。当时的"阿瓦勒"群岛，与阿拉伯半岛东部沿海地区相连接，北至伊拉克，南至卡塔尔，称"巴林国"。

事实上，直至16世纪前后的整个伊斯兰时期，现今的巴林岛均被以其旧名"阿瓦勒"指称。著名的地理学家伊德里斯（1099—1153年）提到："巴林地区最主要的岛屿之一，是阿瓦勒岛。从波斯港出发，要经50站方能到达；从阿拉伯港出发，经4站便可到达。该岛长6英里，宽6英里。阿瓦勒岛的首府叫巴林，是一座人口稠密的城市。岛上居住着采珍珠的人。"

"阿瓦勒"的珍珠和椰枣在阿拉伯各部落中享有盛名，他们在集市上讲述的故事、吟诵的诗歌和背记的谚语中，都常提到"阿瓦勒"。当时，麦加天房里摆放着360多尊神像，"阿瓦勒"很可能也在其中。伯克尔·瓦伊勒·本·拉比阿部落跟其他阿拉伯部落一样，都要去朝拜天房。每逢朝拜之际，他们都会把自己的产品和土特产带到欧卡兹市场上出售，返回时又将那里的物品带回来。

当时的巴林由波斯萨珊王朝委派阿拉伯长官统治。伊斯兰教兴起时，统治巴林的是泰米姆部落的曼恩泽尔·本·萨维，其官邸在哈吉尔（今沙特东海岸的阿哈萨）。巴林的居民除了来自伯克尔·瓦伊勒·本·拉比阿部落和泰米姆部落之外，还包括阿卜杜·葛伊斯部落。

公元3—4世纪，许多巴林人逐渐信奉基督教。作为基督教教派之一，景教在公元5世纪前就为巴林人所信奉。历史资料证明，当时海湾地区共有五个景教教区，巴林就占了其中两个。因此，巴林一度成为当时东部基督教的中心之一。在伊斯兰教传入巴林之后，基督教徒和穆斯林一直和平共处。直至今日，还有一小部分巴林人信奉基督教。

二、伊斯兰时期

公元629年，伊斯兰教使者穆罕默德派圣门弟子阿拉·伊本·哈达拉米前往"阿瓦勒"，致信巴林统治者，劝他皈依伊斯兰教。尽管巴林统治者出于维护自身经济利益和社会地位也曾进行抵制，但在第一任哈里发艾卜·伯克尔于633年对他们进行镇压之后，活下来的巴林人便信奉了伊斯兰教。为了巩固战果，艾卜·伯克尔任命阿拉为巴林总督，巴林进入伊斯兰时期。644年，莱谢赫尔城之战中，波斯军队被击溃，巴林完全处于阿拉伯人的统治之下。巴林人是最早一批于阿拉伯半岛之外归顺伊斯兰教的信徒，他们的航海技术和造船经验在后来的伊斯兰征服运动中和阿拉伯帝国的崛起过程中都起到了十分突出的作用。

在倭马亚王朝哈里发叶齐德·本·穆阿维叶（680—683年）去世之后，哈瓦立吉派的纳季德支派占领巴林。在阿卜杜·本·马利克·本·麦尔旺统治时期（685—705年），倭马亚人重新收回巴林。倭马亚人留在巴林的遗迹之一就是哈米斯清真寺遗址。相传，这座清真寺是在692年由倭马亚王朝第八任哈里发欧麦尔·本·阿卜杜·阿齐兹下令修建的，是历史上最古老的清真寺之一。

750年，阿拔斯王朝建立之后，巴林和阿曼都处在叶玛麦省区治下。899年，卡尔玛特人占领阿拉伯半岛东部，首府改在阿哈萨，国家政治、经济一度繁荣。9—11世纪，巴林被波斯帝国统治，什叶派开始盛行，并成为主导的信仰派别。

此外，考古学家还发现了一座建于10—11世纪时期的伊斯兰风格的城堡。这座城堡坐落于巴林城堡的东北方，呈四方形，有九个圆塔。在发掘的文物中，有许多中国产的陶瓷碎片以及钱币可以证明当时的巴林与位于远东的中国之间已经有了紧密的贸易往来。

在漫长的伊斯兰史上，巴林出现过几次反对穆斯林统治者的运动，包括反对倭马亚王朝的哈瓦立吉运动和反对阿拔斯王朝的黑人运动。10世纪初，反对阿拔斯王朝的卡尔玛特运动将巴林分离出来，自成一国。10世纪下半叶，卡尔玛特巴林国进入鼎盛时期。卡尔玛特派否定伊斯兰教教义，允许对伊斯兰教"圣训"进行自由解释，同时宣布新的治国原则，给予宗教上的思想自由，并且宽容异教徒。卡尔玛特巴林国一方面试图恢复公社奴隶制和世袭统治，一方面对商人、手工业者、农民和游牧民进行剥削，这一系列做法使其尽失民心，国家矛盾重重。

1058年，阿卜杜·葛伊斯部落的艾布·白赫鲁勒家族宣布独立，在周五的礼拜中念阿拔斯王朝哈里发的名号。1066年，卡尔玛特人试图夺回巴林，但被艾布·白赫鲁勒成功阻击。随后，巴林人突袭阿哈萨的卡尔玛特人。1076年，欧尤尼人联合赛尔柱人打败卡尔玛特巴林国。

之后，巴林先后被多个家族统治，伊本·阿亚什·阿里·盖提夫和阿瓦勒·艾布·白赫鲁勒·阿瓦姆先后掌权。1076年，欧尤尼人将自己的权力扩展到整个巴林地区。随后，欧尤尼王国的缔造者法德勒·本·埃米尔·阿卜杜拉进入巴林岛。从此，巴林岛置于欧尤尼人的统治之下，该政权以阿哈萨为基地持续了二百多年。

在欧尤尼人之后，统治巴林岛的是占克人。他们首先在波斯站稳脚跟，然后征服了基斯岛，13世纪占领了巴林岛。1252年，阿斯夫尔（阿米尔人）统治巴林。1235—1253年，奥斯曼帝国的阿塔贝克·法里斯占领巴林。

1258年，巴格达的阿拔斯王朝覆灭，鞑靼蒙古人的势力扩展至海湾地区的整个海路上，以保证他们在这一地区的活动。为此，他们势必要征服巴林，对巴林人进行控制。

1330年，加尔旺尼人统治巴林。之后，巴林向霍尔木兹统治者缴纳贡赋。期间，第一次有历史文献提到麦纳麦。直到15世纪初期，巴林一直处在霍尔木兹控制之下。后来，来自阿吉尔的赭布尔游牧部落进攻加尔旺尼人，并占领整个巴林，其首领阿贾瓦德·本·扎米勒还把统治权扩张到了霍尔木兹。

第三节　近现代时期

近现代时期是巴林被外族统治和西方国家殖民统治的历史，以及巴林争取国家独立的历史。

一、葡萄牙人的统治

葡萄牙人是近现代时期最早进入巴林的欧洲人，他们来到这里的目的是希望获得连接欧洲与东印度香料王国的贸易垄断权。1521年，葡萄牙人开始统治巴林，在沿海岸线兴建了一批葡萄牙风格的堡垒，这成为海湾地区一道奇特的风景线。从此，巴林拉开了长达300年之久的外国殖民史序幕。葡萄牙人统治巴林80年，在16世纪下半叶达到巅峰，他们完全掌控了通往东方的香料之路和丝绸之路，巴林也因此成为海湾地区最重要的港口。

对于葡萄牙人而言，政权巩固并非易事，他们经常会受到巴林当地居民的奋起反抗。1522年，穆格林·本·扎米勒·吉百利对葡萄牙的入侵进行了英勇的抵抗，但是最终壮烈牺牲。不久以后，葡萄牙人控制了海湾的贸易和航道，取得垄断权。17世纪末，随着荷兰、英国等欧洲海上强国在海湾地区崛起，巴林被波斯人占领，葡萄牙在巴林的统治走到了尽头。

二、奥斯曼人与波斯人的统治

1602年，波斯萨法维人占领巴林。波斯人对巴林进行直接或间接的统治，直到1783年。

17世纪初，奥斯曼土耳其人的势力扩张至巴林群岛，并于1630年占领巴林。他们委任自己的埃米尔,以他们的名义进行统治。1679年,一位名叫吉巴尔的地方官宣布自己所辖之地独立,其中就包括巴林群岛。

在波斯的纳迪尔国王执政后,波斯国力日渐强大。1737年,纳迪尔派执政官希拉兹前往巴林群岛,从吉巴尔的手中夺取了巴林。从此之后,希拉兹开始奉纳迪尔国王之名对巴林进行统治。然而,巴林的形势却每况愈下。1739年,马斯喀特苏丹乘机从波斯人手中夺取了巴林岛。纳迪尔国王闻讯后,立即派人将马斯喀特苏丹杀死,使巴林再度置于自己的统治之下。1744年,阿曼爆发武装起义,波斯军队被驱逐出巴林。18世纪50年代,波斯再次对海湾地区发动进攻并占领巴林。1783年,波斯又一次被驱逐出巴林群岛。

三、哈利法家族的崛起

哈利法家族,是阿拉伯半岛东部贝杜因游牧部落的一支。18世纪中叶,哈利法家族迁至海湾沿岸地区,他们的足迹北至科威特,东至卡塔尔。他们在卡塔尔西岸城市祖巴拉定居之后,那里迅速繁荣起来。祖巴拉盛产天然海水珍珠,距巴林群岛仅几英里之遥。当时的巴林处于波斯帝国统治之下,哈利法家族多次攻打波斯帝国,均以失败告终。1782年,哈利法家族登上巴林岛,遭到波斯军队的驱逐。1783年,艾哈迈德·本·穆罕默德·本·哈利法(亦被称为征服者艾哈迈德)击败军事力量占绝对优势的波斯军队,在巴林建立哈利法王朝的统治。

艾哈迈德对巴林的征服,开启了巴林漫长历史上的一个全面稳定和繁荣的新时代。征服之初,因为巴林岛上的居民大多信奉什叶派,并不认同哈利法家族的统治。对此,艾哈迈德制定了一系列政策,使巴林重新成为繁荣的海港重镇和珍珠出产地。1794年,艾哈迈德去世,萨勒曼·本·艾哈迈德·阿勒哈利法从祖巴拉迁至巴林,并确立了穆哈拉格政治中心。此后,海湾地区争斗不断,奥斯曼帝国、沙特阿拉伯、英国等先后染指巴林。直到1810年,哈开伊凯尔战役在现今卡塔尔东海岸的胡伟伊尔爆发,哈利法家族最终获胜,海湾恢复了安定。哈利法家族从穆哈拉格迁回祖巴拉。

1821年，萨勒曼去世，他的儿子哈利法及其弟阿卜杜拉两位酋长共同执政。1834年，哈利法去世，阿卜杜拉拒绝与其侄子穆罕默德·本·哈利法共同执政，导致家族内部发生分裂。1843年，阿卜杜拉被流放到祖巴拉之后，穆罕默德成为巴林酋长。1869年，哈利法家族内部再次发生大规模冲突。英国为了维护"范围体系"内的稳定介入冲突，并流放了冲突双方的领导人，年仅21岁的伊萨·本·阿里·阿勒哈利法开始执政。

在伊萨·本·阿里·阿勒哈利法执政的60多年间，巴林政局稳定，在司法、教育和管理方面进步迅速，主要表现在市政机构的设立以及治安部门与海关的筹备建设上。接替伊萨执政的是其子哈马德·本·伊萨·本·阿里·本·哈利法。这一时期，由于石油开采给国家带来了收益，巴林进入了一个发展的新时代。除了教育事业外，卫生、水、电、交通等公共服务设施的建设也得到发展。伊萨执政期间建成的谢赫·哈马德大桥联通了穆哈拉格与麦纳麦，巴林国际机场则将巴林与外部世界连接起来。

1942—1961年，萨勒曼·本·哈马德·本·阿里执政，巴林的社会生活与经济逐步走向进步与繁荣。巴林与其他一些阿拉伯国家、伊斯兰国家以及东西方国家的友好关系迅速升温。许多新的政府机构开始建立，知识、卫生、公共事务管理委员会也相继成立。

1961年9月16日，现代巴林的先驱伊萨·本·萨勒曼·阿勒哈利法开始执政。在他的带领下，巴林在政治、经济、社会、文化和建设等方面取得了前所未有的成就。最令人瞩目的当属巴林于1971年彻底摆脱英国，实现了完全独立。从此，巴林跃步腾飞，不仅加入了阿拉伯、伊斯兰以及世界性组织机构，还同其他五个海湾国家一起建立了海湾合作委员会。

四、英国对巴林的殖民

哈利法家族建立统治之后，巴林依然受到强邻觊觎。南部的阿曼于1799年和1828年先后两次入侵巴林，哈利法家族被迫连续数年向狄尔阿酋长国缴纳贡赋，连续30多年向马斯喀特统治者纳税。期间，哈利法家族不得不把都城从麦纳麦迁往穆哈拉格。沙特第二王国崛起之后，费萨尔国王试图控制巴林,要求哈利法家族缴纳贡赋,双方长期为此争执不下。

19世纪初,巴林与其他海湾国家一样受到英国势力渗透。海湾地区对于英国来说,重要性不言而喻。当时的印度已经成为英国殖民地,海湾地区海盗猖獗,英国希望维护由印度通向欧洲大陆的海上通道。1805年,哈利法家族提出协助英国对抗瓦哈比教派分子,以求得英国海军庇护,后因英属印度当局拒绝未果。1816年,英国常驻政治代表威廉·布鲁斯与哈利法家族签订非正式协议,英国在巴林和阿曼发生战事的情况下保持中立。但四年之后,布鲁斯拒绝继续执行该协议。

1820年,包括巴林在内的几个海湾酋长国与英国签署了《波斯湾和平总条约》,① 英国承认哈利法家族是巴林的"合法统治者"。这是巴林在1971年正式独立之前,与英国签订的第一个同盟条约。1820—1850年间,哈利法家族多次要求英国提供全面保护以对抗外来威胁,但均未果。1859年,英国照会沙特费萨尔国王"巴林是一个独立酋长国",并派一艘海军舰艇保卫巴林。1861年,英国迫使哈利法家族签订《永久休战友好和平条约》,条约规定巴林统治者永远不能从事战争、海盗行为和海上奴隶贸易,英国为巴林提供海上安全保护,条约同时承认哈利法家族是巴林的"独立统治者"。此后,巴林逐渐成为英国的"保护国",直到1971年获得独立。据英国旅行家贝尔福估计,当时巴林大约有7万人口。

虽然巴林签订了《波斯湾和平总条约》,但在1820—1869年间,哈利法家族的王位继承之争久久未能平息,暗杀活动频频发生。1869年,英国决定直接干预这场政治危机,将与此牵连的成员全部废黜流放。随后,年仅21岁的哈利法家族成员伊萨·本·阿里·阿勒哈利法接掌国家政权。这位年轻的巴林统治者又与英国签署了条约,同意由英国全权负责制定巴林的国防和外交政策。巴林发现石油之后,同意任何国家只有在得到英国政府允许的前提下方可进行石油开采活动,以回报英国的"保护"。

---

① 《波斯湾和平总条约》,全称 General Maritime Treaty of 1820,是英国与海湾各酋长国签订的条约,条约禁止海湾地区的海盗行为和奴隶贸易,所有行驶船只需向英军登记。英国签订该条约的目的是为了排除其他欧洲列强染指海湾,是英国确保其与英属东印度公司之间海上通道的战略组成部分之一。

1880年，英国宣布将巴林和海湾地区作为其私有领土。当奥斯曼土耳其帝国威胁要侵犯巴林国土时，英国立即迫使巴林统治者签订一份协议，写明未经英国政府允许，统治者本人及其继承者不得与除英国以外的任何国家进行协商谈判。紧接着，海湾地区的其他国家也纷纷被迫签订类似协议，旨在认定英国在该地区享有专权。这些协议的本质就是赋予英国在海湾地区能够自由行动的权力，包括军事控制、石油开采和研发等，以满足其自身利益的需求。

由于担心奥斯曼土耳其帝国与法国在巴林的影响力不断增长，英国于1892年同巴林再次签订一项新条约，进一步限制了巴林将领土支配给其他国家的权力。1880年与1892年签订的条约使巴林完全成为英国的保护国，英国完全控制了巴林的国防与外交事务，巴林成为英国在海湾地区的商业营运中心。

五、与外部世界隔离的巴林

尽管巴林在19世纪末成为英国的保护国，但是当时的奥斯曼帝国和欧洲各国都没有承认英国在巴林的合法地位。巴林人民受到英国殖民者的层层剥削，生活贫困，对英国统治日益不满。1904年，巴林爆发了反英起义，英国派遣军舰和军队进行镇压。此后，英国人陆续控制了巴林的海关管理权、采珠业、对外国人的司法管辖权、开设外国邮政机构权、与外界进行电讯联系的垄断权等。一战之前，巴林国内开展反英运动的同时，英国与德国对巴林展开了激烈的争夺。一战之后，德国被击溃，英国在巴林的统治地位得到了进一步的巩固。1926年，英国派查尔斯·贝尔格雷夫担任巴林酋长顾问，巴林的一切大权都掌握在这个顾问手里。从此，海湾地区成了英国的"内湖"，大部分海湾国家在大英帝国的统治下丧失了独立自主的权力，沦为英国的"协定伙伴"，这些国家就像是没有自由、没有权利的囚徒。

英国殖民者强加给巴林及其他海湾各国的协议及其规定，旨在将这些国家同外部世界孤立，只有英国作为其唯一的保护国。即使在发现大量石油后，巴林等国的面貌看起来依然陈旧传统、停滞不前。当时的巴林人除了偶尔前往英属殖民地孟买外，几乎很少在海湾以外地区做生意或进行投资。后来，巴林与印度之间的往来日趋频繁。印度的通行货币卢比成为巴林的主要货币之一，尤其在巴林沿海地区流通。20世纪40年代，印度邮票上就曾出现"巴林"、"科威特"的字样。

英国殖民统治造成巴林与外部世界的孤立使巴林落后、保守，犹如一潭死水，但另一方面也在某种程度上避免了外部文化的侵入。当地人还是一如既往地保持着社会、经济、政治体制与生活方式的纯正性，传统的阿拉伯部落制度也得以保留下来。即使石油被大量开采，巴林人依然处于相对闭塞的境地，包括巴林在内的海湾国家都不能以独立的国家身份与其他国家正式交往，一切外交事务全由英国政府出面。此外，出入巴林或海湾地区必须事先得到英国政府批准，由4—5名英国官员组成的团队负责此事。他们肩负的使命一是保护英国的利益，二是维护海湾地区的平静。

不幸的是，英国并未对其保护国巴林推行必要的社会或经济改革。英国政府代表从未在巴林兴建学校、医院以及公共服务设施。英国对包括巴林在内的海湾国家全权包办的行为，使它们要求独立的呼声与日俱增。俄国十月革命的胜利，唤醒了巴林人民，巴林民族主义运动开始走上历史舞台。20世纪30年代，巴林和阿曼先后谱写了国歌，周边国家纷纷效仿，海湾国家反抗殖民主义统治的运动拉开了大幕。

六、石油带来变革

海湾地区对石油的利用已有几千年历史。水手们经常用这种"从沙地中渗出的黑色粘稠液体"来填补独桅帆船的木质缝隙。随着19世纪工业革命的到来，油脂和燃料成为机器生产不可或缺的要素，石油的作用日益凸显。不久之后，从石油提炼出的煤油成为煤油灯的主要来源，石油一下子成为备受追捧的珍贵资源。20世纪初，西方列强开始在海湾沿岸各地疯狂地寻找石油。大规模开采石油给海湾甚至整个中东地区带来了前所未有的重要影响。

当时，英国政府攫取了海湾地区的石油开采权，巴林及其他海湾国家与各家石油公司签订开采协议。20世纪20年代，创立于美国旧金山的加利福尼亚美孚石油公司在巴林设立子公司，率先获得石油开采权。1929年1月11日，加利福尼亚美孚石油公司帮助巴林兴建以英国公司名义在加拿大注册的巴林石油公司，全公司的英国董事人数占五分之一。1930年年中，巴林石油公司与巴林统治者签订了在相当于巴林群岛面积2/3的领土上勘探和开采石油的租让协定，租让期为69年。1931年秋，巴林石油公司开始正式进行石油开采作业。1932年夏，在距离地面2000英尺（约210米）深处探明石油之后，巴林岛上的第一口油井开始依靠地下压力喷油。1933年，巴林开始了对油田的工业性开采，加利福尼亚美孚石油公司又获得沙特阿拉伯的石油勘探和开采权，成立阿美石油公司。这标志着美国石油公司开始全面进驻海湾地区。

在各家石油公司进入海湾地区之前，当地统治者与英国政府的交往显得异常被动。他们一旦与英国终止协定，就意味着同英国官员的交往也戛然而止。但是，随着石油开采权的谈判启动，局面发生了变化。巴林统治者应邀参与各项讨论和各项政策的制定。尽管巴林政府仅从开采出来的每吨石油中获得约1.05美元的收入，但也大大改善了巴林政府的财政状况。

随着石油公司进驻海湾地区，海湾各国迎来了巨大的发展机会。英国政府也不再限制外国人进出巴林和其他海湾国家。地质学家、炼油工人、职业经理人以及石油工人纷纷来到巴林。巴林发生了翻天覆地的变化，焕然一新。

巴林的经济产业是统治家族的主要收入来源。长期以来，采珠业一直是巴林国内经济的支柱行业。然而，随着1929年美国华尔街股市大崩盘，采珠业遭受到前所未有的毁灭性冲击。在之后的全球经济大萧条期间，对类似珍珠等奢侈品的需求量日益减少，加上日本珍珠养殖业的逐渐兴起，巴林经济开始走下坡路。然而就在20世纪30年代，石油公司进驻巴林大量进行石油开采，使包括巴林在内的海湾各国逐渐走出危机。

石油开采为巴林带了两大契机。首先，国家逐渐摆脱贫穷；其次，统治者与底层百姓的关系发生了微妙的变化。石油协议的签订背后，是为统治者带来的固定收入。尽管这些收入一开始并不是很多，但这标志着统治者趋于经济独立，不再单纯地依靠百姓上缴的税赋作为收入。可以说，统治者是石油收入的最大受益者。

  作为回报,巴林政府利用大部分石油收入兴建公寓设施,同时大力发展教育。1930年,约有500名学生进入巴林各学校学习。到了1938年,这一数字翻了3倍。1937年,巴林安装了国内第一台印刷机。1939年,海湾地区第一座电影院在巴林正式营业,不少社交、文化俱乐部先后落成开张。不仅如此,巴林石油公司也开始对外招聘,这对于因采珠业萧条而失业的工人们来说,无疑是重大喜讯。

  随着石油工业为巴林带来巨额财富,巴林政府内部也在悄然发生变革,比如增设部门、任命内阁、提名大臣、提高薪酬等。同时,随着原先从事采珠业、农业的巴林人转投石油行业,传统的生活方式开始发生改变。越来越多的巴林人从农村走向城市,寻找更多的就业机会。

  在这种情况下,新的社会问题应运而生。譬如在1936年,美国工程师开始在巴林兴建一座新型炼油厂,许多巴林年轻人为此谋得生计,建筑行业呈现一片繁荣景象。一年后,炼油厂竣工,巴林出现了大萧条。许多受过教育的巴林年轻人难以找到工作,商人也因贸易萎缩纷纷失业。统治者与百姓之间的矛盾日益加深。

  还有一个重要问题,就是石油开采与邻国之间的领土边界问题。在石油的重要使用价值还未被认识之前,各国之间并没有明确的领土边界。然而,随着石油开采带来的巨额财富,各国统治者和石油公司开始考虑领土边界问题。与其他海湾国家不同,巴林是岛国,所以一开始并没有介入与邻国的领土边界之争。然而,随着石油开采的迅速发展,巴林也陷入了领土边界争端。巴林与卡塔尔对两国海域间的哈瓦尔群岛和卡塔尔西海岸祖巴拉的归属自20世纪30年代起就存在争议。

七、独立进程

  一战后,世界范围内的民族解放运动兴起,巴林开始爆发反英起义。巴林民众通过游行、示威、武装对抗等形式寻求摆脱英国殖民统治,争取民族解放、国家独立。1919年,巴林民族主义者的失败并不说明民族解放运动的终结。20世纪20年代,巴林人民不分种族和宗教信仰,一致宣布抵制英国当局和本国封建势力。英国设想在阿拉伯半岛上建一个统一的"英国—阿拉伯帝国",在海湾地区建立一个由阿曼素丹领导的各酋长国和素丹国组成的联邦。30年代,因为石油的发现,海湾地区的重要性增加了,列强对巴林的争夺也更加激烈,但是英国的势力已经开始衰落了。1940年10月,巴林遭到意大利和德国空袭。1941年底,美军的"海湾突击队"以保卫交通线为借口秘密进驻巴林。

二战后,现代民族国家纷纷建立,巴林要求独立的愿望日益强烈。联合国支持巴勒斯坦建国以及阿拉伯民族主义运动等事件加剧了巴林对自由、独立的渴望,举国上下希望摆脱英国掌控的呼声越来越高。1947年联合国分治决议通过之后,巴林宣布在麦纳麦成立巴勒斯坦自由委员会,声援巴勒斯坦人民反抗英国势力和犹太复国主义者的斗争。1951年,伊朗发动石油国有化运动,处在英国统治下的巴林民众受到激励,民族主义情绪越发高涨。1952年,纳塞尔领导自由军官组织发动政变成功,开始向其他阿拉伯国家输出阿拉伯民族主义。在此背景下,阿拉伯民族主义传到巴林,要求从英帝国独立的呼声进一步高涨。巴林各种社交俱乐部和媒体成为民众表达意见和愿望的主要场所。1954年,巴林出租汽车司机大罢工,国营造船厂工人大罢工,石油工人大罢工。1955年,"巴林民族解放阵线"(NLF)在麦纳麦成立,这是海湾国家第一个民族主义的左派政治组织。50年代,复兴党在巴林成立支部,受伊拉克复兴党的领导。1956年,第二次中东战争爆发,巴林国内民族主义势头再次高涨。英国政府在此后10年内采取严厉的镇压政策,宣布巴林全国进入紧急状态,禁止一切政治活动。20世纪60—70年代,巴林民族解放阵线先后领导了巴林的反英民族运动和工人运动,此后遭到严厉镇压,领导人多流亡国外。哈利法家族顺应时势,开始积极扮演民族运动的领导者角色。

1953—1954年,巴林什叶派与逊尼派之间爆发冲突。1954年10月,在麦纳麦成立了最高执行委员会,其目的是与巴林的教派分裂主义进行斗争,调整英国保护下的政府运作系统。最高执行委员会多次向统治者递交请愿书,发动反英大罢工,迫使英国殖民当局调整在巴林的统治政策。1956年2月,最高行政委员会成立,由主席和11名成员组成,其中半数以

上成员来自哈利法家族，下设21个部门，分别负责协调土地使用、监督公安司法、指导市政建设等。1970年，巴林政府发布管理体制改革令，组建国务委员会代替最高行政委员会行使最高行政权和立法权。同时，组建部长理事会，代行内阁职能，直至1971年8月巴林独立。

当时，巴林代议制政府已见雏形。市议会成员的半数由选举产生，半数由政府任命产生。凡持有资产的妇女也可参与投票选举。此外，巴林还出现了负责处理如宗教信托基金、水务、农业等地方性事务的专门委员会，以及监管政府和外交事务的委员会。

1956年，英国外交大臣臣塞·劳埃德访问巴林，再一次引起轩然大波。愤怒的示威者严厉谴责英国政府的殖民政策和干涉巴林内政的粗暴行径。一时间，各种罢工、抗议运动在巴林街头此起彼伏，一场腥风血雨的变革悄然到来。巴林各派别与英国官员进行谈判，最后就一系列具有争议的条款达成一致。其中最重要的两点，一是成立民族团结委员会；二是驱逐英国常驻巴林顾问。1957年，英政府声明巴林是"英国保护下的独立酋长国"。同时，伊朗也开始利用国内反英情绪争夺对巴林的主权，伊朗内阁还擅自立法宣布巴林脱离英国，成为伊朗的一个省。于是，英国和其他阿拉伯国家纷纷指责伊朗的野心，伊朗被迫放弃对巴林的主权要求。

在长达十年的动荡期间，巴林新闻媒体受到严格管控，英国领导下的警备力量进一步加强。1962年，什叶派发动游行示威。1965年3月，巴林石油公司开除了上百名工人，巴林街头又一次爆发抗议。学生和各种政治团体组成国民进步力量阵线，上街示威游行，遭到政府镇压，最终以失败告终。1967年，巴林人民举行了声势浩大的反英大罢工。1968年，英国政府宣布将在三年内关闭其苏伊士运河以东拥有的所有军事基地，并颁布从巴林和其他海湾国家的撤军计划。就在同年，伊朗再次宣称巴林是其国土的一部分。于是，巴林再次陷入政治恐慌。

在英国宣布撤军之后，海湾国家陷入一片骚乱。其中几个国家甚至呼吁建立"海湾联盟"，以寻求共同防卫。对此，巴林坚决反对。尽管巴林的富裕程度不及其他海湾国家，却拥有更优越的政治体制和更多元化的社会结构。巴林毅然选择了一条独立之路，没有加入"联盟"。

八、获得独立

1970年,联合国派出调查团前往巴林举行全民公决。投票结果显示,尽管什叶派和逊尼派存在分歧和矛盾,但是大多数巴林人认可哈利法家族的统治,几乎所有巴林人都确认自己的阿拉伯身份并选择从英国独立。1971年8月15日,根据埃米尔诏令,"巴林酋长国"改名为"巴林国","巴林君主"改称"巴林国埃米尔",成立各部,负责人称为大臣。国家政权继续由哈利法家族执掌,伊萨·本·萨勒曼·阿勒哈利法成为独立后的首任埃米尔。

1971年9月11日,巴林加入阿拉伯国家联盟,9月21日,加入联合国。1971年12月16日,英军撤出巴林,巴林最终正式成为一个独立国家。

独立之后,巴林的经济变革催生出各种新型职业。随着服务型行业和金融机构的纷纷入驻,巴林国内的白领阶层呈现增长之势。在石油繁荣的时代,许多出身贫寒的年轻人通过勤奋工作获得了各项技术和专业职称。越来越多的巴林人进入学校接受教育,全国的中产阶级数量猛增。

1971年独立后,巴林老埃米尔伊萨·本·萨勒曼·阿勒哈利法长期执政,直到1999年逝世。王储哈马德·本·伊萨·阿勒哈利法继位之后,注意保持内外政策的连贯性,政权实现了平稳过渡。

2000年12月17日,哈马德发表电视讲话,宣布将通过全民公决恢复被解散了25年的议会,实行民主政治改革。2002年,经全民公决,《国家行动宪章》获得通过,改国名为"巴林王国"。

第三章 政治制度

政治制度，包括国家政权的组织形式和管理形式、国家结构形式和公民在国家生活中的地位等。巴林实行世袭君主立宪制，内阁政体和司法制度相互独立，这是由巴林的历史传统和政治文化决定的。

第一节 君主制政体

2002年巴林宪法规定巴林的国家性质：巴林王国是一个具有完整主权的独立的伊斯兰阿拉伯国家。巴林王国的政体为世袭君主立宪制。

一、君主立宪制

君主立宪制与一个国家的国情和文化传统有着密切关系。君主虽然是国家元首，但君主的产生方式与权力范围，会依各个国家制度的不同而有变化。即使是在同一个国家，在不同历史时期，君主的产生方式与权力范围往往也不相同。

巴林继承了伊斯兰教文明的信仰体系和生活方式，没有走全盘西方化和世俗化道路。从制度建设的角度看，巴林的政治体制有两大特点。首先，国家元首继承制度化，实行世袭的长子继承制。这一制度虽然可以限制王室内部的争权夺利，但一旦更迭过快，仓促登基的幼主是否具备足够的治国能力却是一大隐患。其次，巴林在理论上实行行政、立法、司法三权分立，但依照宪法规定，立法权由国王与国民议会行使，行政权由国王、内阁和各部大臣行使，法院则以国王的名义行使司法审判权。因此，各自独立的行政、立法、司法三大机构并非完全分离，实际上都要受国王的监督、制约和干预。由此可见，巴林的君主立宪制在内容和意义上并不像西方国家政治制度史上类似的政体。巴林的国家大权依然集中在国王手中，巴林的政治体制是君主掌握实权的国家体制。

二、君主制与部落文化传统

巴林实行君主制政体的文化和社会基础是巴林社会的部落文化。部落文化在伊斯兰教兴起之前就早已存在，是指拥有一定血缘关系及共同经济利益（特别是地理环境资源）的社会群体习得且共有的一切观念和行为。长期以来，游牧的阿拉伯民族把氏族部落作为维持生计的依靠和获得安全的庇护所。部落生活逐渐成为阿拉伯人独特的生活方式，部落生活形成的部落制度历经世世代代的发展，已经具有了不容置疑的合法性。

作为阿拉伯世界传统文化的一部分，部落文化对阿拉伯人在各领域的活动都具有一定的规范作用和道德感召力。在20世纪中叶以前，阿拉伯半岛上并不存在现代意义上的国家，没有西欧中世纪末期产生的那种由庞大的官僚机构和军事机构所组成的复杂的国家机器。当时的各个部落王国都是由若干家族统治，不仅缺乏应有的议会权力，也缺乏完善的行政权力。然而，随着商品、货币关系的发展和城镇的扩大，部落、家族制度逐渐弱化并趋向瓦解，氏族首领、部落酋长对所属地域的统治与管理逐步削弱，但以血缘关系为基础的部落与家族仍然是重要的社会纽带。在部落王国中，统治家族不仅在本部落居于主导地位，而且相对于其他部落也处于支配地位。这种族长制统治地位的确立和巩固往往与部落战争不无关系。统治家族大都是用武力征服了其他部落才取得这种地位，但是也有最初因抵御外敌成功显赫而被推举为统治家族的情况。除了征服以外，政治联姻也是巩固统治地位的手段。被统治部落对统治者的臣服与忠诚，更像是对统治者个人或统治家族的臣服与忠诚。国与国的关系更像是各统治家族之间的关系。

巴林的政治制度便是在这样的社会文化条件下形成的，并深深地保留着部落文化的烙印。正如迈克尔·C.哈德森（Michael C.Hudson）在《阿拉伯政治：对合法性的探求》(Arab Politics: The Search for Legitimacy) 一书中所说："在阿拉伯政治的各种层次上，家族都是重要的政治结构和社会结构","家族与政治达到绝对一致的程度"。如今的巴林及其他海湾国家仍保留了传统的君主制,这充分体现了海湾地区浓重的部落文化色彩。从一定程度上说,巴林的君主制可以看作是部落王国的君主制。如今的"舒拉"①议会也是部落长老议事会的缩影。无论是在家族、部落纽带相对松散的城镇地区还是农村定居区,家族、部落仍然是在社会生活中起重要作用的因素,是构成个人活动的基本范围。因此,部落制度所铸就的生活习惯在巴林社会不可能在短期内消除,部落内部成员之间和部落之间的联系依然是当今巴林社会关系的重要内容。

第二节 统治家族与国家元首

巴林国内不设政党,也不允许有政党存在,由哈利法家族和其他显贵家族的资深成员全权负责制定全国政治、经济、社会、文化等方面的政策。巴林国家元首由哈利法家族世袭,掌握政治、经济和军事大权。哈利法家族是国家政治生活的核心。

一、统治家族

巴林由哈利法家族世袭统治。哈利法家族来自阿拉伯半岛部落名望卓著的欧图卜氏族,与科威特的萨巴赫家族同出一宗,与沙特皇室家族也颇有渊源。哈利法家族世代秉承伊斯兰教逊尼派。1783年,哈利法家族在艾哈迈德·本·哈利法的带领下,自卡塔尔兴起,最后征服巴林,结束了波斯帝国的统治历史。丰富的天然地下水资源和绿树茂盛的沙漠绿洲深深吸引着哈利法家族,他们最终选择定居巴林。

艾哈迈德·本·哈利法成为巴林的首位君主。然而,由于当时没有明确的继承权规定,艾哈迈德的儿子、侄子为争夺继承权争斗不断。自19

---

① 舒拉,阿拉伯语(Shura)的音译,意为协商,其原意为"取蜜"。阿拉伯人把它解释为就某个问题听取大家的意见。"舒拉"现在又被称为"阿拉伯协商制",即通过大众直接参与和由其代表机构协商会议参与相结合的方式,是选择最高领导人和决定国家事务的一种阿拉伯特色的民主制度。

世纪起,哈利法家族对王位继承权的争夺就从未停息,这种局面一直到1869年伊萨·本·阿里·阿勒哈利法开始执政才发生转变。从那时起,巴林王室开始实行世袭的长子嗣位制。后来,根据1973年颁布的宪法,除非埃米尔另选男性亲属作为其继承人,世袭的长子嗣位制一般不变。但在英国殖民统治时期,新任酋长须获得英国政府的认可。

值得一提的是,巴林虽地处富产石油的海湾地区,但其石油储量却是海湾地区最匮乏的。与其他海湾国家的统治家族相比,巴林的哈利法家族虽算不上首富,却拥有卓越的思想和先见之明,使巴林不仅成为海湾地区第一个走上现代化道路的国家,而且也成为海湾地区首个开办男、女公立学校的国家。

1983年,巴林举行了纪念哈利法家族执政200周年庆典仪式。仪式并未遵循传统的阅兵游行和烟火表演等形式,而是在麦纳麦举办了一场名为"跨世纪的巴林"的历史性研讨会。70多名考古学家和历史学家汇聚一堂,以学术演讲、热点讨论、辩论、文化展等生动的方式,全方位回顾了巴林的辉煌历史,可谓意义非凡。

表一:哈利法家族统治者谱系表

序号	全名	在位时间
1	艾哈迈德·本·穆罕默德·本·哈利法	1783—1794年
2	萨勒曼·本·艾哈迈德·本·穆罕默德	1794—1821年
3	阿卜杜拉·本·艾哈迈德·本·穆罕默德	1821—1842年
4	穆罕默德·本·哈利法·本·萨勒曼	1842—1867年
5	阿里·本·哈利法·本·萨勒曼	1867—1869年
6	穆罕默德·本·阿卜杜拉·本·艾哈迈德	1869年
7	伊萨·本·阿里·本·哈利法	1869—1932年
8	哈马德·本·伊萨·本·阿里·本·哈利法	1932—1942年
9	萨勒曼·本·哈马德·本·伊萨·本·阿里	1942—1961年
10	伊萨·本·萨勒曼·本·哈马德·本·伊萨	1961—1999年
11	哈马德·本·伊萨·本·萨勒曼	1999至今

二、国家元首

巴林的国家元首是巴林的最高首脑,是巴林王国对内对外的最高代表。2002年巴林宪法规定,国王为国家元首及最高代表;其尊驾受保护,不容触犯；国王为宗教与祖国的忠实护卫者，是国家统一的象征。

长期以来，巴林国家元首称"埃米尔"，由哈利法家族世袭，掌握政治、经济和军事大权。老埃米尔伊萨·本·萨勒曼·阿勒哈利法，1933年出生于麦纳麦，1956—1961年任麦纳麦市政委员会主席，1958年1月作为长子被指定为巴林酋长继承人。1961年12月16日，伊萨就任巴林酋长。1971年巴林国成立，年仅38岁的伊萨自立为埃米尔。伊萨在任期间，巴林从一个区区60万人口的小国发展为石油富国。据说，伊萨生平最自豪的两件事，一是率先实行经济多元化，推崇教育，以发达的金融业替代日益减少的油气产业；二是建成了法赫德国王跨海大桥，实现了岛国与大陆的直通。1999年3月6日，66岁的伊萨正值执政的黄金年代，却因心脏病突发逝世。伊萨育有五子六女，王储哈马德·本·伊萨·阿勒哈利法是长子。6日当天，哈马德完成法律程序，顺利成为巴林国第11任埃米尔。哈马德继任埃米尔之后，进行了一系列民主改革。

三、现任国家元首

巴林现任国王哈马德·本·伊萨·阿勒哈利法（Hamad Bin Isa Al-Khalifa），1950年1月28日生于里法，喜爱运动，从小受到酋长家族熏陶，系统地学习了阿拉伯语和伊斯兰文化。后来，哈马德还接受了英国正统教育，也曾到美国进行深造，先后就读于英国的阿普尔加思公学、蒙斯军官学校、桑赫斯特皇家军事学院和美国堪萨斯州的陆军指挥参谋学院。1964年6月27日，哈马德被立为王储，兼任武装部队司令。1968年任国防部负责人，1969—1971年任巴林国民卫队司令，1970—1971年任国务委员会委员，1971—1974年出任国防大臣，1974—1975年出任哈利法家族委员会副主席，1975年创立巴林青年和体育最高委员会并担任主席，后出任武装部队总司令。1999年3月6日，哈马德出任巴林王国第11任埃米尔，统领大权。即位后，哈马德注意保持内外政策的连贯性，实现了政权的平稳过渡，2002年宣布巴林为"巴林王国"，埃米尔改称"国王"。

哈马德国王曾被授予多项奖章和荣誉，如：1967年2月1日，约旦之星一级勋章；1969年2月22日，伊拉克"两河"一级勋章；1970年5月25

第三章 政治制度

日，科威特国防一级勋章；1970年10月16日，摩洛哥穆罕默德一级勋章；1972年2月1日，约旦"复兴"一级勋章；1973年1月24日，埃及共和国"项链"一级勋章；1973年4月28日，伊朗"王冠"一级勋章；1974年4月4日，沙特阿拉伯阿卜杜拉·阿齐兹国王一级勋章；1977年10月8日，印度尼西亚共和国一级勋章、毛里塔尼亚一级勋章；1979年2月16日，英国圣米希尔暨圣乔治骑士勋章；1979年9月1日，利比亚"开端"一级勋章、哈里发"项链"勋章、巴林一级勋章、巴林军事贡献勋章。

哈马德国王属于海湾各国独立后的第二代国家元首，受现代文明影响，他的做派、观念与前辈不同，施政风格迥异，被认为是一名勇于革新的"现代派"或"改革者"。但也有评论认为他作为领导人较为软弱，无法与哈利法家族中反对变革的强硬派势力抗衡。哈马德国王能讲一口地道的英语，爱好篮球、足球、网球和猎鹰。他于1968年结婚，育有7子5女。2006年1月13日，他的第6个孩子、年仅15岁的费萨尔王子因车祸不幸丧生。

王储萨勒曼·本·哈马德·阿勒哈利法（Salman Bin Hamad Al-Khalifa），哈马德国王的长子，生于1969年10月21日。1992年2月6日在美国华盛顿大学获政治学学士学位。1994年获英国剑桥大学历史哲学硕士学位。1995年被任命为国防部次大臣。1999年3月9日被立为王储，同年3月22日被任命为巴林武装部队总司令。2013年3月11日起兼任第一副首相。在国王哈马德或首相哈利法出国期间任代国王或代首相，并主持内阁工作。已婚，有2子1女。

哈马德国王的次子阿卜杜拉·本·哈马德·阿勒哈利法（Abdulla Bin Hamad Al-Khalifa）也是一位不得不提的人物。阿卜杜拉生于1975年6月30日，拥有美国哈佛大学管理学专业硕士学位，管理全球几千家企业，资产运营遍及欧洲和美洲。阿卜杜拉王子个人的投资领域包括汽车、不动产和电子产品贸易等行业。他统领的阿拉伯世界资本集团被认为是全球最大的资本集团，几乎掌管了整个中亚和中东地区的一流汽车代理行。同时，他还垄断了许多其他品牌车辆的代理行。阿卜杜拉王子性格隐忍，至今仍未迎娶王妃。他的绝大多数财产均呈散射状，令探究他的媒体至今也无从得知具体数字。2001年,阿拉伯世界富豪榜上排名第一的沙特阿拉伯王子瓦利特·本·塔拉勒就坦言道:"我的200亿美元资产尚不及巴林王国二王子个人资产的四分之一。"很少在公众场合抛头露面的文莱苏丹也在前些年对媒体提到:"我不想和巴林二王子比较资产,不管谁多谁少,我始终是他的朋友。"美国《福布斯》杂志曾估算这位巴林王国第二王位继承人的财产总额为400多亿美元,不过阿卜杜拉王子到底拥有多少资产至今还是个谜。

第三节 行政机关

内阁为巴林的最高行政机关,由首相及数名大臣组成。按照2002年宪法规定,行政权归国王与内阁及各部大臣掌握。内阁关注国家利益,制定和推行政府大政方针,主持政府机关工作。

尽管埃米尔握有执行实权,但自1956年起,埃米尔将决议权交给了内阁。当时,埃米尔颁布命令成立内阁,分设11个部。这些部门建议埃米尔通过出台一系列政策来铲除日益滋长的官僚风气。1970年,伊萨·本·萨勒曼正式颁布命令,将内阁增设为12个部。由埃米尔任命首相,再由首相提名12位大臣领导各部,组成内阁。内阁大臣有义务接受首相质询,而首相有权力否决内阁成员的任何决议。

后来,内阁经多次调整,逐渐扩展至18名成员,包括首相和副首相。以1992年底为例,首相、副首相和7位大臣都来自哈利法家族。埃米尔的弟弟哈利法·本·萨勒曼担任首相;埃米尔的儿子哈马德出任副首相;埃米尔的叔叔哈利法·本·艾哈迈德担任国防大臣;埃米尔的两位堂兄弟穆罕默德·本·哈利法和穆罕默德·本·穆巴拉克分别担任内政大臣和外交大臣。埃米尔的远房堂兄弟哈利法·本·萨勒曼出任劳动和社会事务部大臣。埃米尔另一远房堂兄弟阿卜杜拉·本·哈立德担任司法兼伊斯兰事务大臣。

各部大臣主持本部事务,执行政府涉及本部的大政方针,规划本部的工作方向并指导执行。本届内阁成立于1971年,最近一次调整时间为

2014年12月，共有23名成员。现内阁主要成员：首相哈利法·本·萨勒曼·阿勒哈利法（Khalifa Bin Salman Al-Khalifa）、王储兼第一副首相萨勒曼·本·哈马德·阿勒哈利法、副首相穆罕默德·本·穆巴拉克·阿勒哈利法（Mohammed Bin Mubarak Al-Khalifa）、副首相阿里·本·哈利法·阿勒哈利法（Ali Bin Khalifa Al-Khalifa）、副首相贾瓦德·阿里德（Jawad Al-Arrayed）、副首相哈立德·本·阿卜杜拉·阿勒哈利法（Khalid Bin Abdullah Al-Khalifa）、国防大臣优素福·本·艾哈迈德·贾拉马少将（Yusef Bin ahmed Al-Jalahma）、内政大臣拉希德·本·阿卜杜拉·阿勒哈利法（Rashid Bin Abdullah Al-Khalifa）、外交大臣哈立德·本·艾哈迈德·本·穆罕默德·阿勒哈利法（Khalid Bin Ahmed Bin Mohammed Al-Khalifa）、财政大臣艾哈迈德·本·穆罕默德·阿勒哈利法（Ahmed bin Mohammed Al-Khalifa）。

依据2002年巴林宪法，内阁首相指导内阁工作，执行内阁决议，实现各部工作的协调与互补。现任首相哈利法·本·萨勒曼·阿勒哈利法是国王哈马德的叔叔。哈利法，1936年生，1957年任教育委员会主席，1959年任政府秘书长，1960年任财政大臣，1966—1970年主持国家行政委员会工作，1970年任国务委员会主席，1973年任内阁首相至今。

第四节 立法机构

立法机构是现代社会中负责制定法律的机构，通常由当地公民按照一定的人口比例选出来的代表组成，称为国会、议会或立法院等。

依据巴林2002年宪法规定，立法权由国王与国民议会掌握，以国王的名义颁发司法条令。国王有权对宪法修正案及各种法律提出建议，批准并颁布法律。若协商会议及代表大会向国王呈报的法律，自呈报之日起6个月尚未退回两会复议，此法律即获批准，由国王颁发。

1920年7月20日被视作是巴林现代史上极为重要的一天。在这一天，巴林颁布了首部成文法，也是一部市政法，同时包括卫生法、动物保护法、交通法等其他专业法规。老埃米尔哈马德·本·伊萨·本·阿里·哈利法与其子苏莱曼·本·哈马德·哈利法执政期间，建立了更多的市政府机关，同时颁布了许多法令法规，用以规范这些市政府机关的运作。当时，政府张贴在市政府和市场建筑外墙上的通告成了巴林公民了解消息和正式法规的主要来源。

一、制宪议会

宪法是一个国家的根本大法，是特定社会政治经济和思想文化条件综合作用的产物，集中反映各种政治力量的实际对比关系，确认革命胜利成果和现实的民主政治，规定国家的根本任务和根本制度，即社会制度、国家制度的原则和国家政权的组织以及公民的基本权利、义务等内容。国家内部政治力量对比关系的变化对宪法的发展变化起着直接作用。

1970年，巴林成立了具有咨询性质的国务委员会，负责内政和外交事务，由12人组成。巴林独立之后，伊萨埃米尔宣布巴林实行君主立宪制。1972年6月20日，伊萨埃米尔宣布将于当年12月1日成立制宪议会，制定宪法草案。7月19日，伊萨埃米尔再次颁布命令，规定参加制宪议会的选民必须是在巴林出生、年满20周岁的男性公民。同日，哈利法首相宣布将巴林分成8个选举地和19个选举区。12月1日，2.7万多名巴林公民陆续来到选举箱前，从58个候选人中选出22名制宪议会成员。这次大选是巴林历史上第一次大规模全民选举。制宪议会由22名当选代表和另外20名成员组成，后者包括由埃米尔任命的8位代表和时任内阁成员的12人。12月16日，伊萨埃米尔在麦纳麦市政办公楼主持了制宪议会的开幕仪式。之后，哈利法首相主持了制宪议会的第一次会议，易卜拉欣·阿卜杜·侯赛因当选为制宪议会主席，阿卜杜·阿齐兹当选为副主席，卡西姆·法赫鲁当选为秘书长。12月19日，制宪议会召开了筹备巴林宪法的第一次会议。

1973年12月6日是巴林历史上具有里程碑意义的一天。伊萨埃米尔在这一天批准并颁布了巴林宪法。1973年宪法对巴林的国家性质和政府制度做了明确规定，确定了国家机构的职能，为国家的基本法律和政治制度奠定了基础。

2000年11月,哈马德埃米尔发布敕令,成立制定《国家行动宪章》的全国最高委员会。2001年2月,巴林举行全国投票,以98.4%的支持率通过了《国家行动宪章》。2002年2月14日,新宪法颁布,国体改为王国制,国家元首埃米尔改称国王。

在巴林,尽管伊斯兰制度正经历着深刻的变化,但伊斯兰传统对于制度建设仍具有重要的影响力。巴林宪法在确定国家与宗教关系方面有许多明文规定。首先,伊斯兰教是巴林的国教,伊斯兰教法是巴林王国立法的主要依据;其次,家庭是巴林社会的基本单位和重要基础,国家保护阿拉伯和伊斯兰遗产,致力于加强穆斯林国家间的联系,实现阿拉伯民族的统一和进步;再次,国家保障信仰自由,保障宗教寺院不受侵犯,保障国民举行宗教仪式的自由。国王拥有凌驾一切的实际权力,因此巴林并不像沙特那样把伊斯兰教法全面贯彻于国家社会生活之中,但也不是完全实行政教分离的世俗君主制国家。确切地说,伊斯兰教是巴林国家政治生活中的一部分,在社会生活的许多领域中仍然普遍实行。

二、一院制国民议会

1973年,宪法制定完毕,制宪议会解散,通过选举成立了国民议会。共有来自全国20个选区的112名候选人参选,最终选出30名议员,任期4年。埃米尔另外指定14名无固定任期的内阁成员共同组成第一届国民议会。国民议会无权创制法律,但有权向内阁提出建议,批准法律,也有权就各项政策质疑除首相之外的所有内阁大臣。国民议会由两大派系构成:一派为占多数的人民阵线,共有8名议员,包括社会学家、左翼人士、共产主义者以及代表工人、学生、知识分子阶层的同盟人士,主张工会合法化、废除1965年的公共安全法;另一派为什叶派宗教阵线,共有6名议员,他们以宗教的视角监督教育、道德操守和宗教仪式等,主张禁止销售一切酒精饮料。除此以外,还有16名来自各个部落的议员,他们在看待问题的立场上保持各自独立的观点。

然而,由于国民议会试图挑战王室特权,仅仅召开了两届便遭解散。第二届国民议会上,政府与人民阵线之间对于是否实施《国家安全法》产生了巨大分歧。伊萨埃米尔提出的《国家安全法》规定，政府有权逮捕或监禁威胁到国家安全的人。国民议会认为这项法案维护了埃米尔的特权，会滋生腐败专制。另一个争论焦点是巴林政府和美国签订的一项协议，协议规定美军获准在巴林设立海军基地，美方每年向巴林政府支付400万美元作为补偿。这一事件在国民议会引起了轩然大波。议员们在辩论的时候并没有聚焦于解决问题的本身，而是言辞激烈地互相争吵，频频将矛头指向执政者。

由于国民议会迟迟未做出决议，导致问题直到1975年5月仍然悬而未决。同年8月，埃米尔下令解散国民议会，废除宪法关于君主立宪和政治民主的条款，改行君主制。随后，《国家安全法》获得通过，司法机构不经审判即可拘禁公民3个月。虽然宪法规定新一轮的大选必须在国民议会解散后的两个月内举行，然而选举未能如期进行。1976年8月，伊萨埃米尔宣布国民议会无限期解散。此后的27年，是巴林没有议会的27年，也是反对派争取恢复议会和1973年宪法的27年。

长期受英国殖民统治的巴林在独立伊始，统治阶层和民众都有效仿西式民主制度建立现代国家的愿望，但是现代政治模式和传统王室统治的矛盾，决定了这次最初的民主尝试在其萌芽阶段就迅速失败了。

三、协商会议

巴林在20世纪70—80年代经历过由两次石油危机带来的繁荣，滚滚而来的石油美元掩盖了种种社会矛盾，高收入、高福利让百姓满足于没有民主的家族统治。但是1991年海湾战争爆发，再次激起巴林社会要求政治改革的要求。1992年12月20日，伊萨埃米尔颁布了1992年第9号法令，要求成立协商会议，为政府建言献策，协助政府实现愿望、达成目标。

1993年1月16日，伊萨埃米尔主持了协商会议的开幕式和第一次会议。1996年5月31日，第一届立法会召开，共有30名委员。1996年9月11日，第二届立法会召开，委员人数增加到了40名。根据1996年12号埃米尔令第2条和第3条的规定，第一届立法会的权限得到扩大，第二届立法会吸纳了部分妇女委员。

2002年2月14日,第三届立法会第二次会议召开,会议公布了宪法修正案,使得协商会议成为继内阁之后的第二个立法权力机构,国民议会带领巴林王国走向了一个新阶段。

四、两院制国民议会[①]

哈马德国王即位后,积极推动国内政治改革。2002年10月,巴林成立由协商会议和众议院组成的两院制国民议会。协商会议的职能是向国家立法、行政机关提供咨询和建议,由国王任命的40名议员组成,议长亦由国王任命。众议院承担立法工作,由40个选区的40名直选议员组成,议长由议员投票选出。国王、内阁和众议院拥有法律创设权,协商会议无法律创设权。两院议员任期均为4年,期满可连任。国民议会通过的法律草案均需呈国王批准。

议会两院均有权监督政府,并就有关问题质询内阁成员。众议院除拥有质询权外,还有权对内阁成员提出"不信任投票"。如"不信任投票"获半数众议员以上通过,该内阁成员必须辞职,或由国王下令解散议会,重新举行议会选举。议会不得对首相进行质询或提出"不信任投票"。

1. 发展历程

2002年12月14日,哈马德国王主持了首届协商会议和众议院第一次会议,开创了巴林历史上的一个新时代。哈马德宣布第一次会议隆重召开,表达了他对于恢复国民议会制度的喜悦之情。第一届(2002—2006年)协商会议主席是费萨尔·本·拉迪,众议长是哈里发·本·艾哈迈德。

2006年12月15日,哈马德国王主持了第二届(2006—2010年)协商会议和众议院第一次会议。第二届协商会议主席是阿里·本·萨利赫·萨利赫,众议长是哈立德·本·艾哈迈德·道赫拉尼。

2010年国民议会换届选举,第三届(2010—2014年)协商会议主席是阿里·本·萨利赫·萨利赫,众议长是哈利法·本·艾哈迈德·扎哈拉

[①] 两院制国民议会主要参考《外国议会简介》,全国人大常委会办公厅外事局编,中国民主法制出版社,2010年版。

尼（兼任国民议会议长）。

2012年8月，巴林修改宪法，进一步扩大国民议会中众议院的权力，包括众议院有权否决首相提出的组阁名单并对副首相及内阁大臣进行质询，且有关官员本人必须应询；有权对首相提出不信任案动议，三分之二的议员同意即可通过；国民议会议长由协商会议主席兼任改为由众议院议长兼任；取消协商会议对内阁大臣的质询权，使其仅成为立法机构，不再具有监督权；每年审议次年政府财政预算，监督当年预算执行情况。

2014年国民议会换届选举，第四届（2014—2018年）协商会议主席是阿里·本·萨利赫·萨利赫，众议长是艾哈迈德·本·易卜拉欣·穆拉（兼任国民议会议长）。

2．会议制度

协商会议于每周一上午9:30召开例会，众议院于每周二上午9:30召开例会。会议出席人数必须超过议员半数，否则会议决议无效。除例会外，两院可就重要或紧急议题召开特别会议。

议会会议对公众开放，百姓和记者可参与旁听。在讨论与政府部门相关问题时，有关内阁大臣或其代表应列席，就相关问题进行说明，届时议会可应政府部门要求举行闭门会议。

每年12月第2个星期六，巴林举办国民议会开幕式，两院议员共同参加，国王出席并宣布议会开幕。夏季为巴林议会休会期。

3．选举制度

巴林的选举制度主要是指众议院议员的选举制度。涉及确定候选人资格和选民资格、选举机构和选举程序等。

（1）候选人资格。年满20周岁的成年巴林男女公民；拥有完全的公民权和政治权利；能够用阿拉伯语阅读和书写。

（2）选民资格。年满20周岁的成年巴林男女公民，因犯罪被剥夺选举权的除外；在自己居住地所属选区参加投票；海外公民参加投票，不受居住地限制。

（3）选举机构。巴林设有选举委员会，专门负责众议院议员选举。该委员会主席由巴林司法和伊斯兰事务大臣担任，主席委托一个由3人组成的执行委员会负责具体工作。政府允许国内人权组织在各选区监督选举，但不欢迎国际人权组织派观察员介入本国选举。

（4）选举程序。各选区地方政府于选举前进行选民登记，并在选区张贴选民名单。各选区第一轮选举应于选举开始后45日内完成，若此轮选举中无候选人获该选区50%以上选票，得票最高的前两名候选人进入第二轮选举，获多数选票者获胜。第二轮选举应在30日内结束。

4. 职权和机构

（1）协商会议主席和众议院议长的职权

分别对协商会议和众议院的各项工作总负责；直接领导总秘书处；协调并监督各委员会工作；召集并主持协商会议例会及紧急会议；有权要求下设委员会就重要或紧急议题召开会议，并主持会议；代表协商会议发表言论并与其他部门进行联系与协调。

（2）协商会议和众议院办公室

协商会议和众议院分别设立办公室，作为常设机构，分别负责制订会议议程、审查协商会议和众议院的年度预决算、帮助各下设专门委员会开展工作，并受主席或议长委托，在议会休会期间负责协商会议日常工作。协商会议办公室由协商会议主席、2名副主席及5名下设专门委员会主席组成。众议院办公室由1名议长、2名副议长、众议院立法及法律事务委员会主席、财政与经济事务委员会主席组成。

（3）下设专门委员会

协商会议和众议院均下设以下5个专门委员会。

*立法及法律事务委员会

负责审查法律草案及其是否违宪，协助其他委员会审订提案文本；处理关于议员资格、身份及豁免权等事务；其他委员会职权之外的事务。

*外事、国防及国家安全委员会

负责研究国际政治、巴林外交政策及其在国际事务上的立场；审议政府对外签订的条约与协议；讨论面临的外部国家安全问题、国内安全事务及有组织犯罪等议题。

*财政与经济事务委员会

负责审议政府预决算、国家经济发展计划、政府预算内建设项目及与政府各部有关的财政或经济项目。

*社会服务事务委员会

负责教育、扫盲、工会、职业培训、社会文化、卫生服务、新闻媒体等。

*公共事业与环境委员会

负责农业、水电、住房、交通、邮政、市政建设及环境保护等领域的事务。

协商会议另外还设有妇女儿童事务委员会，负责审议关于妇女儿童事务的法律、政策草案，向协商会议提交有关报告；就有关妇女儿童事务向其他委员会提供咨询；跟踪监督议会有关妇女儿童事务所作决议或建议的落实情况。

（4）总秘书处

协商会议和众议院各设总秘书处，作为办事机构，分别受协商会议主席和众议院议长领导，负责处理日常行政工作。总秘书处由事务局、会务局、议员局、人事局和网络局等部门组成，分别负责会议安排及记录、议员发言计时、接受议员提案、接受各专门委员会报告并将其转呈至协商会议办公室和众议院办公室。

5. 议会立法程序

议会立法程序主要是指内阁提出的法规草案的审议程序和众议院议员提出的立法草案的审议程序。

（1）内阁提出的法规草案的审议程序

——首相向众议院提交内阁法规草案，众议院须在接受草案后15日内启动审核程序，否则内阁有权将草案直接交给协商会议审核。

——众议院办公室安排众议院审议内阁草案的优先次序，并将有关草案依次送至相关专门委员会及立法及法律事务委员会审阅。

——由相关专门委员会就上述草案汇总至立法及法律事务委员会，修改后呈众议院会议通过。

——如该草案获众议院通过，由众议院将其送至协商会议审议。

——如该草案获协商会议审议通过，则发还内阁，并由内阁呈国王批准签署，公开发布。

——如该草案未获协商会议通过，则协商会议将其送还众议院再次审议、修改后送协商会议二次审阅。

——如协商会议二次审阅仍未通过该草案，则召开两院大会，由两院议员共同投票，按简单多数决定是否通过该草案。

（2）众议院议员提出的立法草案的审议程序

——由不超过5名众议院议员联名提出立法草案，并呈交众议院议长。

——众议院议长将该草案先后交与相关专门委员会和立法及法律事务委员会审阅。

——由相关专门委员会就上述草案汇总至立法及法律事务委员会，修改后呈众议院办公室，由众议院办公室决定众议院会议审议该草案的时间。

——众议院就该草案进行辩论，如草案获得通过，由众议院将其送至内阁，并由内阁将该草案以内阁法规草案形式再次送众议院审议，此后审议程序与审议内阁提出的法规草案程序相同。

第五节 司法机构

司法机构是行使司法权的国家机构。"司法"是指维护法律、确保法律被正确地执行，其具体定义和司法部门的权力在不同国家的法制里有所不同。

巴林实行司法独立，不允许其他部门干预司法公正，各级各类法院的职责权限明确。巴林法院以国王的名义掌管司法权，并依照宪法以国王的名义发布法令。

一、双重司法体系

巴林设双重司法体系，立法依据是伊斯兰教法（沙里亚法）和西方民法。伊斯兰教法包括马立克学派、沙斐仪学派和贾法里学派。前两个学派隶属于逊尼派,后者属于什叶派。由于巴林特殊的历史背景,巴林民法从20世纪20年代起就深受英国法律影响,并由英国法律顾问拟定。1958年,巴林第一部劳动法出台,详细规定了巴林劳动者的权利和义务。

巴林分别设有沙里亚法院和民事法院。沙里亚法院在全国设各级法院,主要针对婚姻和继承案件。所有社区均设沙里亚一审法庭,麦纳麦设有上诉法院及最高上诉法院。民事法院主要针对民事和刑事犯罪案件。巴林公民如有冤情可向国王请愿。国王负责召开公众会议,听取公民意见并接受请愿。所有社区设一审法庭,负责审理部族纠纷、民事纠纷和刑事犯罪等案件。高级法院专审审判法庭的上诉案件。最高上诉法院是国家最高受理上诉机构,裁定法律和章程的合宪性。

1973年巴林宪法将统治制度建立在代表人民意志的民主立宪原则之上,在海湾地区和阿拉伯世界都很先进、新颖,一度被认为是阿拉伯各国效仿的对象和模板。按照1973年宪法规定,巴林司法与行政机构分立,但最高司法委员会和司法兼伊斯兰事务大臣均由首相任命,且对首相有应答义务。埃米尔拥有最高司法权和赦免权。宪法规定巴林实行民主制度,但同时哈利法家族在巴林的统治地位也以宪法的形式得以确认。

根据2002年巴林宪法规定,国王领导最高司法委员会,根据最高司法委员会的建议,敕令任命法官。对于现行国家法令和政策,议会有权对其进行"违宪审查",并交宪法法院审查,若经宪法法院裁定该法令或政策违宪,必须立即停止执行。国王有权将议会已通过的法案交由宪法法院进行审查,如查实违宪,国王则不予签署,该法案不能实施。

二、宪法法院

宪法法院是巴林王国的最高法院。按照巴林《宪法法院法》规定,宪法法院的7名法官均由最高司法委员会推举,国王是最高司法委员会主席。所以,国王还是可以从人事提名上对宪法法院施加影响。巴林《宪法法院法》规定,出任宪法法院法官需要具备如下资格:一、具有完全法律能力的巴林公民或其他阿拉伯国家公民;二、拥有良好的道德声誉和德行记录；三、年满40周岁；四、拥有法律本科学位且执业不少于15年。

巴林宪法法院院长的主要职责：一、作为宪法法院集体意志的代表，对违宪审查之后的所有文件享有署名权，未经宪法法院院长署名的法律法规不管修改与否均为无效；二、决定宪法法院审理程序问题；三、主持宪法法院的审理；第四、负责宪法法院内部人事、报酬等。

宪法法院的职责是监管宪法及法律条令的实施，裁决宪法、法律条令中有争议的条款，处理对于内阁成员选举及其合法性的特殊申诉的问题。国王可将宪法中某项需要修改的法令草案移交给宪法法院，然后公布实施。宪法法院的决议对于所有的国家权力机关都具有权威性。

按照巴林《宪法法院法》，巴林宪法法院拥有对立法的事先审查权和对具体案件的事后违宪审查权。在事后审查中，有三类机构或个人可以向宪法法院提起诉讼：一、内阁首相、协商会议主席、众议院议长等三类有权主体；二、普通法院主动提起；三、当事人对司法机构裁决合宪性的异议抗告。

此外，巴林宪法还规定建立财产监管法庭，其独立性受法律保护，旨在协助政府和内阁监管国家管理部门的收支情况，将其控制在预算范围之内。财政监管法庭每年必须向政府和内阁提交工作和监管情况的年度报告。

2013年1月27日，哈马德国王指出，司法和公诉制度是巴林社会正义的基石。法官是权利和自由的保证人。几十年来，巴林拥有的司法系统，为巴林王国在各领域的进步做出了贡献，应该感谢司法系统持续的进步。"我们自始至终实实在在地确保两件事：一是任何人都无权干涉司法系统的运行；二是法官和公诉人所在的机构均为独立运行。"哈马德说他任命的上诉法院法官，负责最高司法委员会的所有审判活动，确保对各级法院及其附属机构进行适当的监督。①

---

① 巴林《每日新闻报》，2013年1月28日。

第六节 政治民主化进程

巴林长期以来偏向温和的改革,它在西方的重要盟国美国和英国也多次称赞这个国家是一盏改革的指路明灯。巴林是海湾地区第一个实行国会选举和允许妇女参政的国家。

一、早期的政治环境

与其他海湾国家相比,巴林社会的自由度比较高。在历史上,巴林就是一个相当开放的贸易中心。1932年,巴林在海湾国家中第一个发现石油。随后,巴林经济迅速发展,为国家政治、文化的发展奠定了基础。巴林的正规教育系统发展很早,在20世纪30年代就取得了长足的进展。1935年,巴林成为大英帝国在海湾地区的行政中心,一直持续到1971年巴林独立。

巴林相对自由的社会促成了一种能动的政治传统。大英帝国的官僚机构培养了一个专业、西化的阶层,民选代议制度的信条对他们来说并不鲜见。早在1926年,市政议会的一半席位即由地方选举产生。政治抗议对于巴林人来说也不是什么新鲜事物,至少可以追溯到20世纪20年代前后。1919年爆发的巴林工会运动始于采珠工人要求增加权益的运动。30年代,巴林出现了最早的现代劳工运动。1932年,巴林石油公司罢工的工人要求更好的教育、更公平的法庭、更高的工资和更好的工作条件。1938年,巴林石油工人提出了正式的权益保障条例,要求提高薪金、工资、交通补贴、夜班补贴等。

二、争取民族独立的巴林组织

20世纪50年代,受伊朗石油国有化运动的鼓舞,巴林民族主义情绪日益高涨,提出了从大英帝国独立出来的要求。巴林的各个阶层、地区和宗教派别均表示支持。1955年,海湾国家中的第一个民族主义左派政治组织"巴林民族解放阵线"成立。50年代,复兴党在巴林成立支部,受伊拉克复兴党的领导。60年代和70年代,"巴林民族解放阵线"先后领导了反英民族运动和工人运动，遭到严厉镇压之后，领导人多流亡国外。1974年，"巴林人民解放阵线"成立，主张"共产主义"。

三、建国后对民主政治的探索

独立之前，西方的宪政民主思想就在巴林传播，这为巴林独立之后实行现代立宪制政体奠定了思想基础。独立之后，为了加强哈利法家族的统治合法性，伊萨埃米尔曾于1973年颁布宪法，成立国民议会，但仅隔两年之后即宣布解散。究其原因，主要是巴林民众指望通过国民议会争取更多民主权利，超出了巴林统治者可以忍受的限度。民主进程刚刚起步，便彷徨不知所终，这在中东地区相当普遍，问题的症结在于传统部落制度和现代民主政治制度之间存在的矛盾。1973年巴林宪法明确指出，巴林实行世袭的长子嗣位制，这是海湾地区唯一制定此规定的国家。

1975年起，巴林重新退回到族长制社会，反对派团体不断呼吁恢复君主立宪制国会。1979年伊朗爆发伊斯兰革命，巴林什叶派民众教派意识觉醒，以什叶派为基础的反对派组织成立，主要是"巴林自由运动"和"解放巴林伊斯兰阵线"，后者因为浓厚的伊朗色彩被视为伊朗的"第五纵队"。"巴林自由运动"（又称巴林解放运动或巴林伊斯兰运动）是一个带有伊斯兰色彩的纹徽的社会组织，创立于1982年，主要目标是恢复宪政，维护什叶派权益，但在实际行动中尽量淡化什叶派色彩，主张与反对巴林统治家族的逊尼派联合，反对建立伊斯兰国家，阿卜杜·艾米尔·贾姆里是其精神领袖。受1979年伊朗伊斯兰革命影响，伊拉克的什叶派宗教学者阿亚图拉[①]哈迪·穆达里希联合在伊朗的巴林什叶派反政府力量于1980年创立"解放巴林伊斯兰阵线"，这是巴林历史上第一个什叶派政治组织，目标是推翻巴林王室，建立伊斯兰共和国。因为哈迪·穆达里希的号召，巴林什叶派在1979年夏季举行游行示威，此后什叶派反政府活动持续不断。1981年12月，巴林政府声称破获一起试图推翻哈利法家族统治的政

---

① 阿亚图拉，波斯语（Ayatollah）音译，意为安拉的显迹或安拉的迹象。伊斯兰什叶派十二伊玛目支派高级教职人员的职衔和荣誉称号。

变阴谋，逮捕了73名"解放巴林伊斯兰阵线"成员，什叶派政治运动陷入低潮。① 为了表示对哈马德改革的欢迎和改变在民众心目中的极端形象，该组织于2002年宣布解散。

20世纪90年代，巴林政局相当不稳定，国家经济也发生了动荡。迅速消耗的石油资源和海湾战争的巨额账单使巴林陷入了前所未有的经济困境，社会矛盾开始暴露。政治参与问题成为各种政治力量关注的焦点，他们纷纷要求当局承诺进行政治改革。

受苏东剧变的影响，阿拉伯国家在90年代初开始了一股民主化浪潮，巴林要求重新立宪的呼声达到高潮。1992年和1994年，巴林激进的反对派试图向埃米尔请愿恢复国会，并赋予妇女投票权。1992年11月16日的请愿书，超过200人签名，要求重新召开1975年解散的议会，实行自由、廉洁的选举，确立宪法在保障公民权利和作为议会权力来源的重要性。

为了回应这些要求，埃米尔在1992年12月11日国庆之际，宣布成立协商委员会，旨在以"辩论"方式决定社会、教育、文化、卫生等国家大事。28日，埃米尔颁布诏令，指定30位逊尼派和什叶派人士作为协商委员会成员，之后又增至40位，然后是44位。另一份埃米尔诏令则限定了协商委员会的职权范围，如提议立法和商讨政治议题的权力，以及进行政治协商的任务，却没有授予它立法权和监督权，它只能算作立法当局的辅助机构。

1994年12月，巴林政府逮捕了一个散发传单的什叶派神职人员，引发了一场以"民主、自由和宪政"为口号的政治运动。后来，又演化为什叶派伊斯兰原教旨主义组织和民主运动组织与政府不断升级的对抗，致使数千人入狱或被流放海外，40余人丧生。

经济衰退使大批巴林人失业，加剧了社会动荡。20世纪90年代以来巴林失业率一直高居15%—25%之间，引发了巴林人对外籍劳工的仇视，排外浪潮开始蔓延，巴林人与外籍劳工的对立使社会更加动荡。

---

① 关于巴林反对派和什叶派的情况，可参阅：吴冰冰：《谁是巴林反对派》，《东方早报》，2011年4月8日国际观察版。李福泉：《巴林什叶派穆斯林问题简介》，《国际资料信息》，2009年第9期。

四、哈马德国王改革

1999年，哈马德国王上台之后，为了消除当局和反对派之间的紧张关系，着手进行一系列改革，涉及政治、经济、文化等各个领域。哈马德采取的重要改革措施有：

（1）发布埃米尔诏令，组成新政府，由哈利法·本·萨勒曼·阿勒哈利法领导。

（2）无条件赦免政治犯、关押犯和暴动人员，允许海外流亡人员回国。

（3）努力改善民生，解决失业和住房问题。

（4）1999年底，恢复乡镇选举制度，允许包括妇女在内的所有人参加选举；同时允许将要举行选举的乡镇委员会拥有以前民主实践所承认的一切职权。

（5）宣布建立两院制国民议会。以自由、廉洁方式选举众议院，履行立法职能。协商委员会包括40位有经验和技能的委员。

（6）2001年2月8日，取消国家安全法及国家安全法庭，为实施宪法铺平道路。

哈马德执政后，决定组建最高国家委员会，编写《国家行动宪章》。该委员会由来自不同社会阶层的46名代表组成（包括6位女性），依据国王在不同场合的讲话中提到的总体计划开展工作，目的是要找到一个适合巴林的现代民主模式，以融合现代需求和古老的巴林社会传统，建立一个科技发达的现代化的富裕国家，开创一条建设现代文明社会的道路，推动国内政治民主化，跟上世界发展潮流，使巴林更好地在地区和国际上发挥作用。

2000年12月23日，最高国家委员会向哈马德递交了《国家行动宪章》草案，经过一个多月的商讨之后交付全民公决。《国家行动宪章》是民主契约的样板，因为它的目标就是成为新时期国家建设进程中的社会契约支柱，强化巴林的基础、特色和文化遗产，确立国家在领土、人民和领导上的统一。它同时也为未来的工作指明了道路，完善了国家组织和制度，为新巴林描绘了更加美好的明天。

（1）《国家行动宪章》明确了统治者和被统治者之间的关系原则：

——巴林的政治制度是世袭的君主立宪民主制，主权属于人民，人民是所有权力的来源。

——根据民主原则，实行三权分立。立法权、行政权和司法权，在宪法范围内各自独立又互相合作，受埃米尔领导。

——司法主权是国家统治的基础，司法的独立、稳固是公民权利和自由的基本保障。

（2）《国家行动宪章》规定保障个人自由和公民在权利和义务上的平等：

——个人自由受法律保护，未经法律许可并在司法监督下，任何人不受逮捕、拘留、监禁、搜查或被强迫居住在某一特定地点，任何人的居住自由、选择住处的自由和迁移自由均不受限制。

——任何情况下都不允许对任何人进行任何形式的物质或精神折磨，或非人道对待，或屈辱对待，或触犯尊严的对待，任何通过折磨、威胁或唆使得到的言论均被视为无效，尤其禁止对犯罪嫌疑人进行物质或精神虐待，违反上述规定的人员将依法受到制裁。

——国家保护信仰自由，保护精神绝对自由。国家保护礼拜活动自由，保障根据国家主流习俗举行宗教仪式的自由。

——每个公民都有表达意见的权利，可以口头、书面或任何其他表达个人意见或建议的形式；依据这条原则，规定范围内的学术研究自由、出版自由、新闻自由、印刷自由受到法律保护。

——依据国家准则、目的合法、方式正确……可以自由结社。

（3）《国家行动宪章》强调国家保障经济自由和财产私有原则：

——经济制度建立在个人自主和资本自由基础之上。

——财产私有、资本和工作是具有社会属性的个人权利，法律允许在经济准则和社会公正的基础上享有这些权利。

——支持公民接受继续培训和转型培训，给公民提供更多的工作机会。

（4）尽管《国家行动宪章》回避了"政党"这个名称，代之以"协会"，但事实上允许政党的存在并承认其在国家政治生活中的作用,这在实行党禁的海湾国家尤其难能可贵。尽管政府不承认任何巴林政党的合法性,但2005年出台《政党法》,要求所有政治组织必须在政府部门注册,否则即被视为非法组织。① 这为巴林各大政治组织走上政党道路提供了便利条件。

通过这些措施,巴林大步迈向国内稳定和政治开放,埃米尔开始会见反对派、爱国人士、工会代表和宗教人士。国内外反对派都表示支持宪章。2001年2月14、15日举行的全民公投,取得了包括妇女在内的巴林民众的高度认同,赞成票高达98.4%。

为支持这一政治开放趋势,巴林采取了许多重要的社会性措施。为缓解1994年和1998年国内动荡和抗议所带来的失业问题,政府决定向失业人员提供资金援助。"2001年5月初,埃米尔要求给予正在找工作的巴林人6个月的补助,直至他们找到工作或参加培训项目,已婚者每月100巴林第纳尔(约256美元),未婚者每月70巴林第纳尔(约175.4美元)。"同时,恢复在抗议期间失业的巴林人在国企或私企的工作。②

2001年5月9日,巴林地方选举如期举行,选举在5个选区进行,来自12个"协会"的包括31名女性在内的320名候选人角逐50个地方议会席位。

关于宪法改革,《国家行动宪章》确定了国家未来规划的基础和内容。政府和人民均支持宪章内容,认为这是关于国家未来的行动宪章。2002年2月14日,纪念《国家行动宪章》投票一周年之际,国王批准根据宪章规定的框架修改宪法,从根本上说是修正国民立宪形式,从而重建两院制国民议会,加强三权分立原则。分析人士认为,这是巴林王国开启"国家生活民主化"进程的良好开端。

为了完善国家的立宪机构,保障民主发展进程,为实施参与议会选举

---

① Greg Power, The Difficult Development of Parliamentary Politics in the Gulf: Parliaments and the process of Managed Reform in Kuwait, Bahrain and Oman, the London School of Economics and Politics Science, October 2012, p.14.

② [摩洛哥]阿拉比·贝拉:《巴林王国的民主实践:基础、现状、挑战和未来展望》,《阿拉伯历史》(阿文版),2007年秋季号,第42期。

营造良好的政治氛围,国王主动采取了一些措施,来敦促公民参与完成改革方案。2002年7月3日发布的四项诏令分别涉及政治权力的行使、协商委员会和众议院、行省制和金融监管法。8月21日发布的另一项诏令确定了议会选区、选举机构、选举范围等事项。哈马德在10月21日的演讲中号召所有公民同他站在一起,行使他们的参与权,以保护他们已经取得的权利和成果。①

选举活动是否正常举行,是检验民主转型成功与否的标准之一。一方面,国家采取了有利于选举活动的措施,允许候选人完全自由地提出他们的竞选方案,讨论所有与国家有关的问题,候选人和选民都热情地参与所有问题的讨论。尽管候选人有着不同的身份、倾向和意见,但他们一致支持国家改革方案。

2002年10月的国民议会选举如期举行,共有177位候选人参与竞选,其中有8位女性。最终结果是成立了一个由所有阶层、伊斯兰政治派别、自由党、左派以及独立精英人士组成的众议院。②

2006年11月,自启动新时期改革方案以来,国家举行了第二次选举,共有206位候选人参与竞选,其中有16位女性。大部分政治组织参与了这次选举,结果是伊斯兰反对派占据了40个席位中的30个,它们在众议院中的地位得到加强。③

2010年11月,议会选举,什叶派政党维法格党(Al Wefaq)④ 获得18个席位,成为议会中第一大党。随后,突尼斯和埃及局势发生变化,巴林长期积累的矛盾终于再次演化成大规模的示威游行。

---

① [摩洛哥]阿拉比·贝拉:《巴林王国的民主实践:基础、现状、挑战和未来展望》,《阿拉伯历史》(阿文版),2007年秋季号,第42期。
② [巴林]新闻部外宣局:《国王和他五年来的成就》,2004年(阿文版),第45—55页。
③ [摩洛哥]阿拉比·贝拉:《巴林王国的民主实践:基础、现状、挑战和未来展望》,《阿拉伯历史》(阿文版),2007年秋季号,第42期。
④ 维法格党,全称"全国伊斯兰和解协会",成立于2002年,是巴林最大的什叶派政治组织,尽管继承了"巴林自由运动"的衣钵,但并非宗教组织,主要目标是改变什叶派境况等世俗内容,人数至少有6.5万人,相对温和,曾参与王室和政府之间的对话,现主要领导人有阿里·萨勒曼、哈利勒·马尔祖格、伊萨·卡西姆等。

五、2011年以来的国内动荡

2011年2月14日,巴林爆发示威游行,示威群众占领了麦纳麦市中心的珍珠广场。抗议者要求修改宪法以扩大议会中什叶派的比例,结束"不公正"的仅对逊尼派有利的选区划分,呼吁提供更多工作机会,解除对他们的歧视政策,要求罢免现任强硬派首相哈利法。大部分示威者要求更多的民主权利,并表示拥护哈利法家族的统治,但也有示威者公开提出要推翻哈马德政权。巴林政府镇压什叶派的抗议活动以后,维法格党的18名议员宣布退出议会。

有媒体认为,尽管哈马德国王谨慎地推进民主化改革进程,但同时也在想办法强化自己的权力。2002年,他借助改变国体,实行"国王制",强化了国王的权力,引起反对派尤其是什叶派穆斯林的强烈不满。按中东媒体的说法,从那时起,巴林的民怨就开始积压、发酵,直到2011年2月,中东、北非国家先后发生政治动荡,巴林民众也随即走上街头。反对派觉得,既然突尼斯、埃及都能"变天",那即便不能把现政府推翻,至少也能让政府进行改革,争取到尽可能多的自由、民主和参政权。①

巴林政府先是根据强硬派首相哈利法的主张,于2月17日利用以外国雇佣兵为主的国民卫队进行镇压。在美国的压力下,萨勒曼王储于2月19日开始与反对派对话。自发生动荡以来,巴林王室内部分为两派,一是以首相哈利法为代表的强硬派,成员遍布国家安全、情报部门以及司法机构等,他们坚决反对与什叶派和谈。理由是他们认为自1999年以来,与什叶派的和谈不仅没有满足他们的政治诉求,反倒加剧了他们参政的意愿。现任王储被认为是同反对派进行和谈的合适人选,他认为若非哈马德国王执政伊始就开始改革,这次动乱很可能早就爆发。支持王储的包括副首相穆罕默德·本·穆巴拉克和外交大臣哈立德·本·艾哈迈德等。

---

① 黄培昭:《巴林搬来海湾救兵》,《环球人物》,2011年3月28日,http://world.huanqiu.com/people/2011-03/1592381.html。

反对派则形成了以维法格党为核心的七党温和阵营①和以"权利"运动为核心的三党激进阵营②。温和阵营主张君主立宪、强硬派首相下台、由议会任命首相。激进阵营则主张废除君主制，在巴林建立共和国。

应巴林国王邀请，经海合会授权，一支由沙特阿拉伯（1200名）和阿联酋（800多名）组成的2000多人的联合部队于3月14日进驻巴林，示威者被迫撤离珍珠广场，至少造成89人死亡，数百人被捕。巴林反对派对哈马德借兵镇压本国人民一事十分恼火。3月16日，反对派发表联合声明，谴责巴林政府。3月17日，部分反对派领导人被捕。

7月，巴林政府和反对党举行对话，试图缓和国内动荡局势，但未达成双方认可的解决方案。11月23日，由政府指定的独立调查委员会（BICI）发布的调查报告③批评了政府采取的维稳举措，谴责了安全部队在镇压期间"过度和不公正地使用武力"。

2012年5月3日，哈马德国王宣布修改宪法，给予议会更多权力，可是它仍然只能起到监管部分政府部门的职能。修订的宪法中规定众议院是国民议会的主要议院，也就是说在国民议会两院产生意见分歧时，众议院将起主导作用。新宪法修改的内容包括：国王在解散议会前必须征求国民议会两院领导人的意见，民选产生的众议院有权拒绝与首相合作，并将决定交由国王作出是否免除首相职务的裁决，议会有权质询甚至罢免大臣；国民议会两院都可以起草法案，但是是否能够成立需要得到国王的首肯；④如果国会三分之二以上投票同意，则可以推翻国王的一票否决。8月

---

① 七党温和阵营包括维法格党、伊斯兰行动协会、全国民主行动协会、全国民主集团协会、民主进步论坛协会、民族民主集团协会、全国博爱协会等。伊斯兰行动协会，前身是"巴林伊斯兰解放阵线"，要求进行政治改革，主张按照伊斯兰教法规范社会制度，视в在伊朗库姆的萨迪克·设拉子为精神领袖，成员至少2万人，与维法格党都属于温和的什叶派伊斯兰政治组织。全国民主行动协会、全国民主集团协会、民主进步论坛协会、民族民主集团协会这四个政党属于左翼跨教派政治组织。全国博爱协会（伊克哈）是代表伊朗裔巴林什叶派的政治组织，成立于2004年，成员大约100多人。

② 三党激进阵营都是什叶派政治组织，包括自由民权利运动、巴林自由运动和忠诚运动等。

③ 调查报告具体内容，可参见 http://files.bici.org.bh/BICIreportEN.pdf。

④ 2012年5月以前，只有众议院有资格起草法案。

23日，国王颁布旨意，赋予国会参与修正宪法的权力，国会提出的意见在交付国王之前首先要通过"立法及法律事务委员会"的审查。2012年巴林修改宪法，扩大了众议院的权力，包括可否决首相提出的组阁名单并对副首相及内阁大臣进行质询等，而协商会议的权力则被削弱，其对内阁大臣的质询权被取消，仅成为立法机构而不再具有监督权。这一定程度上是对2011年爆发的大规模反政府抗议活动作出的回应，巴林国内局势逐步恢复稳定，但小规模示威游行时有发生。

2013年2月，巴林宣布重启新一轮全国和解对话，包括反对派在内的各政治派别出席，但对话并未取得实质性进展。

2014年10月，维法格党和其他几个在野党以议会权力不足和选举规则不公平为由宣布抵制议会选举，要求改革，实行首相选举制度，以获取更多政治权利。当月28日，巴林行政法院做出判决，禁止巴林什叶派最大反对党维法格党活动3个月，以进行限期整改。11月22日和29日，巴林举行议会和市政委员会选举。据报道，巴林共有选民约35万，从266名候选人中选出40名议员。这是巴林2011年发生动乱以来举行的首次议会选举。巴林选举委员会称，尽管占巴林人口多数的什叶派反对派抵制这次选举，但在第一轮选举中，巴林约35万选民的投票率高达52.6%。但维法格党称，实际投票率只有30%，选民是在压力之下被迫投票。巴林政府则指责反对派采取威胁、恐吓和设置路障等手段阻止选民参与投票。

巴林议会选举之后，12月8日、9日，在什叶派村庄发生两起爆炸事件，造成2名警察和1名平民死亡。28日，维法格党领导人萨勒曼因"煽动对巴林政权的仇恨"被捕，引发了大规模骚乱。

对于政府和反对派的政治和谈，有专家持积极乐观的态度。因为政府以及反对党都在谈话中谈及了折中方案：在新内阁中加入反对党的席位，不过对于具体应加入多少席位双方还存在一些分歧。总体来看，巴林局势正在趋于稳定，因为示威者的活动已仅仅局限在麦纳麦附近的什叶派村庄里面。

第四章 对外政策与对外关系

巴林的对外政策以其阿拉伯和伊斯兰属性为出发点,建立在清晰的原则之上,具有理性和平衡的特点。作为海湾合作委员会、阿拉伯国家联盟、伊斯兰合作组织和联合国成员国,巴林除了与上述国际组织交往之外,还与世界上其他一百多个国家和国际组织有着外交关系。

第一节 对外政策

巴林对外政策是其对内政策的延续,是巴林在处理地区和国际问题以及对外关系问题的过程中,为了实现巴林王国的最大利益所遵循的基本原则和行动方针。巴林的国家性质和国家利益决定巴林对外政策的性质和内容。

一、影响巴林对外政策的因素[①]

现实主义国际关系理论认为,对外政策生成的过程是一个理性的选择过程,政府或者其主要的领导者在追求国家利益时是一个理性的行为者,在决策的过程中能够获得所有决策所需的信息,对形势做出准确判断,通过一个开放的选择过程能给国家带来最大利益的政策。对外政策的形成是一个复杂的过程,一项对外政策的形成常常取决于多种复杂的因素。概括地说,巴林对外政策的形成受到自然因素和社会因素两个方面的制约和限定。当然,这两种因素同时也是巴林对外政策的重要资源。

---

① [摩洛哥]穆罕默德·碧扎兹:《巴林外交政策:决定因素、成就与挑战》,《阿拉伯历史》(阿文版),2007年秋季号,第42期。

1. 自然因素

影响巴林对外政策的自然因素主要是巴林所处的地理位置及其所拥有的天然资源。

长期以来,地缘政治学都是各国制定对外政策的重要依据。其核心理论就是把地理因素(如地理位置、国土面积、人口、民族、资源等)视为影响甚至决定国家对外政策的一个基本因素。

巴林的地理特征在于它是一个位于海湾中部的群岛国家,在海湾地区中部占据着非常重要的战略位置,是重要的海上交通要道,拥有良好的海军和空军基地。同时,与其邻国沙特阿拉伯、伊朗等国家比较,巴林又是海湾地区中的"小国"。

20世纪后半期,巴林还是一个以拥有石油资源而著名的国家。巴林人口中的很大一部分是来自世界各地的外国人,巴林人和外国人和谐地生活在一起。巴林王国给世人留下东西方文化汇集之地的深刻印象,摩天大楼与传统房屋竞相媲美,古老的传统、历史的遗迹与现代化的发展和对外开放的生活方式相融合。

巴林的上述地理特性决定了它在很多方面都要奉行开放政策,因为其地理上的接近和它在世界强国眼中在海湾地区的战略地位,这一切都决定了巴林必须根据客观情况研究制订"平衡"的外交政策,避免大幅度的震动或者变化。

2. 社会因素

影响巴林对外政策的社会因素包括巴林的政治文化、经济利益、民族、宗教、历史等多个方面。

维护巴林的主权、独立和领土完整是巴林的最高政治利益。巴林实行的君主立宪制,被视为海湾地区的模范政治体制。自从哈马德1999年继位以来,巴林迎来了一个前所未有的政治上更民主更开放的新时期。年轻的国王率先进行了一系列旨在夯实民主基础的政治改革,受到了国内外的高度赞扬。可以说,巴林进行的民主化改革,开创了一个民主、法治、尊重人权以及保障民众各种自由的新时代。此外,巴林还赋予妇女政治上的权利和自由,赋予她们选举权和被选举权,以及参加政治组织的权利。由此，巴林王国不仅在海湾地区，甚至是在整个中东地区树立了一个革新政治面貌的民主政体形象。

国家经济利益是国际政治的主要动力源，也是影响该国对外政策的决定性因素之一。巴林对外政策的经济目标是为实现可持续发展的目标创造良好的环境，建立能够应对国内外各种挑战的现代化的、多元经济模式，以及能与世界各国建立平衡的经济贸易关系，以便吸引国内外投资，进而提高人民的生活水平和促进社会的繁荣。尽管石油产业在巴林国家经济中的重要性正在逐渐缩小，但在国家经济中的影响和在世界石油市场上的影响仍很大。由于前几年的经济政策，巴林政府成功地通过减少对石油的依赖使国家收入多样化。巴林政府和人民正在努力发展国民经济，比如国家致力于投资基础设施建设、提升政府对国内外国投资者的服务质量、优化投资环境。巴林政府通过扩大经济基础和多元化发展，实现经济发展指标的持续增长和提供新的就业机会，提高国民生活水平、保障国民的尊严和安全。巴林政府奉行自由市场经济及对国际市场开放的政策，已于2004年与美国签订了自由贸易协定。现今巴林已成为阿拉伯国家中吸引外资最多的国家，得到了各个国际和地区组织的高度评价。尤其令人瞩目的是，巴林的经济发展速度在阿拉伯国家中，自1999—2015年的16年内有12年占据首位，这进一步说明巴林在金融和经济领域取得了成功。巴林有鼓励经济发展和投资的立法和司法基础，拥有一个民选的起监管作用的议会，为规划巴林的经济政策和吸引投资作出了很大贡献。

巴林既是海湾合作委员会成员国、阿拉伯国家，也是伊斯兰国家。巴林政府珍视自己作为阿拉伯国家的身份和属性，把巴林人民视作阿拉伯民族不可分割的一部分。伊斯兰教是巴林的官方宗教，是巴林社会制度的源头，是巴林建国的基石。绝大多数人所信仰的伊斯兰教（主要是逊尼派和什叶派）都是温和开放的教派。所以，对阿拉伯和伊斯兰事业的支持始终是巴林对外政策的优先考虑之一。为此，巴林的对外政策首先是致力于发展与周边的海湾国家、阿拉伯国家和伊斯兰国家的关系。

巴林政府珍视自己作为阿拉伯国家的身份和属性，把巴林人民视作阿拉伯民族不可分割的一部分。

二、巴林对外政策的制定和实施

巴林对外政策的制定和实施由两个主要机构完成，需要经过五个步骤，形成五个基本目标。

1. 巴林制定和实施对外政策的主要机构

巴林制定和实施对外政策的主要机构是议会和政府。对巴林形成和制定对外政策具有重要影响或限定的因素如：①行政机构和立法机构对国家最高利益的界定；②宪法和法律对对外政策基本原则的限定；③民间机构和政策协会对对外政策的影响。

鉴于巴林实行的是以国王为中心的君主立宪制，巴林的对外政策，尤其是与其战略选择有关的政策，仍由国王宪法制订。哈马德国王在制订对外政策中的核心作用，以及他在继位后所做的政治改革试验，使他在处理多层次的持续变化的国际局势中积累了丰富的智慧和经验，使他对国际政治和大国在国际舞台上所起的作用有一个现实而准确的认识。

2. 巴林制定和实施对外政策的步骤

巴林制定和实施对外政策要经过五个步骤，分别是：①评估国内外政治形势；②制订对外政策目标；③确定对外政策选择；④通过关于对外政策的决议；⑤执行对外政策决议。

巴林外交部是制定和执行对外政策的具体实施机构。巴林外交大臣在外交事务上发挥着重要的、推动性的作用。前外交大臣穆罕默德·本·穆巴拉克·阿勒哈利法（Muhannad Ibn Mubarak Al-Khalifah）自巴林独立以来一直在外交领域任职达三十多年，并始终忠于职守，他的谋略因为巴林的地区与国际地位的日益提升而得到淋漓尽致的体现。穆罕默德掌管巴林外交事务期间，努力加强地区安全与稳定，巩固巴林的阿拉伯特性及其国际地位，为巴林的对外交往打下了良好的基础。

2005年9月26日，哈立德·本·艾哈迈德·本·穆罕默德·阿勒哈利法任外交大臣。哈立德，1960年4月24日生于巴林，是职业外交家，巴林第二任外交大臣，曾在美国接受教育。留学期间，曾是1980年吉米·卡特总统竞选团队的一员。1984年获得圣·爱德华大学历史和政治学本科学位。1985年开始在巴林外交部任职，1985—1994年在巴林驻美国使馆工作，1995—2000年在巴林外交部副部长办公室任高级联络官期间负责海洋划界和巴林与卡塔尔的边界争端问题等，2000年在王储办公厅担任公共关系和信息事务主任，2001—2005年担任巴林驻英国大使。

3. 巴林对外政策的基本目标

巴林对外政策的基本目标有五个，分别是：①在地区和国际层面上维护巴林王国的主权、独立和领土完整；②维护巴林的战略利益、政治利益和经济利益；③发展和加强巴林与所有国家及国际组织的关系；④在阿拉伯和国际事务中发挥作用；⑤支持巴勒斯坦人民的正义事业。

巴林在与世界各国交往时高度重视相互尊重的精神，以及联合国宪章和国际法原则。同时，巴林也重视加强与世界各国的友好关系，特别是与海湾国家的关系，以尽可能提升该地区国家和民众的经济和社会发展水平。巴林与这些国家签订的政治、经济、文化等方面的协议清晰地表明了其成功的外交政策及外交理念，在国际社会受到了广泛的欢迎。

4. 巴林对外政策的历程

自独立以来，巴林在不同的时间段采取的对外政策，有效地维护了国家和地区的稳定，与世界各国建立了伙伴关系，也巩固了它在国际社会中的地位。

巴林对外政策开始于国家独立之后。1971年，老埃米尔伊萨宣布巴林为享有独立主权的国家，有权阐明和执行自己的外交政策。1973年巴林宪法确定了对外政策的基本原则，政府通过与外交部直接协调以贯彻执行其对外政策。当时，巴林对外政策的首要目标是巩固国家主权和获得国际社会的普遍认可。

独立后，巴林对外政策中最重要的一项宗旨是平衡各国关系，维护国家安全。身为海湾地区面积最小的国家，周围邻邦的强大实力使巴林顿感自身的相对脆弱。于是，它加强同沙特阿拉伯和其他阿拉伯君主制国家的密切来往，以抵抗来自伊朗、伊拉克等地区大国的潜在威胁。与此同时，巴林不断加强与外部大国如美国的关系。

1979年，伊朗伊斯兰革命爆发，霍梅尼输出的什叶派伊斯兰革命模

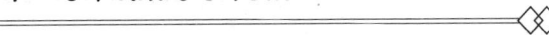

式对海湾国家构成了严重威胁。1980年，两伊（伊朗和伊拉克）战争爆发，整个海湾笼罩在战争阴霾之中。1981年，霍梅尼的私人代表哈迪·穆达里希在巴林建立的伊斯兰解放组织企图发动军事政变推翻哈利法家族统治，建立伊斯兰共和国。面对严峻的形势，巴林等海湾国家深感自己国小力薄，这时候的对外政策，一是巩固国内稳定的政治局势，二是与邻国合作共同为增强地区稳定和安全积极努力，组建海湾合作委员会（海合会），共同应对两伊威胁。

1990—1991年海湾战争中，巴林站在反伊拉克联盟一方。2001年阿富汗战争中，巴林支持以美国为首的联军清剿塔利班，打击基地组织。2003年伊拉克战争中，巴林不主张针对伊拉克的单边军事行动。

2001年，通过全民公决的《国家行动宪章》（以下简称"宪章"）包括了一系列沿用至今的对外政策的基本原则，以维护巴林的最高国家利益。

巴林对外政策是其国家属性的真实反映，分为对海湾国家的政策和对外政策两部分。

海湾政策的基础是海湾各国人民的天然联系，目标是维护海湾各国人民的共同利益。为此，《宪章》规定巴林的安全和福祉是海湾各国不可分割的一部分，巴林必须与海湾各国采取共同行动，在对外行动中互相协调。

在对外政策方面，《宪章》规定了一系列的基本原则，最重要的是巴林的阿拉伯国家属性，这是巴林人民身份的重要组成。因此，巴林必须发挥阿拉伯国家联盟的作用，采取与阿拉伯国家一致的共同行动。

《宪章》规定的重要原则是和平解决国际争端，禁止通过武力获取领土、安全和政治独立，尊重一切有关人权的国际协议、条约和联合国人权委员会有关决议，包括国际贸易自由，投资、资本和劳动力自由流动，尊重各国的自然资源等。

2010年8月21日，外交大臣哈立德在《中东报》撰文指出，巴林绝对不允许任何国家利用其领土打击其他国家。即使巴林国土上有美军基地，但这并不是说巴林允许美国利用该基地对伊朗或其他任何国家发动袭击，因为该基地根本没有攻击性武器，巴林也不允许在该地区发生战争，中东地区在过去30年间的战争已使我们疲惫不堪。巴林与其他国家签署的军事条约都是防御性的，不包括利用巴林领土对其他国家实施军事打击。巴林与其他国家签署军事协议的目的，过去是，现在依然是为了维护作为重要的水上通道和世界经济动脉的海湾地区的安全。

三、"平衡外交"为巴林赢得国际生存空间

外交之道，讲究"平衡"。"平衡外交"，举目皆是，大国如此，小国亦然。无论从面积还是人口上来说，巴林都是当之无愧的"小国"，但是巴林以实现最高国家利益为目标，充分利用自身的外交资源，面对复杂的地区形势和外来势力，权衡利弊，通过合作、抗争等形式，既使本国免遭战火侵袭，又积极推进国家现代化进程，积极参与地区、国际合作，取得令人瞩目的成绩。

巴林奉行温和务实的"平衡外交"政策。巴林系联合国、世界贸易组织、阿拉伯国家联盟、伊斯兰合作组织和海湾合作委员会的成员国，目前已同156个国家建立了外交关系。

巴林主张加强海湾国家之间的团结与合作，反对外来势力干涉海湾事务；尽其所能提升阿拉伯民族的地位，加强伊斯兰国家间的团结，以实现阿拉伯民族的利益和抱负；倡导世界各国和人民应在遵守现行国际法的框架下进行合作，以和平方式解决国际争端，禁止使用武力，尊重各国的领土完整和政治独立，尊重各国的主权和国家命运自决的权利，反对干涉别国内政，将地区与世界和平作为对外政策的战略目标。国家间全方位的合作是世界繁荣、稳定和发展的基础。

近年来，因为受国内外恐怖主义和政治暴力激进组织的威胁，安全利益已成为巴林的核心利益关切，也成为巴林对外政策的重要内容之一。

第二节 对外关系

巴林实行平衡的对外政策，对外关系明确划分了三个层次。首先是与海湾合作委员会及其成员国的关系圈，其次是与阿拉伯和伊斯兰国家的关

系圈,最后是与其他国家的国际关系圈。

一、与海湾合作委员会及其成员国的关系

巴林与海湾合作委员会及其成员国的关系在巴林对外关系中处于最优先的地位,主要因为以下几个要素,即:宗教、历史、地理和人文的联系,以及共同的目标、命运和利益,还有人民之间血缘和亲缘的联系。巴林领导层十分重视与海湾合作委员会及其成员国的合作,把这看作是一件紧迫的、必须要做的事,目的是实现海湾合作委员会成员国的最高利益。因此,在对外政策、经济合作以及安全与国防计划方面,巴林总体上与海湾合作委员会及其他成员国步调一致。

1. 海湾合作委员会

海湾合作委员会(Gulf Cooperation Council, GCC)全称海湾阿拉伯国家合作委员会,简称海合会,是海湾地区的第一个区域性组织,是一个融政治、经济、外交、军事为一体的全面合作组织。

1981年5月,海湾六国首脑在阿联酋首都阿布扎比签署《海湾阿拉伯国家合作委员会章程》,正式宣布成立海湾阿拉伯国家合作委员会。海合会总部设在沙特阿拉伯首都利雅得,成员国包括阿联酋、阿曼、巴林、卡塔尔、科威特、沙特阿拉伯等六国。海合会的宗旨是加强成员国之间在一切领域内的协调、合作和一体化,加强和密切成员国人民间的联系、交往与合作,推动成员国发展工业、农业、科学技术,建立科学研究中心,兴建联合项目,鼓励私营企业间的经贸合作。

在外交方面,海合会在重大国际和地区问题上采取统一立场。海合会六国均奉行中立、不结盟的外交政策,举措温和、务实。面对当前新的国际和地区形势,六国越来越依靠以海合会为整体参与国际和地区事务,开展多元外交,注重大国间的平衡。在重大国际、地区问题上采取统一立场,发挥海合会集体作用,体现六国对外政策的统一性和整体性。

同时,海合会也积极发展对外经贸合作。海合会已同包括中国、欧盟在内的世界多个国家和组织启动了自由贸易谈判。

2000年12月,第21届海合会首脑会议在麦纳麦顺利召开,这次世纪

之交的重要会议推动了海合会成员国之间的友好往来，巩固了海湾的稳定和安全。

　　自2010年年底阿拉伯剧变以来，海合会在联合维护、稳固成员国政权的同时，对内强化一体化建设，既顺势扩展该组织在地区事务中的影响力，又试图遏制伊朗等"什叶派新月带"的进一步壮大，海合会的地区机制作用明显上升。在2011年12月召开的海合会首脑会议上，沙特国王阿卜杜拉建议，海合会成员国的安全和稳定越来越受到外部势力的威胁，海合会必须提升合作层次，加强一体化建设，以共同抵御外来威胁。随后，沙特外交大臣费萨尔在记者会上解释说，建立联盟更多的是指六个成员国采取统一的外交政策。

　　巴林为了推动海合会的发展积极谋求公正解决成员国之间及其与外部邻国之间的问题。对于伊拉克与科威特的领土边界争端，巴林始终站在科威特一边，捍卫它的独立和主权。巴林也始终支持和帮助实现阿联酋在主权和领土完整问题上的公正诉求，以及增强它与阿曼的关系。2014年12月9日，第35届海合会首脑会议发表多哈声明，海湾六国决定以巴林为基地组建统一的海湾国家海军部队，以应对各成员国面临的安全挑战和海上威胁。

　　但近年来海合会成员国之间的分歧时有发生。2014年3月5日，巴林、沙特和阿联酋三国发表联合声明，宣布从即日起召回各自驻卡塔尔大使，以抗议卡塔尔干涉海合会成员国内部事务。三国在联合声明中说，2013年11月，卡塔尔与沙特、科威特在利雅得签署了海合会成员国之间互不干涉内政的协议，但是卡塔尔并未履行协议。声明说，三国希望卡塔尔不要继续支持从事"破坏海合会成员国安全和稳定"活动的个人和组织。卡塔尔对三国决定表示遗憾，但称不会采取对等措施。分析人士指出，埃及局势动荡加深海合会成员国内部分歧。沙特、科威特、阿联酋和巴林反对穆斯林兄弟会，卡塔尔持相反立场，另一成员国阿曼则采取中立立场。2014年2月初，阿联酋召见卡塔尔大使，抗议一名卡塔尔籍宗教人士发表"侮辱"阿联酋的演讲。3月3日，阿联酋的一个法庭认定一名卡塔尔人和两名阿联酋人为穆斯林兄弟会筹款，判处他们时间不等的监禁。此举被认为是30

多年来海湾国家内部矛盾的首次公开化。第35届海合会首脑会议一致支持埃及政府和总统塞西,这一表态标志着海合会内部因埃及局势引发的分歧得到弥合。

2. 与沙特阿拉伯的友好关系

长期以来,巴林与沙特都保持着兄弟般的友好关系。巴沙关系是巴林外交政策中最坚固的基石,究其原因,一方面巴林王室和沙特王室同属逊尼派,两国王室关系异常亲密,沙特长期为巴林王室充当保护伞,也为巴林提供经济支持。另一方面,尽管巴林王室是逊尼派,但是巴林占人口多数的却是什叶派,且与伊朗保持着密切的关系。以沙特为首的逊尼派穆斯林国家既不愿意看到像巴林这样一个战略位置极其重要的国家落入伊朗影响范围之内,也不愿意看到伊朗扩大在海湾甚至中东的影响力。

1979年2月伊朗伊斯兰革命爆发,同年12月苏联入侵阿富汗战争,1980年两伊战争爆发。在这样的地区局势之下,为了加强地区国家之间的协调与合作,巴林与以沙特阿拉伯为首的其他海湾国家"抱团取暖",建立了海合会。1986年,法赫德国王大桥的建成,将巴林与整个阿拉伯半岛连结起来。这对巴林开展广泛的经济活动、建立阿拉伯市场产生了巨大影响。巴林作为海湾地区的金融中心,大桥的兴建也将提升巴林与海湾各国之间的过境贸易量,为本国的银行和公司赢得应有的国际声誉。巴林本国石油产量不高,日产量4万桶。1992年12月30日,巴林与沙特就阿布萨法油田达成协议,沙特从1993年起每天向巴林提供14万桶原油,这些原油收入成为巴林最主要的财政来源。①

2004年9月,巴林和美国签署的《美国—巴林自由贸易协定》令沙特大为不悦。沙特希望海合会成员国作为一个整体与美国进行关于自由贸易协定的谈判,巴林单独与美国签署协议破坏了海合会采取统一立场的原则。作为海合会中的大国,沙特随即发表了措词严厉的声明。时任沙特外交大臣费萨尔说,巴林与美国签订的协议显然违反了海合会的相关经贸决议。更重要的是,《美国—巴林自由贸易协定》将阻碍海湾经济一体化进

---

① 中国现代国际关系研究所:《阿拉伯新生代政治家》,时事出版社,2004年版,第255页。

程,给海合会其他成员国的经济带来负面影响。但巴林政府坚持认为,巴林的这一举动不会损害任何海合会成员国的利益,六国不论是单独还是整体与美国签订自由贸易协定,都将有利于海湾地区的经济发展。美国坚持与海合会成员国逐一进行双边自由贸易谈判。据分析,沙特主要担心的是,大量美国商品会经由巴林进入沙特,使得沙特对美国商品征收的5%的关税形同虚设,这不仅将影响沙特的税收,而且还会对其国内的工业、农业和其他产业造成冲击。另一方面,如果作为海合会中最大经济体的沙特重新对从海合会国家转口的外国商品征税,海湾关税联盟将名存实亡,进而严重影响海合会国家经济一体化进程。①

2011年2月,巴林发生反政府示威游行,3月14日,应巴林政府之邀,由沙特阿拉伯等海合会成员国组成的部队帮助巴林平息国内危机。此后,伊朗与海合会成员国之间关系恶化。伊朗指责沙特和巴林逊尼派王室镇压巴林什叶派民众。沙特指责伊朗在背后支持沙特和巴林的什叶派民众从事反政府活动。同时,海合会国家对伊朗发展核计划忧心忡忡,对美国从什叶派占人口多数的伊拉克撤军后伊朗和什叶派可能对海湾国家施加更大影响表示担忧。

3. 与卡塔尔的关系

巴林和卡塔尔是一衣带水的邻国,两国均是海合会成员国、阿拉伯国家和伊斯兰会议组织成员国。历史上,两国都曾是阿拉伯帝国的一部分。19世纪均沦为英国的保护国。1971年8月15日和9月3日两国先后宣布独立。

但是,巴卡两国长期以来一直存在着海洋划界和领土纠纷问题。巴卡领土纠纷源于19世纪,到了20世纪,矛盾聚焦在哈瓦尔群岛及毗邻的祖巴拉岛和加南岛两个海岛的主权归属问题上。这三个岛屿富含石油和天然气等自然资源,两国相持不下。1939年,当这两个国家还是英国保护国时,伦敦当局曾裁决这三个海岛主权属于巴林,卡塔尔对这一裁决不予接受。

---

① 苏小坡等:《海湾经济一体化遭遇坎坷》,《新华网》,2004年12月22日,http://news.xinhuanet.com/world/2004-12/22/content_2367072.htm。

第四章 对外政策与对外关系

两国独立之前,在英国的安排下,双方就领土问题曾进行过多次谈判,均未取得任何进展。1971年两国独立后,这一问题重又凸现,一度还由口舌之争升级为军事冲突。1978年、1982年和1986年,双方争执不断升级,海合会出面调停斡旋。1986年4—6月,两国兵戎相见,发生严重的武装冲突。当时,卡塔尔突袭法什特迪贝尔(Fasht ad Dibal)珊瑚礁群岛,逮捕了正在为巴林政府建造海岸警卫站的29名外国工作者。这一入侵事件带来的影响直到90年代方才平息,导致巴卡关系一度紧张。

1991年,卡塔尔首次向海牙国际法庭提起诉讼,要求通过国际仲裁来解决与巴林的领土争端。国际法庭于1995年2月受理此案,2000年5月开始听取两国诉讼。在沙特等国的斡旋下,双方关于趋于缓和,并于1999年年底2000年年初实现了两国元首的首次互访,成立了以两国王储为首的最高混合委员会,互派了大使。2001年1月16日,海牙国际法庭就巴卡之间长期存在的岛屿归属争端做出裁决:巴林对哈瓦尔群岛拥有主权,卡塔尔对祖巴拉岛和加南岛拥有主权。巴卡领土争端的裁决公布后,两国的埃米尔分别发表讲话,对裁决结果表示满意。巴林埃米尔说,国际法庭的判决是公正的,它将使巴卡两国彻底摆脱领土纠纷,使双边关系走进一个新时代。卡塔尔埃米尔也说,领土纠纷的解决将为卡巴两国建立更紧密的关系打下基础,必将进一步加强海湾国家的安全和稳定。

巴卡通过国际仲裁解决领土纠纷,为海湾乃至世界其他地区的国家解决类似问题,提供了可资借鉴的范例。领土边界争端,一直是海湾地区动荡不安的隐患之一,严重影响海湾一些国家关系的改善和发展。海湾国家的版图结构,主要脱胎于1913年和1914年英国构建的奥斯曼帝国石油体系及英国主导的各种划界协议。由于历史、地理、民族、经济、文化及殖民统治等原因,海湾国家之间的领土边界问题十分复杂,其中殖民主义者制定的"殖民边界",往往是争端的主要祸根。20世纪80年代和90年代,海湾爆发了两次大战,直接导火索都源于领土边界纷争。这两次战争给海湾人民带来巨大伤痛,其消极影响至今尚存。目前,海湾国家之间还存在着一系列领土边界争端。这些争端能否早日得到公正、合理、体面的解决,已成为关乎海湾国家间能否真正建立和发展睦邻友好关系、确保该地区局势稳定的一个重要课题。两次海湾战争的悲剧证明，军事手段决不是消除国家间领土边界争端的有效途径。明智的选择是，当事双方搁置争议，在承认领土边界现状不可侵犯的原则下，通过双边、多边谈判或诉诸中立的国际机构，求得和平解决。

领土纠纷解决之后，巴卡两国历史翻开了新的一页，两次元首互访恢复了由两国首脑共同主持的最高委员会的工作协定以及继续建设两国间"友谊大桥"项目的协定。这座将把两国人民连接在一起的跨海大桥由巴林和卡塔尔共同出资约40亿美元，全长约40公里。由于该桥意义重大，兼具实用性和象征性功能，所以两国都予以高度重视。2003年，巴林方面透露，连接巴林和卡塔尔的40公里跨海大桥的可行性报告已经完成，建设大桥的工作又向前推进了一大步。2008年5月7日，巴林媒体报道，巴林和卡塔尔已签署协议，正式启动连接两国的跨海大桥工程。2009年11月24日，半岛电视台报道，巴林和卡塔尔从2010年年初开始建立连结两国之间的跨海大桥。两国成立了联合建桥委员会，委员会下设多个职能部门，具体负责款项筹备、技术开发和项目实施等相关事宜，并不断增加和完善大桥的设计方案。该工程是巴卡两国之间规模最大的基础设施建设项目之一，桥体东起卡塔尔的阿西里吉之角，西至巴林中北部的阿斯卡尔，并通过巴林境内公路连接通往沙特的法赫德跨海大桥。大桥建成后，不但将大大缩短巴林和卡塔尔两国之间交通往来的时间，两国旅途时间将从4小时缩短为不到40分钟，极大地方便人流和物流，而且将有助于两国电网和油气管道的贯通，推动海湾合作委员会成员国之间的经贸、文化、政治和社会联系，继而为加快海合会的一体化建设进程创造条件。据当地媒体介绍，跨海大桥破土动工将是海湾国家一体化建设的"积极步骤"和"具体行动"，大桥建成后将成为阿拉伯海湾水域一道亮丽的风景。[①] 通过这座大桥的建设，可以看到两国和两国人民对于合作和融合的更多期望。

这些外交行动都是因为巴林领导层充分认识到加强海合会成员国之间的双边关系的重要性，他们希望把海湾国家之间政治、经济、社会、媒体

[①] 黄培昭：《跨海大桥沟通海湾》，《人民日报》，2009年11月25日，第14版。

方面的合作水平提升到一个理想的高度,这也是海湾各国人民的期望。

二、与阿拉伯和伊斯兰国家的关系

巴林是阿拉伯国家、伊斯兰国家,巴林人民是阿拉伯民族的一个重要组成部分。巴林人民,无论逊尼派,还是什叶派,都是穆斯林,都讲阿拉伯语。因此,巴林正努力加强与阿拉伯国家在政治、经济、安全等方面合作。

巴林外交政策中的一个核心是在多个层面上不遗余力地推动阿拉伯政治、经济、安全一体化进程。为了加强阿拉伯一体化和阿拉伯各国人民之间的联系,捍卫阿拉伯民族不可动摇的权益,顺利解决巴勒斯坦问题、伊拉克问题、叙利亚问题,巴林参加了与之相关的历届阿拉伯国家联盟(阿盟)会议,积极参与讨论有关最新情况及各层面的发展进程。巴林积极参加阿盟举行的峰会、部长级会议和特别会议,遵守阿盟通过的一切决议。巴林外交大臣出席了2006年3月在开罗召开的第五届巴林—埃及双边会议,会上双方就投资和贸易合作进行讨论,并于当年6月在双边合作最高委员会会议上与摩洛哥王国签订了一系列谅解备忘录。

在反对恐怖主义问题上,巴林认为恐怖主义是对国际和平与安全的最大威胁,谴责任何形式的恐怖主义。支持国际社会反恐行动,但认为打击恐怖主义特别是采取军事行动不应伤及无辜,同时必须解决产生恐怖主义的根源。

1. 巴勒斯坦问题

尽管有评论认为,巴林对于巴勒斯坦问题属于"温和"阵营,但巴林同样高度重视巴勒斯坦问题,支持巴勒斯坦人民自1948年以来应该享有的一切权利,认为巴勒斯坦问题是阿拉伯民族事业的重要组成部分。哈马德国王不止一次呼吁国际社会,特别是联合国应制止以色列违反国际法准则的行动,通过建立以耶路撒冷为首都的巴勒斯坦国和平解决中东问题。巴林对巴勒斯坦问题的主要主张如下:

——根据1948年联合国第194号决议、1967年联合国安理会242号决议、1973年联合国安理会383号决议、阿拉伯和平倡议、以土地换和平原则、马德里和会框架和路线图计划,巴林支持以和平方式解决巴勒斯坦问题,支持巴勒斯坦人民恢复所有合法权利,支持建立一个独立的以耶路撒冷为首都、以1967年6月4日之前的边界线为边界的巴勒斯坦国,支持巴勒斯坦难民回归家园。

——巴林和阿拉伯国家联盟认为,根据1991年颁布的阿盟5092号决议,选择和平是一种战略选择。

——巴林重申2002年阿盟贝鲁特峰会通过的阿拉伯和平倡议,重申2005年阿盟阿尔及尔峰会决议、2006年阿盟苏丹峰会决议和2007年阿盟利雅得峰会决议,已经对巴勒斯坦问题和巴以冲突进行了全面的阐述。巴林,作为2002年阿盟贝鲁特峰会上阿拉伯和平倡议的发起国之一,与其他阿拉伯国家一起,致力于使阿拉伯和平倡议成为继"路线图"计划之后解决巴以问题的基本原则。

——承认巴解组织领导人阿巴斯领导的巴勒斯坦民族权力机构是巴勒斯坦人民的合法代表。巴林参加了2005年3月1日举行的"支持巴勒斯坦民族权力机构伦敦会议"。

——以色列应当为巴勒斯坦土地上一切因其侵略造成的不幸和痛苦的局面承担责任,为其暗杀行动、扩建定居点、修建隔离墙、亵渎伊斯兰圣地、封锁经济等侵略行径造成的后果承担责任。

——必须打破对巴勒斯坦人民的经济和金融封锁。

——迫使以色列回到谈判桌前,遵守已有的和平承诺。巴林呼吁巴以双方回到谈判桌前,直接进行最终地位谈判,恢复巴勒斯坦人民的全部权利。

——支持国际四方委员会做出的努力,通过执行路线图、阿拉伯和平倡议和安全理事会第1515(2003)号决议,重启和平进程。

巴林支持其他阿拉伯国家收复被占领土,如叙利亚收复戈兰高地、黎巴嫩收复南部地区和塞巴农场等地。

2. 伊拉克问题

20世纪70年代,伊拉克复兴社会党通过巴格达媒体频繁谴责麦纳麦当局作为美帝国主义的傀儡,是阿拉伯民族主义的敌人。巴林政府认为,巴格达政府以推翻哈利法家族统治为目的，向巴林反对派提供了财政和其他支持。伊拉克与苏联签订友好贸易协定之后，巴林政府也曾反对伊拉克的亲苏行为。70年代末，伊拉克对巴林的政策有所缓和。1979年，伊朗伊斯兰革命后，巴林政府面临着来自伊朗的严峻挑战。两伊战争中，巴林支持伊拉克，允许伊拉克使用巴林岛上的空军基地。海湾战争期间，巴林站在反伊拉克联盟一方，反对伊拉克入侵科威特。

2003年伊拉克战争爆发之前，巴林反对向伊拉克实施任何单方面的军事打击，认为此举将会破坏地区稳定和安全，强调要维护伊拉克的主权和领土完整，反对干涉伊拉克内政。伊拉克战争爆发之后，以巴林首都省省长哈穆德为首的巴林宗教界、知识界人士和当地民众数千人，在2003年3月27日傍晚走上街头举行和平示威，声援伊拉克人民。示威者呼吁所有伊斯兰国家及全世界人民继续努力制止伊拉克战争，向伊拉克人民提供各种形式的物质和精神支援。示威者还希望维护伊拉克领土完整，反对肢解伊拉克，使伊拉克人民免遭战争苦难。4月13日，哈马德国王在麦纳麦会见英国外交大臣斯特劳时强调，应该立即采取紧急措施恢复伊拉克的安全与稳定，建立管理机构，结束人民的悲剧与苦难，提供人道主义援助。此后，巴林政府在多个场合强调必须保证伊拉克的统一、独立、领土完整和经济稳定，采取有效措施恢复伊拉克人民行使主权，要求联合国在伊拉克重建中发挥主导作用。2008年6月8日，巴林外交大臣哈立德在麦纳麦宣布即将重开巴林驻伊拉克大使馆。自2003年萨达姆政权被推翻后，巴林成为继阿联酋之后第二个宣布将向伊拉克派遣大使的海湾阿拉伯国家。10月18日，巴林外交大臣哈立德访问伊拉克。哈立德在与伊拉克外长兹巴里会谈后对记者说，两国关系发展良好，巴林将为伊拉克提供全力支持，海湾国家应减免伊拉克所欠的债务。

2011年3月，巴林发生反政府示威游行之后，巴林飞往什叶派民众占多数的伊拉克航班中断。2012年9月20日，伊拉克中部纳杰夫省议会做出决定，禁止巴林海湾航空公司航班在该省飞行、降落。20日当天，海湾航空公司刚恢复以伊拉克和伊朗为目的地的多次航班，纳杰夫省议会便发布声明："监管（纳杰夫）机场的委员会决定，禁飞巴林海湾航空公司飞往纳杰夫的航班,以显示伊拉克与遭受巴林当局镇压的人民之间的团结。"省议会发言人穆罕默德·胡扎伊说,这一决定表达对"巴林受压迫人民的支持"。

伊拉克问题在巴林的外交工作中占据很重要的地位,巴林是阿拉伯世界第一个帮助改善伊拉克安全形势的国家。为此,巴林参加了所有在伊拉克周边国家举行的会议,并且在所有层面以及各种场合尽其所能地保护伊拉克的独立和主权完整,以便让它尽早回归阿拉伯大家庭。巴林注意到伊拉克人民的处境,包括某些地区大国企图从伊拉克的混乱中谋取利益,以便在伊拉克及整个中东地区扩大自己的影响范围。

对于伊拉克局势,巴林主张维护伊拉克国家统一和领土完整,欢迎伊拉克举行大选等政治进程,希望伊拉克尽早实现国家安全与稳定,并主动宣布减免大部分伊拉克债务。

3. 叙利亚问题

巴林在叙利亚问题上持谨慎态度,遵循阿拉伯立场,这可以从以下事件中看出:巴林外长参加了阿盟部长会议,参与讨论向叙利亚派遣阿盟观察团的决策;巴林代表参加阿盟理事会,讨论叙利亚的形势发展;巴林外交大臣参加在突尼斯和伊斯坦布尔为叙利亚人民举行的国际会议。

2011年,巴林与其他几个阿拉伯国家一起召回驻叙利亚大使。2012年2月16日,在联合国大会通过的叙利亚问题决议中,巴林投了赞成票。决议内容如下:谴责叙利亚政府武力压制反对派的行为;要求叙利亚政府立即停止一切暴力行动;释放所有近期被拘禁的人士;从叙利亚城镇撤出所有政府军;保障和平示威的自由;确保阿盟和国际媒体人士自由进入叙利亚。

2012年10月,巴林为叙利亚难民建立了五所学校。同年12月7—9日,巴林组织"麦纳麦对话会",主要讨论叙利亚重建问题。

4. 与伊朗的关系

在伊斯兰国家之中,巴林与伊朗的关系十分复杂。巴林与伊朗同属伊斯兰国家,又是海湾近邻。但是因为教派纷争、主权纠纷等原因,两国关系并不和谐。尽管两国力量相差悬殊,但是巴林借重海合会集体力量和外来大国势力,巧妙地运用"平衡外交",与伊朗周旋对抗。

历史上,自公元9世纪开始,巴林被波斯(伊朗)断断续续地统治过,什叶派也一度盛行。一直到18世纪末,哈利法王朝建立,波斯军队被彻底赶出巴林,但是什叶派在巴林一直是多数派,并与什叶派大国伊朗依然保持着密切的关系。巴林独立之后,伊朗曾经多次对巴林提出主权要求。

20世纪初,巴林发现石油之后,西方国家通过各种手段进行掠夺,伊朗也乘机兴风作浪妄图攫取好处。1957年,伊朗宣布巴林为"伊朗的第14个行省",该行为严重侵犯了巴林的国家主权、独立和领土完整。此后,伊朗时常用"第14个行省"的说法来干涉巴林内政。事实上,伊朗长期以来一直试图扮演"海湾警察"的角色,始终对海湾沿岸的阿拉伯国家虎视眈眈,并试图建立所谓的"伊朗和平",把阿拉伯国家置于它的控制之下。1979年,伊朗爆发伊斯兰革命,德黑兰什叶派人士认为君主制反伊斯兰教,两者水火不容,一些巴林的什叶派反对者对这一说法表示赞同。80年代,巴林政府官员怀疑伊朗曾在不同时间策划四场阴谋活动,企图颠覆巴林的君主制,两国关系变得十分紧张。1996年6月,巴林破获了企图发动政变的巴林真主党地下组织,谴责伊朗是该组织的幕后操纵者,并要将巴伊关系降为代办级。海合会其他五国纷纷支持巴林的行动,警告伊朗不要干涉巴林内政。①

对于伊朗的"主权宣示",巴林采取了既对抗又合作的温和、均衡的政策。巴林在主权问题上毫不含糊、义正词严,坚决捍卫国家独立和领土完整。在伊朗多次叫嚣对巴林拥有主权时,巴林一方面坚持原则和立场不动摇,另一方面巧妙地运用外交和经济手段等对抗伊朗。

1997—2005年,哈塔米执政期间,伊朗奉行温和的对外政策,巴伊两国关系有所改善。2002年8月17日,哈马德国王访问伊朗,先后与伊朗最高领袖哈梅内伊、总统哈塔米和外长哈拉齐举行会谈,这是自1979年伊朗伊斯兰革命以来巴林国家元首首次访问伊朗,标志着巴伊关系逐步改善。2003年5月7日,伊朗总统哈塔米回访巴林,两国关系得到进一步

---

① 王宏伟:《巴林的军火贸易》,《阿拉伯世界研究》,2003年第2期。

加强。

2009年2月,阿拉伯国家媒体报道,伊朗最高领袖哈梅内伊的顾问、前议长努里曾表示,伊朗在20世纪70年代以前对巴林拥有主权。另外还有部分伊朗官员也发表了涉及巴林主权的言论。这些言论立刻引起巴林和其他阿拉伯国家的强烈抗议。伊朗外交部随后发表声明强调,努里的言论受到了曲解,伊朗一向尊重巴林的主权、独立和领土完整。

2011年2月,巴林发生反政府示威活动,之后巴林局势持续动荡。巴林指责示威活动背后有伊朗的支持,伊朗则谴责巴林政府镇压国内的什叶派。3月14日,巴林平息内乱之后,巴林与伊朗的关系更加紧张。15日,巴林以伊朗干涉其内政为由召回驻伊朗大使,20日,巴林指控伊朗驻巴林使馆临时代办支持巴林反对派,并将其驱逐,伊朗立即驱逐了一名巴林外交官。2015年7月25日,巴林再次召回驻伊朗大使,以抗议伊朗"干涉巴林内政"。

2016年1月2日,沙特内政部宣布处决了47名犯有恐怖主义罪行的囚犯,被处决者中包括什叶派知名人士尼姆尔。2日当晚,伊朗示威者打砸沙特驻伊朗大使馆并纵火焚烧使馆部分楼体。3日,沙特宣布与伊朗断绝外交关系,并责令伊朗外交人员48小时内离境。4日,巴林宣布断绝与伊朗外交关系,并责令伊朗外交人员在48小时内离境。

长期来看,巴林与伊朗之间这种既对抗又合作的关系还会持续下去。巴林虽担心伊朗的影响力,但也不会就此与伊朗彻底决裂。正如巴林外交大臣哈立德所说:"我们不接受任何对巴林主权表示质疑的论断,但也不会对抗伊朗,我们希望与它保持良好关系。"

对于伊朗核问题,巴林主张中东、海湾地区无核化:一方面认为伊朗有和平利用和发展核能的权利;另一方面,希望一切核活动应受到国际原子能机构的有效监管,并确保仅限于民用。巴林对伊核问题升级表示担忧,强调该问题应通过联合国安理会及国际原子能机构的调解得到最终和平解决,认为任何极端的解决方式都将使中东和海湾地区陷入灾难。

三、与其他国家和国际组织的关系

在国际层面，巴林与美国、英国等西方国家在政治、经济和安全方面都有合作，也积极参与联合国等国际组织的活动。

1. 与英国关系

巴林与英国的交往关系由来已久。1820—1971年共计150多年的时间，是英国对巴林实施殖民统治的历史。巴林独立以后，依然与英国保持了稳固的外交、军事和经贸关系。时至今日，英国依然是巴林在欧洲最重要的伙伴国家。

哈马德国王曾在英国接受高等教育，能讲一口流利的英语。自其当政以来，巴林与英国的政治经济关系日益密切。1999年末，哈马德以埃米尔的身份访英，并与英国女王伊丽莎白二世及政府高级官员会晤。

2005年，英国时任首相布莱尔和哈马德国王发表联合声明，称两国"强大、友好的长期合作关系，根植于1971年友好条约和我们多年来的友谊关系"。现在大约有7000名英国人在巴林工作，这是巴林外籍人口构成中最大的欧洲人社团。大约有2000多名巴林学生在英国学习。2010年7月14日，哈马德国王对英国进行国事访问，期间与英国首相卡梅伦举行会晤，双方对投资机会和英国的卫星技术交流了意见，表示将在经贸、投资、文化、教育、国防和对外政策上加强合作，决定成立专门委员会加以实施。

巴林与英国经贸关系密切。2006年，巴林和英国签署《促进投资保护协议》，为双方更大的贸易投资项目提供更加优惠的有利环境。2007年6月13日，巴林证券交易所与伦敦证券交易所签署合作协议。2012年，巴林和英国双边贸易额达8.84亿英镑。目前在巴林注册的英国公司约有400家。

2012年10月11日，巴林与英国签署国防合作协议，以推动情报共享、教育科学与技术合作和军队联合训练。

2. 与美国关系

巴林与美国有着特殊的关系。巴林是美国在中东地区最主要的盟友和军事基地之一，美国对其有很多支持，也为其提供了重要的军事保护和安全保障。

巴林与美国的合作主要是军事、安全方面的合作，美国把巴林视为有效维护其在该地区的利益和保护盟国所需的后方基地和战略纵深。但是巴林与美国的这种联姻关系，是受其地理和经济需要所迫，同时巴林也在寻求外交关系的多样化。

二战期间，美国开始插手巴林。1949年，美国与巴林建立了军事联盟关系。1955年，巴林开始为美国海军提供通行的便利。20世纪80年代，美国插手海湾事务的力度不断加大，巴林与美国关系发展迅猛。1990至1991年海湾战争期间，巴林加入反伊拉克联盟，为美军提供支持，进一步巩固了巴美关系。2003年，美方决定将美巴关系升级，宣布将巴林列为美国的非北约主要盟国。

2011年春季巴林发生反对派示威游行以来，美国多次遏制巴林当局对示威者使用武力，呼吁接受海合会调停，同时呼吁各方参与政治会谈。3月14日，海合会"半岛盾牌"进入巴林，美国心态很复杂。白宫表示，沙特等国出兵巴林，不应被视为"入侵"；同时，白宫也强调应尊重巴林的"人权"。3月19日，美国国务卿希拉里指出：显然，巴林有权邀请海合会部队在与其达成国防安全协议的前提下进入巴林境内……我们已经明确表示仅依靠武装力量无法解决巴林面临的挑战。如同我本周早些时候所言，暴力不是，也不可能是解决方案，政治进程才是解决方案。我们直接向巴林官员表达了我们对当前行动的关注，也会继续关注后续情况。[①]

2012年5月，巴林王储萨勒曼访问华盛顿，并与美国国务卿希拉里、国防部长帕内塔和副总统拜登等会面。此后，美国宣布部分恢复对巴林的武器出口，表示支持改革派王储。2013年6月6日，美国国务卿克里在华盛顿会见王储萨勒曼，并发表声明：美国和巴林政府同意各方应该为和解、有意义的对话和改革做出建设性贡献。克里重申巴林各方必须摒弃暴

---

① Remarks by Hillary Rodham Clinton, Secretary of State, 美国国务院网站，2011年3月19日。

力，为巴林未来的成长和繁荣做出贡献。

但是，美国对巴林国内民主进程和人权状况的"关心"令巴林统治者不满。可以说，巴林与美国双方的心态都很复杂，两国之间有合作也有分歧。2013年12月9日，王储萨勒曼在接受英国《每日电讯报》采访时称，美国奥巴马政府在中东实行"变革外交"，可能会因此很快失去其在阿拉伯世界的影响力。2014年7月7日，巴林外交部发表声明，宣布正在巴林访问的美国助理国务卿汤姆·马利诺夫斯基为"不受欢迎的人"，要求其立即离境。该声明说，马利诺夫斯基干涉巴林内政，只与对立派别中的一方举行会谈，实行"区别对待"政策，有悖国际外交惯例和国家间关系准则。据有关媒体报道，美国主管民主、人权与劳工事务的助理国务卿马利诺夫斯基7月6日抵达巴林后与巴林最大什叶派反对党维法格党的主要领导人会面，此举引发巴林政府十分不满。但声明同时提到，希望此事件不会对巴美两国业已建立的牢固关系产生影响。

巴林与美国的经济合作关系被视为中东经济合作的典范，其目的在于增强巴林经济在面对经济全球化和日益加强的地区与国际一体化的竞争力。1999年2月，巴林与美国签署了投资保护协定。2000年，双方贸易额约为9亿美元，美国在巴林注册的商业机构大约830家，设立的公司大约50家。2004年9月，巴林与美国签署了《巴林和美国自由贸易协定》。根据该协定，双方可以得到在对方国非纺织品工业100%的零关税准入；巴林100%零关税的农产品出口至美国；美国所有农产品将享受零关税的待遇出口巴林。此外随着美国产品优惠进入巴林市场，美国资本也相继进入巴林的金融、旅游和能源行业。自1972年6月26日以来，巴林货币第纳尔一直钉住美元并与其保持稳定汇率。巴林凭借其在中东特有的贸易和金融地位与美国等西方大国一直保持着政治、经贸、科教等领域长期、广泛而深入的往来。美国在巴林有许多企业和投资项目，2004年巴林对美国的进出口总额达到7.05亿万美元，成为对美的净出口国。

因为《巴林和美国自由贸易协定》，巴林与海合会其他成员国的关系出现了裂痕，沙特反对巴林单方面与美国签署自由贸易协定，有的成员国担心该协定会影响海合会成员国内部的政治、经济和安全合作。巴林则认为它与美国签订的自由贸易协定有其积极的作用,由此带来的经济利益也将扩展到其他海合会成员国,以使所有成员国的国民得到利益和实惠。

3. 与联合国关系

1973年9月21日,第26届联合国大会决定准许巴林加入联合国为会员国(A/RES/2752, XXVI)。自2001年5月起,巴林多次当选为联合国人权委员会成员国,2006—2007年度任联合国安理会非常任理事国。2007年,联合国国际贸易法委员会一致表决同意巴林自当年6月21起为该委员会成员国,任期6年。

2006年6月8日,联合国大会举行全体会议,选举巴林王室法律顾问哈亚·拉希德·阿勒哈利法女士为第61届联合国大会主席。巴林人担任联合国大会主席职务被视为巴林外交最大的成果之一。巴林人能获得如此高的职位,是国际社会对巴林以及其成功改革所取得成就的肯定,同时也是对哈马德国王推行国家改革措施以来巴林民主环境的真实写照。更为这一成就增光添彩的是,担任这一高级职务的是一名女性。这证明了巴林女性的奋斗,她们所取得的成绩和享有的社会地位赢得了广泛肯定。巴林获得联合国安理会主席席位也证明了它与联合国各个组织和其他机构合作的成功,尤其在促进国际和平与安全和在全世界范围尊重人权上更是如此。联合国机构的发展通过巴林的支持和所提出的进行机构重组和改革的提议,把它的工作水平提高到更高层次。

期间,巴林致力于加强和巩固国家的外部安全与和平;改善联合国机构;重视自身在海湾合作进程中所发挥的作用;支持海湾国家高层领导、部长和海合会特设机构;敦促阿拉伯国家在诸如伊拉克问题、伊朗核问题等各种阿拉伯事务和面临的各种危机中都要统一立场,一致对外,并呼吁阿拉伯国家内部要加强团结和经济、政治、文化等多领域的合作。

2007年7月,在联合国日内瓦总部举行的正式仪式上,潘基文秘书长向巴林首相哈利法颁发了"联合国人居奖",以表彰他为提高巴林人民生活水平和国家建设所做出的积极贡献。

2013年6月27日,联合国公共服务奖在巴林举行颁奖仪式,来自28

个国家的71个政府服务机构获得五个大项的一、二等奖。此外，联合国公共服务论坛从6月24—27日在巴林举行，共吸引了来自90多个国家和地区的近700名代表参与。

四、2011年以来的对外政策转向

尽管巴林国力和资源有限，但它所享有的地缘政治优势依然使其成为世界各国关注的焦点。自1971年获得独立以来，巴林一直保持着与大多数邻国和国际社会的友好关系。在海湾地区政治中，处在伊朗和沙特两强夹缝中的巴林一直扮演着温和、适度的"平衡者"的角色。但是对外政策总是随着国家最高利益和时局的变化而变化。2011年2月以来，巴林什叶派反对派领导的民众抗议，引起了海湾国家和国际社会的高度关注。此后，巴林对外政策开始出现转变。

首先，巴林更多地关注本国的国家安全利益。在安全方面，巴林的对外政策与海合会及其成员国的对外政策保持高度一致，海合会各成员国均采取与海合会总体框架一致的行动。"9·11"事件之后，中东地区的政治暴力活动和恐怖主义活动增加，安全利益在巴林对外政策中的重要性进一步凸显。巴林政府认为与其国家安全息息相关的一个重要问题是自德黑兰经伊拉克至叙利亚和黎巴嫩的"伊朗势力轴"，该势力轴不仅是扰乱巴林国家安全的源头，同样也是扰乱海湾地区安全的诱因，大多数海湾国家都深受其害。因此，控制与该势力轴的关系非常重要，巴林要求海合会成员国对此采取集体一致的立场。

其次，尽管面临着严峻的安全挑战，巴林及其他海合会成员国与美国的关系在历史上首次偏离外交政策的优先方向。同时，巴林与俄罗斯的关系开始升温。环球网援引俄新社2013年12月9日消息，巴林王储萨勒曼在接受英国《每日电讯报》采访时称，美国在中东地区政策的变化，会使该地区的主要国家调整与西方盟友的关系，转而与俄罗斯发展密切友好关系。在伊朗核问题六方会谈协议签署后，美国与许多中东国家的关系开始复杂化。此外，西方国家在叙利亚化学武器问题上的态度也遭到中东国家的谴责，而俄罗斯则首先提出了解决叙利亚问题的方案。他还说："俄罗

斯证明了自己是可靠的朋友。因此,一些中东地区的国家已考虑与俄罗斯发展多边关系,而不仅仅是依靠美国。"① 此后,巴俄两国在许多领域展开合作。据俄罗斯媒体报道,俄罗斯与巴林于2014年4月29日签署了一系列双边合作协议,包括鼓励和保护相互投资协议、两国航空管理部门民航合作谅解备忘录以及鼓励联合投资协议,协议总额约为10亿美元。此外,双方还讨论了能源、交通和军事技术合作问题。随后,对巴林在美国和欧盟因乌克兰事件对俄罗斯实施制裁时与俄罗斯签订投资合作协议,华盛顿对此表示不满。2014年10月12日,俄罗斯与巴林确定了2015—2017年文化合作计划,并签署了一份旅游业联合行动计划。同年,12月8日首届俄语班在巴林开课。据称,巴林已经成为俄罗斯在海湾地区的重要合作伙伴。

再次,巴林巩固了与亚洲国家的关系。鉴于亚洲的迅速发展和与亚洲国家的传统友谊,也为了从亚洲的发展经验中受益,巴林在其外交议程中越来越重视亚洲的地位和作用。

第三节 中国与巴林

尽管中国与巴林建交的时间不算很长,但是中巴建交之后,两国关系平稳迅速发展。

一、中国与巴林的早期关系

正如巴林驻华大使安瓦尔·优素福·艾勒阿卜杜拉博士所说:"追溯中巴关系的历史,我们会发现,它犹如中国的长城一般古老而稳固。毫无疑问,人际交往和沟通将中巴两个古老的文明联系在了一起,而这些文明遗留下的丰富的历史古迹至今仍然夺目。"②

---

① 李慧:《巴林王储:中东国家将与俄罗斯发展友好关系》,环球网,2013年12月10日,http://world.huanqiu.com/exclusive/2013-12/4647570.html。

② 安瓦尔·优素福·艾勒阿卜杜拉,巴林王国驻华大使:《中巴四分之一世纪的友谊》,人民网,2014年5月22日。

第四章 对外政策与对外关系

虽然难以确定中国与巴林最早进行交往的确切时间,但是从历史学家的考证来看,中国的船只很可能在3世纪前后就到过,至少是经过了巴林。英国历史学家比兹利断定,从3世纪起,中国船只就从广州来到了波斯湾;英国古典文学教授沃明顿指出,3世纪后中国人把肉桂运到了波斯湾。[①] 巴林诸岛作为海湾中部的必经水道,且是重要的淡水补给站,中国船只若经过海湾,应该是必经巴林的。

阿拉伯历史地理学家麦斯欧迪在其名著《黄金草原》中也提到:5世纪前半期,有中国商船远航至幼发拉底河流域的希拉城。6世纪时,中国商船已经是经常性地到访海湾,可以直航至阿曼、西拉甫、巴林、头奥波拉、巴士拉等地,而上述各港的船只,也可以直航至中国。当时的主要贸易货物是阿拉伯盛产的各种香料,海湾各国也都成为"香料之路"的一环。

一个基本可以确定的事实是中国与巴林在唐朝时有商品贸易往来。《新唐书》(卷四十三下)提到的"拔离謌磨难国",即今巴林的麦纳麦。1977—1978年间,以木尼克·凯伊拉法博士为首的法国考察队在巴林堡发现了23枚中国唐朝时期的货币,其中包括有唐高祖时期公元621年的货币,以及宋朝(960—1279年)的货币。[②] 唐朝时来华的阿拉伯商人"一度曾高达十余万人",其中也应有巴林商人。

近现代以来,尽管中巴双方自20世纪50年代起就有贸易关系,但终因两国国情迥异,加之当时国际局势的影响,导致中巴双方在20世纪80年代末建交之前很长一段时间内的交往十分稀疏。1971年8月,周恩来总理曾致函巴林埃米尔祝贺巴林宣布独立。尽管如此,70年代的中巴两国在政治上基本处于隔离状态。

但这并不妨碍双方的经贸往来,除了中国商品出口到巴林之外,巴林也有官方、半官方的经贸代表访问中国。1974年,巴林商会主席穆罕默

---

① Beazley, Charles Rsymond: The Dawn of Modern Geography, London, 1897, p.490. E.H.Warmington: The Commerce Between The Roman Empire and Idia, Cambridge, 1928, p.257. 转引自江淳、郭应德:《中阿关系史》,经济日报出版社,2001年版,第25页。

② 安瓦尔·优素福·艾勒阿卜杜拉,巴林王国驻华大使:《中巴四分之一世纪的友谊》,人民网,2014年5月22日。

德·寨莱勒带领的高级商务团访问中国,并同中方就发展双边贸易关系进行了磋商。1976年,以巴林财政部长穆罕默德·埃勒阿拉维为首的第一个巴林官方代表团对中国进行访问,旨在加强和发展两国经贸关系。[①] 1976年和1978年,中国贸易促进会先后两次组团到巴林举办中国商品展销会,展销商品包括纺织品、丝绸制品、工艺产品、五金矿产产品、轻工业产品、土畜产品、粮油制品、茶叶等,深受巴林人民欢迎。

二、建交之后中国与巴林的关系

1989年4月18日,中国与巴林正式建立大使级外交关系。中华人民共和国和巴林国建立外交关系的联合公报内容如下:

中华人民共和国和巴林国,从巩固和发展两国友好合作关系的愿望出发,为了友好的两国人民在互相尊重国家主权和领土完整基础上的共同利益,并根据两国信守的和平共处、平等、不干涉内政等原则,决定自一九八九年四月十八日起建立大使级外交关系。

建交以来,中巴两国关系发展顺利,互相尊重主权和领土完整,互不干涉内政,维护双边友好关系和共同利益。在两国领导人的不懈努力下,两国始终坚持上述原则,加强在社会、经济、贸易和投资领域的合作,以及在文化、教育、卫生、培训等领域的交流,并就双方共同关心的政治问题进行协商。2001年3月,中国外交部就巴林国在中国香港设立名誉领事馆之事达成协议,随后巴林在中国香港开设总领事馆,领区为香港特别行政区。

1. 政治上互访不断

建交以来,中巴双方在政治上相互信任,在涉及彼此核心利益的问题上相互支持,高层互访不断,中巴关系不断发展。

1993年7月,中国国务院副总理李岚清访问巴林,先后受到巴林埃米尔和首相的接见。2002年5月,巴林首相哈利法应朱镕基总理邀请访华,

---

① 安瓦尔·优素福·艾勒阿卜杜拉,巴林王国驻华大使:《中巴四分之一世纪的友谊》,人民网,2014年5月22日。

期间受到江泽民主席和李鹏委员长的接见，双方发表的新闻公报宣布双方对建交13年来两国友好合作关系的发展表示满意，强调进一步扩大和深化两国之间的友好合作，不仅是两国政府和人民的共同愿望，也符合两国的共同利益。

近年来，包括巴林在内的海湾国家，在政治上与中国的关系日益密切。他们对中国的认识越来越清晰，中国既是联合国安理会常任理事国之一，又是一个没有任何侵略历史的经济大国。此外，中国政府在维护国家主权独立和反对外来干涉方面在很大程度上与巴林政府一致。中方支持巴林为维护国内稳定而作出的努力，巴林明确、坚定地支持中国在涉台、涉藏、涉疆问题上的立场。可以说，中巴双边关系有着非常好的政治基础。

2013年9月，哈马德国王对中国进行历史性的访问，推动了两国各方面关系的发展。此次访问体现了巴林为发展同中国的友好关系、增进两国交往的真实愿望和巨大诚意。哈马德国王同习近平主席的会谈成果丰硕，两国在能源、卫生、教育、金融等诸多领域签署了多份协议和备忘录，以共同构建长期稳定的中巴友好合作关系。在哈马德国王即将结束对中国访问时，两国发表了联合声明，承诺两国在真诚友好的基础上尊重彼此的根本利益。巴方强调恪守一个中国政策，支持中国政府为实现国家统一所作的努力。中方重申尊重巴林的独立、主权和领土完整，反对干涉其内政，支持巴林为维护国家稳定所作的努力，支持在中东建立无大规模杀伤性武器区。

2. 经济关系持续发展

中国和巴林之间的贸易往来可追溯到千百年前的丝绸之路。尽管与其他海湾国家比较，巴林的资源较少，但是巴林为中国提供了良好的投资机会，也为中国商品进入尚未开发的市场提供了一条通道。为了促进双边贸易，中巴已经签署了一系列的贸易协定，如：经济、贸易、技术合作协定（1990年）、文化合作协定（1991年）、卫生合作执行计划（1994年）；互相给予最惠国待遇换文（1995年）、民用航空运输协定（1998年）、鼓励和互相保护投资协定（1999年）、互免空运企业国际运输收入税协定（1999年）、服务与职业培训合作协定（2002年）、避免双重征税和偷漏税协定（2002年）、关于在巴林设立中国投资与经济服务中心的谅解备忘录（2002年）等，上述协定为中巴贸易和投资提供了合作的法律框架。2010年，中国贸易促进会和巴林商会联合成立了《中国—巴林联合投资论坛》，以寻找机会，加强在金融、地产和银行领域的金融合作，促进两国间的投资。

21世纪初，在巴林，中国的产品还很少见，这说明中巴贸易尚不够活跃，一方面因为中国的企业很少主动出击中东市场，另一方面是海湾国家采购商对中国产品缺少了解。对于中国而言，巴林是一片待开垦的处女地。中国经济的飞速稳定发展，对外经济技术合作不断扩大、进出口贸易快速增长等现象已引起巴林的极大关注，中国产品和投资市场也已引起其浓厚兴趣。中国从巴林进口的商品主要是原油、成品油以及液化石油气等；而中国出口到巴林的商品主要是机电产品、纺织、轻工产品等，产品互补性大，具有很大的合作潜力。2003年两国贸易额为1.35亿美元，其中中国出口额为0.83亿美元，进口额为0.52亿美元。

近年来，中国商品质优价廉的特点已成为多数巴林商人的共识，吸引了越来越多巴林人的注意，赴华商务考察、参加广交会的商人数量日益增加。中巴两国贸易交往快速增长，在各领域都有显著成果。2011年，中国已成为巴林最大的进口产品来源国，每年中国出口到巴林的非石油产品总额已超过10亿美元。2012年两国贸易额达到15亿美元，同比增长了28.6%，主要贸易货物集中在日用品和化工原料。2012年，中国在巴林的投资额达到8.6亿美元，巴林在中国的投资达到1546万美元。据《海湾消息报》报道，除海合会成员国外，中国已成为巴林第三大出口国和巴林第二大商品进口国。

据中国商务部统计，2013年中巴双边贸易额为15.4亿美元，与上一年持平。其中，中国出口12.4亿美元，同比增长3%，主要是机电产品、钢材、纺织服装等；中国进口3亿美元，同比下降13%，主要是铁矿砂、铝、液化石油气等。投资方面，2013年中国对巴林直接投资534万美元，巴林对华累计投资1561万美元。在承包劳务方面，巴林对外籍劳动需求较大，但中国籍劳务人员数量较少。2014年，中巴贸易额达14.16亿美元，比

2013年下降8.26%。其中，中国出口12.32亿美元，比2013年下降0.58%，主要是机电产品、钢材、纺织服装等；中国进口1.84亿美元，比去年下降39.53%，主要是铁矿砂、铝、液化石油气等。双向投资方面，2014年中国利用巴林外资15万美元。承包劳务方面，2014年中国企业完成营业额265万美元，同比下降50.3%，年末在巴工程劳务人员80余人。[①]

鉴于巴林良好的经济环境，已有包括华为、中国银行、中国港湾工程有限责任公司和太平洋保险公司等在内的18家中国企业在巴林营业。中国华为技术有限公司于2009年将其中东总部迁至麦纳麦，华为宣称巴林提供了海湾地区最适宜的营商环境，特别是其更具吸引力的针对外国直接投资的政策。

此外，中国还积极参与巴林基础设施和住宅建设。2014年1月，中国建筑工程公司与巴林政府达成协议，将在巴林全国各地新建4万套住宅。2014年2月25日，"巴林投资环境介绍会暨'巴林龙城'项目发布会"在北京举行，介绍会旨在进一步向中国宣传巴林投资及商业环境，邀请更多中国企业到巴林投资，并以巴林为海外贸易平台开拓中东市场。中巴企业两国共同投资1亿美元在巴林北部通过填海造田打造的"巴林龙城"于2014年启动，2015年12月27日，巴林首相哈利法、外交大臣哈立德、中国驻巴林大使咸振宏、巴林及周边国家工商界人士、中资机构等近300人出席开业仪式。"巴林龙城"位于麦纳麦国际机场附近的迪亚新城，总占地面积10万多平方米，其中5万平方米可容纳787个铺位的市场，配套4500平方米的周转仓库，6000多平方米的美食街，以及为入驻商户准备的300套龙城公寓。"巴林龙城"主要批发和零售中国电器、家具、建材、纺织和服装等商品，将为中国企业"走出去"建立国际营销网络平台，这不仅是一个具有中国建筑文化特色的批发兼零售中国商品的分拨中心，还将成为一个区域性东方文化和休闲娱乐的旅游景点。为了吸引更多中国商户入驻龙城，巴林政府提供了不少优惠政策，如入驻公司不需要担保人，享受100%的公司所有权；在税收方面，只有5%的关税，免收营业税、所

---

① 驻巴林使馆经商处：《2014年中巴经贸关系简介》，2015年8月6日。

得税、增值税等。预计巴林龙城将带动中国对海湾市场每年增加5亿至10亿美元的贸易额，每年将吸引超过50万客商来访。

2015年5月24日，由宁夏回族自治区人民政府、中国国际商会与巴林经济发展委员会、巴林商工会联合举办的中阿企业家论坛及项目对接会在巴林举行，来自中巴两国的150余名企业家出席了活动。2015年9月8日，厦门国际投资贸易洽谈会召开，巴林担任大会的主宾国，借助大会平台集中展示了巴林的投资环境、发展项目、旅游文化和风土人情。9月10日，2015年中国—阿拉伯国家工商峰会在宁夏银川召开，中国贸促会与巴林经济发展委员会签署合作协议，双方将进一步加强机制性合作，开展贸易投资促进活动，推动双边经贸关系的发展。

在巴林政府对外经济战略开始"向东看"、希望进一步加强与中国经贸与投资合作的背景下，巴林政府积极主动与中国政府探讨各领域的项目合作。巴林政府表示，完全支持中国倡议成立的亚洲基础设施投资银行，期待亚投行为亚洲国家及地区的稳定和安全带来益处。

3. 教育文化交流日益频繁

教育文化交流是增进国家、人民之间相互了解的重要手段。中国和巴林珍惜两国的文化交流，已经举办了文化节、展览、各种艺术表演等多项教育文化交流活动。

2008年5月22日，"中国景德镇瓷器文化展"在巴林国家博物馆隆重开幕，景德镇美轮美奂的陶瓷精品受到了很多当地参观者的喜爱。

2010年5月，第2届中国—阿拉伯国家新闻合作论坛在麦纳麦举行。中国国务院新闻办公室主任王晨与巴林文化大臣谢赫梅·哈利法及阿拉伯国家联盟各国新闻部官员和媒体机构负责人等近百人与会，共同讨论了"利用现代化通信手段发展中阿新闻合作"这一主题。论坛对中阿媒体合作达成一致：中阿媒体应正确引导各自民众客观、理性地认识对方国家，积极报道双方高层领导交往和政府、政党、议会往来情况，报道双方在国际、地区事务中加强支持与配合的行为，共同维护发展中国家利益的情况，以及不断巩固中阿关系政治基础的努力。2012年，巴林新闻事务大臣表示新闻合作是中巴友好合作关系的重要内容，欢迎中国媒体在巴林设立

第四章 对外政策与对外关系

常驻机构。

2013年,由中国国际文化传播中心主办的"中国书画展"在麦纳麦举行,共展出了三十多位中国当代知名艺术家的七十多幅作品。2014年,巴林邀请中国艺术团赴巴进行演出,著名的小红花艺术团演出了丰富多彩的节目,这也是巴林"文化之春"艺术节的一部分。此外,巴林文化部在麦纳麦举办了"中国文化周",其中的"丝绸之路"展展出了中国古代服装、工具和文物等,辽宁芭蕾舞团还进行了富有中国民族特色的舞蹈和杂技表演。2015年3月,在巴林举办中国艺术节期间,厦门小白鹭民间舞团的艺术家在开幕式上表演了精彩的中国舞蹈,同时举行的还有中国少林嵩山武术团和新疆艺术团的演出以及中国刺绣精品展。巴林积极参加在中国举办的每年一度的阿拉伯艺术节。这一系列活动为中巴两国在文化艺术领域的交流合作注入新的活力。

为增加两国之间的相互了解,中国教育部每年会为巴林学生提供奖学金名额到中国留学。近些年,有很多巴林人希望在中国的大学接受医学、科技、工商管理等学科的高等教育,现已有500多名巴林籍学生在中国学习。另一方面,为加强中巴两国文化学术交流,双方于2014年4月在巴林大学开设了孔子学院,教授汉语。巴林教育大臣马吉德在揭牌仪式上说,巴林对中文教育如此重视基于两种考虑。首先,作为世界古老文明象征的中文,蕴含了丰富的哲学、科学、文学、科技和艺术等元素,是世界上最重要的语言之一。其次,中国在世界上的影响力也凸显了掌握中文的重要性和必要性。他希望孔子学院在巴林落户能为进一步提升两国友好关系起到积极作用。出席揭牌仪式的上海市副市长翁铁慧说,当今世界的全球化趋势使得不同文明之间的对话显得尤为必要。她希望巴林孔子学院能成为两国文化、教育领域交流的良好平台。① 巴林大学孔子学院成立以来,积极开展各个层次的汉语教学,组织各种精彩的文化活动,对传播中国文化、增强中国在巴林的影响力、加强两国人民之间的互相了解和友谊等方

---

① 巴林首家孔子学院成立,新华网,2014年4月16日,http://news.xinhuanet.com/overseas/2014-04/16/c_1110259541.html。

面均发挥了重要的桥梁作用。

三、"一带一路"背景下的中国与巴林

2014年，正值中国与巴林建交25周年之际，中国领导人提出的"一带一路"构想，推动筹建亚洲基础设施投资银行的举措给新时期的中巴经贸往来注入了新活力。巴林经济发展委员会首席经济学家杰尔莫·柯提兰因指出，区域一体化、互联互通是至关重要的，这不仅体现在海湾国家间的贸易流动，而且越来越多地体现在与海湾国家以外地区的往来。巴林和中国之间紧密的联系对于巴林未来的发展越来越重要。

如今陈列在巴林堡前博物馆里的中国瓷器，记录着当年的驼队商船从中国远赴"海湾明珠"巴林的历史。古老的丝绸之路为中国和海湾国家建立起商贸联系，而现代丝路必将把两国带上互利共赢、繁荣发展的大道。中巴两国传统友谊深厚，友好关系健康稳定发展，两国在涉及彼此核心利益和重大关切问题上始终相互支持，这是中巴两国友好关系继续向纵深发展的重要保证。巴林是我国在中东、海湾地区的重要合作伙伴，也是我国"一带一路"倡议沿线国家，中巴已成为相互信赖的好朋友和真诚合作的好伙伴。

2014年11月，全国政协主席俞正声对巴林进行正式友好访问。俞正声希望巴林积极参与丝绸之路经济带和21世纪海上丝绸之路建设，推动两国在基础设施建设、通信、能源等领域的务实合作；在维护地区和平与稳定、打击恐怖主义等国际和地区事务中继续相互支持、相互配合。哈马德国王等巴方领导人表示，巴中两国有各自的国情，但在发展经济、改善人民生活、保持社会稳定等方面有很多共同之处，双方合作领域众多，合作项目进展顺利。今后愿与中方在政治、经济、文化、教育等各个领域密切合作，吸引更多中国公司参与巴经济建设，加强两国立法和协商机构的友好交往，在国际和地区事务中充分协调与配合，促进两国关系持续、快速、全面发展。[①]

---

① 专稿，《俞正声对巴林进行正式友好访问》，国际在线，2014年11月7日。

中国与巴林两国关系正处于重要的历史机遇期,中国"一带一路"战略的提出与巴林政府全面加强基础设施建设的计划相契合,两国在金融、旅游、通讯等众多领域合作前景广阔。可以预计,中国和巴林之间的友好合作关系将在未来继续发展,双方合作的广度和深度也会不断加强。

第五章 多元化经济

历史上，巴林人一直靠传统手工业、渔业和采珠业为生。20世纪30年代，巴林成为海湾地区最早开采石油的国家，油气产业成为巴林的经济支柱。但是随着石油产量日益减少，巴林在海湾诸国中率先进入了后石油经济时代。巴林成功地向多元化经济发展，除炼油、石化及铝制品和造船工业以外，还大力发展金融业，并成为海湾地区的金融中心。现在，巴林已经成功地走上了现代化发展之路。

第一节 经济概述

如今到访巴林，一定会有种宾至如归的感觉。这里有充满现代气息的城市，陈列着熟悉摆设的商店，还有各种欧美风格的娱乐设施，令人心驰神往。不少国际知名酒店和餐饮企业都在巴林设立连锁分支机构。在巴林国际机场，一流的国际通讯服务和金融服务让人印象深刻。

一、成功实现经济多元化转型

未发现石油之前，巴林曾是海湾地区采集珍珠和贸易的中心，当地居民主要靠采集珍珠、捕鱼、经商等维持生计。20世纪初，巴林是海湾地区的货物集散中心。1932年发现石油之后，巴林石油的勘探、开采、提炼、运输、销售权完全由美、英石油公司操纵。巴林独立之后，巴林政府对石油实行国有化政策，从美、英石油公司手中收回石油的所有权。20世纪70年代油价大幅度上涨，巴林的石油收入大量增加，政府利用巨额的石油收入，因地制宜发展工业和各种基础设施，促进经济迅速发展。进入80年代后，由于国际石油价格下降，石油收入锐减。

第五章 多元化经济

巴林是最早发现和精炼石油的阿拉伯国家之一，石油收入曾占到GDP的60%。然而，石油资源日趋枯竭成了巴林加快经济多样化的主要动机。1965年，巴林政府意识到国家的长期繁荣不能只依赖有限的石油储备。于是，巴林政府制定了国家长期经济发展规划，在海湾国家中独辟蹊径，走上了经济多元化发展之路，鼓励在各行业投资设厂。巴林政府为工业发展提供了一切便利条件，除了设立门类齐全的基础项目和一些设施与基本服务齐全的工业区外，还对各工厂购买的原材料、机器、设备实行减免关税制度，降低工业区的水电费用，在政府采购招标过程中，工业区的产品会被优先选购，同时最大程度地鼓励工厂使用本国劳动力，鼓励外国投资者引进先进技术，通过发展银行为各种工业提供低息贷款。巴林最初建立的企业包括一家铝制品厂、一家轮船修理厂、一家铸铁厂、一家化工厂和一家制药厂。

现在，巴林已成为海湾地区第一个成功实现跨越式发展和经济多样化的国家。近年来，巴林的非石油收入在国民生产总值中的比例逐年提高。

在巴林2012年GDP构成中，石油天然气行业占19%，非油气产业占81%，其中金融业占17%，制造业占15%，政府财政支出占12%，建筑业占7%，交通通讯业占7%，房地产业占6%，社会服务业占5%，批发零售业占5%，其他行业占7%。

表一：2012年巴林GDP的多元化构成

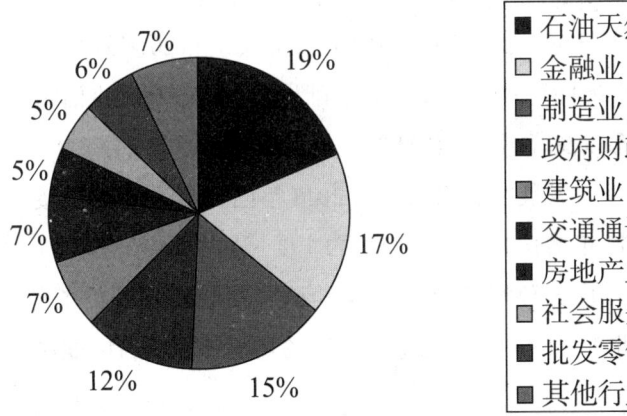

*数据来源：2013年巴林经济年鉴

据巴林中央信息局统计，2013年巴林GDP构成如下：石油天然气行业占26.66%，非油气产业占73.34%，其中金融业占15.14%，制造业占14.65%，建造业占5.88%，批发零售业占3.99%，酒店餐饮业占2.13%，农渔业占0.27%。

巴林的多元化经济发展政策已经成为海湾国家根据各自国情合理发展经济的榜样。巴林制订的21世纪发展目标是把巴林建设成为国际分拨中心、金融服务中心、外国直接投资合作中心、国际会展中心和技术培训中心。

二、近年来的经济形势

近年来，巴林经济形势总体发展不错，呈现出"高增长、低通胀"的特征。

1. 高增长

2008年，巴林经济形式十分喜人，GDP增长率达18.6%。但是受国际金融危机对巴林银行业、房地产及会展旅游经济产生的影响，2009年巴林经济增长放缓。得益于政府针对性强、成效显著的宏观调控政策，巴林经济形势自2010年以来总体保持平稳增长。

尽管2011年巴林社会动荡，导致投资和消费低迷，财政压力增大，但在油气产业支撑下，经济总体上依然维持了低速增长。2012年以来，巴林经济开始出现复苏。由于拥有稳定的劳资关系和20多万受过良好教育的劳动力，这个岛国已具备了良好的基础设施、相当高的生活水平、长期的政治稳定状态以及优惠的经济政策。

根据巴林经济发展委员会报告，2013年巴林吸收外国直接投资1.14亿美元，较2012年增长12%。其增长的主要原因是政府改善了投资环境、发展了外向型自由开放经济以及35家跨国公司在巴林开设了分支机构，投资主要来自北美、欧洲和亚洲地区。2013年巴林经济自由度在全球经济体中排名第八。

表二：2008—2013年巴林GDP数据增长图

	2008	2009	2010	2011	2012	2013
GDP（亿美元）	219.05	205.99	217.3	258.2	308	330.3
GDP年增长率（%）	18.6	-5.97	3.9	2.2	3.4	5.3
人均GDP（美元）	19797	18616	17601	21607	25121	26872

*数据来源：综合巴林中央信息局数据

2014年，尽管面临地缘政治挑战，巴林石油产量基本保持稳定，房地产市场健康快速发展，服务部门也实现了增长。

表三：2014年巴林主要经济数据

序号	项目	数据
1	国内生产总值	340亿美元
2	人均国内生产总值	3.3万美元
3	国内生产总值增长率	4.3%
4	进出口总额	352亿美元
5	进口	138亿美元
6	出口	214亿美元
7	外汇储备	57.3亿美元
8	汇率	1美元=0.376巴林第纳尔

*数据来源：《经济季评》

巴林当前宏观经济形势基本稳定，国际油价保持高位，金融业持续稳健经营，旅游、建筑等行业逐渐回暖。为刺激经济增长，巴林拟提高财政资金使用效率，加大基础设施、住房和其他民生领域的支出，实施能源、工业等领域大型项目。

2. 低通胀

20世纪的第一个10年，巴林经济增长率基本保持在7%至8%左右。值得一提的是，巴林这种速度的经济增长率是在4%左右的低通货膨胀率情况下取得的。据路透社调查显示，2011年巴林物价指数出现近十年来的首次负增长（-0.3%），2012年通胀率达2.8%。最近三年，巴林国内通货膨胀率较卡塔尔、阿联酋都要低，维持在较低的波动水平。

表四：2013年以来海合会成员国消费者价格水平变化

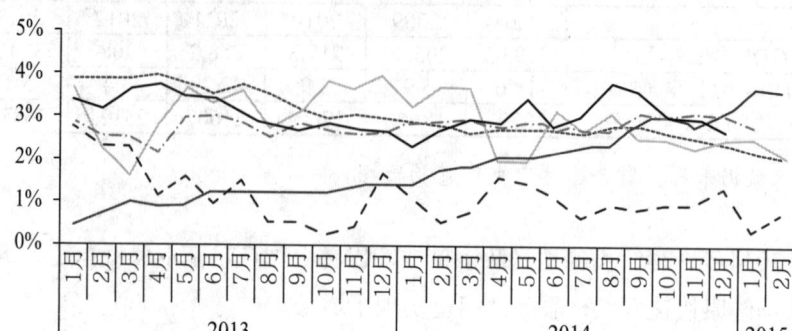

*数据来源：巴林国家统计局

三、经济发展愿景和经济发展委员会

2007年10月23日，巴林政府公布了"2030年巴林经济愿景（Bahrain Vision 2030）"（见附录二），主要目标为提升国民生活水平、创造优质工作机会、提升工作技能、鼓励创新、发展新兴产业及对教育、卫生和私有化等进行改革并寻求与其他海湾国家进行产业合作。

上述经济愿景由巴林经济发展委员会（Bahrain Economic Development Board, EDB）负责执行。该委员会是一个半私营的自治机构，成立于2000年4月。它的原主席是巴林首相，副主席是王储。2002年2月，首相辞去主席职务，委托王储担任主席。巴林经济委员会的董事会由七位大臣和七位高级执行董事组成。人员组成的初衷是要保证巴林私营行业能够积极参与巴林的经济发展。

巴林经济发展委员会的主要任务是规划监督巴林的经济发展战略，引进外国直接投资。它的工作重点集中在六个方面，即巴林的信息技术和通信业、教育培训服务、旅游业、医药保健、金融服务和下游产业。巴林经济发展委员会为上述六个行业引进外国资本创造良好的投资环境，以达到实施巴林经济结构多元化战略，协助经济持续发展，增加社会就业机会的目的。它的日常工作是向国内外私人行业提供明确无误的政策解析，全方位地向国内外投资者提供信息、咨询和协助，从投资起始阶段的信息咨询，到办理各种手续，再到投资项目开工启动和营业，都尽量提供便利。

第二节　第一产业

第一产业是国民经济的基础产业。巴林的第一产业，也是基本的传统产业，主要包括：采珠业、渔业和农业，它们在巴林经济中扮演了举足轻重的地位。

一、采珠业

巴林这个狭小、遥远的沙漠王国之所以被称作"海湾明珠"，答案就潜藏在海底下。几个世纪以来，采珠业一直是巴林的支柱产业和主要收入来源，采珠人潜入海底采掘珍珠的传统至少有五千年历史。美索不达米亚的著名文学作品《吉尔伽美什史诗》就曾描绘过一位脚缚沉石的采珠人潜入海底，采集"神奇之花"——珍珠贝的过程。

巴林是全世界最完美的天然海水珍珠出产地。无论是从珍珠的数量还是质量来看，巴林的珍珠床在海湾地区均首屈一指。潮汐和洋流使巴林的牡蛎生长在海底矿物淡水和阿拉伯高盐海水混合的环境中，从而以更高比例产出色泽和大小皆上乘的海洋珍珠。几千年来，尽管采珠过程相当惊心动魄，充满了各种危险，但巴林人依然世世代代靠此为生。

20世纪30年代之前，采珠业是巴林最主要的产业和经济来源。在珍珠贸易的巅峰时期，超过1/4的巴林人从事潜海采珠，约有2000艘采珠船从每年6月到10月不间断地进行采珠作业。而从20世纪30年代初期起，采珠业一落千丈。原因来自三方面：其一，当时正值全球经济大萧条，奢侈品少人问津，珍珠贸易陷入低迷；其二，更为廉价的日本人工珍珠问世，日本人通过人工育珠的方式，开发出价廉物美的珠宝市场，严重地打击了天然珍珠市场，致使巴林采珠业逐渐走向没落；其三，1932年，巴林首度发现石油。固定的薪水和相对轻松的工作使不少巴林人纷纷舍弃了采珠业。尽管采珠业如今不再是巴林重要的经济产业之一，但巴林出产的天然海水珍珠在世界范围内仍然是首屈一指的。目前依然有一些巴林人驾着独桅帆船或小渔船，继续从事采珠业。

二、渔业

巴林四面环海，附近海域生活着两百多种鱼类。几个世纪以来，鱼是巴林人赖以生存的主要食品之一，渔业也成为巴林一项重要的经济来源。20世纪60年代，巴林成立渔业公司。然而，随着采珠业光鲜不再，渔业也日渐萎靡。

20世纪80年代，不断上升的鱼类产品消费需求仍无法改变巴林渔业的惨淡景象，巴林政府不得不依靠从外国进口海鲜产品来满足国内市场的需求。同时，政府对渔具采取了一系列改造措施，如：为捕鱼作业的独桅帆船安装引擎或将其改造成现代船只；为渔民配置金属渔网，以代替传统的由棕榈编织成的网。这些措施大大提高了捕鱼量，巴林渔业重获新生，据联合国粮农组织统计，1989年巴林的年捕鱼量达到9200吨，2012年达到1.4万吨。此外，巴林的养殖业也已开始起步。

20世纪70年代，海湾水污染成为巴林面临的一个重要问题。海湾北部的虾群对于海洋污染似乎特别敏感，至1979年，虾类在巴林海域附近近乎消失。1983年，污染问题加剧。到1991年，污染问题再次凸显，在海湾战争中遭受破坏的原油设施导致原油泄漏，严重污染了海湾北部数千平方公里之内的海域。浮油使巴林海域附近独特的海洋生物危在旦夕，包括珊瑚礁、海龟、儒艮（一种食草海洋哺乳动物，与海牛相似）、牡蛎养殖场、虾床、不计其数的虾类以及其他海洋生物。1991年的空前污染，给巴林捕鱼业带来了致命打击。尽管如此，巴林海域内鱼的种类依然不下数百种。近年来有关方面的调查显示，巴林鱼类的重金属含量依然低于国际标准。

2010年，由巴林当地数位富商和机构投资者联合成立了阿斯玛克渔场（Asmak），公司业务包括养殖、加工、包装及进出口。公司计划于2015年实现年产量1500吨，占巴林市场鱼供应总量的12%，进口总量的35%。

三、农业

尽管巴林年降水量少、土质贫瘠，可耕地面积1.1万公顷，仅占全国总面积的14%左右，农业仅占国内生产总值的0.28%，但农业从古至今都是巴林经济发展的一个重要领域。巴林早期的农业活动分布在天然地下水资源丰富的地区，清澈而甘甜的淡水资源维持着巴林原住民的生命，也推动了早期的经济活动。

古代巴林曾被称为枣椰树之国。石油工业还未兴起时，枣椰树种植一直是巴林农业的主要组成部分，巴林一共有23个枣椰树品种。枣椰树的果实椰枣具有很高的经济利用价值，美味可口、营养丰富、耐久储藏，畅销巴林国内外消费市场；枣椰树叶既可遮荫，又可用来盖屋顶；树枝可以作为燃料或建筑材料；芽和花蕾也可被利用。枣椰树既是巴林传统民居必不可少的清洁建筑材料，又是很多巴林特色的手编工艺品用料。20世纪50年代至70年代，随着巴林居民的饮食消费习惯逐步改变，加上土壤蓄水层的盐分含量不断增高，导致枣椰树数量悄然下降。到了80年代，枣椰树园被菜园、苗圃、禽畜场和奶牛场等一系列新型农业代替。

截至2014年，巴林的可耕地面积1.1万公顷，实际种植面积4766公顷。这些耕地每块从数平方米至4公顷面积不等，共有约1万块，被分给800名所有者。一般情况下，土地所有者将土地租赁给农民，通常会签订3年合同。小规模的耕地面积，加上所有权分配不均，阻碍了巴林农业的私有化投资。此外，随着越来越多的农民开始从事相对高薪的非农业工作，农民数量从1975年后大幅下降。如今，巴林全国农业人口约占劳动力总人口的1.5%，且其中近四分之三的人没有耕地所有权。自1980年起，巴林政府采取了多项针对农民的优惠政策，如：免费分发种子，提供新型高效的灌溉技术，批准低息贷款等。这些政策旨在提高巴林国内农作物的生产量，同时也提高了蛋、奶和蔬菜的产量增长，但巴林有限的耕地面积还是限制了潜在的农业生产力。2014年，巴林本地农产品的供给量仅占其食品需求总量的6%。因此，巴林94%的农产品大多依靠进口，农业进口在巴林所有国际贸易活动中，依然保持着首要地位。在这种情况下，指望大幅度减少食品进口不现实。但是政府希望巴林食品制造商可以通过采用新技术和提升管理水平，进一步丰富产品种类、增加产量、提高质量，以满足人民的生活所需。

巴林的主要进口食品包括各类水果、蔬菜、肉类（含活畜）、谷物和乳制品等。其中，水果主要来自黎巴嫩、叙利亚、埃及、东南亚等国；蔬菜来自约旦、叙利亚、埃及等国；肉类多数来自印度、巴基斯坦、新西兰、巴西等国；禽蛋多来自沙特、印度等国；谷物主要来自印度、巴基斯坦、泰国等国；乳制品来自沙特等国。根据巴林关税规定，水果、蔬菜、鲜（冻）鱼、肉类都属于免税进口产品。

巴林是世贸组织成员国，对农产品进口无国别歧视和数量限制，但下列情况除外：

1. 根据阿拉伯国家联盟号召，抵制以色列产品，不得进口任何出产于以色列的商品；

2. 根据阿拉伯国家联盟的自由贸易协定，从1998年起，阿拉伯国家联盟成员国的产品进入巴林时，可以享受10%的关税减让，并以每年10%的比例递减，10年内实现免关税进口；

3. 沙特、科威特、阿联酋、阿曼、卡塔尔生产的商品在获得海湾合作委员会出具的原产地证书后，可以免关税进入巴林；

4. 根据巴林与约旦、叙利亚、突尼斯签署的双边协定，这些国家生产的商品可以免关税进入巴林；

5. 禁止进口的农产品包括：活猪、巴基斯坦鸭、肉豆蔻衣、罂粟（含罂粟籽）、大麻籽、鸦片液、印度大麻液及其提炼物、香烟形状的糖果；

6. 限制进口的农产品：马、驴、骡和危险野生动物、食用蛋、牛精液、非食用鱼等。

巴林海关特别规定，非穆斯林每人可携带1升酒精饮料（或6听啤酒）、200支香烟（或50支雪茄烟）、250克烟草、8盎司（约等于227毫升）香水入境。

为增加农业在经济中的比重，巴林政府出台了国家农业发展计划。劳动基金也成立了农场主支持计划，为私营部门投资农业提供融资便利。此外，农业投资者也可以通过劳动基金的一些创业公司支持计划获得支持。2012年7月，巴林内阁批准了农业领域基础设施发展规划，投资665万美元，兴建兽医和农业实验室，添置用于检测动植物样本的设备；发展农业和植物检疫，在入境通道兴建动物和农业检疫站；培养专业人才，按照海湾和国际标准招揽优秀专家，加强发现动植物疾病和污染的能力，以保护公民健康。

2013年6月，苏丹政府同意向巴林政府提供4.2万公顷土地用于农业开发。该地块位于苏丹北方州达巴市西南的尼罗河西岸，距离丹格拉国际机场100公里、苏丹港700公里。该地将优先考虑种植饲料返销巴林，饲养牲畜返销巴林，种植小麦、大米和油料等战略物资等。

第三节 能源产业

石油和天然气是巴林最重要的自然资源。巴林的能源产业主要是油气产业。油气产业是巴林国民经济的支柱产业和最大的产业，也是巴林最主要的出口产品和收入来源。巴林政府对油气资源实行国有化政策，同时积极引进外国技术和资金，努力发展炼油和石化等下游产业。巴林GDP分列为油气产业和非油气产业两个大类。2013年，巴林油气产业占GDP比例为26.17%。

表五：巴林石油与天然气产业概览

能源	分类	年份	日均	全球排名
石油	石油生产	2013年	61160桶	62
	石油消费	2013年	49000桶	101
	石油出口	2013年	12160桶	35
	石油探明贮量	2014年	1.2亿桶	62
天然气	天然气生产	2012年	4814.3亿m^3	35
	天然气消费	2012年	4814.3亿m^3	42
	天然气探明贮量	2014年	32500亿m^3	53

*数据来源：美国能源信息署

一、石油和天然气

巴林对石油的利用已有几千年历史。水手们经常用这种从沙地中渗出的黑色粘稠液体来填补独桅帆船的木质缝隙。随着19世纪工业革命的到来，油脂和燃料成为机器生产不可或缺的因素，石油的作用日益凸显。不久，从石油提炼出的煤油成为煤油灯的主要来源，石油一下子成为备受追捧的珍贵资源。

20世纪20年代，创立于美国旧金山的加利福尼亚美孚石油公司在巴林设立子公司，率先获得石油开采权。1929年，美国加利福尼亚美孚石油公司帮助巴林以英国公司名义在加拿大注册兴建了巴林石油公司。全公司的英国董事人数占五分之一。

20世纪30年代初，巴林开始生产石油。1931年秋，巴林石油公司开始正式投入石油开采作业。1932年夏，加利福尼亚美孚石油公司在巴林距地面2000英尺（约210米）深处探明石油，开始生产石油制品。

1935年，巴林16口油井开始投入作业。1936年，加利福尼亚美孚石油公司向德士古（Texaco）石油公司出售半数股权，重新成立巴林石油公司（Bapco）。1971年巴林独立前夕，巴林石油公司的年收入约占政府总收入的60%，该收入用以资助国内重要开发项目，并为教育文化、健康卫生等领域提供支持。1975年，巴林政府获得巴林石油公司60%的股权，并拟在1980年收购剩余40%的股权。

1994年，巴林石油公司取得了ISO证书，成为海湾地区第一个取得此类证书的公司。1997年，巴林石油公司购买了老股东美国加利福尼亚得克萨斯石油公司（Caltex）40%的股权，从而掌握了公司的全部股权。2001年1月，巴林最高石油委员会批准了巴林石油公司与巴林国民石油公司的合并。

巴林是石油净进口国，近年来产量稳定。巴林原油探明储量2055万吨，因油田技术维护，2012年原油产量降至867万吨，原油及衍生产品占出口总额的77%，占进口总额的67%。2013年，巴林油田日产量为4.8万桶，比2009年同比增加1.6万桶。

巴林丰富的天然气储备与巴林的油田密不可分。1979年之前，每天约300万立方米气体被排入大气。1979年，巴林政府成立巴林天然气总公司。附属的气体液化厂专门收集这类气体，并将其处理成丙烷、丁烷和石脑油。同时，在库夫非油田区附近也有大量天然气。巴林天然气总公司通过开凿15座多口钻井来抽取气体，为炼油厂、发电厂以及海水净化厂等提供燃料动力。另一些气体被重新注入油田，以保持油田压力并刺激生产。巴林天然气探明储量1182亿立方米，2012年总产量167.6亿立方米，全部用于国内，主要用于发电和生产化工产品。2013年，巴林天然气日产量25亿立方英尺，比2009年增加5.3亿立方英尺。

在海湾地区，石油向来与地缘政治之间关系密切。在石油的重要意义还未被认识前，各国间没有明确的政治国界。然而，随着石油开采带来的巨大财富，各国统治者和石油公司开始思考国界问题。和其他海湾国家不同，由于是岛国，巴林一开始与邻国并没有领土之争。然而，随着石油开采的迅速发展，巴林也陷入与邻国卡塔尔的领土争端。

石油公司进驻海湾地区，为各国带来了巨大契机。英国政府也不再限制外国人进出巴林和其他海湾国家。地质学家、炼油厂工人、职业经理人以及石油行业工人纷纷来到巴林。巴林一改停滞不前的旧面貌，发生了翻天覆地的变化。

在各家石油公司进入海湾地区之前，当地统治者与英国政府的交往显得异常被动。他们一旦与英国终止协定，就意味着与英国官员的交往也将戛然而止。然而，随着石油开采权的谈判启动，局面发生了巨大变化，巴林统治者开始应邀参与各项讨论。

自1935年起，石油产业一直是巴林经济的支柱，随着石油和天然气的大量出口，外汇滚滚而来，人们的生活方式也随之发生变化。昔日男耕女织和以牧为生的情景只有到博物馆才能见到，扬帆出海、潜水采珠也已成为人们偶尔为之的不忘先人、追忆往事的一种"消遣"。取而代之的是崭新的现代化的生活方式。

石油产业为巴林带来了两大重要契机。首先，国家逐渐摆脱贫穷。其次，统治者与下层百姓的关系发生微妙变化。石油协议的签订，为统治者带来了稳定的收入。此后，统治者经济上逐渐独立，不再单纯地依靠百姓上缴的税赋作为收入。可以说，统治者是石油收入的最大受益者。作为回报，统治者通常会投入巨资来发展各种项目。

巴林政府利用大部分石油收入用以兴建公寓设施，同时大力发展教育。1930年，约有500名学生进入巴林学校学习。然而到了1938年，这一数字就翻了三倍。1937年，巴林安装了国内第一台印刷机。1939年，海湾地区第一座电影院在巴林正式营业，不少社交、文化俱乐部也先后落成开张。不仅如此，巴林石油公司也开始对外招聘。这对于因采珠业萧条而失业的工人们来说，无疑是个好消息。

二、石油加工业

由于石油产量有限，20世纪60年代初，巴林开始从单一的石油开采转向石油加工，这奠定了巴林的工业经济基础。巴林也成为唯一一个进口原油而出口石油产品的海湾国家和第一个进行石油加工业开发的阿拉伯国家。

成立于1936年的巴林石油公司（Bapco）是海湾地区历史最悠久的石油炼制厂。巴林每年从沙特阿拉伯进口约17亿美元的原油进行加工复出口，其合成氨及甲醇的生产和出口形成了一定的规模。在1999—2000年期间，巴林共投入8亿美元提高石油加工能力，生产无铅汽油和低硫柴油。据中国驻巴林经商参处消息，2013年，巴林石油公司出口石油产品8550万桶，同比增长1%。其中，中质馏分油（煤油和柴油）占57%，燃料油占19%，主要销往中东；石脑油占19%，主要销往亚洲。硫磺产量约45.8万桶当量，全部出口至亚洲市场，其中印度次大陆地区占49%，远东占23%，东南亚和中东地区各占约14%。巴林国内实现成品油销售970万桶，同比增长1%。

巴林的海湾石化工业公司（GPIC）成立于1979年，利用巴林的天然气，把从澳洲进口的铝矾土冶炼加工成铝材，再出口到欧洲。1998年，海湾石化工业公司投资1.8亿美元建造的尿素厂投产。目前，它日产尿素1700吨、氨1200吨、甲醇1200吨，成为国际化肥市场上主要供货商之一。

据悉，2014年，海湾石化工业公司生产氨、尿素和甲烷共计160万吨，是公司成立以来的最高纪录，实现净利润1.9亿美元，员工本地化比率达到92%。

巴林天然气总公司由巴林政府控股75%。目前，该公司的天然气日产量为2.8亿标准立方英尺。除了供应当地企业天然气外，该公司主要利用天然气加工生产丙烷、丁烷和石脑油，用于出口。巴林航空燃料油公司在巴林国际机场向各航空公司供应飞机燃料油。该公司系巴林政府、美国加德士公司和英国石油公司共同所有。

在过去，巴林政府给予油气产业极大的关注，以建立能够支持国民经济的、有助于实现收入多样化的基础牢固的民族产业。油气产业能利用国内的一切能力和原料，不断增加本国产品的比例，创造新的就业机会，容纳更多的本国劳动力。据统计，油气产业是为巴林本国劳动力提供就业机会最主要的行业之一。1995年，从事石油行业的巴林人的比例达到85%。

鉴于国家拥有较为丰富的天然气资源，巴林依靠天然气建立了以铝、铁、钢、石油化工和炼油为主要工业的工业基础，从而为建立满足国内市场和出口的加工工业提供了契机。

第四节　大型工业

巴林的工业投资始于石油，现在的投资重点由与石油相关的工业扩展至钢铁、制铝、修造船等重工业，巴林成为海湾地区较早拥有重工业的国家。为促进国家经济多样化，巴林政府在大型产业创建方面扮演了十分活跃的角色，促生了一批大型工业企业，如炼油厂、化肥厂、现代化农业种植和养殖场，希冀以这些新型行业替代如钢铁、水泥、电力、海水淡化和食品加工业等的传统行业。相信不久之后，这又将成为巴林的一批新型行业。

巴林大型工业中两个最重要的行业是制铝业和修造船业。

一、制铝业

巴林政府为实现经济发展多样化提供的便利受到私营企业和工业投资者的欢迎,从而催生出许多工厂企业。在巴林,除了那些依靠石油建立起来的工业(如炼油、石油化工和天然气等),其他工业行业在很大程度上以冶炼工业为主,其中首要的是投入了大量资金的铝制造业。

巴林铝和铝制品行业在其整个国民经济中占有重要地位。铝业是巴林利用自己的天然气资源,发展多元化经济的重点项目,取得了巨大成功。炼铝是高耗能产业。能量消耗占了整个炼铝成本的20%,原材料、人力和设备仅占第二位。

巴林铝业公司(Aluminum Bahrain, ALBA)是世界十大制铝公司之一,成立于1968年,最初由一家国有公司和一家专门投资建造生产进口未加工铝土制造厂的私有公司合并而成。1971年正式投产之后,最初的锭铁年产量为9.9万吨。1999年,巴林铝厂年产量达到50万吨。此后,巴林铝厂对设施不断改建,投资17亿美元建设了第5条生产线,年产铝30.7万吨。其后,生产能力不断扩大,目前年产能力为91.27万吨,全球排名第12位,产品有轧制厚的铝平板、挤出铝坯和标准铝锭等。该公司2730名员工中,超过87%为巴林人,对就业率贡献不小。2012年6月,巴林铝业公司赞助并参与了在上海新国际博览中心举行的2012中国国际铝工业展览会,以扩大其在亚洲新兴市场的客户群及产品系列在全球的影响力。近年来,巴林铝业积极扩大产品系列在亚洲市场的份额。2012年,巴林铝业公司有超过15%的产品已出口至亚洲。为推动国家工业发展,刺激经济增长,巴林政府内阁会议于2015年7月6日批准,将投资35亿美元用于扩建巴林铝业公司新生产线,其中,25亿美元用于建设新生产线,10亿美元建设电厂。新生产线将于2016年上半年动工,预计2018年投入运营,年产能力将增加51.4万吨,同时将为整个国家创造3500个就业机会。

随着炼铝的成功,一些以铝为原料的下游铝制品厂相继诞生。巴林铝业产品的50%用于出口,其余50%供应本国的下游产业。

巴林挤压铝制品公司(Bahrain Aluminum Extrusion Company,

BALEXCO）成立于1977年，由政府控股，专门生产铝门、窗架和其他建材产品。现在该厂年产能力已经扩增到2.1万吨，最近实行了私有化重组，主要生产铝型材、金属盖层、金属熔炼和预制件。私有化重组要求私人投资者建立中小型的铝品预制厂，生产铝门窗和其他隔离物品。巴林挤压铝制品公司已成为中东和北非地区第四大铝挤压公司，其收益年增长率在20%—25%之间，70%的产品出口到海湾和阿拉伯市场，其余30%供巴林市场消费。

海湾轧铝厂公司（Gulf Aluminum Rolling Mill Company, GARMCO）于1986年投产。该公司是海湾国家合资企业，巴林占38%的股份，主要生产轧铝产品、压延铝箔、线圈等，产品主要销往其他中东国家、远东、欧洲和美国。目前它的年生产能力达12万吨。

除此以外，还有一家巴林—沙特铝业销售公司，负责将巴林铝业公司的产品销往中东和亚洲其他地区。

二、修造船业

作为阿拉伯地区仅有的一个岛国，巴林在造船和修船方面可谓独享优势。在古代，巴林的造船和航海业就很发达，船队曾到过海湾各国、阿拉伯海、印度洋甚至太平洋沿岸的许多著名港口。中世纪，从中东远航的独桅大帆船，许多都是由巴林人制造而成，有些商船曾到过中国东南沿海一带。自古以来，修造船业在巴林海岸以个体家族产业的形式代代相传。现在，修造船业已成为巴林的支柱产业之一。

1977年，海湾地区第一家修造船公司——阿拉伯造船和修船公司（ASRY, Arab Shipbuilding and Repair Yard Company）在哈德附近投产。该公司是一家由巴林和阿拉伯石油输出国组织6个成员国联手投资的企业。现在有1个干船坞和2个浮动船坞。年修造产能达50万自负荷吨，能同时修造10艘大船。它的2个浮动船坞能容纳12万吨船体。该厂年均修理70艘船，目前的已缴清资金（paid up capital）为3.4亿美元。阿拉伯造船和修船公司擅长船体的维修、大修和油漆作业，业务主要集中在船只修理。自成立以来，该公司的造船、海上钻机和拖船产能不断提升，其客户包括美国和英国（皇家）海军、科威特油轮公司和沙特阿拉伯等。

第五节 中小型工业

巴林的经济多样化政策，除了促生一批大型工业企业之外，各种中小型工业也在国民经济中崭露头角，如：食品、瓶装水、果汁工业，纺织、制衣和制革工业，木材、家具工业，造纸与印刷工业，建材工业，金属加工及机器、工具制造工业，电器及家庭用具制造工业，化学、塑料、清洁剂、染料、工业气体制造工业等。巴林中小型工业在其出口总值中占8%，在整个工业投资中占10%，但在工业就业人口中占76%，占私企工作机会的77%，其GDP比重却低于四分之一。在公司数量方面，中小型企业占统治地位，占比高达99%。抛开数字不看，巴林中小型企业是非常活跃的经济领域，每年平均有7200份商业注册记录。2006年和2007年是巴林商业注册最多的两年，也是GDP增速最高的两年。2012年经济反弹，商业注册增长37%，达到2007年的水平。

在巴林政府的指示下，按照石油与工业部的政策、目标及对中小工业的支持方针，中小企业司（Small & Medium Enterprises Unit）于1996年9月成立。该司包括的机构及其分别担负的职责有：1. 中小项目组，包括工业办公室和一个有关出口机会和技术方面的信息中心。2. 发展中小企业中已开工工厂的管理小组，帮助它们制定发展生产和出口计划以及寻找新的投资机会。3. 发展员工能力小组，专门做投资方面的工作，主要通过举办讲座、座谈会，按照市场需求建立生产车间来进行人力投资。

中小企业司在成立之初是一个很小的部门，随着未来计划的扩大，它也在不断扩大。同时，它也将为现有的各种工业和本国的工业投资者们提供服务，石油与工业部希望该部门能够成为吸引和鼓励私营企业进入中小工业领域并在其中投资的职能机构。巴林政府的税收激励和低息贷款政策刺激私营企业家纷纷创建小规模制造工厂，包括塑料生产厂、陶瓷砖厂、纸品厂与碳酸饮料厂等。

巴林的中小型工业，包括不少传统产业，如采珠业、造船业、纺织业、编织业、制陶业、香料加工业、糖果业、铸造业等。这些传统产业被巴林政府加以保护，并受到大力扶持。吉斯拉集市就是一个很好的例子，男女艺人在一个个作坊里从事各种手工艺劳动，他们中有编织篮篓、地毯和布匹的艺人，有制造巴林传统独桅帆船的设计师，有专门为传统新娘制作嫁妆箱的工匠，还有蜚声巴林全国的陶艺师，向人们展示各种精美手工艺品的制作过程。

一、传统造船业

传统造船业曾是巴林的一项传统产业。巴林生产独桅帆船，小型帆船用于采珠、捕鱼，中型、大型帆船用于海运。巴林造船用的木料大多是从印度进口的柚木，因为柚木抗腐蚀性能好。巴林的造船业虽历史悠久，但与先进的世界造船技术相比，明显跟不上时代步伐。当前，巴林的造船业几近歇业，只能在民间集市里一睹其昔日风采。

二、纺织业

巴林的传统手工纺织业以家族为单位，世代相传。布纳贾木村是巴林最富盛名的传统纺织中心，约有百余家纺织厂。巴林的手织机由两名男子操作，一台手织机每天可织4至6米布匹，主要以织造女装布料为主。如今，这一传统产业受到现代纺织业的猛烈冲击，规模日渐缩小，只有一些老年男性和少数妇女还在从事纺织业。传统刺绣是巴林穆哈拉格岛上的民间手工艺之一，多为妇女所作，通常在正式外袍上绣以精美的金银丝线。如今，这项手工艺在由麦纳麦市资助成立的手工艺中心中得以传承重生。

三、编织业

分为机织和手编两种。机织产品主要是草席和坐垫，均以巴林本地产的黄色蔺草为原料。近年来，巴林农民不再种植这种蔺草，蔺草编织业几乎绝迹。手编产品主要是箩筐、篮筐、渔具、餐具、扇子、婴儿摇篮、鸟笼等，原料多为枣椰树的树叶或叶柄。相比机织产品，手编产品更受巴林本国居民和外国游客的青睐。

四、制陶业

巴林制陶业已有5000多年的历史。里法地区出产的泥土质量最好，具有纯度高、易成型的特点。制陶用的泥土倒进专用的小池里面，加上水，制陶艺人进去用脚踩和泥。制陶作坊里的艺人用手指捏造各种形状的陶器，再进行镶嵌、干燥，最后是放进炉子烧制。自古以来，阿里村就以盛产白色陶土而远近闻名，所以一直是巴林的制陶中心，现有7家工厂。巴林制陶业仍沿用传统的工具和制作方法，产品主要有花瓶、花盆、陶罐和各种工艺品，畅销海湾各国。

五、香料加工业

巴林香料加工业的主要原料是枣椰树的花穗和各类香花、香草。枣椰树的花穗香精一般作食用，其他植物香精以药用为主，可治疗肠紊乱、腹痛、头痛、皮肤瘙痒等。目前，巴林有15家香精厂，产品除了满足本国需求外，还销往海湾各国，科威特为最大消费国。

六、糖果业

巴林的糖果业以传统的家族工厂为单位，糖果品种繁多，色香味俱佳，驰名海湾地区。值得一提的是，巴林拥有本国和地区内首个炼糖厂——阿拉伯糖业公司，生产达到欧洲标准的糖产品，年产能力达到60万吨。

七、铸造业

铸造业包括铜器加工业和金银饰品加工业。铜器加工主要用铜制作各种餐具、茶具、咖啡器具，成品制作精美，刻有伊斯兰传统纹饰。然而，随着西式茶具和咖啡器具的大量涌入，铜器加工业开始走向衰落，面临着失传的危险。与之相反的是，金银饰品加工业兴盛繁荣，店铺鳞次栉比，工匠多为印度人或巴基斯坦人，巴林人则多为珠宝商。

巴林是手工艺品之乡，陶器、编织品、刺绣、编篮、地毯、靠垫等传统精美的工艺令人叹为观止。随着石油工业和现代服务业的繁荣，巴林很多传统产业都逐渐走向没落。巴林政府对此非常重视，采取了设立传统工艺品学校、兴建文化遗产村和手工艺品中心等保护措施，使传统产业得到继承和发展。手工艺品中心位于阿贾拉村，集中了巴林最优秀的手工艺人。他们以传统的方式生产各种手工艺品，比如用织布机和麻线纺织夏布，用枣椰树叶编织凉席和扇子，用铜钉和宝石镶嵌木箱。手工艺品中心设有一些展览室，用于陈列织布、陶艺品、萨多瓦花式起绒呢、科威特箱柜和阿拉伯独桅帆船模型，所陈列的传统手工艺品广受欢迎。

第六节　海湾经济一体化

为实现经济协调与互补，20世纪50年代初海湾六国提出了经济区域化、集团化的主张，开启了双边与多边经济协调与合作。海湾合作委员会自1981年成立以来，就不断探索，努力改变依靠出口石油带动经济发展的单一型经济模式，实现经济多元化。各国投入巨资进行基础设施建设、发展农业、改善投资环境、吸引外资、积极鼓励发展加工业、金融、保险、旅游等服务业。

1981年11月，海合会召开第二届首脑会议，会上通过《经济一体化协定》并规划了六国经济一体化的目标：

1．实现成员国公民的自由流动，在就业、置业和服务等方面享受国民待遇。

2．实现成员国经济的协调、互补和互联，逐步按协议基本章程规定达到经济一体化的最高阶段。

3．经济、财政、金融和贸易体制、方针政策和战略逐步靠拢，最终达到统一。

4．成员国的基本设施，特别是交通、通讯、电力和天然气传输等联网运行。

5. 建立多种联合项目。①

2000年年底，巴林率先降低关税。

2003年1月1日，海合会六国正式启动关税联盟。根据规定，对从海合会成员国以外地区进口的商品征收5%的统一关税，同时六国之间将最终取消关税壁垒。

2010年1月17日，巴林英文版《海湾天天报》称，总部设在科威特的"寰球投资公司"最新报告指出，海合会共同市场将极大地促进成员国的经济发展，区内外贸额目前约占总外贸额的10%，2010年达到25%。共同市场将为区内劳动力流动、资本流动、土地交易提供便利化，还将增强海合会在国际贸易事务中的实力和话语权。

2015年12月19日，第35届海合会首脑会议批准海湾国家实施统一的粮食法规，以确保粮食安全、保护消费者和促进粮食贸易。

此外，还制定了农业共同政策、工业发展统一战略、发展规划目标与规章制度，各成员国在石油化工、农业、人口及未来经济发展规划等方面制定了带有普遍性的战略方针，并开展与美国、日本、欧盟经济对话和集体磋商机制。2003年，巴林和新加坡正式签署了互相鼓励和保护投资协定，开始避免双重征税谈判，同时宣布启动两国间自由贸易协定谈判，并在铝业、石油化工等领域开展合资与合作。

海湾经济一体化促进了海湾国家中小企业从海湾国家经济的丰富资金中获益，同时这也有助于国内生产的多元化，创造更多的国内就业机会。另一方面，海湾合作委员会发展了自由经济模式、制定了多项规章制度并成立了多个经济技术合作联合机构，包括海湾投资机构、海湾合作委员会国家规格标准署、商业仲裁中心、海湾国家商工联合会等。

与此同时，海湾经济一体化也面临着诸多挑战和障碍。其中比较突出的如各成员国在石油政策方面存在差异。沙特、阿联酋、科威特根据已探明石油储量的开采速度，预计还可开采80年，石油政策更倾向于长远性。而巴林的石油储量非常有限，更希望将油价维持在高位水平，获取最大

---

① 程星原：《海湾经济一体化及其成果与问题》，《阿拉伯世界研究》，2004年第4期。

利益。

巴林本国受自然资源、消费市场和有限廉价劳动力的约束,很大程度上依赖从外国进口各种产品。从另一方面来看,作为后起的工业化国家,巴林只有通过资本和技术的输出,才能促进本国经济发展。在全球化浪潮的环境下,巴林应当进一步融入世界经济体系,吸收发达国家的技术、资金和先进的管理经验来发展本国的经济,才能不被经济全球化的浪潮所淹没。

第六章 金融、商务与贸易

一直以来，巴林都是中东、海湾地区的金融和商贸中心之一。巴林拥有良好的商务环境和便利的贸易条件，享有中东地区"金融服务中心"的美誉。

第一节 金融

人类已经进入金融时代、金融社会，金融无处不在，且已形成一个庞大的体系，包括银行业、保险业、信托业、证券业和租赁业等。金融是现代经济的核心，直接关系到国家经济社会发展的全局。

一、概述

发达的金融业是巴林的多元化战略成果之一，也是巴林经济的显著特点。这个国家集中了大量的金融机构，充分体现了其金融服务业的蓬勃生机与成熟魅力。有人曾经对公开经营外币业务的银行资产进行估算，认为巴林是世界第十大金融中心。[①] 虽然近年来面临着迪拜和卡塔尔金融中心兴起的竞争，但巴林依然是海湾地区主要的银行和金融中心。

1. 发展历史

巴林成为海湾甚至是整个中东地区的金融中心并非一蹴而就，它经历了三十多年的发展历程。巴林第一家商业银行成立于1921年，原是英属东方银行分部。1941年，中东不列颠银行作为第二家商业银行，在巴林设立办事处。1957年，巴林国民银行成立，这是巴林历史上第一个真正意义

[①] Moin A. Siddiqi, *Baharain:Financial Hub of the Middle East*, Middle East, June 2001, p.37.

上的本土银行。在启用巴林第纳尔（Bahraini Dinar, BHD, 简称巴第）之前，印度卢比一直是当地最常用的交易货币。1965年10月16日，巴林政府正式推出本国货币巴林第纳尔，规定第纳尔含金量为1.86621克。对外，巴林第纳尔与美元挂钩，实行固定汇率制。1972年，巴林加入国际货币基金组织。1974年，巴林共有14家商业银行开展经营活动。高效的通信系统、相对宽松的财政政策以及较高的经济自由度，使巴林早在20世纪80年代就成为海湾地区银行、保险和金融中心。

2006年，巴林注册的金融机构共有367家，其中银行189家，保险公司165家，金融公司13家。2007年巴林金融业产值达31.58亿美元，占GDP的26.67%，系其最大的产业，本地金融机构、离岸金融机构及保险机构的产值对GDP的贡献率分别为8.32%、12.04及6.4%。2007年巴林金融业从业人员11960人，约占就业总人口的3.15%，同比增加了22.6%。2008年8月，共有金融机构412家，资产总额达2650亿美元。本地金融企业规模较小，外资金融企业主导巴林的金融业。2012年，金融业在巴林国内经济总量占比为15.5%。2013年，巴林金融业产值50.01亿美元，占国内生产总值的16.7%，成为巴林第二大产业。目前，共有400多家地区和国际金融服务机构在巴设立办事处，各国银行在巴总资产达855亿美元。

巴林发展成为地区金融中心的成功之道在于：一是符合国际标准的行之有效的外汇调控体制；二是法制的透明与完善；三是对人力资本的高度重视。另外，巴林还积极配合金融特别行动小组（国际反洗钱特别行动组织），有力打击及防范洗黑钱、金融恐怖等犯罪行为。

巴林金融业的优势，在于巴林有业务熟练的双语人才、经过反复检验的管理框架、低廉的运营成本和交通便利的地理位置，特别是紧邻地区第一大经济体沙特，这些优势使得巴林成为金融企业进入海湾地区建立长期并具一定规模的理想投资国，巴林将继续推进改革，巩固地区金融中心的地位。

人力资源一直是巴林政府引以为豪的优势。与其他海湾国家相比，巴林本国人从事金融行业的比例非常高。巴林银行中大约有三分之二的本地员工，而在沙特或科威特等国，这一比例仅有10%—25%。巴林本地员工大都精通阿拉伯语和英语,对现代金融制度熟练掌握。

2. 货币政策和外汇管制

巴林第纳尔,为可自由兑换货币。在巴林的所有商业金融机构均可办理与主要西方货币(美元、欧元、英镑等)、其他海合会国家货币以及主要劳务来源国货币(印度卢比、巴基斯坦卢比、孟加拉塔卡等)的兑换业务。巴林自2000年12月以来采取巴林第纳尔与美元的联系汇率制度,汇率相对稳定,长期保持在0.376巴林第纳尔兑换1.00美元(1巴林第纳尔=2.67美元)。① 目前,人民币还不能与巴林第纳尔直接结算。

巴林没有外汇管制,在巴林注册的外国企业可以在巴林银行开设外汇账户,用于境内外结算。外汇的汇入、汇出无需申报。外资企业利润自由汇出,无需交纳税金。在巴林工作和居留的外国人,其合法收入可全部汇出境外,个人携带现金出入境不需要申报,也无数额限制。

3. 离岸银行/境外金融单位

巴林金融业最明显的特点是外国银行经营的约占其总量80%的大量离岸银行(Offshore Bank)业务。巴林是中东主要的离岸金融业务中心。离岸金融业务是服务于非居民的一种金融活动,银行吸收非居民的资金。银行的服务对象为境外的自然人、法人、政府机构国际组织及其他经济组织。离岸银行业务的经营币种仅限于可自由兑换货币,且离岸银行账户具有资金调拨自由的特点。由于在巴林开办分行的成本与费用较低,开展离岸金融业务可以逃避银行利润税及营业税,所以巴林的离岸金融市场十分活跃。

1975年,巴林货币局针对部分在新加坡注册的机构,专门建立境外金融单位。境外金融单位是在外汇管控、现金储备、利息税和银行所得税等方面予以豁免权的国际商业银行分支机构。同时,境外金融单位须向巴林政府缴纳年度执照费,且不得向巴林居民开展储蓄业务,禁止用巴林第纳尔进行交易。第一年就成立了26家境外金融单位,并大获成功。此后,黎巴嫩内战在一定程度上促进了该项目的蓬勃发展,位于贝鲁特的数家国

---

① 本书中出现的巴林第纳尔与美元的兑换比率均适用此汇率。

际银行纷纷将中东业务转移到巴林。20世纪80年代初，巴林约有75家境外金融单位，总资产共计620亿美元。

从1985年起，不断走低的油价导致石油收入显著减少，整个海湾金融市场跌宕起伏，导致巴林国内银行和境外金融单位的资金急剧下跌。多家银行决定不再更新境外金融单位执照，直接造成境外金融单位数量减少。尽管如此，美国、阿拉伯、欧洲以及日本多家境外金融单位，仍继续在巴林设立代表处。1990年，巴林国内共有55家境外金融单位。目前，巴林共有200多家境外金融机构，依然是海湾区域性境外银行业务中心。

在巴林设立离岸银行可以享受一些优惠政策，如要求付清资本最少为5000万美元，拨付金额的大小由巴林货币局在发放许可证时，依据该银行的业务情况和其他因素而定；不征收法人税和个人税（但每年征收一次执照更新费约26525美元）；无外汇管制；地处东西时区中央，对两边都能保证最长交易时间；比较发达的通信网络和空中航线；熟悉国际银行业惯例的人力资源；无需在巴林货币局交抵押储备金；先进成熟的金融法律框架。

离岸银行必须遵守有关法律规定。离岸银行只能与巴林政府、巴林政府代理、在巴林得到许可的商业银行等巴林境内居民有业务往来；除了非居民之外，离岸银行不得提供支票账户服务；离岸银行必须全员运作，不得搞"黄铜名牌"操作；离岸银行必须向巴林货币局上交每月统计信息、季度审视报告和年度审计财务报表。

4. 伊斯兰金融

伊斯兰金融泛指按照伊斯兰教义创立和运营的金融实体。伊斯兰金融的经营思想源于《古兰经》、《圣训》和伊斯兰教法，伊斯兰教的先知穆罕默德亲眼目睹了前伊斯兰时期阿拉伯半岛上的囤积、投机和高利贷行为给人们带来的苦难和社会不公，进而发布了禁止收取重利的指令。因此，伊斯兰金融的主要特点就包括禁止收取和支付利息，禁止任何债务交易，禁止投机，禁止在伊斯兰教义不允许的产业投资，如赌博、烟草、色情等。

伊斯兰金融经营的基本原则是利润同享、风险共担。最初的伊斯兰金融主要采取三种形式：一是盈亏分摊制，即银行在吸收存款或发放贷款时就与客户签订协议,共同分担经营的盈亏;二是加价制,例如客户要贷款购买一套设备,伊斯兰银行不是直接向贷款公司提供资金,而是先将设备买回来,然后以成本加价方式或分期付款方式出售给客户,银行收取比设备原价高的那一部分,就是银行的收益;三是收取手续费制,或叫佣金制、酬金制,这是对银行经办业务的劳动报酬,金额固定,不受利率的变化影响。现在的伊斯兰银行经营者们在满足伊斯兰教"合规性的前提下"不断开发新型金融产品,以适应现代生活的要求和世界范围内的竞争。

伊斯兰金融具有悠久的历史。现代伊斯兰银行最早出现在20世纪50年代的巴基斯坦,第一家无息银行1963年出现在埃及。60年代末,沙特在世界伊斯兰大会上提出了建立国际伊斯兰银行的建议。70年代,阿联酋迪拜伊斯兰银行、沙特阿拉伯伊斯兰开发银行、科威特的金融社等开始发行符合伊斯兰教教法的金融产品,伊斯兰金融业逐渐成长为一个全球性的行业。现在阿布扎比伊斯兰银行、科威特融资行、夏密尔银行、巴林伊斯兰银行、海湾融资行、阿勒巴拉克伊斯兰银行都是伊斯兰银行中的佼佼者,另外还有伊斯兰保险公司、伊斯兰投资基金等。现在,伊斯兰金融机构遍布75个国家,总资产约2万亿美元,年增长率约为15%。

2014年是伊斯兰金融发展具有"里程碑"意义的一年。2014年6月,英国成为西方国家中率先发行伊斯兰债券的国家。此外,中国香港和南非也发行了以美元计价的伊斯兰债券。卢森堡、俄罗斯、澳大利亚、菲律宾和韩国也表现出浓厚兴趣。对此,评级机构穆迪的分析师哈利德·侯拉达(Khalid Howladar)评价道,伊斯兰金融正在从"一种非常深奥的资产种类转变成一种更具全球性的资产种类"。[1]

巴林不仅是本地区普通金融业务中心,也已经发展成为世界伊斯兰金融中心。70年代末,随着巴林离岸银行中心的出现,一批伊斯兰银行受当地优惠条件和业务机会吸引,纷纷移至巴林,使巴林成为世界伊斯兰银行中心。2002年5月,巴林被选为以美元为基础的国际伊斯兰金融市场(International Islamic Financial Market, IIFM)所在地,并成功当选该市

---

[1] 唐逸如:《巴林的伊斯兰金融中心梦》,《国际金融报》,2014年12月15日,第24版。

场的副主席国。截至2013年10月，共有24家伊斯兰金融机构在巴林从事商业银行业务、投资银行业务、离岸银行业务、保险业务和基金管理业务，管理资产达231亿美元，占巴林整个银行业资产的比例超过12%。

巴林不仅集聚了世界上最集中的伊斯兰金融机构，还包括许多致力于发展伊斯兰金融的组织，如伊斯兰金融机构会计和审计组织（AAOIFI）、国际伊斯兰金融市场（IIFM）、伊斯兰银行和金融机构总理事会等。

2014年12月，第21届世界伊斯兰银行大会在巴林召开，这是巴林连续第21年主办这场汇聚全球伊斯兰金融行业领袖、规模最大和最具影响力的国际盛会。来自全球50多个国家的1300多名伊斯兰金融业从业者共同探讨了伊斯兰金融的过去、现在和未来。

巴林货币局不仅是首个发行伊斯兰债券的央行，而且是对伊斯兰银行进行谨慎管理的先行者。2001年，巴林成为世界第一个开发和实施特定规则来管理伊斯兰银行业的国家。2002年，巴林货币局发布的"伊斯兰银行审视信息和规定框架"，涵盖了对资本额度、资产质量、投资管理、合作管理及流动资产管理等方面的规定。现在，它已被公认为伊斯兰银行业规章的标准。2005年，第一个关于伊斯兰保险和伊斯兰再保险公司的全面规章制度发布。

5. 金融监管

巴林之所以能成为地区金融中心，主要得益于声誉颇佳的巴林央行、巴林货币局的得力监管、健全的基础设施、无税收和货币管制等条件。巴林货币局除了有权发行货币之外，还兼有规范各类银行和金融机构活动的权利。2006年之前，巴林金融业由巴林货币局统一监管。2006年，巴林货币局更名为巴林中央银行（Central Bank of Bahrain，CBB），继续监管巴林金融业。

（1）巴林货币局

巴林正式宣布独立后，银行数量骤增，巴林政府考虑成立中央货币机构，以有效监管各银行的经营活动。1973年，伊萨·本·萨勒曼颁布旨令，宣布成立巴林货币局作为巴林央行。除了行使监管职能外，巴林货币局还承担发行货币、设定巴林第纳尔的官方汇率、管理政府石油生产基金、外汇储备，以及进行政府投资等各项职责。巴林货币局主管谢赫·艾哈迈德·本·穆罕默德·阿勒哈利法曾说："巴林货币局始终支持金融业的发展，并且与国家提倡经济多样化的战略方针保持协调一致。"事实证明，鼓励经济多样化这一方针取得了成功，这从金融业在国家GDP中所占比重即可看出。为了巩固及进一步加强巴林作为海湾地区金融魁首的地位，巴林货币局制定了一套综合计划。该计划侧重于发展七类资产，分别是：债务与股票资本市场、保险、伊斯兰金融、合作及私人银行业、远程服务等。

（2）巴林中央银行

2006年9月6日，根据2006年第64号法令之《巴林中央银行和金融机构法》，废除1973年关于"成立巴林货币局"的23号法令，成立巴林中央银行，负责维持巴林王国的货币稳定，继续作为巴林金融业唯一的监管机构，其职责范围覆盖了全国的银行业、保险业、投资业务与资本市场活动。具体包括：a. 负责支付和结算系统运作：负责国家支付和结算系统，使银行之间能使用支票，证券和ATM交易，结算及交收结算支付方式。b. 发行政府债券：授权代表巴林王国政府发行债务证券。c. 外汇储备管理：负责管理巴林政府储备持有的黄金和外币。d. 发行货币：全权负责巴林发行的硬币和纸币。

巴林中央银行设董事会，管理层由行长、执行董事、部门经理和顾问组成。现任董事会主席穆罕默德·侯赛因·雅提姆，成员包括拉希德·穆罕默德·马拉吉、优素福·阿卜杜拉·胡穆德、谢赫·穆罕默德·本·哈利法·本·艾哈迈德·阿勒哈利法、穆罕默德·哈桑·本·法拉哈、法里德·哈兹·翟西姆·拉菲、阿卜杜拉·曼苏尔·拉赫迪。巴林中央银行行长拉希德·穆罕默德·马拉吉，金融机构监管执行经理阿卜杜勒·拉赫曼·穆罕默德·伯克尔，银行业务执行经理萨勒曼·本·伊萨·阿勒哈利法，银行业监督执行经理哈立德·哈马德·阿卜杜勒·拉赫曼·哈马德，企业服务执行总监胡达·侯赛因·马斯克提。巴林国民银行年度报告显示，2014财年公司总资产为72.0125亿美元，总负债60.24888亿美元，资本余额11.76361亿美元。

巴林中央银行近期推出了新的银行薪酬与费用指导，根据新的巴塞尔协议要求更新了银行内部审计职责，根据海合会统一标准发布了新的规定，以便实现海合会证券市场一体化。对伊斯兰保险实施新的规定以满足偿付需要，并促进其发展。巴林伊斯兰保险过去10年高速增长，2012年增长22%，其模式也在不断演化。马拉吉行长表示，高标准的监管是金融行业成功的核心，因此巴林持续更新管理框架以与国际标准接轨。同时，伊斯兰金融对巴林也特别重要，巴林中央银行将通过不断创新和加强与业界交流指导伊斯兰金融发展。①

（3）反洗钱和要求留足市场风险资本的规定

巴林是海合会成员国，同时也是金融行动特别工作组（Financial Action Task Force，FATF）的成员。根据巴林2001年第四号法令规定，从事洗钱和协助洗钱活动者，将被判处7年徒刑，罚款100万第纳尔（约折合265.6万美元）。该法令明确表示巴林将与国外机构进行合作，共同开展反洗钱行动和反洗钱调查。长期以来，巴林货币局（中央银行）一直在通过许可证发放进行反洗钱斗争，其中包括采纳"国际结算银行"的反洗钱指南，采纳金融行动特别工作组的四十条建议等。巴林货币局制订的2001年第四号法令依据的是最通行的国际惯例。在该法令中规定了领取许可证者须遵守的反洗钱细则。例如客户自勉、可疑行为监督、内外部可疑行为报告、指定反洗钱官员、雇员培训警示、工作记录以及监督执行反洗钱程序等。

巴林中央银行要求所有在巴林经营的银行除了留足信誉风险资本金外，还要留足市场风险金。市场风险是指由市场价格波动引起的资本负债变动损失风险，主要表现为与利息有关的金融工具和净资产贸易风险，以及通过银行的外汇和商品风险。巴林要求各家银行都必须监视报告风险度，并据此风险度申报资本需求。某银行的整体最低资本需求量就是巴林货币局现有规定所设定的该银行的信誉风险需求量，它不包括交易书中的债务和资产债券，不包括所有商品的各种状态，但是包括不通过交易所直

---

① 《多重因素推动巴林金融业增长》，中国驻阿联酋经济商务参赞处网站，2014年3月6日。

接售给顾客后衍生的借方风险，和下列风险中的任何一种：根据巴林货币局公告上列出的计算框架计算的市场风险资本支出，或根据模拟法推算出的市场风险量（所用的模拟法需要事先经过巴林中央银行的书面批准），或上述两项的混合。按照要求，每个公历季度末要向巴林中央银行递交正式的市场风险报告和资本留足额。每一季度内的回报都要在下季度第一个月的第二十天报告巴林中央银行。

展望未来，巴林中央银行将着力维护其地区金融调控中心的地位，借此吸引新的金融机构并发展现有金融机构的产品及服务以期适应日益增长的市场需求。

二、银行业

巴林的银行业占整个金融业资产的85%以上，包括常规银行和伊斯兰银行。外资银行占巴林银行业资产总额的80%，巴林本地银行仅占20%。其中，各类零售银行资产共计237亿美元，各类批发银行1559亿美元。

在巴林的主要外资金融机构：美国的花旗银行、英国的汇丰银行和标准渣打银行、法国的巴黎银行和东方汇理银行、日本的三菱联合金融控股集团以及中东其他国家的银行在巴林设立的分行或者办事处。印度、巴基斯坦的银行在巴林开设分行主要经营其侨民和劳工的侨汇业务。

巴林本地银行主要有：商业银行、投资银行、专业银行、伊斯兰银行等。

在巴林，持商业执照经营的银行需要遵守下列规定：至少要求5305万美元的付清资金；在巴林中央银行，每个银行都必须有押金或现金储备，金额相当于巴林第纳尔债务的5%和外汇债务的1%（包括短期国库券在内的某些项目）；借给任何一家客户的直接的和间接的融通资金总和都不得超过该行全部资本和储备的15%；必须向巴林中央银行递交每月统计信息、季度回报情况和年度审计财务报表；在宣布和支付红利之前，必须经过巴林中央银行的批准；必须参加巴林中央银行的存款保护组织；遵循最低资本留足与流动资金比例；必须遵循其他关于存款和贷款最高利率等方面的指令。

第六章　金融、商务与贸易

巴林对投资银行的要求和管理如下：保证全员运作；可以接纳其他银行（在巴林的离岸银行和商业银行）的任意一种货币的存款；可以接纳巴林境外非银行存款，但是存款金额不得少于5万美元或同等价值货币；在巴林中央银行批准的前提下，可以向巴林居民提供贷款或预付款；不允许发行支票册或提供经常账目服务；存款债务不得超过其资本和储备金的10倍；必须向巴林中央银行递交每月统计信息、季度回报情况和年度审计财务报表；必须留有流动资产，其中包括一个月内能到期的银行存款和一定近期能销售的债券，金额应相当于吸纳存款数额的25%；任何团体要在巴林投资，必须经过巴林商业部批准。

据巴林银行业联合会（The Bahrain Association of Banks，BAB）2014年巴林银行年度评论统计，巴林共有16家常规银行和18家伊斯兰银行。

1. 常规银行

巴林的常规银行有巴林国民银行、国民联合银行、巴林科威特银行、海湾国际银行、巴林发展银行，以及BMI银行、ESKAN银行、未来银行、ADDAX银行、乌巴夫阿拉伯国际银行、阿拉伯银行公司、BMB投资银行（巴林）、海湾一投资银行、投资企业银行、证券投资银行和联合海湾银行等16家。巴林国民银行（National Bank of Bahrain，NBB）是巴林历史最悠久的国有商业银行，在巴林全国拥有26家分行和59部自动柜员机，在阿布扎比和利雅得均设有分行。巴林国民银行在巴林经济中起着着十分重要的作用，在国际金融市场和海湾地区开展多样化经营。该行在巴林证券交易所公开交易，巴林政府旗下的巴林控股公司占巴林国民银行45%的股份，个人和私人企业拥有55%的股份。银行总部位于麦纳麦，主席为法鲁克·优素福·穆埃伊德（Farouk Yousuf Almoayyed）。巴林国民银行年度报告显示，2014财年公司收入为2.3702亿美元，营业收入为1.5845亿美元，净收入为1.4212亿美元，总资产为72.83亿美元，权益总额为10.0537亿美元，在职员工557名。

巴林国民联合银行（Ahli United Bank，AUB）成立于2000年5月31日，由科威特联合银行和巴林国民商业银行合并而成，持巴林中央银行的零售银行牌照。除了全资子公司国民联合银行（巴林）和国民联合银行（英国）

之外，该行所属集团还拥有国民联合银行（埃及）85.4%的股权、国民联合银行（科威特）的74.9%、伊拉克商业银行的68.9%、商业和投资联合银行（利比亚）的40%、国民银行（阿曼）的35%和英国法通保险集团（Legal & General）海湾保险公司的50%。巴林国民联合银行及其下属和联营公司网络经营零售银行业务、企业银行业务及资产投资、私人银行业务及理财服务、伊斯兰银行业务等。该行自成立以来，不断扩大在海湾和中东北非地区的业务，推动跨境贸易和资金流动。设立英国分行的目标是满足旅居英国的海合会成员国公民的需求。该行现任主席（代理）为穆罕默德·J.马尔祖哥（Mohammad J.Al-Marzooq）。国民联合银行公布的年度报告显示，2014财年公司净收入为4.82529亿美元，总资产为334.44888亿美元，贷款184.64536亿美元，负债296.14669亿美元，权益总额为33.90874亿美元。鉴于几年来的良好表现，国民联合银行获得了业界多项大奖，如：中东最佳银行（2012）、中东地区最佳外汇交易商（2012）、海合会最佳地区银行（2014）、巴林年度银行（2014）、2014年巴林最佳私人银行、精英品质认可奖、花旗系统直通奖（STP）等。

巴林科威特银行（Bank of Bahrain and Kuwait，BBK）成立于1971年3月16日，次年开始营业，四十多年来一直是巴林商业银行的先驱。1972年，银行运营初期的资本仅有250万美元，现在已拥有资本8.06亿美元，成为巴林最大的商业银行之一。除了本国业务之外，该行还在科威特和印度设有分行，在阿联酋迪拜设有代表处。该行总部位于麦纳麦，主席为穆拉德·阿里·穆拉德（Murad Ali Murad）。巴林科威特银行公布的年度报告显示，2014财年公司收入为2.992亿美元，营业收入为1.2287亿美元，净收入为1.3324亿美元，总资产为93.11亿美元，权益总额为9.5478亿美元，在职员工1027名。

海湾国际银行（Gulf International Bank，GIB）是一家总部位于麦纳麦的巴林银行，成立于1975年。该行通过其下属公司为海湾合作委员会国家和国际客户提供服务，为各个领域的企业和机构客户提供结构性融资和咨询服务，为中东的政府机构和欧洲金融机构提供资产及基金管理服务。该行在2008年和2009年的经济衰退期遭遇困难，获沙特政府额外注资10亿美元。

巴林发展银行[①]（Bahrain Development Bank, BDB）成立于1992年1月20日，是由巴林政府组建用以鼓励投资的政策性专业银行，是肩负着促进巴林中小企业发展重任的开发型金融机构。2001年10月，巴林发展银行通过了ISO9001:2000认证。巴林政府赋予它的任务是促进在巴林境内的投资，实现经济多样化，为巴林人创造更多就业机会，为巴林的整个社会经济发展做出贡献。该行现任主席为谢赫·穆罕默德·本·伊萨·本·穆罕默德·阿勒哈利法（Shaikh Mohammed Bin Essa Bin Mohammaed·Al Khalifa）。巴林发展银行年度报告显示，2014财年公司收入为0.29757亿美元，营业收入为0.9159亿美元，净收入为0.15936亿美元，总资产为4.63579亿美元，权益总额为2.01654亿美元，在职员工557名。在巴林的工业和服务业范围内，巴林发展银行为中小项目的创立、扩建、转型和升级提供不同形式的融资服务和咨询服务。自成立以来，巴林发展银行的业务已经深入到制造业、旅游业、卫生行业、教育部门、渔业、农业、专业技术人员和其他增值服务行业。在资本筹集、增加就业、扩大出口、进口替代、技术升级、经济私有化、人力开发等方面，巴林发展银行通过支持计划周密的市场驱动型中小企业，在促进巴林经济发展中起着催化剂作用。巴林发展银行的使命是在巴林促进创业、创新、发展中小企业，通过提供优质的金融和咨询服务帮助巴林人实现自主就业的职业教育目标，以实现2030年巴林经济愿景目标。巴林发展银行定期主办国际的和地区的投资机会讲座和展览，协助巴林工业和服务业引进外国资本。

（1）巴林发展银行提供融资支持的对象和方式。支持在巴林持有营业执照的、新成立的或原有的中小型制造业、加工业企业，支持在服务行业自主经营的巴林人和专业人士；为融集资本资产和运营资金提供各种中短期综合贷款；以参股形式，向新创立的以及原有的工程项目提供风险资

---

① 因为巴林国家发展银行是巴林政府为了引进外资专门设立的专业性银行，对外资和贷款企业都具有重要意义，所以这里做了较为详细的介绍。资料来源于巴林银行网站和中国驻巴林大使馆经济商务参赞处网站，2003年7月1日。

本、设备租赁；为工程项目购买原材料提供运营资本金；为在巴林境内制造的产品出口安排融资、伊斯兰银行服务。

（2）巴林发展银行提供金融服务的优惠。一是利率低。由于它的最终目的在于协助吸引外来投资和技术，发展巴林经济，因此它的利率非常有竞争性。具体利率的高低，没有固定的说法，需要根据各个项目对巴林经济的贡献度而定。但是它保证其贷款利息不会对企业现金的流动形成负担；二是还款期长。巴林银行提供的贷款期限要长于巴林当地其他任何一家金融机构。巴林发展银行理解新企业从创意、筹划、建设、开工到正常经营和赢利所需的漫长过程。在安排贷款时，巴林发展银行会充分考虑企业的实际情况，适当安排还款期，或者延长还贷期限，最长可达三年。贷款利息的可以从贷款支出的当月或当季的第一天开始，以月或以季度为时间单位进行偿还。本金可以在还款期之后按月或按季度偿还。

（3）贷款企业需要具备的条件。企业的投资项目，应在巴林发展银行的贷款范围之内；企业的投资项目按照巴林法律完成注册登记，具备全部经营证件；企业的投资项目有利于为增加巴林就业机会，有利于扩大出口和进口替代等经济发展目标；企业的投资项目位于巴林境内；企业的投资项目经济上可行，有具有资质的咨询机构所做的独立的可行性研究报告；企业有很好的信誉；企业要具备必要的项目发起资金。

（4）巴林发展银行的贷款数额。巴林发展银行希望企业把新项目的融资建立在借贷和自身出资相结合的基础上。如果有了这样一个稳定扎实的基础，巴林发展银行可以根据具体情况，提供以下几种数额的贷款：对巴林发展银行有资产兑换选择权的新立项目，可以贷得项目总成本75%的款额，或者最多50万巴林第纳尔；对巴林发展银行缺乏资产兑换选择权的新立项目，可以贷得项目总成本50%的款额，或最多50万巴林第纳尔；对于现在已存负债资产比不超过1/3的企业，可以贷得项目总成本75%的款额，或最多50万巴林第纳尔；巴林发展银行设有"小企业支持贷款"，主要支持小型制造业和个体职业者，如医生、工程师、律师、建筑师等，及其他服务行业内的项目。这类贷款数额可以达到项目总成本的90%，或最多5万巴林第纳尔。

（5）巴林发展银行的下属机构。根据服务社会经济发展的宗旨，巴林发展银行除了拥有开展常规金融活动的机构之外，还拥有巴林实业孵化中心和巴林创业技术学院两家下属机构。一家是巴林实业孵化中心（Bahrain Business Incubator Centre，BBIC）。实业孵化中心位于哈德工业区，以低廉的租金向处在创业初期的小企业提供办公空间、财会、秘书、行政管理等基础设施服务。它的主要目的是要降低承租人创业初期的营业费用，提供咨询服务，扶持其开发和发展。另一家是巴林创业技术学院（Bahrain Institute of Entrepreneurship Technology，BIET）。创业技术学院位于麦纳麦市区展览路，是巴林发展银行的全资下属机构，目标是通过与信息技术领域的专家合作，建立巴林和其他海湾国家的信息技术产业培训的标准化课程培训，提升巴林劳动力的信息技术技能。学院还开发了创业发展项目，让优秀的创业者通过培训、知识和智慧抓住企业发展的关键、设计企业发展的战略方针。此外，学院还代营伊斯兰开发银行的贸易融资项目。巴林发展银行作为伊斯兰开发银行贸易融资项目的巴林代理，为巴林境内的出口单位提供出口融资便利。

（6）非营业领域。根据建行宗旨，巴林发展银行不能协助从事以下业务：不协助购买不动产（土地和建筑物）；不协助偿还债务，例如协助其他银行或第三方融资或还债；不协助购买消费品；不协助批发商或零售商融资。

2. 伊斯兰银行

巴林的伊斯兰银行有巴林伊斯兰银行、ABC伊斯兰银行、伊斯玛尔银行、巴拉卡银行、海湾商业银行，以及海湾金融社、萨莱姆银行（巴林）、科威特金融社、巴拉克银行集团、哈尔银行、花旗伊斯兰投资银行、第一能源银行、环球银行公司、伊巴达尔银行、国际投资银行、流动性管理中心、希拉投资银行、风险资本银行等18家。

巴林伊斯兰银行（Bahrain Islamic Bank，BIB）是巴林第一家伊斯兰商业银行，成立于1979年，授权资本为1亿巴林第纳尔，缴足资本7285.9万巴林第纳尔，在巴林证券交易所公开上市。在2010年年底，其股东资金为1亿巴林第纳尔，拥有资产超过9.36亿巴林第纳尔。巴林伊斯兰银行一直保持其伊斯兰投资和融资产品领先地位,为客户提供优越的零售及企业银行服务。它是巴林证券交易所上市公司,其大股东是领先的本地和区域金融机构,经营受巴林中央银行监督。巴林伊斯兰银行在巴林全国拥有13个分行,这些分行为个人和企业客户提供优质的银行融资和投资机会服务。

ABC伊斯兰银行(ABC Islamic Bank)建于1980年,持巴林中央银行颁发的伊斯兰批发银行牌照,是一家总部位于麦纳麦的国际性银行,业务网络遍及五大洲,覆盖中东、北非、欧洲、美洲和亚洲。该行是一家阿拉伯银行集团的全资附属公司,在巴林证券交易所公开上市,主要股东是利比亚中央银行和科威特投资局。该行为客户提供贸易融资、理财、工程项目投资、企业和机构银行业务以及伊斯兰银行业务,在中东北非从事零售银行业务。

伊斯玛尔银行(Ithmaar Bank, IB)是一家总部位于麦纳麦的巴林伊斯兰银行,受巴林中央银行的监管,提供符合伊斯兰教法的零售、商业及其他银行服务,在巴林证券交易所和科威特证券交易所公开上市。该行是伊斯兰金融总部(达尔·伊斯玛依信托公司,DMI)的下属公司,实收资本为7.5769亿美元,股东权益总额为5.012亿美元。该行通过其下属公司、联营公司把业务覆盖到海外市场,如:费萨尔银行有限公司(巴基斯坦)、费萨尔私人银行(瑞士)、巴林科威特银行(巴林)、伊斯玛尔发展有限责任公司等。

巴拉卡银行(Al Baraka Bank)成立于2002年,总部位于麦纳麦,持巴林中央银行颁发的伊斯兰批发银行牌照,是一家领先的国际伊斯兰银行集团,在巴林证券交易所和纳斯达克迪拜交易所公开上市,拥有授权资本15亿美元,权益总额大约20亿美元。该行在约旦、印尼、巴基斯坦、巴林、土耳其、叙利亚、黎巴嫩、突尼斯、阿尔及利亚、苏丹、埃及、伊拉克、沙特、南非等14个国家拥有560家分支机构,提供零售、企业、投资、理财业务,一切业务均严格遵守伊斯兰教法。

海湾商业银行(Khaleeji Commercial Bank, KHCB)是一家巴林伊斯兰银行,总部位于麦纳麦,在巴林证券交易所公开上市。该银行获得巴林中央银行授予的零售伊斯兰银行经营牌照,提供一系列创新的商业银行业务、投资产品,为个人、企业实体和金融机构服务。

3. 巴林银行联合会

巴林银行联合会成立于2010年,注册在巴林中央银行名下。联合会把巴林大大小小、林林总总的银行机构集中起来,努力提升巴林作为中东金融中心的形象。据联合会统计,巴林银行总资产达1915亿美元,为巴林328亿美元GDP贡献了其中的16.7%。雇用1.4万名员工,其中66%拥有巴林国籍,三分之一是妇女。现任联合会主席为巴林国民银行首席执行官(CEO)阿卜杜勒·热扎克·阿卜杜拉·哈桑·卡西姆(Abdul Razak Abdulla Hassan Al Qassim)。

联合会的使命是代表和促进巴林银行的利益,向世人展示巴林银行作为地区金融服务的优先提供商,与巴林中央银行紧密合作,制定银行业务政策和监管规定。联合会积极提供各种公共服务,如设有开放式论坛,供各银行集体讨论和解决他们面临的共同问题;召集银行大会和研讨,举办展览;促进外国银行代表团到访巴林等。2009年,联合会创办了季刊《巴林银行家》,向国际银行界发出了巴林银行家的声音。为了普及银行知识,联合会还出版了各种主题的手册,如近期出版的伊斯兰金融和银行业手册、零售银行业务手册等。联合会与巴林金融和银行学院合作,出版巴林银行年度评论,详细分析巴林银行及其在海合会的地位。

三、资本市场

巴林拥有海湾地区最开放、最完善的资本市场。目前,巴林拥有两大交易所,一个是巴林股票交易所(Bahrain Bourse, BHB),另一个是巴林金融交易所(Bahrain Financial Exchange, BFX)。此外,巴林资本市场还包括债券市场和同业银行拆借市场。

1. 巴林股票交易所

巴林正规资本市场的建立可追溯至20世纪50年代。1957年,巴林建立了第一家国家控股公司,建立了迦哇拉(Al Jowhara)市场作为公司股份交易的非正式平台。20世纪80年代初,本地公众持股公司越来越多,迦哇拉市场和其他区域性非正式市场失败，巴林急需一个有组织、有规则的资本市场平台。巴林政府与国际金融公司（IFC）合作，研究建立官方股票交易市场的可行性。根据第4号埃米尔令，巴林证券交易所（Bahrain Stock Exchange, BSE）于1987年成立，1989年6月开始运营，交易对象仅限于普通股，29家巴林上市公司通过一个名为"Auctional交易"的系统进行手动交易。1999年，巴林证券交易所采用自动交易系统（Automated Trading System, ATS）和自动的清算、结算和中央存管系统（Clearing, Settlement and Central Depository System, CDS），实现交易电子化。两套系统结合起来，确保了高效、快速的交易程序，实现了以"T+2"为基础的货银对付制度（DVP）。2000—2008年，股票的发行量和交易额迅速增长。

2002年，巴林证券交易所监管部门由商业部转到中央银行，改称巴林股票交易所（BHB）。随着巴林证券交易所的日益发展，优先股、债券、伊斯兰债券和共同基金等交易品种陆续登陆，使得巴林证券交易所成为地区内首个交易上述品种的股票交易所。

2010年，巴林股票交易所迁址到金融港。新的办公地配备了最先进的设备，为股票发行商、经纪商和投资者提供更优质的服务。自成立以来，巴林股票交易所加入了一些地区和国际的行业组织，如阿拉伯国家证券交易所联盟（UASE）、欧亚证券交易所联盟（FEAS）、世界交易所联合会（WFE）、非洲和中东地区存管协会（AMEDA）、国家编码机构联合会（ANNA）等机构，使交易所能够跟上资本市场领域的立法、技术和管理的发展。

在巴林，外国投资者可持有上市公司49%的股份，其他海合会成员国公民可获得100%的股份。外国公司可以在股票交易所上市，外国经纪人公司也可以在此运营。

2013年6月，巴林股票交易所的48家上市公司横跨各个行业：商业银行、投资、保险、服务业、工业以及酒店和旅游业，还包括非巴林企业、内股公司和优先股。巴林七家商业银行所占比重最大，为总市值的45.4%（65亿巴林第纳尔）。国民联合银行是巴林最大的上市公司，占总市值的21.5%。12家投资公司，占总市值的23.1%，其中包括阿拉伯银行公司和投资公司（Investcorp）银行等。上述商业银行、投资公司和另外5家保险公司占总市值的70.8%，集中反映了巴林作为区域性金融中心的地位。服务业共有9家公司，占总市值的14.8%，其中巴林电信公司（Batelco）占该领域总市值的59.7%。酒店和旅游业占总市值的2.8%。工业占总市值的11.6%，巴林铝业公司（Alba）占其中的97.9%，是第二大上市公司。

与其他国家和国际金融市场比较，巴林股票交易所的市场份额仍然较小。2012年12月，巴林股票交易所的交易量只占海合会国家总市值不到1%。巴林All-Share指数、Esterad指数和巴林道琼斯指数是衡量巴林股票市场表现的三个主要指数。受国际金融危机影响，2009年1月，三大指数骤然下跌至约41.9%。为刺激金融市场，推进附属企业上市，巴林股票交易所于2011年修正上市规则，取消了公司在提出申请前两年或至少过去五年中的三年必须盈利的规定。2013年上半年，巴林All-Share指数增长了11.5%，上涨至1187.8点，其中商业银行增长明显，达27.1%，工业增长约为21.0%。2009年1月至2013年上半年，平均换手率为16.2%。2013年下半年，平均换手率达到50.3%。2009年1月至2013年上半年，股票交易额月平均仅为5900万。随后，交易额逐步回升。

现今的巴林股票交易所现拥有167亿美元的市场资本，及49家上市公司、31支基金和11种债券。

2. 巴林金融交易所

巴林金融交易所是中东和北非地区首个国际金融交易所。2010年10月18日，根据巴林中央银行法律及其手册第六卷的市场和交易模块（MAE），巴林金融交易所最终获准成立，并于2011年开始运作。

巴林金融交易所由金融技术集团所有，巴林中央银行监管。巴林金融交易所在现金工具、金融衍生工具和与伊斯兰教法兼容的金融产品的多资产贸易中，为投资者提供一个开放的国际平台，允许在交易所进行交易的产品包括黄金期货、天然气期货、欧元美元期货、美元印度卢比指数期货和道琼斯安全印度指数期货等。巴林金融交易所致力于恢复地区资本流动和海外市场的投资资本，其目标是建成一个强大的、规范透明、成本效益高的多种资产交易平台，让市场参与者通过其电子交易平台在一个安全的环境里面筹集资金、管理风险、实现投资。

"交易所之家"（Bait Al Bursa，or Home of Exchanges）是巴林金融交易所中的伊斯兰金融事业部，专门提供进行电子交易的伊斯兰金融工具，为了满足现今伊斯兰金融市场的需求提供新的解决方案。"交易所之家"的第一个产品"e-Tayseer"是一个全自动的供应、购买、销售交易平台。

2010年10月5日，巴林金融交易所获准成立全资子公司结算和存管公司（Clearing and Depository Corporation，BCDC），负责清算和结算在交易所进行的买卖合约，也方便了跨时区交易，确保了所有交易在"T+1"的基础上予以结算。

巴林的资本市场，无论是一级还是二级市场，都受巴林中央银行资本市场监管局监管。2006年巴林中央银行和金融机构法实施之后，巴林开始引入一系列以国际最佳做法为基础的全新的综合性法规。为了促进资本市场交易的透明度和公正性，资本市场规则手册（包括巴林中央银行规则手册的第6卷）提供了一个以市场信息披露为基础的监管体系，适用于当前资本市场活动的各项规定。

3. 债券市场

巴林在发行常规债券和伊斯兰债券方面处于相对领先地位，企业债券发售相对较少。2006年巴林中央银行和金融机构法第4条授权巴林中央银行代表巴林王国政府发行债券。发行政府债券须与财政部协调执行，发行时间每年提前公布。目前，政府债券都是通过巴林中央银行无纸化证券结算系统（Scripless Securities Settlement System，SSSS）发行、结算、托管。自2003—2013年十年间，巴林政府发行国债增长了526%，累计发行未偿国债额达37亿巴林第纳尔，其中26亿常规国债，11亿伊斯兰债券。

巴林中央银行还发行以巴林第纳尔结算的中短期国库券，包括每周发行3个月期的总额2500万巴林第纳尔、每月发行6个月期的总额2000万巴林第纳尔和每季度发行12个月期的总额5000万巴林第纳尔。政府国库券约占未偿国内公共债券总量的四分之一。政府发展债券是非定期发行的长期常规债券，以美金或巴林第纳尔结算，期限通常为3—10年不等。巴林中央银行每月发行3个月期总额1800万巴林第纳尔的伊斯兰债券——苏库克·萨莱姆（Sukuk Al Salam）。截至2013年上半年，伊斯兰债券仅占不足未偿国债的2%。巴林中央银行每月发行的6个月期的苏库克·萨莱姆总额2000万巴林第纳尔，可分期付款。长期的苏库克·萨莱姆则临时发售，以美元或巴林第纳尔结算，时长为3—10年。截至2013上半年，苏库克·萨莱姆占未偿国债比例列第二位。

过去四年中，巴林电信公司、巴林科威特银行和投资企业银行曾经发售公司债券。投资企业银行为了使资金来源多元化，曾发行2.5亿美元2017年11月到期的5年期债券，被超额认购。总部设在巴林由沙特控股的海湾国际银行也时常发行债券。其他的巴林企业更倾向于银行融资，如：2012年12月，巴林铝业公司曾宣布选择银行贷款为2013年3月到期的1.69亿美元债券再融资。另外，在完成收购摩纳哥有线＆无线电信公司和岛上商务区之后，巴林电信公司于2013年4月发行了6.5亿美元7年期企业债券。

4. 共同基金

巴林注定会有蓬勃发展的共同基金业。20世纪80年代，第一支海外共同基金开始在巴林上市。1984年，巴林推出了第一个本土共同基金计划。1992年，巴林中央银行颁布第一个集体投资项目规定，2007年6月，根据巴林中央银行规则手册第6卷关于打击金融犯罪的规定予以修订，后来单列为规则手册第7卷，对于在巴林上市的国内外共同基金制定了全面的注册和监管规定。2012年6月底，巴林市场上的共同基金有2795支，其中巴林本地121支，伊斯兰共同基金101支。2012年3月底，共同基金净资产92亿美元，其中的56.8亿美元属于当地注册基金，22亿美元属于伊斯兰共同基金。[①]

5. 同业银行拆借市场

巴林同业银行货币市场相对较小，由一家银行向其他银行以不同的期限放款，通常为隔夜拆解。2006年，巴林中央银行与汤森路透和巴林银行联合会（BAB）合作，建立巴林第纳尔同业银行间拆借利率（BHIBOR），

---

① 资料来源于巴林中央银行网站，http://www.cbb.gov.bh。

作为第一个正式同业银行拆借市场基准利率,代表了巴林十家商业银行的平均利率,提供8个不同期限,从1天至12个月不等。

2007年第三季度至2008年年中,BHIBOR从5.4%下跌至2.8%。受经济危机影响,巴林同业银行拆借市场危机日益严重,2009年年中更是大幅跌至0.8%。后来,BHIBOR一直保持在1%以下,2013年上半年,达到0.29%,与沙特阿拉伯同业银行间拆借利率(SAIBOR)相近,后者为0.291%,伦敦同业银行间拆借利率(LIBOR)为0.51%。巴林中央银行负责调整拆借利率,扩大流动性,确保同业银行市场在艰难时期有效、正常运转。①

四、保险业

巴林保险业起源于20世纪50年代,当时的一群出租车司机组建了巴林第一个共同保险公司,为他们的车辆提供保险。后来英国、美国、印度的保险公司先后来到巴林,这也促进了当地保险公司的发展,如扎亚尼集团(Zayani Group)。1961年,美国人寿保险公司(ALICO)首先获得营业执照,经营长期寿险和事故险。1969年,巴林保险公司(BIC)注册成为一家公共持股的公司。之后,巴林保险业稳步发展。

2002—2011年,巴林保险执照从151张增至165张,保险公司和机构数量平缓上升。从2001年到2010年,保费收入复合年均增长率(CARG)15%,远高于同期经济增长率。然而,保费收入占GDP的比例并没有同步增长,仅从1.95%增加到3%左右。虽然在海湾地区保险渗透率最高,超过沙特的0.6%和阿联酋的2%,但相比欧美等发达国家和地区保险渗透率达到的5%至15%,还是有很大的发展空间。从保险产品来看,巴林保险市场竞争日益激烈,产品日趋多样化。医疗险是自巴林出现保险业务以来需求增长最快的险别,据巴林国家经济发展委员会统计,至2013年3月医疗险需求增长1840%,2006年以前,医疗险并未单独列出进行记录,而从2006年至2010年保费收入增长了280%。其次,长期保险(寿险

---

① 资料来源:Economic Yearbook 2013,Economic Development Board, Kingdom of Bahrain.

和储蓄保险）保费增加121%。海运和航空险保费收入增长最为缓慢，仅为10%。单从2011年各保险产品保费收入来看，汽车险占比最大（26%），其次为生命和储蓄险（23%），保费收入贡献率最低的为海运险和空运险（3%）。[1]

截至2015年6月，巴林有授权的保险公司和组织共计151家。巴林保险业由常规保险公司和伊斯兰保险公司组成。常规保险公司包括15家本地注册公司（其中2家是纯再保险）、11家外国分公司（其中3家是纯再保险）和6家外国保险公司代表处。伊斯兰保险公司包括9家公司，其中2家是纯再保险。业务仅限于海外的常规保险公司38家和伊斯兰保险公司9家。这些公司服务于海湾其他市场，但却把巴林作为地区金融中心的领导地位。此外，巴林现在拥有38家保险经纪公司、23家精算公司、4家保险顾问公司和11家损失理算公司等。2013年年底，巴林保险业保费毛收入6.85亿美元。

随着巴林金融服务和金融产品的日益发展，巴林的保险业也实现了稳步增长。前往中东发展保险业的很多国际公司也都选择了巴林作为他们的地区总部。保险业的增长离不开巴林政府强有力的监管。巴林政府分别于1976年和1987年制定了《社会保险法》和《巴林保险法》，规定了保险业的分配、劳保、用人等事项，尽管这两项法律在2006年巴林中央银行成立时予以废除，但也曾为保险公司和保险机构提供了经营和管理的依据。1994年，巴林保险业联合会（Bahrain Insurance Association，BIA）开始在社会事业部保护下运作。现在的联合会是在巴林中央银行重新注册的，而且是第一个在巴林中央银行注册的金融服务行业联合会，拥有48名会员，包括国内外保险公司、再保险公司和经纪人公司等。联合会代表巴林保险业界的利益，努力唤醒人们的保险意识，规范保险业界的道德和专业标准，通过对保险从业人员进行教育和培训提高他们的技术技能，努力把巴林建成区域性保险业的中心。2003年4月，巴林货币局根据国际保险监督官协会（International Association of Insurance Supervisors，IAIS）核心原

---

[1] 丁珊珊、杨椅伊:《巴林王国保险行业的现状及分析》,《东方企业文化》, 2013年第20期。

则，制定了全面的保险规则手册，按照BMA责任假设规范和监督保险业。2005年4月推出的规则手册为地区保险业务提出了最全面的监管框架。

巴林中央银行对于保险业的几项法律规定，如在巴林从事保险业只能以合股公司的形式进行，各类国民保险公司和再保险公司发行的股本已分别达265万美元和530万美元。

保险公司必须在一家被授权的商业银行做抵押，现金抵押金额分别是：1.人寿险和储蓄金，抵押现金132625美元。2.一般保险第一级抵押现金66313美元，每增加一级（或分支）增加26525美元，最多达到198938美元。3.再保险抵押现金397877美元。

上述法律规定也适用和包含下列情况。1.保险经纪人，赔损协调人和顾问。2.只有巴林籍人士才能注册登记做经纪人。如果巴林籍人士的股份占51%以上，企业团体也能注册登记做经纪人。3.保险经纪人须向巴林货币局呈递现金抵押证明：（1）人寿基金或储蓄基金保险经纪人现金抵押6631美元。（2）一般保险第一级抵押现金6631美元，每增加一级（或分支）增加1326美元，最多达到13262美元。4.在巴林从事顾问活动期间，保险顾问须向巴林货币局提供民事责任补偿保险单。按照巴林货币局的规定，保险单金额不得少于132625美元。5.按照规定，外国保险公司和组织可以在巴林设立代表处，为其母体公司收集巴林和海湾地区市场的相关信息和统计数据。代表处不得直接或间接从事任何保险业活动，不得充当保险经纪人、损失理算人或顾问。代表处每年每分支交费3181美元。

第二节　商务

巴林拥有中东地区最佳的商务环境，它有着战略性的地理位置、便利的交通、有竞争力的商务成本、良好的企业文化、自由的市场、受过良好教育的高素质人才等诸多优势。为此，巴林国内外的企业均能在此繁荣发展。

第六章　金融、商务与贸易

一、中东地区最佳商务环境

对于国际投资者来说，巴林是他们在中东投资的最佳选择。巴林是阿拉伯海湾地区的金融中心，凭借其知识型的服务、快速发展的社会、完善的经济体系以及相对宽松的商务环境而闻名于世。巴林是第一个采取可持续发展战略鼓励发展非油气产业的阿拉伯国家，它的非油气产业及与此配套的各项设施已十分完善。

依据贸易政策、税收、政府对经济的干预程度、货币政策、资本流入流出、对外投资、银行金融、工资价格管理、财权、法律规定和黑市管理等标准衡量，巴林的经济自由度都是比较理想的。为此，加拿大智库菲莎研究所（The Fraser Institute）发表的一项衡量经济自由指数的报告显示巴林经济自由度在全世界排名第七位，在中东北非地区位列第一。巴林连续数年被《华尔街日报》和《美国传统基金经济自由指数》评为阿拉伯地区经济最自由的国家。1999年，美国《华尔街报》曾把巴林与卢森堡并列评为全球第四位拥有经济自由度的国家。据2013年《华尔街日报》经济自由度排名，巴林排名全球第12，中东第一，为中东地区最开放的经济体，巴林现已成为许多跨国公司在中东地区的总部驻地。在这一点上，也有人把巴林称作"中东的香港"。在达沃斯世界经济论坛2012—2013年度全球竞争力报告中，巴林排名第35位。在世界银行2013年度全球营商环境报告中，巴林排名第42位。据英国经济学家情报部（EIU）2014年度报告，巴林是中东地区营商环境最佳国家之一，排名全球第35位，中东地区第四位。

长期以来，巴林政府的经济政策目标定位一直集中在五个主要方面：1. 通过发展中小型企业，实现经济结构和国民收入多元化。2. 排解排除阻碍外来投资的障碍。3. 鼓励服务业和商业的发展。4. 发展离岸银行和旅游业。5. 鼓励私人行业为国家经济发展做贡献。①

---

① 《巴林投资环境和工业项目调查》，中国驻巴林经济商务参赞处，2004年8月13日。

1977年巴林颁布"免税公司法",规定外国公司可以不受巴林法令措施约束,因而吸引了许多国家特别是中东诸国前来巴林投资。1982年,巴林政府制定了一项六年计划,希望实行经济多样化并推行开放政策,大力发展金融业。为发展经济、解决资金不足问题,巴林政府鼓励外资来巴林投资,办独资合资企业、公司,并为其提供各种方便。由于巴林实施符合国情的经济政策,经济实现稳步上升。

虽然美国和英国长期在巴林的外国投资和贸易中占据重要地位,但巴林同其他海湾国家以及亚洲国家间的经济联系也在不断增多,而且这种模式很可能仍会持续下去。巴林的金融业及其相关行业的发展前景尤其光明。基础设施和住房建设的进一步发展也很可能给外国企业带来新的机会。目前已经列入计划或讨论中的项目包括海水淡化工厂、扩建港口设施、医院和对4亿美元的老化炼油设备的升级改造等。

在巴林设立机构的众多跨国公司即是巴林优异投资环境的最好体现。在巴林首都麦纳麦的中心区,众多国际知名金融、商业机构云集于此,如：汇丰银行、花旗银行、美国运通、阿拉伯银行、海湾国际银行、国际快递UPS、中外运敦豪航空货运公司DHL、可口可乐公司等。

这些精明的投资者知道这是一个免征所得税、拥有完善通信设施、享有自由经济与社会环境的国家,也是一个通往其他海湾市场的最佳免税通道。

巴林在融合了多种文化的同时,也意识到融于世界经济一体化的重要性。巴林是世界贸易组织的成员,也是石油输出国组织、世界银行、国际货币基金组织、伊斯兰发展银行、日内瓦会议等组织的成员。

巴林严谨、完善的金融体系由巴林中央银行（巴林货币局）确定。1998年,为鼓励投资,巴林货币局将最小投资比例定为12%,而不是巴塞尔公约规定的8%。

巴林政府通过占有企业的全部所有权,或者占有企业的大部分股份,掌握和经营着巴林的石油天然气、炼铝业以及与油气和铝有关的很多下游产业等主要产业。为了实现经济结构多元化、扩大社会就业,巴林政府正在积极引进外资,重点集中私营教育、金融业、旅游业和卫生保健业等知识产业和服务业。

二、完善的现代法律体系

巴林的现代法律体系始于20世纪20年代，在海湾国家历史上属于最早。巴林充分认识到健全、完整的法律体系对商业发展所起的作用，所以确立了数部商业方面的法典，以保护国际投资者的权益。对于投资者来说，最重要的是2002年1月巴林实施的"新商业公司法"和其他几部知识产权保护法。

1. 新商业公司法

2001年颁布的21号法令"巴林商业公司法"，巴林允许外国投资者在划定的行业范围内，从事独资或合资经营，又称"新商业公司法"。新法引入了"有限责任一人所有权"的概念，允许单独一位投资人拥有一个有限责任公司；简化了程序，允许企业变更它们的法律形式；增加了与公司有关的条款和有关控股公司的规定；经过部级部门的决议就可以成立股份公司，不再需要国王令；提高了对有限责任公司和股份公司的资本金要求。

2. 知识产权法

巴林的知识产权法涉及商标、专利、设计及版权等几个方面。专利法和设计法制订于1955年，1977年进行了修订，2002年年底制定了最新版本。商标法和版权法1993年进行修订。巴林现在是巴黎联盟和伯尔尼公约的成员国。

此外，为配合金融特别行动工作组的反洗钱行动，巴林于2001年实施了新反洗钱法。

关于电子贸易及开放电信市场的相关法规正在拟订中。

建于1995年的海湾国家商事仲裁中心可为私营机构提供快捷的商事仲裁服务。该中心可依据自己制订的法规进行仲裁，同时还管理着其他几家仲裁机构。

巴林工业贸易协会也可为私营机构解决贸易纠纷。该协会还提供文件证明、组织贸易代表团、举办展览等服务。

3. 经济贸易法规

为了经济健康有序的发展，巴林制订了比较完善的经济贸易法规，主要有：

商业代理法（1975年第23号法令）的管理范围涉及了商业代理、海陆空运输和旅行旅游代理、商务代理、服务业代理、保险业代理、出版发行和广告代理等。

商业公司法（1975年第28号法令）规定了各类公司的有关管理规定，包括所有权、清算、扣押查封、抵押和管理机构等。

劳动法（1976年第23号法令）规定了雇主和雇员的权利、责任和义务，规定了雇员的劳保福利待遇和解除雇佣关系时的经济结算事项，如解除雇佣关系后，雇主要额外付给雇员三个月工资、支付雇员回国机票、支付节假日加班费等。

社会保险法（1976年第24号法令）规定了保险业的分配、劳保和用人的事项。

破产兼并法（1987年第11号法令）主要处理公司破产事宜。

商法（1987年第7号法令）为处理商业业务交割提供了法律保障和依据。

巴林保险法（1987年第17号法令）规定了保险公司和保险机构的经营和管理依据。

4. 巴林对外资的管理

巴林对外资在巴林注册和经营有明确规定。如果外国人要在巴林成立商业贸易团体，一般都要求当地人占51%的股份。如果外国人在巴林注册的金融机构在巴林境外进行业务活动，外国投资人可以拥有100%的企业所有权。

根据1995年第4号部长令，在应用前沿学科或具有特殊知识技能的情况下，外国投资人可以在巴林组建100%自己所有的企业，从事科学实验室、技术服务、旅游项目和工业项目、有线和无线电讯服务、商业项目开发咨询、医药服务、工业支持服务中心、高级工业设备维护、主办专业国际展览等业务活动。

第三节　贸　易

巴林是建立在石油经济基础之上的高度外向型国家,对外贸易在其国民经济中具有十分重要的地位,是直接影响社会经济发展和稳定、保持国际收支平衡的决定因素。

巴林实行自由贸易和低关税政策,对外贸易持续顺差。巴林贸易开放度高,跨境交易活跃,商品和服务流动性强。巴林实行不限国别、不设配额、资金自由流动及相对较低的非关税壁垒的自由贸易政策。巴林的主要贸易伙伴是其他海合会成员国、欧盟、美国、日本、中国、印度、韩国等。

一、悠久的贸易传统和优惠的贸易政策

1. 悠久的贸易传统

早在公元前3000年,巴林就已经是重要的商业活动中心。作为连接海湾、地中海和印度次大陆、东亚的天然通道,巴林的过境贸易声名远扬。现在的巴林是重要的金融中心、现代化深水港、连接海湾南北和东西大陆的物资交易中心。从事贸易对于巴林人来说就像是一种与生俱来的本能。1939年,巴林建立了海湾地区第一个商会,叫做"普通商人联合会",1945年改为"巴林商会",1967年改为现在的"巴林工商会"(BCCI)。1972年9月7日,巴林加入国际货币基金组织。1995年1月1日,巴林加入世界贸易组织,是世界贸易组织的创始国之一。联合国国际贸易法委员会一致表决同意吸纳巴林自2007年6月21起为成员国,巴林也是该委员会的首个阿拉伯国家。

2. 优惠的贸易政策

由于独特的地理位置,巴林在传统意义上一直是海湾北部的贸易和商品配销中心,世界各国都将与巴林的贸易往来作为占领中东市场的贸易策略。同时,巴林政府借鉴香港、新加坡的发展经验,制定了一系列减免税收和招商引资政策。巴林政府对各国贸易合作伙伴实施经济优惠政策,

如：对抵岸的常规物资产品，政府只收取5%的关税，入关后不再交纳任何税费。优惠的政策环境加上强劲的购买力，使巴林成为一个进口和转口贸易大国，形成了一个巨大的吞吐市场。

巴林是一个资源匮乏的国家，其所需的生产与生活资料多靠进口。除少数商品禁止进口或受许可证的限制外，其他货物的进口量均由市场来调节，无配额制度。但国家控股的铝厂、炼油厂生产所需原材料均由这些公司专营，并有自己的固定进口市场。对关系民生的大宗食品由政府指定的公司经营。石油及石化产品由国家控股的专营公司经营出口。

3. 市场辐射

作为阿拉伯石油输出国组织成员国（OAPEC）和大阿拉伯自由贸易区成员国（GAFTA），巴林具备了辐射海合会成员国市场的条件。海合会于2003年1月1日和2008年1月1日分别启动了关税同盟和共同市场后，从区域外进口的商品征收5%的统一关税，区域内公民在其中任何一国就业、居住和投资将享受与所在国公民同等待遇。

自2006年8月开始，巴林也具备了辐射美国市场的条件。根据2006年8月1日起实施的《巴林—美国自由贸易协定》，两国的工业产品和消费品可以零关税进入对方国家。摒弃《巴林美国自贸协定》中排他性及对非双边成员歧视性条款的不利因素，充分利用其某些规则，达到借船出海的目的。此外，2013年9月1日，海合会与新加坡签订的自由贸易协定正式生效。海合会六国从新加坡进口产品实施零关税，年进口产品总额约30亿美元，货物主要涉及钢铁、机电设备、电信和石化及珠宝等产品。

二、贸易形势

贸易开放度是指一国某年进出口贸易额占该国当年GDP的比例。2005年巴林的贸易开放度约为145%。2012年，这一数字约为109%，是该地区紧随阿联酋之后的最高比率之一，充分说明对外贸易在巴林经济中的重要性。

与其他海合会国家一样，石油是巴林国家财政收入和出口创汇的主要来源。虽然巴林实施了经济多元化战略，但进出口商品结构并未发生根

第六章 金融、商务与贸易

本性改变，石油及其衍生品在对外贸易中的比例仍占首位，仍是保持国际收支平衡和贸易平衡的决定性因素，在国民经济发展中依然发挥着举足轻重的作用。因此，国际油价的涨跌对巴林的进出口影响很大。石油进口大多数来自沙特，直接运输至巴林石油公司的冶炼厂，加工成不同的石油产品，然后以更高的价格出口。

近年来，石油贸易额的增长主要是由于石油价格的增长，而不是石油产量的增长，尤其是2008年和2011年。2008年，由于对供应短缺的担忧和新兴市场的需求不断增长，石油价格首次增长，但由于全球经济危机和需求低迷，导致石油价格降低34%。紧随全球经济危机，2011年中东地区政局不稳定，打击了投资者情绪，对石油产量的供应短缺和中断的担忧日益加剧。因此，2012年，石油价格增长，达到历年来较高水平。

巴林的出口物资比较单一，主要是石油、石化产品、铝制品和纺织品等。海合会国家是巴林出口的主要对象国，2011年，沙特占总出口的21%，之后是阿曼（12%）、卡塔尔（12%）、阿联酋（8%）、科威特（2%）。巴林出口至海合会国家的份额从2001年的21%增长至2005年的38%，2011年达到55%。同时，出口至亚太地区的份额从2001年的26%降低至2011年的12%，美洲的份额从25%降至7%。相反，主要由于与印度的贸易交往频繁，南亚的份额从5%增长至9%，中东北非（除去海合会国家）以及欧洲的份额保持平稳。

巴林的生产和制造业相对滞后，各类物资基本依赖从别国进口，所以巴林进口商品的种类十分繁多。除了原油之外，还进口以下产品：工业设施设备、化工产品、矿产品、冶金产品、通信设施设备、电线电缆设备、轻工业产品、各类塑胶产品、建筑建材、装饰材料、家用电器、床上用品、纺织工业品、农作物、粮油食品、土特产、服装、珠宝、陶瓷制品、美容化妆产品、工艺美术品、绿化植物、皮具鞋类、摄像器材、钟表等。

巴林进口来源国主要是中国、巴西和美国，进口组成十分多样化。各地区的非石油进口份额大体保持平稳，明显的变化是市场从欧洲转移至美洲。2001年，欧洲的进口份额为31%，2011年降低至23%，而此期间，美洲的份额从12%增长至23%。

2006年至2012年期间,巴林石油进口增长52%,出口增长65%。2012年外贸总额330亿美元,同比增长3.5%,主要贸易伙伴是沙特、美国、日本、阿联酋和中国等。其中进口132亿美元,同比增长8.5%,主要是原油、铁矿石、焦炭、糖和大米等。出口198亿美元,同比增长0.4%,其中石油及油气产品占77%,非石油产品主要由矿产(43%)和金属(39%)组成,包括矿物燃料、铝、铝制品和铁。

据巴林中央统计局统计,2014年,巴林进口非石油产品126.33亿美元,出口非石油产品89.61亿美元。

第七章　交通、通讯与新闻媒体

巴林拥有发达的交通网络、先进的数字通讯系统、便捷的邮政系统和发达的新闻媒体。巴林的媒体有广播电视、报纸杂志和各类新媒体等。无论个人还是公司，都可利用电话、互联网和各种媒体，畅通无阻地与外部世界沟通联络。

第一节　交通

巴林能够吸引大规模外来投资的一大原因是其拥有卓越的交通运输网络。巴林拥有发达的公路系统和海港、空港，这为提升巴林经济的国际竞争力、改善人民生活水平做出了卓越贡献。

一、公路交通

巴林国土面积小、地形平坦，公路系统完善发达。全国公路纵长4000多公里，纵横交错，四通八达，连接各居民区。巴林车辆靠右行驶，车速较快，交通事故频发。其中有两条公路和数条沙砾道路通往人口稀疏的南部地区，还有一条堤道连接首都麦纳麦和位于穆哈拉格岛的国际机场。巴林私家车辆比例较高，公共汽车覆盖全国但规模较小，无轨道交通和省际公共交通。巴林汽车租赁也很活跃，游客可根据个人喜好租车自驾。

巴林最老的海堤公路建于1929年，连接巴林岛和第二大岛穆哈拉格。虽然穆哈拉格岛的纵贯长度只有6公里，但国内第二大城市穆哈拉格和国际机场都坐落于此。此外，还有一条海堤公路连接穆哈拉格与干船坞中心南方岛。南方岛以南的锡特拉岛是石油出口港，通过一座大桥与巴林对接。法赫德国王大桥是巴林出境唯一可用的陆路通道。

尽管巴林境内一直没有铁路，但巴林政府已提出建立两条连接巴林和卡塔尔、巴林和沙特的铁路计划。

二、巴林国际机场

得益于巴林所处的战略位置，距离海湾各物流加工区的短距离，巴林国际机场成功服务中东市场多年，现已发展为世界级国际机场，并取得了一系列令人瞩目的成就和国际知名奖项，成功跻身为SKYTRAX①世界排名前100位的机场。

巴林国际机场位于穆哈拉格岛上，占了该岛一半的面积。这是巴林唯一的一座民用机场，也是海湾地区第一座国际机场和中东最繁忙的空港之一。第一架商务航班于1927年在巴林降落，随后伦敦到印度的定期航班从1930年开始运营，巴林国际机场成为连接东西方的一个中间点。1993年，英国航空开辟了伦敦直飞巴林航线。2006年，巴林政府斥资3亿美元，对巴林国际机场进行扩建工程，修建了紧邻航站楼的多层停车场和零售商场，并对跑道进行修葺。12L/30R跑道总长3340米，12R/30L跑道总长2530米，能容纳各种大型飞机。由巴林、卡塔尔、阿拉伯联合酋长国和阿曼联合创立的海湾航空公司，飞行网络遍布全球50多个目的地。目前，巴林国际机场是海湾地区最繁忙的民用空港和空中枢纽，机场面积5.6平方公里，服务于38家航空公司，旅客年吞吐量约900万。2010年，年客流量达到889万人次，年货运量为33万吨，年航班运输起降10.6万架次。2014年，机场实现旅客吞吐量812万人次。

巴林国际机场同时也是一些主要国际货运航空公司的区域枢纽，2012年货运中转量达35.3万吨。中外运敦豪国际快递公司（DHL）是巴林国际机场目前业务量最大的货运航空公司，巴林国际机场已作为其中东业务枢纽近40年。

---

① SKYTRAX，是一家以英国为基地的顾问公司，是Inflight Research Services的附属公司，其主要业务是为航空公司的服务进行意见调查，但该公司最广为人知的是每年一度举办的年度全球最佳航空公司奖及年度全球最佳机场奖。

巴林国际机场根据最高国际标准为旅客提供高效、安全、舒适的旅行体验和友好环境。除了现代的外观和先进的设施之外，巴林国际机场还提供一系列增值服务，包括覆盖整个候机楼的免费WiFi接入，84个涵盖经济舱、头等舱、休息室、特殊行李处理和转机服务的值机柜台，57个远机位和7座廊桥站。[1] 全新的巴林机场免税店享誉世界，店铺集中，商品繁多，价廉物美，不时提供多项购物优惠和促销，尽享一站式购物乐趣。免税店24小时营业，全年无休，使顾客不受时间约束，在此尽情搜罗世界各地的精品。

2015年4月28日，巴林机场公司首席执行官穆罕默德透露，巴林国际机场改扩建工程总体规划在二季度完成，并随后启动招标工作，预计11月动工，全部工程于2019年年底前结束。届时，巴林国际机场年接待旅客可达1400万人次。

巴林共有5座机场，此外，巴林将通过填海造地建设一座新机场，预计2024年开工。[2]

三、港口

作为一个岛国，巴林的国际集装箱港口码头和海运业开发和建设可谓发展迅速。目前，巴林拥有萨勒曼港（Mina Salman）、哈利法港（Khalifa Bin Salman Port，KBSP）和锡特拉港（Port of Sitra）等主要口岸，由巴林港和海洋事务局统一监管。萨勒曼港，位于巴林岛北部，水深9—13米，天然深水良港，是20世纪60年代海湾地区主要港口之一，位于巴林岛东北部，麦纳麦东南部，面积86.7万平方米，有14个泊位、2个集装箱泊位和一个滚装轮泊位，可停泊高达6万吨级及以下各种型号的船舶30余艘。在哈利法港营运之前，萨勒曼港是巴林进出口货物的主要港口。该港口较高的工作效率和简化的海关程序，使其一度成为海湾地区和国际航线的首

---

[1] 作者不详，《巴林机场公司——巴林通往世界门户的运营者》，《中国民用航空》，2013年12月，第167期，第41页。

[2] 《巴林即将启动机场改扩建工程》，中国驻巴林经商参处网站，2015年4月29日。

选港口。除了作为巴林皇家海军和美国第五舰队驻地之外，现在萨勒曼港的业务集中在商业运作，以满足经济不断变化的需求。

20世纪90年代初，巴林政府就决定在穆哈拉格岛东南端哈德（Hadd）的浅海地区大规模围海造田，随后在此修建哈利法枢纽港。哈利法港建在110公顷的填海陆地上，是巴林最大的港区和海湾北部首屈一指的转运中心。2009年4月，哈利法港交由全球性码头运营商马士基集装箱码头公司（APM Terminals）负责管理，并正式投入运营。哈利法港负责巴林所有的集装箱业务和游船业务，共设18个停泊处，集装箱码头900平方米，海岸线600米，可停靠高达6.5万吨重的集装箱船舶，年吞吐量达250万吨。哈利法港是拥有最新技术装备的现代化集装箱码头，除了4台最大外伸距为61米的超巴拿马型起重机之外，还能为普通货物、滚装和客运提供服务。在马士基集装箱码头公司的管理下，哈利法港已经发展成为世界上效率最高的港口之一。① 哈利法港位置绝佳，距离巴林国际机场仅13公里，也是巴林与卡塔尔、沙特阿拉伯、伊拉克和伊朗的海上集装箱运输新通道。据统计，2014年进港集装箱111214个，2015年上半年就有6.1万游客从该港进入巴林。

锡特拉港位于巴林东北部的锡特拉岛上，是运输原油和炼油的口岸，最大水深13.4米。此外，穆哈拉格岛最南端还有一个50万吨级的干船坞。

四、海运航线

海运业和港口业是岛国巴林的一项重要产业，巴林有十几条海运航线通往世界各地。

1. 红海线：到也门的亚丁、荷台达；约旦的亚喀巴、吉布提共和国的吉布提；埃塞俄比亚的阿萨布、苏丹的苏丹港和沙特阿拉伯的吉达港等。

2. 地中海线：到地中海东部黎巴嫩的贝鲁特、利比亚的黎波里；叙

---

① 资料来源于巴林交通通讯部，http://www.mtt.gov.bh/en/ports-and-maritime/khalifa-bin-salman-port.

利亚的拉塔基亚；地中海南部埃及的塞得港、亚历山大；突尼斯共和国的突尼斯；阿尔及利亚的阿尔及尔、奥兰；地中海北部意大利的热那亚；法国的马塞；西班牙的巴塞罗那和塞浦路斯的利马索尔等港。

3. 西北欧线：到比利时的安特卫普；荷兰的鹿特丹；德国的汉堡、不来梅；法国的勒阿弗尔；英国的伦敦、利物浦；丹麦的哥本哈根；挪威的奥斯陆；瑞典的斯德哥尔摩、哥德堡；芬兰的赫尔辛基等港。

4. 东非线：到肯尼亚的蒙巴萨；坦桑尼亚的达累斯萨拉姆、坦噶；莫桑比克的贝拉；索马里的摩加迪沙等港。

5. 西非线：到塞内加尔的达喀尔；冈比亚的班珠尔；几内亚的科纳克里；塞拉利昂的弗里敦；利比里亚的蒙罗维亚；象牙海岸科特迪瓦的阿比让；加纳的特马；多哥的洛美；贝宁的科托努；尼日利亚的阿帕帕；喀麦隆的杜阿拉；赤道几内亚的巴塔；加蓬的奥文多；刚果的黑角；扎伊尔的马塔迪；佛得角的明德卢；加纳利群岛的拉斯帕耳马斯等港。

6. 美国加拿大线：到加拿大西岸港口温哥华；美国西岸港口西雅图、波特兰、旧金山、洛杉矶；加拿大东岸港口蒙特利尔、多伦多；美国东岸港口纽约、波士顿、费城、巴尔的摩；美国墨西哥湾港口莫比尔、新奥尔良、休斯顿等港口。

7. 墨西哥中美州线：到墨西哥的曼萨尼略、阿卡普尔科；危地马拉的圣何塞；萨尔瓦多的阿卡胡特拉；哥斯达黎加的彭塔雷纳斯等港。

8. 南美洲西岸线：到秘鲁的卡亚俄；智利的阿里卡、伊基克、瓦尔帕赖索、安托法加斯塔等港。

9. 南美洲东岸线：到巴西的里约热内卢、圣多斯、里奥哥兰德、巴拉那瓜；乌拉圭的蒙得维的亚；阿根廷的布宜诺斯艾利斯等港。

10. 南美北岸和加勒比海线：到巴拿马的克里斯托巴尔；委内瑞拉的拉瓜伊拉、卡贝略港、马拉开波；荷属安的列斯群岛中科腊索岛的威廉斯塔德港、阿鲁巴岛的奥蜡涅斯塔德港；圭亚那的乔治敦；苏里南的帕拉马里博；特里尼达和多巴哥的西班牙港；哥伦比亚的巴兰基利亚、圣马塔、卡塔赫纳等港。

11. 马达加斯加线：包括马达加斯加的马任加、塔马塔夫；科摩罗群岛的莫罗尼；毛里求斯的路易斯港；留尼汪岛的加莱角和塞舌尔群岛的维多利亚港等。

随着我国"一带一路"倡议的提出，相信不久的将来一定会开辟巴林到我国的新航线，实现我国与巴林的"互联互通"。

第二节 通讯与邮政

便捷的通讯设施和邮政业务是巴林发展非油气产业、营造良好商务环境、吸引外资的重要条件。

一、通讯

早在1863年，巴林就引进了电报，架设了连接巴林和印度、欧洲海洋电缆网线。20世纪30年代中期，巴林通过英国电报无线电公司，引进了电话。直至70年代末前，巴林的通讯服务一直由英国电报无线电公司管理。巴林有线无线通讯公司成立后，通讯事业得到了迅猛发展，并建立了中东地区第一个人造地球卫星地面（联络）站，标志着一个新技术时代的开始，巴林成为世界上通讯服务质量最好的国家之一。

巴林的电信系统发达，能保证国内外优质畅通连接。1969年，巴林开通了中东地区第一个卫星地面站。截至2014年，国内设有四个卫星地面站，其中两个分别接收国际通信卫星组织发射的大西洋卫星和印度洋卫星的信号，另两个接收阿拉伯卫星通信组织系统的信号。这四个卫星地面站保证了巴林一流的国际通讯服务、数据链接和电视实况广播。此外，巴林还拥有一流的无线电传输设备和海底光缆。

20世纪90年代以来，巴林一直与世界著名通讯公司保持联系，并适时地引进最新设备和技术，是首个参与电信开放竞争的阿拉伯国家。1994年，巴林政府投资4870万美元升级网络系统，与瑞典埃里克逊通讯公司签订了价值350万巴林第纳尔的合同，安装启动了容量为1.5万条线路的移动电话设备，附设32个大功率移动电话交换台，大大提高了通话质量。同年，巴林又与意大利马尔库尼公司签订了150万第纳尔的合同，购

进新型通讯设备，提高巴林电话系统的监测能力。1981年，巴林政府从英国人经营的电信公司中取得60%的股权，把公司改组为巴林电信公司（Batelco），现已成为巴林手机批发、互联网和电话服务的最大供应商，市场份额高达64%。巴林固定电话从1998年的15.76万台增长到2007年的20.36万台，电话普及率超过55%。2002年，巴林开始实施电信法，成立巴林电信管理局（Telecommunications Regulatory Authority, TRA），负责管理巴林全国电信业务。巴林电信管理局的目标是开放巴林市场，保护用户利益，引入竞争机制，确保电信行业的公开透明和高效率。2003年，沃达丰公司（MTC-VODAFONE）与巴林移动电信公司签署合作协议，并投资1.2亿美元，获取了第三代网络服务的特许权。沃达丰的进入打破了巴林电信公司的垄断，2007年，巴林沃达丰改名为ZAIN电信公司。巴林移动电话从1998年的9.4万部增长到2003年的41.2万部，普及率超过58%。2007年5月，巴林移动电话用户约88.6万户。2010年3月，巴林第三大移动电信公司VIVA正式启动，该公司由沙特电信（STC）投资2亿美元建成，经营高速宽带系统。

目前，巴林主要有三家电信运营商：巴林电信公司、ZAIN和VIVA跨国电信公司。两家跨国电信公司的介入迅速提振了巴林电信市场。2012年电信业收入比2011年增长12.8%，占当年GDP的4.1%。2011年，巴林电信业解决就业人数2700人，比2003年开放电信市场之初提升了50%。同时，巴林电信业员工的巴林化比例达80%，这是巴林所有行业中最高的。妇女在电信业的就业比例占到28%，比各行业妇女平均就业比例的21%高出7个百分点。2014年，巴林移动电话普及率达182%。

1995年，巴林开始引入因特网，方便了居民间的联系和沟通。跨入21世纪，互联网正给巴林社会带来急剧变化，巴林网民通过互联网传递信息、交流思想，互联网越来越成为一种新兴时尚。国际电信联盟数据显示，巴林因特网用户数量从1998年的3.7万增长到2002年的12.3万，这一数字仅次于阿联酋，位列阿拉伯世界因特网用户数量第二。2005年，巴林政府开展了一项名为"网络满意度大奖"的调查活动，旨在促进互联网发展。截至2008年1月，巴林已拥有超过535家网站，共分25个类别。其中，59家为政府机构及各种组织网站，还有200多家个人博客网站。据统计，2010年，巴林因特网用户64.93万，互联网普及率高达88%。2012年6月，因特网用户96.1万。据世界银行统计，巴林2010—2014年达到90%，2015年达到96.5%，成为中东因特网用户比例最高的国家。[①] 据国际电信联盟报告，巴林在2015年信息发展指数排名中获阿拉伯国家第一名，该指标以166个国家和地区为样本对其信息通信技术便利程度进行评价。

我国的华为、中兴通讯等都已在巴林开展业务，华为还将中东地区的总部设在了麦纳麦。

二、邮政

巴林邮政的目标是为发展经济和改善人民生活水平提供价格合理、高水平的服务。

巴林的邮政设施在海湾地区首屈一指。巴林邮政系统始建于1884年8月1日，当时麦纳麦开设了第一家邮局，这是海湾国家中最早的邮政服务，也是印度邮政伊朗布什尔邮局的分支机构。20世纪，巴林邮政业迅速发展。1946年，穆哈拉格岛上建立了巴林第二个邮局。巴林的第三个邮局设在外籍人士聚居的小镇阿瓦利，由巴林石油公司负责。

除了提供全面的邮政服务之外，巴林邮政还提供其他服务，如国内、国际邮件递送、驾驶执照换新、汽车登记和车辆保险服务。巴林邮政设立了多个邮政局，具体邮局的营业时间视地点而定。如穆哈拉格邮政局的营业时间是：周一、周三、周六上午7点至下午14点和下午16点至18点，周二、周四和周日上午7点至下午14点，周五全天不营业。

在海湾国家中，巴林的邮政服务水平非常高。国内信件一般可在24小时之内送达收信人手中。20世纪，世界邮政业发展迅速，用户对这一领域不断提出新的要求。为了适应市场需求，1994年，巴林埃米尔对邮政部门的组织机构进行调整，对全国各地邮政设施重新部署。巴林邮政部门的官员和英国邮政咨询顾问一起制定了巴林1994—2004年的10年邮政发展

---

① *Internet users (per 100 people)*, World Bank. Retrieved, May 31, 2015.

战略计划。计划包括：在巴林开设11家国家级邮政局，普通邮政网点增至218个，邮政信箱增至2.44万个；与DHL、联邦国际快递（FEDEX）、UPS等快递公司和中外运安迈世（Aramex）专线签署合作协议，提高物流速度；开办各类文化和业务培训班，实现电子化服务，培养现代邮政人才。近年来，巴林邮政系统为了提高工作效率和服务水平，引进关键绩效指标（KPI: Key Performance Indicator），推出邮政特快专递服务EMS（Express Mail Service）。为了提高运营效率，巴林邮政管理署已经配备先进设备，确保精确投放邮政包裹，客户还可以跟踪确认包裹，最大限度防止邮件或包裹丢失现象的发生。

除了各国常规禁止邮寄进口的物品之外，巴林还禁止印有真主或从《古兰经》内抄袭内容的服装、反政府的印刷品、违背宗教信仰的出版物或录音、贺卡与钟琴、武器弹药、动物及其制品或其油脂（特别是猪肉及其制品）等。

巴林海关判断邮寄商品价值根据CIF（成本＋保险费＋运费）标准计算，巴林没有增值税，只需支付关税。

国际邮政包裹需要寄件人当场拆开接受查验是否需要纳税。商品价值低于250巴林第纳尔的非应税非受限禁运物品由邮局直接递送给收件人，但是寄件人必须附上物品发票。若邮寄限制物品，收件人先是收到收件通知，然后直接到指定的部门办理邮件领取手续。有的物品需要有关部门的进口许可，超过250巴林第纳尔的邮寄物品还需付税清关，这些都需要原始发票作为凭据。

三、邮票

巴林的邮票发行种类不多，已发行的邮票内容大多关于巴林历史、遗产和环境。尽管如此，巴林邮票还是深受世界各国集邮爱好者的喜爱。1933年之前，巴林使用未加盖的英属印度邮票。1933—1947年，加盖"巴林"的英属印度邮票开始使用。1948—1960年，巴林使用加盖"巴林和票值"且印有乔治六世和伊丽莎白女王像的大不列颠邮票。1953—1961年，巴林发行的一些用于国内邮政的邮票开始在国际信件中使用，这些邮票均印有萨勒曼·本·哈马德·阿勒哈利法·谢赫图像。1960年，巴林发行了第一批专门用于国际和国内邮件的邮票，这批邮票除印有萨勒曼·本·哈马德·阿勒哈利法·谢赫图像之外，其顶部还有阿拉伯文。1964年，印有伊萨·本·萨勒曼·阿勒哈利法·谢赫图像的一批新邮票面世。1966年1月1日，巴林邮政局从英国人手中全面接管邮政服务业，基本上每年发型4—5套邮票。1973年，阿以"十月战争"期间，巴林政府要求所有信件必须附加一个价值5分的税票，作为巴勒斯坦难民基金，这种邮票被称为邮政税邮票或者战争税邮票。

巴林于1973年12月21日加入万国邮政联盟，1986年加入阿拉伯国家邮政联盟。

第三节 新闻媒体

在所有的阿拉伯国家中，巴林的新闻传媒开放度最高，各类新闻传媒、出版机构拥有充分的新闻自由权。巴林的私人媒体只要不批评统治家族，一般不会受到审查。

一、新闻媒体发展简史

巴林信息管理局负责管理巴林通讯社和巴林广播电视公司、规范全国的新闻出版事务、代表巴林政府的官方发言机构。

巴林的新闻媒体诞生于上世纪30年代、40年代，当时，巴林全国只有一个广播电台。巴林广播电台仅有编辑室、演播室和发射室3个房间，每天晚间播出3小时，节目内容单一。如今巴林的新闻传媒可谓欣欣向荣，部分电视节目24小时全天放送，广播电台分几个波段播出。除此以外，还有社会组织和文化机构推出各类节目和活动。

自1999年哈马德国王上台以来，巴林新闻业的发展开始趋于繁荣。2000年，巴林新闻从业者协会成立，拥有250名成员。2001年2月，巴林国民投票通过《国家行动宪章》，国王宣布改革计划，助推巴林的新闻传媒业跃上一个崭新的台阶。国外各大知名新闻媒体，如：美联社、法新社、路透社等纷纷在首都麦纳麦设立分社，派遣常驻记者，促进了巴林与世界的交流。最近几年，巴林又新增多份报纸，营造出前所未有的"百家争鸣"的舆论氛围。2002年第47号令是关于新闻、出版、发行的现行法律，该法令赋予了新闻记者更多的自由和独立性。2005年5月，海湾报业联合会在麦纳麦成立。根据2010年第31号令，巴林文化新闻部改为文化部，设立新闻事务局。2012年第40号令任命塞米拉·易卜拉辛·本·拉吉布为新闻事务局局长，担任政府发言人。2012年，麦纳麦被评选为阿拉伯新闻业之都。当年1月20日，记者荣誉宪章宣言发布。2月，阿拉伯青年新闻从业者大会第4次会议在巴林召开。2013年第28号令要求重组新闻事务局，局长为副部长级，下设巴林通讯社、人力财务部、媒体部、公共关系和市场部、广播电视局、技术局、外联局等。2014年第83号令要求成立新闻事务部，任命伊萨·本·阿卜杜·拉赫曼·哈马迪担任部长。伊萨部长早年在英国获市场和管理专业硕士学位，在市场、新闻、公共关系、信息和通信技术领域拥有二十多年的丰富经验，同时兼任巴林经济发展委员会执行主任和王储办公厅新闻顾问等数项职务。

2015年9月14日，巴林记者协会与阿拉伯体育报道联合会在麦纳麦联合主办了第5届阿拉伯摄影家论坛。

二、广播、电视

巴林新闻事务局负责管理巴林全国的广播、电视事务。1940年11月，英国人建立了巴林广播电台。这是巴林的第一个广播电台，于1945年关闭。当时收音机并不普遍，巴林人一般都去咖啡馆收听广播。1955年7月21日，巴林无线电广播大楼开始投入使用，开始播出阿拉伯语节目。1980年，巴林广播每天播出达14个小时。1983年开始播放《古兰经》节目。1988年，巴林广播播出时间增加至每天18小时。1990年，巴林广播开始24小时全天候播出。巴林现有2个AM调幅电台和3个FM调频电台，用阿拉伯语和英语进行24小时广播，内容涉及多个领域，如93.3FM巴林FM（阿拉伯语）、96.9FM阿拉伯经典音乐电台（阿拉伯老歌）、106.1FM《古兰经》电台（宗教）、96.5FM巴林电台（英语）、102.3FM巴林电台（阿拉伯语)、98.4FM青年电台(现代音乐)、104.2FM "你" FM(印度语、马拉雅拉姆语)、95.0FM传统FM(巴林传统音乐)等10个波段。此外,巴林还对一些外国的广播通过调频进行再播,如阿联酋FM、Radio Monte Carlo、BBC、MBC等。

1973年,巴林开始播放电视节目,每天播放5个小时。1975年,巴林电视台成立,1981年开始在国外播出。成立于1993年的巴林广播电视公司拥有6个电视频道,如主频道、外国频道、体育1频道、体育2频道、《古兰经》频道和国际巴林频道等。各频道分别以阿拉伯语和英语向巴林本国以及沙特阿拉伯、卡塔尔、阿联酋等国家播放节目。

1991年12月1日,巴林广播电视开始全天候播放。巴林广播电视节目的35%—40%是本地作品。巴林家庭的免费卫星频道使用率达51%。付费电视频道也广受欢迎,主要是OSN、ART和半岛台体育频道。

此外,巴林还能收到沙特宰赫兰美国空军基地的电视和广播节目。据统计,2000年巴林的电视覆盖率为40.2%,广播覆盖率为54.5%。

2014年,巴林首次面对全球推出名为Tiny Bahrain的国家电视台。据悉,巴林通过与法国电信旗下的子公司卫星业务供应商GlobeCast合作,采用卫星直播的方式,将电视频道进行上星播出。播出的节目通过北美的银河19号卫星,以及位于西班牙的卫星和南美洲覆盖范围内的亚洲五号和阿拉伯地区的卫星进行传输。届时,包括美国、南美、亚洲以及非洲很多国家都可以观看到巴林国家电视台。①

三、报刊杂志

1939年,巴林报业之父阿卜杜拉·齐亚德创办了海湾地区第一份周报《巴林报》,该报的特色是高举启蒙和新闻创新的大旗。1948年,《官方报》以报道当地和官方的新闻为特色。在巴林思想家、文学家和新闻业先驱们的努力下,巴林报业在海湾和阿拉伯地区崭露头角。

20世纪50年代,巴林报纸杂志集中在巴林甚至是阿拉伯世界传播民

---

① Chris Forrester, *Bahrain TV goes global.* Advanced Television, November 7, 2014.

第七章 交通、通讯与新闻媒体

族主义思想，支持1952年埃及七月革命，批评英国"保护"下的埃及政治状况。1950年，巴林第一份政治文化杂志《巴林之声》诞生。1952年，《商队报》开始发行。该报停业之后，1955年，《祖国报》开始发行，但一年之后英国禁止在巴林发行任何报纸。1957年，巴林石油有限公司发行周报《星报》，该报除了报道与石油公司有关的新闻之外，也报道当地官方的新闻。50年代，巴林共发行三份政治报，分别是英国《每日邮报》丛刊《海湾报》、海湾有限公司发行的《阿拉伯海湾报》和《巴士拉报》丛刊《海湾消息》。

尽管60年代发行的报刊种类和质量都乏善可陈，但却代表着所发行日报和期刊的复兴。1965年，巴林发行《光明周报》，1993年停刊。1969年11月，发行《海湾光明日报》，1970年4月停刊。1969年发行的《回响周报》在巴林报业历史上异常显著。60年代的杂志大多有关商业和旅游，如1962年的《商业生活》、1968—1972年的《阿拉伯市场》、1969—1975年的《引导者》。

70年代，巴林独立后，国内文学运动蓬勃发展，巴林开始现代化征程，其平面媒体也开始初具规模。1971—1987年，英文版的《海湾镜报》获准发行。1972—1974年，新闻部发行了周报《海湾消息》和日报《环球消息》。1976年，发行了日报《海湾消息》，并于1978年开始发行英文版。70年代，总共发行了17种杂志，涉及社会、文化、经济、医疗、军事和安全等领域。

80年代，巴林的文化、文学运动日趋成熟，步入写书和编书的时代，共有650本涉及各种主题的书出版。文化的繁荣带来了各种报刊的发行，除了1989年3月7日发行的《天天报》之外，巴林还于1980—1996年发行专业性艺术杂志《造型艺术》，1983—1986年发行《视频干线》。1981年发行了《教育报》，1982年发行了第一期《宪章报》和《律师报》。1983年，作家协会发行了第一期文化季刊《词语报》、《安全前景》、《海湾全景》和《慈善巴林》等四份杂志。1985年，发行了旅游杂志《阿拉伯旅行者》和工业类杂志《海湾化工》。1988年，发行了伊斯兰倾向的《改革》、泛阿拉伯俱乐部的文化杂志《泛阿拉伯主义》和母亲儿童关爱协会的社会杂志

《关爱》。

90年代,巴林发行了很多教育、文化、社会、商业、体育、政治和专业类杂志,其中巴林大学、政府各部委和其他社会机构发行了数量众多的期刊杂志。

2000年,巴林发行了三种杂志,如巴林大学发行的学术季刊《教育和心理科学》、巴林研究中心发行的《阿拉伯粮食和营养》、教育部发行的《教育》等。2002年,发行了七种杂志,如商务部发行的《贸易和工业》、农村少女协会发行的《少女文学》、巴林大学发行的《文化》和《时光》、巴林图书馆发行的《造纸工业》、巴林马术比赛俱乐部发行的《马嘶》和《医疗卫生世界》等。2003年发行了五种杂志,如社会文化革新协会的《革新》、伊斯兰教育协会的《正直》、巴林专业医院发行的《您的健康是我们的目标》、国会秘书处发行的《代表》、全国行动协会发行的《民主者》等。

据统计,自1939年至2012年,巴林共计发行报纸杂志115种,涉及政治、经济、文化、体育等领域。很多报纸杂志因为经济原因中断过发行,但却为巴林思想文化的繁荣、传播知识和信息以及加强巴林人共同的价值观做出了巨大的贡献。

现在,巴林共有13种报纸,发行量最大的为两份阿拉伯语日报,分别是创立于1967年的《天天报》(Al-Ayam)和《海湾消息报》(Akhbar Al-Khali),联合发行量日均突破5.4万份。同时,巴林还发行两份英文日报:《海湾每日新闻报》(Gulf Daily News)和《巴林论坛报》(Bahrain Tribune),联合发行量日均达6.25万份。阿拉伯语报纸《时间报》、《中间报》、《国家报》主要面向首都麦纳麦发行。次外,巴林还发行多种阿拉伯语周报,如:《光明报》(Al-Adwhaa)、《文化巴林》(Al-Bahrain ath-thaqafya)、《这里是巴林》(Huna al-Bahrain)等。

巴林全国共有15种杂志,如:英语月刊杂志《本月巴林》(Bahrain This Month),发行量约为1万册;《海湾建设》(Gulf Construction),发行量约为1.25万册;《海湾全景》(Gulf Panorama),发行量约为1.5万册;《商业述评》(Commerce Review),发行量约为0.75万册;《经济学家》

（Economist）；双月刊《阿拉伯旅行家》(Arab Traveler)；双月刊《国际船运新闻》(Shipping and Transport News International) 等。

四、新媒体

新媒体，全称数字化新媒体。对于新媒体的界定，众说纷纭，至今没有定论。联合国教科文组织对新媒体下的定义："以数字技术为基础，以网络为载体进行信息传播的媒介。"其具体形态是指除广播、电视、报纸等传统媒体之外新出现的数字杂志、数字报纸、数字广播、手机短信、移动电视、网络、桌面视窗、数字电视、数字电影、触摸媒体、手机网络等。巴林在新媒体领域走在海湾各国和阿拉伯国家的前列。

首先，巴林政府高度重视新媒体的应用。2007年，根据哈马德国王令，国家信息技术最高委员会制定了"巴林电子政府工程"发展战略和具体措施。8月，巴林电子政府网站建立，面向全国提供各种电子服务。现在主要有巴林政府门户网站、移动电话门户网站、电子服务中心、自助服务平台和全国通讯中心等向国民提供203项电子服务。2010年，巴林电子政府工程在联合国评比中，位居世界第13位、海湾和阿拉伯地区第一位。值得一提的是，巴林政府特意推出了TAWASUL网站。该网站名称的阿拉伯语意思是"沟通"，专门供巴林国民向各政府机构提出咨询或提案，如意见或建议等。系统会把国民的咨询或者提案直接提交有关部委，国民也可以对自己的咨询或者提案进行电子跟踪。

其次，大部分传统媒体不断采用新技术，实现数字化。传统的纸质媒体大都推出了电子版，各版面文章可以通过脸书（Facebook）、推特（Twitter）等社交新媒体传播。另外还有专门的电子报纸（ePAPER），如英文版的海湾数字消息报（Gulf Digital News, GDN）同时提供手机电子报。移动金融、移动出行等与人们生活密切相关的移动行业蓬勃发展。

五、巴林通讯社

巴林通讯社（Bahrain News Agency, BNA），简称巴通社，是巴林官方通讯社。网页www.bna.bh，使用阿拉伯语、英语和法语。

1967年，海合会各国新闻部长倡议并决定成立新闻事务局（the Information Affairs Authority），总部设在沙特首都利雅得。1976年，巴通社的前身海湾通讯社成立。1978年4月1日，海湾通讯社开始运营，由塔里克·阿布杜·拉赫曼·穆埃易德担任该社董事会主席，纳比尔·本·雅各布·阿勒哈马尔出任总经理。2001年9月23日，海湾通讯社正式更名为巴林通讯社，并沿用至今。

巴通社总部设在麦纳麦，拥有现代数字通讯技术和人造卫星通信系统，能够迅速与世界上的800多家新闻机构取得联系，日平均访问量达1.5万人次。巴通社下设阿拉伯语英语编辑部、监控部、信息技术部、因特网部、数据档案部等。

1. 阿拉伯语英语编辑部

编辑部专门接收国内外记者站发送的阿拉伯语或其他语种的消息。编辑们用阿拉伯语或者英语撰写新闻稿件，再转送到巴通社用户手里，如其他通讯社、报纸和广播电台等。巴通社还提供分析、报告、调查等。

2. 监控部

监控部夜以继日地接受世界各地信息，精心筛选之后进行再编辑。

3. 信息技术部

信息技术部检测巴通社各部门的技术流程，确保各部门的设备正常运转，负责接收和发送图片，对于巴通社工作流程升级提出技术性建议。

4. 因特网部

因特网部负责巴通社的网站建设，联系社内各部门，通过社交网络与读者沟通，采用先进设备向世界范围内的受众群体提供在线广播和电视服务。

5. 数据档案部

数据档案部负责收集各通讯社和媒体有价值的数据档案，还可以向编辑部提供分析报告的背景资料。

巴通社主要播报巴林、海湾和阿拉伯国家及全球经济、政治、文化、社会新闻，以阿拉伯语、英语、法语和德语进行每天18小时广播，平均每日发送90至150条新闻。巴通社在世界各国首都建有驻外记者站，报道及时、信息准确。同时，它也是巴林和海湾地区各大媒体的主要新闻来源之一。巴林通讯社获得2011年度阿拉伯国家联盟管理发展组织颁发的优秀和创新奖，是伊斯兰新闻社执行委员会成员。

第八章 旅游业

当今巴林,传统文化和现代文明完美结合,被誉为"海湾明珠"、"海湾新娘"。蓝天、碧海、绿树、沙滩、阳光、美食,岛国风光,处处充满诗情画意。航海、潜水、游泳、高尔夫球、赛马等体育健身活动,悠久的历史留存下大批完好的宗教活动场所和历史文化遗迹,加上热情好客的民风和相对自由的社会环境吸引着海湾国家和世界其他各国的大批游客。

旅游业已经成为巴林迅速崛起的非油气行业,也是政府大力支持的实施经济多元化战略的重要组成部分。2013年,旅游业对巴林国家经济贡献率为7%。

第一节 概述

旅游业是巴林近年来发展最为迅猛的产业之一。2000年,旅游业占到巴林收入总额的10%,从事旅游业的人数也占到劳动力总数的18%。

巴林西式的购物中心、剧院、酒店和餐厅吸引着来自世界各地的游客。此外,市场上允许售卖的含酒精饮料和绿树成荫的高尔夫球场也是游客们纷至沓来的重要原因。公园、博物馆、历史名胜等生态旅游项目,吸引着越来越多的游客前来探访。

巴林是海湾地区最热门的旅游胜地。随着经济快速发展,旅游景点质量不断提升。这个国土面积最小的阿拉伯国家能够引得无数旅行者慕名而来的原因主要有以下几点:地理风貌独特;基础设施现代化;国内犯罪率低;相比其他中东国家,巴林的自由化程度较高。

根据巴林旅游部门的统计,2000年巴林接待入境游客333万人次,2010年为945万人次,入境巴林的游客十年间翻了近两番。2012年入境游客达1089.4万人次，其中70%来自海合会国家，经由法赫德国王大桥入境。2013年，巴林全国拥有饭店106家，其中5星级13家，4星级40家。

旅游业对巴林国内生产总值（GDP）的直接贡献及占GDP百分比情况见下表。

表一：巴林旅游业增长表（2001—2012年）

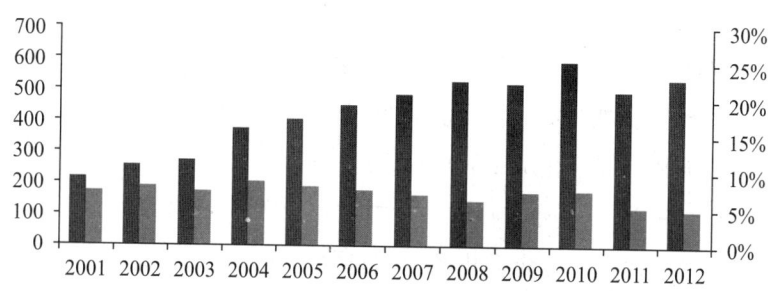

纵轴数据单位：巴林第纳尔（百万）

横轴左边柱栏为对GDP的直接贡献，右边柱栏为占GDP的份额

数据来源：《2013年巴林经济年鉴》，世界旅游业理事会

巴林旅游业在2011年年末反弹，并延续至2012年。2012年9月，外国游客总人数增长了19.4%。据世界旅游业理事会统计，2012年，巴林旅游业为该国GDP贡献了5.38亿巴林第纳尔，约占GDP的4.9%，比2011年（4.96亿巴林第纳尔）增长了8.5%。另外，自2011年以来，就业人数增长了1.58%，在酒店、旅行社、航空公司以及饭店和其他与旅游业直接相关的行业中，工作人员达3.21万人。2012年，旅游业就业人数占总就业人数的5.2%。

2014年，巴林旅游业收入7.7亿美元，同比增长17.4%。全年入境游客1000万人次，同比增长11.1%；其中来自海合会游客660万人次，同比增长16.8%。海合会游客中，沙特人约600万人次，同比增长19.3%。全年酒店入住率50.2%，同比增长11.6%。2014年，旅游业相关部门吸纳巴林籍员工就业2100人次。

巴林文化部资料显示，近年来巴林旅游业的变化主要体现在以下几个方面：

1. 从游客来源国看，巴林外国游客的国籍组成发生了细微的变化，海合会国家、亚洲、非海合会国家的阿拉伯人仍占据游客主要市场，占总游客人数的88.2%。

2. 从旅游目的来看，来巴游客多以休闲为主。2010年，此类游客人数增长10.5%。与2009年相比，2010年持商务、采访和其他目的签证的来巴游客分别增长1.5%、2.6%和2.2%。

巴林政府非常看重旅游业的发展，投入了大量人力和物力。巴林为海湾国家中最先实施开放经济并允许饮酒的国家。现在巴林正在大兴土木，开发旅游项目，如哈瓦尔岛的巴林之珠度假地、巴林国际机场北面通过填海造岛而建的海上旅游度假村、室内常年滑雪场和F1赛车场等，都是备受政府支持、耗资几亿或十几亿美元的大项目。

近年来，巴林旅游渐入佳境。2012年，作为联合国教科文组织文化首都活动的一部分，麦纳麦被称为"阿拉伯文化之都"。为促进2012年"阿拉伯文化之都"系列活动的开展，巴林文化部策划了长达一年的演出、研讨会和其他多项展示阿拉伯文化的活动。每一个月份着重于不同领域，从视觉艺术到诗歌，甚至延伸到环境领域。三月举办的"文化之春"包括一系列的舞蹈、音乐和戏剧演出，并邀请了世界闻名的音乐家前来表演。为支持此类活动，巴林国家露天剧场于2012年11月开放，该剧场是当地同类剧场中最大的一个，可容纳1001人，雅尼、美声男伶等国际著名的艺术家最近都曾在该剧场进行演出。

2013年，阿拉伯旅游组织授予麦纳麦"阿拉伯旅游之都"的称号，2014年被评选为"亚洲旅游之都"。同时，麦纳麦还把2014年确定为"艺术年"，举办了美术展等大型文化艺术活动。据报道，为促进旅游市场发展，便利跨国商务活动，自2015年4月1日起，来巴旅游和商务签证有效期分别延长至3个月和1个月，且均可在有效期内多次入境。

巴林旅游业迅速发展主要得益于其优越的地理位置。巴林人认为，巴林是海湾地区地缘政治中心、航空中心和财富集中地。巴林周边国家的石油资源丰富,人均收入高居世界榜首。该国在古代便是与巴比伦齐名的"人类的家园,生活的天堂"。优越的地理位置有利于吸引大量的外国游客。再加上丰富的旅游资源和良好的服务,便促成了近期该国旅游业的迅速发展。目前,巴林已制订旅游规划,旨在通过采取多种措施,在保持邻国和欧洲客源稳定增长的同时,竭力吸引亚太地区的游客,并将巴林建设成该地区的展览中心和会议中心。

第二节 旅游资源

巴林是将阿拉伯传统与现代西方风俗完美结合的国度——美丽的海滩、独一无二的餐厅、未经开垦的山地沙漠、F1大奖赛等等,所有这些使巴林成为一个旅游度假胜地,能满足每个年龄层次的游客的需求。同时,巴林也是海湾地区少数拥有得天独厚的珍贵淡水资源之地。五千年历经沧桑的文化韵味、异国统治的多元文化影响、扣人心弦的国际赛事,造就了今日迷人优美、活力无穷的巴林。

一、历史遗产类

巴林拥有丰富的历史遗产,如大量的考古遗址、城堡、清真寺和其他历史遗迹等。

1. 世界上最大的古墓场

巴林拥有世界上规模最大的史前墓群。该墓群位于巴林岛北部阿里地区的哈迈德小镇附近,沿着哈利法高速公路绵延数十里,占地30多平方公里,包括约17万座坟茔,大多是公元前3000年至公元600年青铜器时代的遗迹,具有重要的历史价值。据考证,在坟层之下和坟茔附近,还发现了古代巴林人的聚落和城镇遗址。

巴林古墓场的首次考古挖掘始于公元1879年,由英国人发现。从飞机上俯瞰这些数量庞大的人工土丘,横排数列,蔚为壮观。由于年代久远,墓地被泥沙埋没,后人复葬其上,层层叠叠,终成山丘,最高可达10米。古墓多为单墓,外观比较简陋。墓道用石灰砌成,地上铺细沙,墓顶盖石板，墓门朝向西方。遗骸头朝东、足朝西，作弓形侧卧状。除此以外，双墓并葬的数量不多。墓穴高度据地面约4.6米，直径17米。墓室设在东向终点，长1.8米，宽0.9米，高1.16米。两侧有耳室，底层右墙开有两扇窗户。陪葬品甚为丰富，除了羊、羚羊、狗等动物的骨骸之外，还有大量的条纹陶罐、红釉花瓶、金属矛头、匕首、黄金制的辟邪配物、刻有精细花纹的青铜器、银器、鸵鸟蛋壳制的饰物以及象牙制的小盒子等，这些都是十分珍贵的文物。

2013年11月，中国国际在线网站曾报道巴林阿里古墓场受城市化进程影响濒临消失的报道，该报道引用一些国际组织和专家的建议，呼吁巴林采取措施保护这一珍贵的人类文化遗产。①

2. 巴林堡

巴林堡，亦称巴林古城堡、巴林防御城堡或葡萄牙堡，位于卡尔巴巴德。它不仅是一座闻名遐迩的历史古迹，更折射出狄勒蒙文明的昔日辉煌，在葡萄牙统治时期和伊斯兰时期发挥了巨大的作用。公元1522年，葡萄牙人在这座古堡遗迹上重建了这座城堡。2005年，巴林堡被联合国教科文组织列入世界遗产名录。

巴林堡建造在巴林岛北部海岸。从地理角度看，巴林堡就像一个"哨兵"守卫着麦纳麦。巴林堡占地17.5公顷，是一个典型的台形人工土墩古迹，土墩共7层，高12米，巍峨雄伟，一面临海。人工土墩建造始于公元前2300年至18世纪，建造者包括加喜特人、葡萄牙人和波斯人，这里曾经是狄勒蒙文明的首都。堡垒防御工事面积15公顷，由砌石所筑的城墙厚度不一，城墙留有大门，可供如大篷车等的交通运输。四周的高大围墙、巨型方塔、护城河以及雕刻在墙上的精美传统绘画，直至今日依然清晰可辨。在对古城堡进行修复时，文物工作者对城墙的粘合物进行科学鉴定分析，认定并证实了巴林堡筑成时没有任何水泥成分，完全是用珊瑚石、石灰、石膏和枣椰树干混合制浆，十分坚固，屹立数百年，巍然无

---

① 刘虹姝:《巴林世界最大古墓群濒临消失　国际组织呼吁加大保护力度》,国际在线,2013年11月6日, http://gb.cri.cn/42071/2013/11/06/5931s4312369.htm。

恙。站在古城堡的最高处,海岸边一排郁郁葱葱的枣椰树映入眼帘。不仅如此,巴林堡的周围一带还挖掘出不少古代城池的遗迹,这些历史残迹证明此地曾经是贯通东西南北的重要商贸枢纽,历史上巴林堡地区对外贸易非常繁荣。因此,巴林堡这块独特的历史瑰宝成了巴林人心目中最引以为豪的古迹之一。

享有巴林"最重要的古代遗迹"之称的巴林堡,其遗址最初的挖掘工作是在1954年和1972年,由丹麦的一个考察队进行。1977年,来自法国的考察队也进行了挖掘工作。自1987年起,巴林本地的考古学家开始在遗址区域工作。巴林堡遗址大约只发掘了总面积的25%,已发掘区显示当地历史上曾有住宅、商业、宗教、军事区和公共场所。考古学研究发现,遗址包含七种文明,而其中最早出现的文明,也是古代对当地影响最大的狄勒蒙文明。同时丹麦的考察队发现,这里也保存了一个关于古希腊文化的遗址。在遗址处还发现了一个部落遗址,通过遗址推断,在靠近绿洲发展农业的人,除了种植棕榈树,饲养牛、绵羊、山羊之外,还在阿拉伯海域捕鱼。部落建造的房子以石头配以粘土或砂浆为材料,屋内宽敞,有涂抹了灰泥的地面。

3. 巴尔巴尔庙

巴尔巴尔庙位于巴林岛北部的巴尔巴尔地区,始建于公元前3000年至公元前2000年间,并于20世纪50年代由丹麦考古学家发掘。巴尔巴尔庙由三座宏大的神庙层层叠加而成,有用石料砌成的大门、祭坛以及进行宗教仪式的水池。就建筑风格而言,巴尔巴尔庙遗址和美索不达米亚文明遗迹惊人地相似,向世人展现了神秘而久远的狄勒蒙文明,帮助游客了解古代巴林原住民如何崇拜水神恩基及其相应的宗教仪式和活动。据传,水神恩基临湖而居,住在一座银砌的城堡内。

4. 萨勒曼·本·哈马德·阿勒哈利法城堡

萨勒曼·本·哈马德·阿勒哈利法城堡是一座典型的伊斯兰建筑。公元1812年,由当时的巴林人在公元17世纪建成的城堡废墟上扩建而成。城堡呈开放式格局,四角建有两座圆形及两座方形尖塔,塔与塔之间由空中走廊连接。整座城堡设有住宿房间和各种设施。1989年,巴林政府曾对城堡的墙壁、尖塔以及35间房间进行大规模修缮。从某种程度上看，萨勒曼·本·哈马德·阿勒哈利法城堡折射出巴林人对于人类文化遗产的尊重与发展，对古今建筑合璧的保护态度。如今，它已成为游客们的首选景点。

5. 阿贾斯拉宫

阿贾斯拉宫位于巴林西海岸，由哈马德·本·阿卜杜拉·阿勒哈利法于1907年建成，此后成为巴林统治者萨勒曼·本·哈马德·阿勒哈利法于1942年至1961年期间的避暑皇宫。宫殿外观呈现出传统的巴林建筑风格，采用珊瑚石、石膏、枣椰树干等材料筑成，彰显出大气奢华风范。阿贾斯拉宫现在对游客开放的部分包括起居室、会客室、家庭活动室、厨房和椰枣榨汁房，房间的民族风格相当浓郁。最有趣的当属枣椰树天井，呈阶梯状，当年为夜间纳凉休息之地。

6. 伊萨·本·阿里行宫

伊萨·本·阿里行宫坐落于巴林第二大城市穆哈拉格，由哈桑·本·阿卜杜拉·本·艾哈迈德·哈利法建成。在1869年至1932年期间，这座行宫被伊萨·本·阿里作为官邸及政府办公地。宫殿由四个主体区域构成：家庭起居房、谢赫起居房、客房和仆人房。宫殿整体按照传统伊斯兰风格而建，具有浓郁的19世纪巴林新古典建筑主义风格。整栋行宫由珊瑚石、灰泥、枣椰树干筑成，窗户雕以镂空石膏几何体图案。行宫外是一座花园，花园内建有一座海湾地区常见的风塔。

二、博物馆类

博物馆是现代城市的"名片"。了解一个国家，从博物馆开始，是一个不错的选择。参观博物馆，可以了解巴林人民的日常生活以及巴林王国的辉煌历史。

1. 国家博物馆

巴林国家博物馆位于麦纳麦费萨尔国王公路附近，紧邻巴林国家大剧院。国家博物馆是巴林最大、最受欢迎、最古老的博物馆之一，也是海湾地区最古老的博物馆之一，1988年12月正式对外开放。巴林国家博物馆是世界各地游客了解当地历史文化和传统的必游之地，其精美的展品在巴林享有盛名，馆内收藏了一些该地区历史久远的手稿和手工艺品，最早的古迹可以追溯到5000年前。博物馆出自丹麦设计师之手，采用后现代风格，由两幢建筑物构成，占地面积2.78万平方米。九座主要展厅涵盖了文化、天文、野生动植物等多个主题，展出自石器时代至今的艺术、雕刻、陶艺收藏品以及巴林大师级人物创作的艺术品。博物馆设有三个专门展示考古学和狄勒蒙文明的陈列厅，还有两个动植物标本展厅。在古代史部分的展品中，有一座从沙漠中发掘的古墓遗迹被原封不动地搬入展厅，向游客展示了完整的先人骨骸。另一个比较富有特色的展品是描绘《吉尔伽美什史诗》场景的画面。手稿馆还展出了13—14世纪的《古兰经》手稿、天文学手稿、信件和历史文献。其他展品包括与采珠有关的手工艺品复制品、金饰、编织品、造船业展品、巴林历史标本、照片和当代艺术品，呈现了巴林王国5000年的辉煌历史。

2. 巴林石油博物馆

巴林作为海湾地区第一个开采石油的国家，自然少不了以石油为主角的博物馆。巴林石油博物馆就是为纪念巴林作为第一个发现石油的阿拉伯国家以及肯定石油在海湾各国发展中的重要地位而建立。巴林石油博物馆距离烟山附近发掘的巴林第一口油井"埃米尔一号"仅几步之遥。1992年，为纪念海湾地区发现第一口油井60周年，博物馆正式对外开放。馆内陈列着地下岩石样本、古老的钻井设备、石油钻探运作模型、巴林地形图以及石油开采公司的相关介绍。巴林石油博物馆向世人详细地展现了巴林开采石油的历史和巴林石油工业发展的历史。

3. 珍珠博物馆

珍珠对于巴林来说，有着特殊的象征意义。珍珠博物馆位于巴林政府大道，前身是巴林法院，建于1937年，1984年对外开放。博物馆由多个展厅组成，陈列着形形色色有关巴林采珠业的历史展品，包括采珠人的衣着、采珠时的情景以及照片档案资料库。游客们还可以参观建筑内部保存完整的法庭陈设，可谓回味无穷。

4. 巴林货币博物馆

一个国家的货币发展史往往也是该国的历史写照。巴林货币博物馆位于麦纳麦使馆区的巴林中央银行内。博物馆自1999年2月对外开放之初便吸引了大批游客。博物馆向参观者循环播放一段有关巴林货币发展史的多媒体视频，展示货币在海湾历史上发挥的重要作用。除了巴林发行的第一批硬币和纸币之外，还有一个永久性的展台展出海合会成员国各央行发行的第一批硬币和纸币。博物馆的展品中，包括了部分阿拉伯世界的稀有货币。

5. 巴林堡垒博物馆

巴林堡垒博物馆于2008年正式建成并对外开放，是葡萄牙人于公元前3世纪中叶在巴林人所建的小城堡废墟上重修而成的一座堡垒，展现了巴林作为举世瞩目的文化圣地的独特地位。

三、民间集市

巴林的各类民间集市，极富中东情趣，游客可以当街讨价还价，淘到各种有意思的小商品。在布匹市场中，可以挑选各种质地、花色的羊毛和棉织品。在黄金、珍珠市场，无论是传统的贝都因款式，还是当季流行的欧洲款式，总能找到令人满意的商品。这些民间工艺品的制作工艺已有上百年历史，手工艺人娴熟的技艺常常令游客们流连驻足。

1. 巴布阿巴荷壬

巴布阿巴荷壬是首都麦纳麦最负盛名的民间集市入口，素有"巴林门户"之称，是一座巨型拱门式建筑，于1986年修葺一新。底楼是一个手工艺品市场，那里的商店出售各种香料和天然珍珠。此外，麦纳麦民间集市还有个波斯地毯市场，很多小贩兜售各种土耳其、阿富汗、伊朗手工地毯。游客若有幸，还能受到地毯商贩们的热情款待，惬意悠闲地喝上一杯咖啡。

2. 穆哈拉格民间集市

游客能在这里看到工匠们在花岗岩或木板上雕刻出帆船模型，欣赏工匠们如何完整地保留独桅帆船的制造工艺，以纪念祖辈们乘坐帆船在大海里驰骋的岁月。

除此以外,巴林最悠久的制陶业地区——阿里村,还有著名的手工地毯出产地——巴尼贾麦拉村,都是领略正宗巴林风情的绝佳去处。

四、现代游览地

值得推荐的巴林现代游览活动包括邮轮旅游、潜水近距离观看海豚、海边垂钓、乘船巡游、驱车探险、阿尔阿林沙漠水疗中心、巴林冰山室内滑雪场等。最值得一提的是目前全世界唯一一座连接两个国家的跨海大桥"法赫德国王大桥"、国际空间站可拍摄到的巴林人工岛、方兴未艾的邮轮旅游项目和巴林标志性的帆船型建筑。

1. 法赫德国王大桥

法赫德国王大桥(亦称"跨海公路大桥"、"巴林堤道桥")连接着巴林与沙特两个国家,也是巴林的标志性建筑工程。大桥的东端是巴林首都麦纳麦以西的贾斯拉区,西端是沙特阿拉伯胡白尔市的阿齐兹亚区。

关于建造法赫德国王大桥的构想由来已久。巴林和沙特自古以来就在经济、贸易、社会、文化等各方面有着非常密切的联系。但是,横贯两国之间的海域却成为两国人民交流、合作的一道天然屏障。长期以来,两国人民只能靠乘帆船往返于汹涌澎湃的海面上,十分不便,并且屡遭狂风恶浪的袭击。可想而知,人们是多么渴望有一天能在海上架起一座飞桥,结束这种交通不便的局面。1965年,时任沙特国王费萨尔和巴林埃米尔伊萨·哈利法曾讨论架设一座连接两国的跨海大桥,但由于工程艰巨,规模宏大,耗资惊人,这一设想搁置了多年。直到70年代,随着两国石油资源的陆续开发,两国经济迅速发展,这一设想才变为可能。1975年,世界银行分别对沙特和巴林的经济情况及工程实施的可行性进行研究,同时对周边海洋环境和流量进行了考察,之后向世界各大建筑公司招标,最后由沙特政府投资近12亿美元兴建,大桥因此以沙特前国王的名字"法赫德"命名。

法赫德国王大桥于1981年9月动工,并于1986年11月25日竣工通车,贯通了巴林和沙特,全程仅需20分钟车程,大大缩短了巴林与沙特之间的距离，使两国关系变得更为密切。

法赫德国王大桥建于水深13米的海域，总长25公里，宽25米，桥墩532个。其中填海造堤部分10公里，架桥部分15公里，由五座桥梁连接而成。三号桥位于主航道，留有一个高28米、跨度150米的巨大桥洞，供船舶航行通过。桥面由沥青和混凝土铺设而成，为双向六车道，四车道作为平时使用，设计时速为100公里，另两个为应急和临时停车用车道，日均通车量达3万车次。大桥是大跨度独塔斜拉桥，采用预应力钢筋混凝土连浇桥梁技术建成，由桥塔、拉索和梁体三大部分组成：桥塔坚实挺拔，高大伟岸；梁体呈薄型水平线，线条感强，造型轻巧；斜拉索是全桥最壮观之处，它与桥面构成三角形，展现出力和美的结合。从远处遥望，法赫德国王大桥造型别致、巍峨壮观。大桥中央靠近巴林与沙特阿拉伯两国交界处，建有两座人工岛，分别设立了两国海关和边防站。除此之外，岛上还设有汽车加油站、汽车维修站、饭店、商场和游乐场，供游客观光休憩。

从经济效益来看，法赫德国王大桥不只涉及巴林和沙特两国，还辐射到海湾自由贸易区，影响着海湾六国的人流与物流，乃至整个海湾地区的产业布局和发展前景。同时，法赫德国王大桥的建成也明显加快了巴林和沙特两国同海湾地区其他国家之间的贸易融合进程。

自建成至今，法赫德国王大桥为两国人民带来了巨大福利。平日桥上的汽车川流不息，每逢周末，满载沙特游客的汽车在桥上排成长龙，前往巴林欢度假期，极大地带动了巴林后石油时代的经济繁荣。其中，酒店和餐饮业主成了最大的受益者。除此之外，沙特生产的货物直接从工厂经大桥运抵巴林，运输成本可降低约28%。这座桥的建成为两国经济带来了双赢的大好局面。

2015年初，沙特官员表示沙特和巴林两国将在法赫德国王大桥两国接壤处设立一站式综合服务岗，来往两国的汽车司机可一站式办理护照、行车许可、海关事务，而不再需要先前分别在出境国和入境国各办理一套手续。预计该服务施行后，将增快通关速度，减少排队车辆和拥堵现象。

2. 人工岛

据国外媒体报道，2011年，距离地球数百公里的国际空间站捕捉到当年发生在地球上的重要自然事件和美丽的地球风景之一就有巴林人工岛。

巴林人工岛主要指的是巴林南部海岸的"巴林之珠"（Durrat Al Bahrain，音译为"杜拉特阿勒巴林岛"），由哈马德国王高速公路与巴林岛连接，距离巴林国际机场大约35分钟的车程，已于2009年夏天竣工。整个工程项目大约21平方公里，以新月形岛屿（Crescent）为中心，5个花瓣型岛屿（Petal）依序环绕，最外层还有6个弧型岛屿（Atoll）。处于心脏地带的新月形岛屿是一个综合性的旅游胜地，以学校、餐厅、清真寺、市政机构、购物商店、主题公园、会展中心等公共设施为主。花瓣形岛屿和弧形岛屿是建筑独栋海景别墅的基地，每一家住户都拥有自己的私人沙滩或停泊船只的小码头，无论景观或是设备都是一流的。人工岛上的豪华宾馆、高端商场、游艇码头和高尔夫球场，供岛上居民和观光客使用。岛上建有39栋住宅楼、1217间海景套房、2000座独栋别墅、6000多间套房和办公房间、一座18洞高尔夫球场。

此外，斥资10.5亿美元的阿姆瓦贾人工岛（Amwaj）位于穆哈拉格岛的东北海岸，占地约2790平方公里，是一座集住宅区、医疗卫生、教育以及娱乐为一体的人工岛屿，三期工程于2008年竣工。绿洲房产发展公司投资10亿美元打造的安瓦兹岛，是一处融人工岛屿、五星级酒店、动物园、商务中心、体育中心、住宅公寓于一体的海滨度假胜地。

3. 邮轮旅游

邮轮旅游是近年来非常受欢迎的旅游方式之一，邮轮旅游是真正的休闲游，人们不仅可以和家人朋友同事相聚邮轮，也可以欣赏岸上风光，领略世界各地的大好风景。

岛国巴林具有发展邮轮旅游的先天条件。基础设施的提高大大促进了邮轮旅游。萨尔曼新港可容纳大型游轮，2009年4月该港口开始动工，使巴林邮轮入港数增长了600%。2010—2011年，邮轮季吸引了约13.2万名游客，达到历史新高。2011—2012年，因为国内局势动荡，尽管停靠在巴林的邮轮数量比上一季增长了143%，游客数量却骤降至3.6万。根据巴林文化部公布的数据，2012—2013年期间，邮轮入港35艘，较往年增长了106%，共有63542名游客乘邮轮抵达巴林，比上一季增长76%。

4. 帆船型建筑

走在今日的巴林街道，市内的摩天大楼鳞次栉比。纵观巴林现代建筑的风格，多是从历史中汲取灵感。不少摩天大楼的外观呈帆船型、双子塔结构，远远看去像扬帆航行的双体船；还有一些建筑的外墙绘以色彩斑斓的涂料，加上灯光映衬，拼绘成一幅巨型帆船的图案。不仅如此，巴林一些学校和商业区的停车场也采用了帆篷或帆船造型，令人耳目一新。在传统帆船日益消逝的今天，这些帆船型的钢筋水泥建筑结合了古老与现代的气息，无疑成为巴林的一道奇特景观。如果说传统的独桅帆船见证了巴林繁荣的古商道文化，那么这些凝固的帆船型建筑则是汇聚了现代贸易的标志物，如：各类国际会议中心、证券交易所、银行等，承载着巴林人对于这片希望天堂的无限憧憬。

五、其他

除了上述景点与活动外，巴林还有"生命树"、迪拉兹天然地下水资源区、阿尔阿林野生动物保护区、骆驼农场、《古兰经》之屋、印度教神庙等旅游景点。巴林政府也在开发一些新的旅游景点和度假区，如阿尔阿林野生动物园附近的"失落的狄勒蒙乐园"（水上公园）、巴林湾、哈瓦尔岛等。这里将介绍一下生命树和《古兰经》之屋。

"生命树"，是一棵枝繁叶茂的牧豆树，是荒漠之中的奇观，位于巴林岛东南部茫茫荒漠之中，距离杜汉山大约两公里。从外观上看，它盘根错节，树皮粗糙，树枝低垂及地，如同旷野里撑起的一把绿荫巨伞。每逢春、夏季到来之时，"生命树"便绽出无数翠绿的嫩芽。即便在酷热干燥的炎夏，气温高达50℃—60℃的时候，树木依然枝繁叶茂。树高约40米，直径2米，但树龄却达400年以上。生命树的奇迹在于它顽强地生长在荒漠中间的一个沙丘上，方圆数公里的范围之内没有任何其他树木，甚至没有任何其他生命迹象，只有干涸的沙漠。生命树用它的树冠给荒漠带了一线生机、一抹绿色、一道黄沙绿树的自然景观。许多游人特意风尘仆仆穿过沙漠去瞻仰这一生命的奇迹,看到生命树的人无不为其强大、坚韧的生命力所感动。科学家推测它的根已深深地扎在了地下数百米的深处,从那里汲取水源。"生命树"是如何在没有任何水源供给的环境下成长为一枝独秀,显示出极强的生命力,至今还是个谜,因此也被美誉为"伊甸园之树"。当地人则传说这里是《圣经》中的伊甸园所在地,水神安姬在保佑着生命树的生长。

《古兰经》之屋于1990年建成并对外开放,共有7层展厅。不仅藏有来自中东、北非、伊朗、印度、中国等各地区珍贵的《古兰经》抄本,还展出独一无二的当代阿拉伯书法艺术品以及各种精美的器皿、首饰,吸引世界各地的穆斯林前来,一睹伊斯兰艺术的精妙之处。值得一提的是,其中一部用金箔写成的《古兰经》第16章手抄本和一部雕刻在米粒上的微型《古兰经》,是博物馆的镇馆之宝。如今,《古兰经》之屋已经成为巴林旅游路线上的热门景点。

第三节 旅游产业链

旅游业,又称无烟工业或无形贸易,是以旅游资源为媒介、以旅游设施为条件,向游客提供旅行游览服务的行业。广义的旅游业,除专门从事旅游业务的部门以外,还包括与旅游相关的各行各业,如会展业、宾馆(酒店)业和零售业等。

一、会展业

会展业是会议业和展览业的总称,也有人把它看作是商务旅游的一种。这个新兴的服务行业,影响面广,关联度高,而且正在逐步发展成为新的经济增长点,发展潜力大。

巴林是海湾地区重要的会展中心。巴林的目标是通过举办各类会展活动,促进巴林与世界的合作,提升巴林的国际形象,使巴林成为举办大型会议、展览等商务活动的最佳之地。巴林会展局(the Bahrain Exhibition and Convention Authority, BECA)每年都会举办多场大型会议和展览。

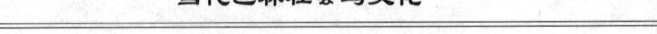

巴林国际会议展览中心位于首都麦纳麦，毗邻巴林国际赛道，于1991年建成开馆，是巴林现代建筑群中的代表之一，占地14.5万平方米，拥有一个占地1.4万平方米的国际展厅和两个面积分别为8000平方米和6000平方米的无柱展厅。室内总面积相当于21个标准足球场，日均接待参观者3万人。同时设有多功能区域，包括不同类型和规模的50个会议室。实际车位5000个，还设计了VIP专属停车区。除了用作大型会议及展览外，这里还配有客房超过1200间的高档酒店。

巴林国际会议展览中心自建造之日起，便吸引了各种国际展览组织者们的目光。在此举办的地区性和国际性展览所营造的商务氛围，无疑是加强商贸交往、活跃贸易活动的有效手段。建成后，仅1996年巴林国际会议展览中心就举办了近20场商业、工业及服务行业展览，共吸引了4万人次前来参观。阿拉伯珠宝展是自展览中心启用以来举办的最为重要的展览之一，充分体现了国际参展者对巴林作为国际展览中心的信任。

近年来，巴林会展局举办了一系列的工业活动和展览。地标活动包括年度巴林游艇展和两年一度的飞行表演，后者是巴林最大的展览。2012年，巴林还举办了阿拉伯珠宝展，包括黄金、珠宝、手表和钟表展，以及消费品秋季展。[①]

为适应现代化需求，巴林国际会议展览中心进行了一系列改建工程，将原来6000平方米的展厅改建为一个可同时容纳5000人的多功能厅和一个可容纳3000人的宴会厅，用于音乐会、室内运动和贸易展览。在不久的将来，巴林政府还将计划建造一个新的会展中心，届时将与老会展中心相连接并保持其原有外观不受影响。按照设计方案，新会议中心将配备最先进的视听设备、高速网络端口、卫星电视和电话会议等设施。同时，还提供充足的免费车位、贵宾区、新闻发布室、餐厅、邮局、外币兑换处、签约室、旅行社、祷告室等配套设施，以便能同时举办不同类型的展览活动。

[①] 资料来源：Economic Yearbook 2013, Economic Development Board, Kingdom of Bahrain, pp.125-126.

据巴林国际会展局统计，截至2015年，由巴林国际会议展览中心承办的各项国际或国内会展已经全部预约排满。预计每年带来的潜在经济效益将高达1.54亿美元。2008年，在此举办的国际会议及会展活动的花费达560亿美元，包括通过与德国、英国、澳大利亚、美国的贸易展会组织商合资组展；与中国、黎巴嫩等国的会展机构建立伙伴关系等方式，来进一步拓宽经营渠道。巴林会展业得到了政府和社会各界的大力支持，会展经济对巴林国民经济发展的贡献日趋凸现并将进一步发展。

二、宾馆（酒店）业

宾馆业是为旅游业配套的旅游设施之一，与旅游业相互促进。

在巴林有多种住宿选择，既有豪华的国际顶级酒店，又有经济舒适的旅馆以及别具一格的度假屋。游客可按喜好与需求，挑选适合的住宿。巴林全国有6家五星级酒店和50家三、四星级酒店，在客房、餐厅、健身、商务会议、观光、购物等方面，都足够便捷、舒适，愈来愈国际化的酒店对细节的专注、创新的设计、无微不至的舒适体验与完善的设施都为客人带来非同寻常的体验，更能满足不同人群差异化的需求。一些酒店还为住客提供机场接送、签证办理以及确认预订服务。每周四、五通常是巴林酒店的繁忙时段，知名酒店的预订会比较紧张。

自2003年起，巴林公寓式设施的数量激增142%。五星级、四星级、三星级酒店显著发展，而二星级和一星级酒店则相对衰落。2011年，巴林二星级和一星级酒店占酒店总数量的50%多，但2012年，该比例降至约16%。与2011年相比，2012年巴林酒店数量增长32.5%。

酒店业的重要性在过去的十年中不断增长，2001—2011年期间，酒店业的从业人员增长了65%。酒店业从业人员最初主要是国外劳工，而且这种情况不断深化。2001—2011年期间，酒店业的巴林雇员数量减少14%，非巴林雇员数量增长103%。但2010—2011年期间，该领域劳动力减少0.6%（由9783人降至9725人）。

由于数据有限，关于酒店业的分析是基于巴林文化部对五星级和四星级酒店的调查。2012年，数据大体上呈增长趋势。2012年8月，旅行团安排四星级酒店夜宿的比例增长了11%，酒店入住人数增长30%，平均入住率增长21%。但平均入住时长降低了13%。四星级酒店运行良好，旅行团安排五星级酒店夜宿的比例增长了61%，入住人数增长了155%，平均入住率增长了28%，每位入住者平均入住时长增长了4.9%。

巴林五星级酒店有悦榕阿尔阿林度假酒店、皇冠假日酒店、国宾丽笙酒店、金郁金香酒店、海湾酒店、丽晶巴林洲际酒店等。四星级酒店有爱萨菲尔酒店、拜桑国际大酒店、最佳西方加费尔酒店、加利福尼亚酒店、迪勒蒙国际酒店、精英大酒店、精英温泉度假村酒店、海湾门酒店、海湾明珠大酒店、曼苏里公寓大楼酒店、海洋塔饭店、马斯坦酒店、美居大酒店、美丽都大酒店、诺富特阿尔达纳度假村酒店等。三星级酒店有艾德哈瑞酒店、安达卢西亚酒店、海军准将酒店、半岛酒店、阿特拉斯酒店、巴林卡尔顿酒店、巴林国际酒店、卡萨布兰卡酒店、城市中心酒店、协和酒店、海湾套房酒店、梵登酒店等。

2012年，酒店数量增长1%，酒店式公寓由2011年最多的85家减少了11.8%。2011年，酒店业劳动力减少了0.6%，而2012年9月，酒店运行良好。一项五星级酒店调查显示，夜间旅游增长了11%，入住人数增长30%，客房入住率增长21%，而酒店入住的平均时长减少了13%。尽管如此，调查显示出四星级酒店具有更强的竞争力。

三、零售业

由于阿拉伯国家第一大经济体——沙特毗邻自由港巴林，每年约有100万沙特人赴巴林旅游，这无疑给巴林的零售业带来了无限商机，也促进了巴林零售业收入的逐年增长。2011年，巴林爆发"阿拉伯之春"，国内零售业暂时陷入低迷。2012年，随着巴林国内局势趋于稳定，旅游业和经济出现复苏态势。2013年宰牲节当日，超过27.6万沙特人前往巴林，巴林当年的第三季度GDP同比增长7.9%。与此同时，国际零售业巨头相继入驻巴林，如：阿联酋马吉德·弗泰伊姆集团（Majid Al Futtaim）开设了巴林国内最大规模的购物中心；英国高端食品零售商维特罗斯（Waitrose）连锁超市于2013年3月在巴林开设第二家分店；阿联酋电子零售商沙拉夫DG（Sharaf DG）于2013年10月在巴林开设第二家分店，并计划未来另开设两家门店。令人期待的是，建设中的中国龙城也将在不久之后亮相巴林，成为集旅游、会展、商贸、文化、餐饮、娱乐为一体的时尚中国城。

第九章 教育与科研

巴林的教育在海湾各国中位居前列,为国家经济社会的发展提供了高素质的劳动力资源。但是巴林在对科学研究的投入和产出及全球竞争力指数等方面均低于海湾其他国家,仍需大力发展,以全面实现2030年经济发展愿景目标。

第一节 教育概述

巴林拥有阿拉伯半岛上最早的公立教育体系,是海湾地区国民受教育程度较高的国家,甚至一度是海湾地区的教育中心。巴林实行免费的公立教育制度,普及九年一贯制的基础教育。

一、教育发展简史

伊斯兰国家的儿童教育通常始于清真寺或家庭。7岁时,儿童开始参加礼拜仪式,在清真寺里接受宗教等方面的教育。于是,清真寺或者宗教学者在自己家里开设的私塾就成了穆斯林儿童接受教育的首要场所,除了教授《古兰经》诵读和宗教知识之外,还教授一些实用的数学知识等。伊斯兰教一直强调教育的重要性,从时间上说,"教育是从摇篮到坟墓的终身教育";从空间上说,"学问哪怕远在中国亦当求之"。

据考证,巴林第一所现代学校是1892年建于麦纳麦的基督教教会小学,学校教授阿拉伯语、英语、数学和基督教知识,1933年因缺乏资金被迫关闭。[1] 后来，该校以希望小学的名义重新对外开放，直到今天。第一次世界大战之后，巴林社会对西方更加开放，国内政治社会领域发生重大变化，巴林国民的社会文化意识开始觉醒，需要建立更多区别于传统私塾的现代学校。1919年，穆哈拉格岛上的意见领袖们一致认为有必要建立一所"与时代精神"相适应的正规学校。随后，在穆哈拉格省北部创办了第一所学校——哈达亚·哈利法男子学校。1926年，巴林教育委员会决定在麦纳麦建立一所男子高中。巴林社会精英们很快就意识到，女子也需要接受教育。1928年，巴林第一所女子学校——哈达亚·哈利法女子学校正式开学，巴林由此成为海湾地区第一个建立女子学校的国家。由于教育委员会面临的财政困难和管理难题，巴林政府于1930年开始接管上述学校。

第二次世界大战结束后，受英国殖民文化的影响，巴林社会和政治发生了深刻的变化，形成了新的文化审美意识。20世纪40年代，随着教育普及制度出台，由巴林政府设立的各类公立中等学校如雨后春笋般相继出现。1971年巴林完全独立后，政府实行现代教育制度，大力发展各级教育，一直奉行"发展教育，培养精英"的方针政策。截至2014年，巴林国内各级各类学校共计200余所，其中成人学校43所，包括17所男子学校和26所女子学校。巴林因此成为全球文盲率最低的国家之一。

二、教育制度和教育体系

巴林向适龄公民提供免费的公立教育制度，包括六年制小学、三年制初中的基础教育和三年制普通高中教育。所有在读学生均享有免费的学校教育、校服、伙食和校车接送服务。

---

[1] Shirawi, May Al-Arrayed (1987) Education in Bahrain - 1919-1986 an analytical study of problems and progress, Durham theses, Durham University. Available at Durham E-Theses Online: http://etheses.dur.ac.uk/6662/.

表一：巴林教育各阶段情况表

年级	年龄	教育阶段							
12	17	文科	理科	商业	技术	印刷广告	纺织与服装	高中教育	宗教教育
11	16								
10	15								
9	14	初中教育						基础教育	
8	13								
7	12								
6	11	高年级阶段		小学教育					
5	10								
4	9								
3	8	低年级阶段							
2	7								
1	6								
—	3–6	幼儿园						幼儿教育	
—	0–3	托儿所							

＊数据来源：巴林教育部网站

我们以2012/2013学年为例考察巴林中小学的数量和分布情况。巴林共有206所中小学，男校和女校的数量基本持平。在小学的地域分布上，北部省有35所，数量最多，其次是中部省的32所。

表二：2012/2013学年巴林中小学分布情况

	男校	女校	总数	比例
小学	56	54	110	53.4
小学初中一贯制	13	8	21	10.2
初中	16	20	36	17.5
初中高中一贯制	0	1	1	0.4
高中	16	19	35	17
宗教学校	3	0	3	1.5
合计	104	102	206	100

＊数据来源：巴林教育部网站

上述学校中有54所学校招收残障学生，还有约350名学生就读于全国的2所高中夜校，1400名成年人在全国的20个教育中心学习。

巴林学生的入学率随着社会发展逐步提高，现阶段已经高于国际平均水平。1986/1987学年度，有88152名学生就读于全国的139所公立学校。基本上所有年龄在6—11岁的学生均就读于巴林小学，12—14岁的青少年有三分之二进入初中学习。尽管如此，高中阶段的辍学率仍然较大，尤其是女生。1986/1987学年，15—17岁年龄段的高中入学率仅有41%。

1996/1997学年，72876名学生进入巴林全国139所公立学校学习，几乎涵盖所有适龄儿童；57184名12—14岁青少年进入初中学习，占所有适龄青少年的85%。2006/2007学年，全国有168054名高中生就读于264所学校，其中公立学校204所、私立学校60所。联合国开发计划署2013年人类发展报告指出，巴林入学率在187个国家中排名第48位。

2013/2014学年，巴林小学、初中、高中在校生分布情况如以下三个图表所示。

表三：2013/2014学年巴林小学在校生分布情况

学校类型	男生	女生	总计
公立学校	33077	33961	67038
私立学校	19369	16541	35910
总计	52446	50502	102948

*数据来源：巴林教育部网站

上表显示小学阶段的学生有34.88%选择私立学校，男生在数量上略多于女生，约占50.9%。

表四：2013/2014学年巴林初中在校生分布情况

学校类型	男生	女生	总计
公立学校	16521	16243	32764
私立学校	6793	5678	12471
总计	23314	21921	45235

*数据来源：巴林教育部网站

上表显示初中阶段的学生有27.57%选择私立学校，男生在数量上略多于女生，约占51.4%。

表五：2013/2014学年巴林高中在校生分布情况

教育类型	性别	学校类型		
		公立学校	私立学校	总计
普通高中	男	9398	5069	14467
	女	15332	4170	19502
	总计	24730	9239	33969
职业技术高中	男	6273	-	6273
	女	819	-	819
	总计	7092	-	7092
总计	男	15671	5069	20740
	女	16151	4170	20321
	总计	31822	9239	41061

*数据来源：巴林教育部网站

上表显示高中阶段的学生有22.5%选择私立学校，男生在数量上略多于女生，约占50.5%。

除了公立学校外，巴林还设有65所私立学校、3所宗教学校以及多所国际学校，如：由美国开设的巴林国际学校和美国学校、英国学校、法国学校、印度学校、巴基斯坦学校等。这些学校也实行九年制的基础教育。值得一提的是，巴林私立学校自2000年以来发展十分迅速，远远超过公立学校的发展速度，现在全国约有1/3的学生就读于私立学校。

随着时代进步，如今的巴林已成为受教育程度最高的阿拉伯国家之一，同时也是海湾地区女性受教育程度最高的国家。① 巴林成年男性和成年女性的受教育程度分别为90%和80%。1999年，教育经费占国内生产总值的3.7%。2000年，巴林成人文盲率为12.4%（男性为9%，女性为17.3%），成年女性受教育率为海湾地区最高。2000年至2012年期间，巴林教育发展势头强劲，累计扩张205%，教育投入占GDP的比例由原来的2.3%增至4.4%，由1.36亿巴林第纳尔增至4.52亿巴林第纳尔。据统计，2014年巴林教育支出约占当年GDP的2.7%，2015年巴林的文盲率仅为4.9%，15—25岁的青年受教育率达99%。

---

① 受教育程度是国际上通用的衡量标准，一般是指15岁以上能读书识字的人口比例。

师生比是衡量一个国家教学质量的关键因素之一。巴林教育基本上是小班化教学，每个班的学生一般不超过30人。2010年，巴林平均师生比为1∶11。经合组织国家平均师生比明显更低，仅为1∶15。2001/2002学年，巴林私立学校的师生比达到最低。后来，该数字一直高于经合组织国家的平均水平，近年来趋于稳定。另外，师生比在公立和私立学校中大体相近。

巴林政府高度重视师资培养，不断提高教育工作者的水平和能力。20世纪80年代末，在麦纳麦和穆哈拉格省建立了教师进修中心。1988年数据显示，巴林全国约有3200名教师，除了巴林籍教师外，埃及籍和约旦籍教师的数量最多。以1995/1996学年为例，巴林籍男女教师的比例分别为70%和92%。进入21世纪，巴林教师人数不断增长，2002—2010年，教师人数增长了74%，占全国总劳动力的2.9%。2010年，巴林中小学教师总数为15630人，其中女教师占65%。公立学校中约80%是巴林人，而私立学校中巴林籍教师只占20%。

巴林教育部积极进行教育改革，把专业教育和职业教育紧密结合起来，增强毕业生在就业市场上的竞争力。据联合国教科文组织统计，2015年巴林的技术和职业教育教学大纲被其他15个国家采用。

为提高学生就业率，巴林政府在过去十年里一直积极实施教育改革，其中包括实施教师培训计划、为推进技术和职业培训专门设立了新的理工学院、采取中等职业进修计划和教育质量保证措施。根据最新的教学标准和教学方法，对教师加强培训；引入全新的学生在校表现测评系统，执行全国统一的数学和语文教学大纲；为保证教育质量，对公立和私立教育机构进行第三方评价。根据世界经济论坛2013/2014全球竞争力报告，巴林的教育质量有了较大的提高。最新的报告指出，巴林的教育质量全球排名由2008年的第56位升至第48位。

第二节 大学前教育

大学前的普通教育包括婴幼儿教育、基础教育和高中教育三个大的阶段，其中基础教育又分为小学教育和初中教育两个阶段。巴林的宗教教育在宗教学校进行。

一、婴幼儿教育

婴幼儿时期是一个人智力发展的最佳时期和人格健全发展的关键时期，因此婴幼儿教育可以说是一个人教育与发展的重要而特殊的阶段。研究显示，适龄进入托儿所和幼儿园的巴林婴幼儿日后在语言、智力、行为等方面相对而言表现突出。

巴林的婴幼儿教育主要有两种形式，一种是托儿所，针对0—3岁儿童；另一种是幼儿园，针对3—6岁儿童。巴林的托儿所由社会发展部负责管理。幼儿教育机构属于私立性质，不属于政府经营。但是，无论是托儿所，还是幼儿园，都必须遵循巴林教育部的相关规定和标准执行。2006年起，巴林教育部设立幼儿园管理司，跟踪巴林幼儿园教育质量。

二、基础教育

巴林采取"6+3+3"的学制，一共12年，由9年基础教育和3年高中教育组成。其中，基础教育包括6年小学教育和3年初中教育。

巴林的基础教育和高中教育是非强制性的，但是达到入学年龄的学生都会自愿入学，进入公立学校或私立学校，残障学生可以进入特殊教育学校。与中国不同，巴林的学年是从9月最后一周开始，至下一年6月底结束。通常，一个学年由36周组成，分为上、下两个学期，每学期各安排15周教学时间和两周左右的考试时间。上、下学期之间约有10至14天的假期（相当于中国的寒假）。公立学校学生的在校时间从早上7:30开始上课，下午13:30下课（小学的放学时间通常会更早）。私立学校学生的在校时间由各个学校自行制定。

巴林的中、小学校基本上实行男女分校，而且学校的教学人员、管理人员、普通员工和学生都为同性。根据巴林教育部对2003/2004学年的统计，巴林31%的小学由女性管理并担任教学工作。

巴林儿童的入学年龄为6岁，小学学制为6年，由两个阶段组成：

1. 低年级阶段：小学一至三年级，采取"课堂教师"授课方法，即除了英语、设计与技术、体育、音乐以外的所有课程都由同一位教师执教。一般情况下，本科毕业生都能够胜任这一阶段的"课堂教师"这一职业，他们会教授阿拉伯语、伊斯兰教育、数学、科学、家庭科学和美术等课程。1982年起，低年级阶段各班级开始实行班主任制度。

2. 高年级阶段：小学三至六年级，采取"课程教师"授课方法，即每门课程由一位专业教师执教。1982年起，开始实行辅导员制度。

在巴林的小学教育阶段，教师通过多种测评工具和手段对学生进行评估，如对学生连续观察、布置日常作业、开展团体素质拓展活动、进行定期测试等。

巴林初中学生的入学年龄为12—14岁，学制为三年。接受初中教育的学生必须要获得小学毕业证书。初中阶段实行"课程教师"授课方法。巴林教育部出台的《综合课程文件》中，规定了初中阶段的必修科目，包括：伊斯兰教育、阿拉伯语、英语、数学、科学与技术、社会科学、体育等。另外，还包括选修课程，如：美术、歌曲与音乐、木工技术、电脑技术和农业技术等。

巴林的初中教育测评体系和小学教育类似。初中生每学年一般要通过两次考试：期中考试和期末考试（满分100分，及格分为50分）。如果学生没有通过期末考试，按照教育部规定，学生有一次补考机会。暑假时，很多学校都会为一部分学生安排补课。

三、高中教育

巴林高中教育的入学年龄为15—17岁，学制为三年，实行学分制。学校为学生提供了丰富的课程，学生可以按照毕业以后的发展方向来制定学习计划、选择学习方向，包括：文学课程、理科课程、商业课程、技术课程、印刷广告课程、纺织与服装课程（仅限女生）。文学、理科、商业、印刷广告、纺织与服装方向各需156个学分，而技术方向则需210个学分。学分总数分为4个课程组，具体如下：

1. 核心课程：以多样性和综合性为特征，确保学生获得基本常识。文学、理科、商业、印刷广告、纺织与服装方向的核心课程占全部学分总数的45%，技术方向则是23.8%。

2. 专业必修课程：文学、理科、商业、印刷广告方向的专业必修课程占总学分的39%，纺织与服装方向是43.6%，技术方向是57.2%。

3. 专业选修课程：文学、理科、商业、印刷广告方向的专业选修课程占总学分的8%，纺织与服装方向是11.4%，技术方向是19%。

4. 选修课程：目的是丰富课程内容，发挥学生的兴趣和才能，并与核心以及专业课达到综合与平衡的作用。文学、理科和商业方向的选修课程占总学分的8%。

巴林的高中生每天上6节课，每节课时长50分钟，学生每天下午13:30放学。高中毕业后，学生可以获得所学方向的"普通高中毕业证书"。

未升入高中继续学习的初中毕业生被安排到劳动与社会事务部的职业培训中心接受训练。高中生在毕业时，或继续接受高等教育，或直接进入劳动市场。巴林政府高度重视对进入劳动力市场的初高中毕业生进行职业教育，为的是让他们能够更好地承担起建设巴林未来的重担。

四、宗教教育

巴林的宗教教育是指教育部下属的特定宗教学校进行的伊斯兰教教育，以培养男性具有一定的伊斯兰教知识背景，并能胜任伊斯兰教宗教事务为目的而建立的教育体系。宗教教育的对象是男生，学制为9年，它跟普通基础教育和高中教育具有相同的入学条件和教育体系，只不过宗教教育更注重教授伊斯兰课程。

宗教教育，小学低年级也是实行"课堂教师"授课方法，高年级实行"课程教师"授课方法。经过小学、初中和高中阶段的教育之后，学生可以获得"宗教学科普通高中毕业证书"。

为了促进宗教教育发展，巴林教育部于2002/2003学年伊始成立了贾法里伊斯兰教教育学院。2003/2004学年，该校共有26个班级，610名在校学生。截至2012/2013学年，巴林全国共3所宗教学校，均设在麦纳麦。

第三节 高等教育

巴林教育部高等教育委员会负责管理巴林全国的高等教育,通过出台高等教育政策全面管理各高校的行政、科学研究和学生事务等。巴林高等教育委员会根据2005年第3号法令成立,由教育部长和其他不少于10位有经验和学术地位的成员组成。

从层次上看,巴林高等教育除了有短期教育之外,还设有本科、硕士、博士三个层次。

表六:2013/2014学年巴林高等教育情况(含业余学生)

		短期	本科	硕士	博士	合计
男生	公立学校	1690	6121	656	32	8499
	私立学校	90	5535	1137	24	6786
	合计	1780	11656	1793	56	15285
女生	公立学校	2444	12330	984	58	15816
	私立学校	78	5895	1018	21	7012
	合计	2522	18225	2002	79	22828
男女生合计	公立学校	4134	18451	1640	90	24315
	私立学校	168	11430	2155	45	13798
	合计	4302	29881	3795	135	38113

*数据来源:巴林教育部高等教育委员会秘书处网站

1927年,第一批巴林学生前往黎巴嫩,进入贝鲁特美国大学接受高等教育,就此拉开了巴林近现代高等教育的序幕。分别建于1966年和1967年的高等师范学院和高等女子师范学院在1979/1980学年并入巴林艺术科学教育学院(The university College of Arts, Science and Education, 1979)。

目前,巴林国内达到一定规模的大学有两所:巴林大学(University of Bahrain)和阿拉伯海湾大学(Arabian Gulf University)。

巴林大学是巴林最大的公立大学,成立于1986年,由原来的海湾理工学院(The Gulf Polytechnic, 1968)和巴林艺术科学教育学院合并而成。巴林大学占地面积15.66万平方米,有三个校区:萨赫尔校区、伊萨校区和麦纳麦校区。除了在萨勒曼医学中心附近的健康医学科学学院和紧邻巴林理工学院的工程学院占地1万平方米之外,巴林大学的其他8大学院全部在萨赫尔校区。巴林大学一些主要的学院成立于20世纪60年代末或70年代初,构成了巴林大学的基础。2015年,巴林大学共有2000多名教职员工,2万多名在校生,其中女生占65%。外国留学生占在校学生总数的10.5%,其中约有500名沙特籍在读本科生和硕士研究生。学校下设文学、理学、工商管理、工程学、信息技术、法律、应用研究、师范、临床和物理教育等10个学院,已具备了综合性大学较为完整的体系和学科类别,授予38个专业的本科文凭、21个专业的硕士文凭、5个专业的博士文凭和22个专业的毕业证书。巴林大学实行学分制,学分要求因专业不同和层次不同而有差异,比如本科文凭需要修满126—135个学分。学校每年约招收6000名新生,其中80%每年9月开学。入学要求高中学业平均成绩70分,此外各个学院还有各自的具体要求。

阿拉伯海湾大学于1986年在麦纳麦成立,经过巴林教育部认证,由海湾合作委员会成员国资助成立并管理。下设医药学院、研究生院、阿拉伯—法国商学院。其中,医药学院的规模在海湾地区首屈一指,本科学制6年,1982年开始招收第一批学生,现在每年从海湾国家中招生150名左右。沙特教育家卓哈拉·法赫德公主曾经资助该校成立了以其名字命名的卓哈拉公主中心,专门研究分子生物学和遗传病学。研究生院建于1994年,由原来的应用科学学院和教育学院合并而成,主要教授特殊教育、技术和技术研究,如沙漠和干旱地质学专业、生物科学、环境管理、智障和自闭症治疗、学习障碍治疗等。阿拉伯—法国商学院由阿拉伯海湾大学与法国外交部于2007年合作建立,主要与法国的ESSEC学院(École supérieure des sciences économiques et commerciales)合作,提供英语授课的工商管理硕士(MBA)项目。

此外,巴林还设立了两所高等职业教育机构:保健科学学院和后勤与宾馆事务培训中心。前者成立于1976年,由卫生部负责管理,主要提供各类医疗技术和护理培训服务;后者成立于1973年,由内阁事务与新闻部负责管理，主要提供宾馆管理和旅游业方面的中高级职业课程。

2000年开始，巴林出现了多所私立大学，如2004年设立的王国大学、应用科学大学、AMA巴林国际大学等。现在巴林全国共有16所公立或私立大学。

第四节 成人教育和技术教育

进入21世纪以来，巴林教育也面临着诸多挑战和机遇。为了适应国际教育潮流和国内社会发展的要求，巴林教育部积极推进国家教育和培训计划倡议，在公立学校广泛使用电子教育、网络教育，支持成人教育和中等技术教育等。

一、成人教育

20世纪90年代以来，迅速发展的科学技术和全球化使巴林社会的各方面发生了巨大的变化。生产结构和产业结构的不断调整、人口年龄结构的不断变化，以及教育系统自身的改革与发展，使巴林涌现出各种成人教育中心。

据统计，2003/2004学年，巴林共有30个成人教育中心，学员2672名，其中男性1612名，女性1060名。目前，巴林共有43个成人教育中心，数量较2003/2004学年几乎翻了1.5倍，它们针对社会需求和个人发展的实际需要，更鲜明地表现出务实性的一面，直接而有效地解决了基础教育和职业技能培训不能解决的实际问题。这些各式各样的成人教育中心，大大地提高了巴林人受教育的机会，减少了巴林的文盲率。

巴林教育部同时发展成人教育和普通教育。成人教育学员肄业后可获得国家认可的证书。接受成人教育的学员中，既有补习基础文化的文盲，又有要求接受继续教育的毕业生。成人教育分为读写能力培养阶段、拓展阶段和巩固阶段，每个阶段各两年，持续授课六年，这一教育体系充分满足了学员的需求。

二、中等技术教育

2003/2004学年,巴林的中等教育入学人数约为12万。尽管如此,当地的劳动力市场仍然需要技术学校提供更加多样化的技能型人才。巴林教育部的研究显示,印刷技术、电脑技术和植物培育等领域的人才非常紧缺。

为此,巴林教育部长邀请联合国帮助发展这些学科领域的课程,并培养相关的教师。同时,巴林政府也在2005年4月设立了专项资金,资助这次活动。2005年7月4—15日,联合国技术和职业教育分部与巴林教育部技能教育司在巴林首都麦纳麦共同举行了一个为期两周的课程发展研讨会。联合国的4个国际顾问与巴林的12名专家对多门课程大纲进行了审核,提出了详细的修改意见,最后形成了为期3年(包括6学期)的课程大纲。课程大纲以发展学生能力为基础,同时包括理论和实践部分的课程目标以及评估指南。新的课程遵循了巴林政府的基本教育要求,课程中的实践内容约占60%,而且特别强调信息技术应用和企业家素养方面的教育。在研讨会的最后一轮会议上,新的课程被提交至技术学校校长和教育部技术教育司的高级官员。两个月后,新课程引入各所学校,进入实施阶段。

隶属于劳动和社会事务部的巴林培训学院,专门接收那些不能继续接受高等教育的初、高中毕业生或留级生,培养他们从事中等技术或者手工劳动。

可以肯定的是,在巴林出现的教育振兴,必将对国家日趋蓬勃的经济发展给予极大的支持和保障,尤其是在工业能源、商业和金融方面。这些行业需要大量训练有素并且能够接受创新思维的专业人才。

第五节 科学研究

要想实现巴林2030年经济愿景中提到的从以石油为基础的经济向生产型、具有全球竞争力的经济转变,必须高度重视科学研究。为此,巴林鼓励大力开展科学研究活动，为建立以知识、创新为基础的经济发展模式开辟道路。

一、基本情况

无论在科学研究的投入方面，还是在其他国际指标方面，巴林都较为落后。

与其他海湾国家比较，巴林在科学研究方面的投入占其国内生产总值的比例是最低的，仅为0.04%。

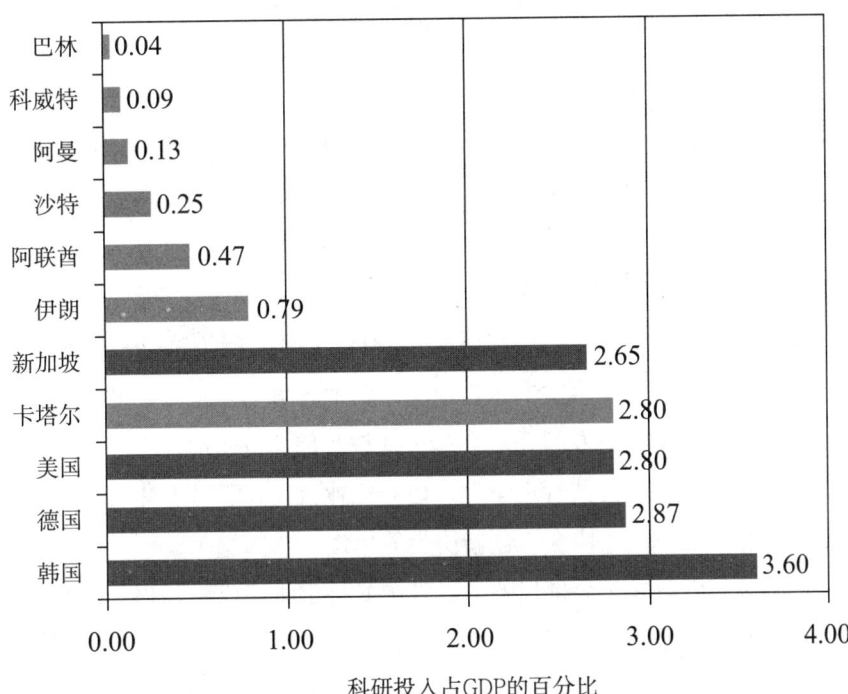

表七：有关国家科研投入占GDP的百分比

*资料来源：联合国教科文组织

2013/2014年度，巴林的全球竞争力指数（GCI）在148个国家中排名第43位，低于其他海湾国家。与本地区其他国家相比，巴林在其科研机构水平、创新力、企业研发投入和产学研合作方面的排名也处于后列。

表八：2013/2014年度有关国家全球竞争力指数等

国家	人口/百万	GDP/10亿美元	GCI	创新力	科研机构水平	企业研发投入	产学研合作
芬兰	5.4	250.1	3	2	10	3	2
新加坡	5.2	276.5	2	18	11	8	4
爱尔兰	4.6	210.4	28	20	14	21	13
沙特	28.1	727.3	20	43	39	27	31
阿联酋	7.9	358.9	19	39	34	24	24
科威特	2.8	173.4	36	136	110	126	120
阿曼	2.8	76.5	33	61	71	47	45
卡塔尔	1.9	183.4	13	17	12	9	7
巴林	1.3	27	43	82	114	99	121

*数据来源：巴林国家科学研究战略2014—2024

巴林的科研体系还需要在多个方面加以改进，如清晰的战略目标、数据库、科学基础设施（实验室、设备仪器等）、社会对科研的认可、产学研结合、国际化、研发基金等。

二、国家科学研究战略

事实上，自2012年以来，巴林高等教育委员会就为推动全国范围内的巴林科学研究召开了多次专家座谈会，听取各方面意见。为此，还成立了由各部门专家组成的专门委员会，包括教育部、卫生部、经济发展委员会、工商业联合会、公共管理学院、巴林铝业公司、巴林石化公司、巴林工程师协会、巴林医生协会、创新协会等单位。

巴林高等教育委员会推出的"巴林国家科学研究战略2014—2024"指出，科学研究创造新的知识，推动科学技术的发展、生产力的提高和经济的增长。科学技术是知识经济的基础，企业、大学和医疗中心都需要走在各自领域科学研究的前沿。

巴林科学研究的总体目标和愿景是优先发展与巴林经济和社会发展密切相关的重点领域，拥有与国际接轨的广泛研究能力。具体目标是：

实现向知识经济的成功转型；

减少对自然资源的依赖；

确保巴林拥有长期的社会、环境和文化福祉；

把全球最前沿的医学研究成果应用于满足巴林公民的健康需要；

在地区和世界范围内提高巴林的声誉；

为巴林公民提供世界水平的教育机会和科研环境。

实现上述目标需要建立一个有效的科学研究体系。为此，巴林实施了两项重要举措。

一是制定国家科研创新的优先发展的三大领域：1. 金融服务、伊斯兰银行和金融业务、保险业；2. 健康服务和公共卫生、海湾地区卫生和医药转化；3. 信息和通信技术。

二是针对科研机构进行改革，如建立全国科研管理基础设施、加强高校科研能力、国内科研机构与国际接轨、提高公众对科研和创新的认识等。

相信巴林国家科学研究战略一定会引导巴林走向以知识为基础、创新为驱动的可持续发展的社会。

三、科研机构

目前，巴林的科研机构主要由两所著名大学和分散在各个企业的研发机构组成。此外，巴林战略研究中心在思想库领域也已经有一定的知名度。

1. 巴林大学是巴林科学研究和技术开发的重镇。1986—2014年，巴林大学发表和出版了5500篇研究论文和著作，其中1758篇被斯高帕斯（Scopus）数据库[①] 收录，被引次数为9298次。这些科研成果的80%来自于科学学院和工程学院。巴林大学每年拿出1100万美元用于研究和支持38名专职研究人员。大学自成立以来，已发表500多篇硕士论文，有22种学术期刊。巴林大学拥有183个实验室，4座图书馆，总藏书量达30多万

---

① Scopus 是目前世界上最大的文摘和索引数据库，它涵盖了世界上最广泛的科技和医学文献的文摘、参考文献及索引。

册,还可以方便地与大英图书馆数据库连接。

2. 阿拉伯海湾大学在科学和应用科学领域的原创性研究成果大多在其旗下的"阿拉伯海湾科学研究杂志"上发表。阿拉伯海湾大学目前拥有一项专利权,即莫里兹·巴赫伊特(Moiz Bakhiet)教授找到了一个新的多肽(ISRAA),可以帮助人体免疫系统对抗艾滋病和其他疾病。

3. 巴林国际战略研究中心(Bahrain Centre for Studies & Research)1981年成立于麦纳麦,是一个独立的社会科学研究机构,由巴林国王亲自创立,王储直接领导,中心主席由国王亲自任命,享受大臣级待遇。该中心实力雄厚,在巴林乃至海湾和阿拉伯地区都有很大影响,是海湾地区最重要的思想库之一,重点对海湾地区的国家经济与国际关系进行战略研究和应用研究。中心下设经济与战略研究所、市场营销社会与教育研究所、金融与管理研究所、科学研究所和出版与数据中心等机构。

第十章 文学艺术

巴林的文学艺术与其他海湾国家十分相似,都是阿拉伯文学艺术的一部分。但是由于地理、历史、人口等多方面的原因,巴林的文学艺术更为开放、包容。

第一节 现代文学①

一、概述

与其他海湾国家比较,巴林在教育、文化、文学、艺术、新闻、出版等方面都走在前列。在整个阿拉伯世界,巴林的教育、文化都比较发达,巴林拥有最低的文盲率、最高比例的高等教育毕业生和海外留学生。巴林历史悠久,思想自由开放,先后出现过哈瓦立吉派、卡尔玛特派等伊斯兰教派,近现代以来巴林人民举行过反对殖民统治的爱国运动。这些都是巴林文学艺术取之不尽的题材。

巴林文学离不开其所处的独特的地理环境,如大海、枣椰树、石油,以及社会、经济、文化等方面的转型和变革。巴林文学家还从祖先的遗产中获取灵感,他们通晓潜水和采珠的艺术、造船和修船的工艺等等。千百年以来,南来北往的船只带来的思想和文化浸染着巴林,也浸染着巴林的文学艺术。

巴林文学主要沿袭传统的阿拉伯风格,但年轻一代与时俱进,受到各种现代风格的影响。随着巴林社会、经济形式从原来的种植、捕鱼、采珠

---

① 主要参考文献:[巴林]艾哈迈德·穆罕默德·阿迪耶:《来自珍珠岛的话语:巴林现代文学研究》(阿文版),埃及作协出版社,1988年。

向石油经济转变,特别是学校、报纸、杂志、广播、电视和各种文化俱乐部的出现,巴林出现了新的文学形式,如短篇小说、长篇小说、诗歌、戏剧等。19世纪后半叶,巴林文学开始与其他阿拉伯国家的文学和西方文学融合。20世纪,大批作家的出现和新话语体系的形成,使巴林文学界发生了完全不同于19世纪的巨大变化。

伊卜拉欣·本·穆罕默德·哈利法(1850—1933)是巴林现代教育发端的精神领袖,他建立了巴林第一所现代学校,为后来巴林文学的繁荣发展奠定了坚实的基础,也创造了良好的文化氛围。另外一位为丰富巴林思想文化做出重要贡献的人物是苏莱曼·塔吉尔(1875—1922),他曾经在伊拉克和印度求学,也了解一些西方文化,但其诗作大多是以凭吊侯赛因[①]为主的传统哀悼诗。1920年,苏莱曼开办了一家商业图书馆,后来发展为巴林的文化俱乐部,成为人们探讨文学、历史、宗教等问题的重要场所。

二、短篇小说

短篇小说是巴林现代文学的主要表现形式之一。巴林文学界涌现出了一代又一代杰出的短篇小说家,他们紧抓时代的脉搏,述说巴林人在各个时期的迷茫和追寻,描述巴林的历史古迹、潜水采珠的旅程、爱国主义运动、乡村故事以及石油带来的经济、社会等方面的诸多变革。短篇小说的主人公有水手、潜水员、珍珠商、渔民、农民、商贩、工人等。巴林短篇小说经历了从演说、说教到经典现实主义、新现实主义、象征主义和表现主义的发展过程。

1. 幼年期

20世纪30—40年代,短篇小说开始登上巴林现代文学的舞台。巴林文学界的先驱、著名诗人阿卜杜拉·宰伊德为巴林短篇小说的发展做出了重要贡献,他于1939年创办并发行《巴林报》,登载短篇小说。1945年,

---

① 侯赛因(约626—680年),伊斯兰教历史上第四任哈里发阿里和法蒂玛的次子,是什叶派第三位伊玛目。

第十章 文学艺术

《巴林报》停刊。1949年,伊卜拉欣·哈桑·凯末尔任主编的《巴林之声报》开始刊发艾哈迈德·苏莱曼·凯末尔的短篇小说。20世纪50年代,随着报纸、俱乐部和广播的出现,巴林文学界呈现出一片繁荣景象。巴林短篇小说与社会、政治类的文章和广播剧都开始发展起来。1954年11月,马哈茂德·马尔蒂和阿里·希亚尔开始发行《商队报》,后因受阿拉伯民族主义影响宣传爱国运动而被迫关闭。

艾哈迈德·苏莱曼·凯末尔是这一时期的代表作家,他的短篇小说大多反映个人与社会的抗争,小说中的人物常常代表个体的虚弱和无能,因为个体始终无法逃脱社会的灾难,无法找到拯救之路,他们彷徨、迷失,走出一个苦难,却又陷入另一个苦难。巴林著名文学评论家易卜拉欣·古鲁姆在其著作《海湾的短篇小说:科威特和巴林》一书中进一步指出:导致艾哈迈德·苏莱曼·凯末尔短篇小说中主人公悲惨命运的原因基本如出一辙,他们大都在传统和体制压倒一切的社会里遭受了父亲的压迫,因为父亲是一个家庭的最高权威。主人公受到一系列打击,觉得自己是社会的弃儿,所有人都想除掉他,让他感觉到一种莫名的孤独感,与社会抗争的结果就是悲观、绝望和崩溃。艾哈迈德·苏莱曼·凯末尔的短篇小说大都有一个"矛盾"和"结局",而不是纯粹的说教。他的《第四个孩子》是20世纪50年代巴林短篇小说的代表作之一。小说讲述了一个有争议的话题,即人们是否应该根据自己的生活水平和能力自觉实施计划生育。他认为,如果生活条件很差,不能承担生活的重担,就应该只生一个孩子。但是伊斯兰教反对计划生育、禁止堕胎,认为孩子是安拉的恩赐。这种生活水平和宗教信仰之间的矛盾如何解决呢?作者把这个故事设计成了一个梦境,巧妙地绕过了现实生活中的矛盾和冲突,具有一定的浪漫主义色彩。

1956年,巴林的所有报纸都被迫停刊,俱乐部再次发挥了文学阵地的作用,当时有两类俱乐部:巴林俱乐部和阿拉伯俱乐部。事实上,自1952年埃及"七·二三"革命之后,巴林青年人就开始关注阿拉伯各国发生的各种政治事件。后来,为了避免遭受打击,巴林的文学家们开始远离政治,转而聚焦社会问题。巴林短篇小说深受阿拉伯世界著名文学家优素福·西巴伊和易赫桑·阿卜杜·库杜斯的影响。此外,还有西方文学家如大仲马、小仲马和狄更斯等的翻译小说和新月出版社出版的新月小说系列也对巴林短篇小说的发展有着一定程度上的影响。

总体而言，20世纪50年代末期之前，巴林短篇小说处在不断探索的幼年期。当时著名的短篇小说家有艾哈迈德·苏莱曼·凯末尔、茂宰·宰伊德、马哈茂德·优素福、阿里·希亚尔、阿卜杜勒·阿齐兹·本·穆罕默德·阿勒哈利法、福阿德·阿毕德等。这一时期的短篇小说创作反映了当时的社会变迁，反映了巴林从海洋经济和采珠业到石油经济的巨大转变。

2. 发展期

20世纪60年代，随着石油经济的发展，巴林文学日渐繁荣，短篇小说获得了新发展，题材也进一步拓宽，包括民族主义运动、悬疑侦探小说、家庭伦理小说、巴以冲突、传统与现代等。短篇小说集《饥饿和沉默的行程》和《巴林现代小说之声》的出版，标志着巴林短篇小说已成为了阿拉伯文学大花园中的一个重要组成部分。作家哈利法·阿里菲在《饥饿和沉默的行程》中展示了巴林从农村向城市、从农业社会向工业社会的转变，以及高楼大厦和工业厂房的建立对巴林土地和枣椰树的影响。著名的短篇小说如哈勒菲·艾哈迈德·哈勒菲的《双面和受惊的老鼠》、穆罕默德·阿卜杜·马利克的《彩虹》、穆罕默德·马吉德的《月亮为谁歌唱》、穆罕默德·穆斯塔法·哈米斯的《路上的三个人》、哈利德·鲁利的《墙》、伊萨·阿卜杜拉·哈赖勒的《清晨的声音》、艾哈迈德·主麻·穆巴拉克的《未记载的新历史》等。

穆罕默德·阿卜杜·马利克是巴林著名的多产小说家、新现实主义小说的代表人物，也是这一时期的代表人物。他的五部短篇小说集构建了他独具一格的小说世界，分别是《车夫之死》(1972)、《我们热爱太阳》(1975)、《城市的肺孔》(1979)、《篱笆》(1982)、《流淌的小河》(1983)。他笔下的主人公大多是社会底层的小人物，如受苦受难的穷人、水手、潜水员、渔民、商贩、农民和搬运工等，他们尽管遭受着贫穷、压迫、不公、孤独等物质或精神上的苦难和折磨，但是他们勇于面对挑战，积极追求美好生活。

另一位著名的巴林小说家哈勒菲·艾哈迈德·哈勒菲是位"跨时代的作家",他自20世纪50年代开始创作,经过60—70年代的积淀,80年代开始步入成熟期。哈勒菲于1975年出版短篇小说集《梦和其他的脸》,1982年在叙利亚的《阿拉伯作家》杂志上发表研究论文《巴林文学运动印象》,1985年出版第二部短篇小说集《葛尔纳尔》。此外,他还创作了《游戏》、《淘气鬼》、《鸟国》等戏剧。

巴林的女性小说家也十分活跃,代表人物有法姬娅·拉希德和穆尼尔·法蒂尔等。法姬娅是巴林作家和文学家协会①的活跃分子,堪称新一代巴林女性文学家的代表。她的第一部短篇小说集《影子和高兴的镜子》于1983年由黎巴嫩法拉比出版社出版。法姬娅在银行工作,丈夫是著名小说家阿卜杜拉·哈利法。因为父亲在石油系统工作,法姬娅从小耳濡目染,其作品大多描述巴林从传统社会向工业社会转变的历程。反映新旧社会的矛盾和冲突,特别是巴林妇女与遗风旧俗抗争、追求解放的艰辛历程,已有多部小说被译成英语、德语、法语、日语、丹麦语等多个语种。穆尼尔是海外留学生的代表,她曾在科威特大学学习英语和英国文学,其作品特色在于能够大胆地反映巴林女性的真实生活。

20世纪80年代,巴林涌现了一批新生代短篇小说家,如:福阿德·加法尔、法里德·拉马丹、纳伊玛·阿舒尔等,他们推出了三部短篇小说集,如《鸟儿总在迁徙》(1982)、《白色》(1983)、《难以形容的温暖》(1985)等。

三、长篇小说

长篇小说是巴林文学的新形式,在20世纪80年代才开始出现,主要是反映巴林复杂的社会经济关系。巴林的长篇小说从短篇小说发展而来,在主题和形式上都沿袭了短篇小说的套路,很多小说家都是从写短篇小说

---

① 巴林作家和文学家协会成立于1969年,是巴林作家和文学家之间以及他们与其他阿拉伯国家的作家和文学家之间进行交流的重要平台,为巴林现代文学的发展做出了重要贡献,被誉为巴林思想界和文学界的一座灯塔。

开始走上了长篇小说的创作道路。

巴林的第一部长篇小说是穆罕默德·阿卜杜·马利克的《红火碳》（1980）。此后陆续出版的长篇小说有爱敏·萨利赫的《艾立弗·扫德的第一首歌》（1982）、阿卜杜拉·哈利法的《珍珠》（1982）、《海盗和城市》（1982）、《希拉特》（1983）、《水与火之歌》（1988）、法姬娅·拉希德的《围困》（1983）等。

《红火碳》讲述的是巴林在发现石油之后，社会经济转型中出现的种种社会问题，劝告人们在喧嚣的社会里要拒绝物质诱惑，坚持尊严和原则。小说的主人公法拉基·夏姆斯个性特征鲜明，具有典型性，是一代反抗外国占领的英雄斗士的真实写照。法拉基·夏姆斯的父亲是一个影响了他同时代和下一代人的典型人物形象。小说还成功地塑造了几个次要人物形象，如因为与窃贼冲突导致丧失理智的司机和探寻父亲死因的"儿子"等。小说没有按照时间顺序来写，而是采用了蒙太奇、意识流、内心独白等多种表现手法，戏剧性的对话占据了不小的篇幅，但是叙述方式则采用了传统的旁白。

爱敏·萨利赫的《艾立弗·扫德的第一首歌》写于1980年，发表于1982年。艾立弗·扫德是那个时代的代表，他可以是任何一个人，一个男人、一个女人或者一个儿童，他得有个名字，至于是什么名字并不重要，可以是艾哈迈德，也可以是穆罕默德，没什么区别，但是他没有护照或者身份证。他为了更美好的未来与命运抗争，不断地探寻自己的身份。爱敏的这篇小说来源于现实，但又超越了现实，具有超现实主义的特征。他运用造型、音乐、电影、喜剧艺术和诗化的语言以及意识流的手法，对现实进行重塑，构造了一个现实与梦幻的世界，展现了现代人心里深处的困境和危机。但也有批评家指责爱敏的这部小说远离了巴林或海湾国家的社会现实，因过于分散、含糊而让读者无所适从。

阿卜杜拉·哈利法自1966年开始写作，长期笔耕不辍，是位多产的巴林作家。除了四部小说之外，他还有三部短篇小说集（《冬之曲》、《沙与茉莉花》、《炎热的一天》）。阿卜杜拉是位现实主义作家，他以小说的形式描述了他亲历的海洋生活。《珍珠》讲述的是潜水采珠的旅程和海洋世界，描述了在咆哮的大海里患有耳疾的水手玛塔尔被船老大强行赶下水去采珠却不幸被淹死的故事，这场悲剧揭示了船老大和水手之间剥削与被剥削的关系。阿卜杜拉运用了内心独白和意识流的手法，把现实与梦境结合起来。《水与火之歌》的故事发生在海湾地区的一个沿海村庄，讲述的是主人公如何因为贪婪而走向毁灭的过程，真实地反映了发现石油之前巴林的社会冲突和阶级斗争。

法姬娅·拉希德的小说《围困》是其长篇小说处女作，具有自传的性质，小说中的男主人公哈立德的原型就是法姬娅的丈夫阿卜杜拉·哈利法，女主人公阿麦尔的原型则是作家本人。小说的主题是讲述巴林社会从农耕、捕鱼阶段向石油、机器、城市和高楼大厦跨越带来的社会、经济、文化方面的影响，这种转变带来的不适让人们觉得被"围困"在囚笼里面，尽管工作、劳动在大城市里，却不自觉地时时想起原来自由自在的农村生活。小说反映了海湾穆斯林男女与传统礼教、价值观念的冲突和矛盾以及追求解放道路的艰辛和曲折。

四、诗歌

巴林是诗歌之国、诗人之国，从贾希利亚时期的诗人塔尔夫·本·阿布德到伊卜拉欣·欧莱德、伊卜拉欣·本·穆罕默德·哈利法、阿卜杜拉·宰伊德、阿卜杜·拉赫曼·穆阿威德、艾哈迈德·哈利法、俄齐·葛西比、卡西姆·沙阿拉维等现代诗人，可谓群星灿烂。他们诗歌的共同特征是民族情感强烈，关注阿拉伯民族的命运。穆罕默德·贾比尔·安萨里总结巴林诗歌题材的特点为以下六个方面：

思念祖国的情感；

关注国内"气候"；

贴近社会生活；

阿拉伯民族主义思想浓厚；

思想的解放和哲学的沉思；

宽容的人文精神。[①]

巴林诗人的一个重要特征是思想开放,人文精神浓厚,善于接受各种批评,善于从全世界的思想和文化中汲取养分。这主要是因为巴林的岛国环境和作为国际贸易通道的地理位置使巴林人开放包容,乐于接受不同文化的熏陶,从而形成了良好的人文环境。

巴林诗歌主题既有传统的,也有新时代的。其中,年轻的诗人较多地受到西方自由诗的影响。传统诗继承了贾希利亚时期、倭马亚时期和阿拔斯时期的创作风格和表达方式,但是大多是重复前人词藻的说教诗,与时代脱节,不能跟上巴林和其他阿拉伯国家社会、经济、文化的变化。受埃及和沙姆地区的影响,巴林的这种传统诗一直持续到19世纪末20世纪初。代表诗人主要有伊卜拉欣·本·穆罕默德·哈利法、穆罕默德·本·伊萨·哈利法、阿卜杜拉·法里基、阿勒·穆巴拉克、阿勒·阿卜杜·卡迪尔等。诗歌题材有自豪诗、颂扬诗、爱情诗,还有对生活和宇宙的沉思诗,后者大多是对命运和生活艰辛的抱怨,悲观主义色彩浓厚。

革新的传统诗,往往结合民族境遇和宗教处境呼吁社会变革,代表人物有阿卜杜拉·宰伊德、阿卜杜·拉赫曼·穆阿维德、阿卜杜·阿齐兹·拉希德、哈利德·法拉基等。他们怀念过去的荣耀,以此激发人们的热情。两次世界大战期间,改革派和传统派之间在诗歌等文学领域展开了激烈的斗争,革新的传统诗对于安慰人们心灵的创伤、揭露殖民主义的本质、唤醒人们摆脱僵化和落后体制等方面都发挥了重要作用。

巴林的浪漫主义诗歌反映了人们对痛苦现实的失望。人们幻想着摆脱现实中的痛苦,逃向梦想的世界。浪漫主义诗歌的代表人物有易卜拉欣·欧莱德、法赫德·阿斯卡尔、马哈茂德·绍基·阿尤布、艾哈迈德·穆罕默德·哈利法、俄齐·葛西比等。

易卜拉欣·欧莱德是巴林著名诗人、剧作家和文学批评家,1908年出生于印度孟买。父母亲都是阿拉伯人,父亲在海湾和印度之间从事珍珠

[①] [巴林]艾哈迈德·穆罕默德·阿迪耶:《来自珍珠岛的话语:巴林现代文学研究》(阿文版),埃及作协出版社,1988年,第143页。

生意，母亲是伊拉克人。欧莱德14岁时第一次到巴林，就读于巴林第一所现代学校。1926年重回印度学习英文、法文和乌尔都文。1927年回到巴林就读的学校担任英文教师，并开始用阿拉伯文和英文写作戏剧。1973年，欧莱德被伊萨埃米尔任命为宪法委员会主席，1975年起任巴林外交部大使，2002年因呼吸系统疾病去世。欧莱德受到英国文学大师莎士比亚、雪莱、拜伦等的影响较大，对波斯诗集《鲁拜集》深有研究。1976年获得伊萨埃米尔颁发的一等奖章。后因其在文学、文化领域和在担任大使期间的突出贡献，于2001年获得哈马德埃米尔授予的伊萨埃米尔一等奖章。欧莱德发表的诗作有《新娘》(1946)、《两次亲吻》(1948)、《烈士的土地》(1951)、《蜡烛》(1956)、《帐篷鲁拜集》(1966)、《哈亚米亚特》(1996)、《你啊》(1998)，出版诗集《纪念》、《爱的架构》等。欧莱德还是一位著名的文学批评家，其著作《文学和文学批评》堪称阿拉伯世界关于文学和文学批评的"典籍"，意义非凡，该书已有中文译本。[1]

随着时代的发展，巴林诗人把注意力转移到当代的社会问题，更多地关注人们的价值观、行为和人际关系，他们迫切需要一种能够表达内心情感和伟大事业的新的诗歌形式。新的诗歌反映巴林的两大主题：大海和枣椰树。大海代表着冒险、斗争、恐惧和死亡，但是人们必须战胜这种胆怯、孤独，才能和平、安心地生活下去；枣椰树是坚毅、祖国的象征。与传统诗歌比较，巴林新诗具有明显的时代特征，如：

1. 清楚、直接、全面地表现人类的伟大事业，而不是仅仅表达巴林人的雄心壮志；

2. 拒绝使用古代诗歌的形式，因为古代诗歌不能表达新生活和新思想；

3. 使用象征主义手法，深入挖掘人们的内心世界；

4. 吸取海湾地区的文化遗产和政治斗争的有益经验。[2]

---

[1] [巴林]易卜拉欣·欧莱德著，王复译：《文学与文学批评》，五洲传播出版社，2015年版。
[2] [巴林]艾哈迈德·穆罕默德·阿迪耶：《来自珍珠岛的话语：巴林现代文学研究》(阿文版)，埃及作协出版社，1988年，第150页。

著名诗人有阿里·阿卜杜拉·哈利法、卡西姆·哈达德、阿拉维·哈希米、叶耳孤白·马赫丽菲、阿里·沙尔卡维等。

阿里·阿卜杜拉·哈利法（1944—），是巴林新文学运动的主导者和杰出代表。他担任巴林文学杂志《书写》的主编和发行、海湾民间遗产中心主任，用标准阿拉伯语和巴林土语写诗。阿里深受自己成长的水手家庭环境的影响，创造了一种新的诗歌题材，即潜水采珠诗。他的诗歌如实地表达了潜水采珠过程中的种种冒险经历，极大地丰富了海洋文学。海洋文学以表达海洋世界为目标，海洋是事件和人物的主题，包括神话、传说、史诗、民间故事、航海游记等。海洋文学往往具有浪漫主义色彩和英雄主义人物。阿里的代表作有《水手的叹息》、《渴望祖国》和《干渴的枣椰树》。《水手的叹息》描述了水手潜水的艰辛和与大海搏击的经历，表达了人们对社会变革的渴求。2006年，他在巴林出版了法语版诗集《唯一的月亮》。除了创作诗歌之外，阿里还写了三部歌剧《荣耀的制造者》（1996）、《我们等了你很久》（2001）、《灵魂之北》（2002）以及一系列的研究论文。2006年，阿里获得了艺术领域的世界大奖。

卡西姆·哈达德（1948—）是巴林新诗运动的主要代表人物之一，也是巴林作家和文学家协会的创始人之一。他创作诗歌的主题是祖国巴林和阿拉伯国家，诗歌已被翻译成多种外国语言，所以卡西姆不但是巴林最著名的诗人，也是阿拉伯世界广受欢迎的诗人。卡西姆是个多产的诗人，已经发表了16部诗集：《喜讯》（1970）、《侯赛因的头从背叛之城出走》（1972）、《第二滴血》（1975）、《爱心》（1980）、《清算日》（1980）、《归属》（1982）、《碎片》（1983）、《在羱羊保护下行走》（1984）、《纳赫勒万》（1988）、《甲》（1989）、《隐居的王后们》（1992）、《莱伊莱的麦吉侬》（1996）、《卡西姆之墓》（1997）、《距离疗法》（2000）、《周日的羚羊》（2010）和《绝对不可能》等。

值得一提的是，女性诗人在巴林新诗创作中做出了卓越的贡献，杰出代表包括哈姆丹·哈米斯、穆尼尔·法里斯、法姬娅·塞纳迪、伊曼·阿希尔、阿拉维·哈希米、法塔赫耶·阿支莱等。

五、戏剧

巴林戏剧诞生于20世纪20年代。1925年，巴林第一所现代学校的学生们组织上演了《奉安拉之命的法官》、《乌姆鲁·盖斯》、《布卡西姆·汤布利的鞋底》等剧目。1928年，他们上演了《母狐狸》。易卜拉欣·欧莱德用英语创作的戏剧《威廉·泰尔》(瑞士民族英雄) 曾经获得极大的成功。阿卜杜·拉赫曼·穆阿维德的《本·哈马丹之剑》、《内在的阿布杜·拉赫曼》(1936)、《受安拉保护的人》(1940) 等剧本也广受欢迎。

穆罕默德·马拉迪是第一位从现实生活中取材的巴林剧作家。1941年，穆罕默德·马拉迪创作了《如果没有律师》，该剧由五幕组成，反映了黎巴嫩农村落后的封建制度。此后，穆罕默德·马拉迪创作了一系列的剧作，著名的有1944年的《泪水》、1946年的喜剧《敌人的敬酒》、1947年的《引路人》和《阿布杜·拉赫曼·纳塞尔》等。1947年，《阿布杜·拉赫曼·纳塞尔》在麦纳麦国家剧院上演，成为巴林戏剧史上的标志性事件之一。

20世纪50年代中期，巴林开始出现了专业剧团。70年代，巴林戏剧取得了令人瞩目的进步，先后对科威特、阿联酋和叙利亚进行了访问演出。1970年9月14日，由19名成员组建的阿瓦勒剧团成立，该剧团先后演出了《古老的椅子》、《七夜》、《我、你和母牛》等剧目，还组织了多次关于巴林戏剧的讨论会。萨瓦里剧团成立于1991年，有许多文艺界的头面人物参与其中。巴亚蒂尔剧团在2005年5月18日声名远扬，先后推出了《西瓜英雄》、《乡村舞台》、《愤怒的房子》、《磨坊》等。但是巴林戏剧也存在一定的问题，如缺乏高水平的剧作家和戏剧艺术人才，加上传统习俗禁止妇女登台亮相等，在一定程度上阻碍了巴林戏剧的进一步发展。

巴林戏剧主要使用阿拉伯语方言，较少使用标准阿拉伯语。著名的剧作家有阿卜杜拉·艾哈迈德、拉希德·穆阿威德、素丹·萨利姆、穆罕默德·萨利赫、阿卜杜·拉齐格、穆罕默德·阿瓦德、阿卜杜·拉赫曼·白拉卡特等人。剧本内容主要批评社会弊端，揭示陈俗陋习给人们带来的不幸。[1]

综上所述，巴林现代文学作为阿拉伯文学的组成部分，既有阿拉伯文学的传统题材，如父权社会、女性抗争、反抗殖民主义、枣椰树等；也是海湾文学的代表，有自己特有的叙述方式和表达媒介，如大海、石油和潜水采珠等。近年来，在20世纪最佳阿拉伯小说评选中，巴林夫妻小说家阿卜杜拉·哈利法和法姬娅·拉希德的《水与火之歌》和《围困》榜上有名，充分证明了巴林文学取得的成就和地位。

第二节 传统艺术

巴林艺术是阿拉伯伊斯兰艺术的重要组成部分，具有阿拉伯伊斯兰艺术的普遍特点，即不注重对人物和动物的写实造型，而是在图案装饰艺术、建筑艺术、书法艺术等方面极尽能事。此外，巴林艺术还包括音乐、舞蹈、雕刻、陶瓷、摄影、电影、工艺品等。

一、阿拉伯图案装饰艺术

阿拉伯的图案装饰艺术，在世界艺术史上享有盛誉。这种独具特色的图案装饰艺术自伊斯兰教传入巴林起就广泛流传，一直影响着巴林人民日常生活的方方面面。

用做装饰的艺术图案大致可分三种类型。一是花草植物图案，以花、叶、枝为主，缠绕出数不胜数的图案，每种图案都有规律，讲究对称，有些花叶被夸张变形，构成独特风格。二是几何图形，有圆形、椭圆形、菱形、波纹形、多边形等，或单一使用，或几种套用。几何图形内还有花草图案，这种图案一般也很规整。三是用阿拉伯数字做花边装饰，这种装饰别具魅力，它不同于植物图案和几何图形的规则与对称，弯曲的字母笔画既能整齐排列，又富于变化，给人以动感。所以文字装饰的图案既是阿拉伯书法的精品，亦是花边图案艺术的上乘之作。[2]

---

[1] 周顺贤：《巴林现代文学》，《阿拉伯世界》，1996年第3期。
[2] 王广大：《试论阿拉伯伊斯兰艺术的特征》，《世界民族》，2003年第3期。

这些精美的图案出现在巴林人日常生活中。清真寺里布满书法花边的图案令人赞不绝口。在陶瓷、金属、玻璃器皿上，花边图案美不胜收。在波斯地毯上，精美的花边图案构成地毯的主旋律。穆斯林艺术家的审美意识在花边图案中得到了最集中的体现。

二、清真寺建筑艺术

建筑艺术，尤其是清真寺，是伊斯兰艺术的集大成者。尽管由于各地地理、气候条件、建筑材料和建筑技术以及民族文化背景的不同，阿拉伯世界各个地区的清真寺各具特色，但是阿拉伯伊斯兰艺术的存在环境使它不可能脱离伊斯兰教的影响，而且也正是这一影响使产生于不同地区的，原来具有明显地方色彩的各种艺术形态都具有了统一的伊斯兰精神。

清真寺里，一般都有供举行宗教仪式时穆斯林洗浴用的"蓄水池"、供世俗和宗教权力的代表们用的"马克苏拉"，甚至包括一个有单独入口的专门的厅供妇女使用。高耸入云的宣礼塔是显示伊斯兰至高无上的必有设施。清真寺大殿里的"米哈拉卜"是给虔诚的穆斯林指明麦加方向的一个装饰华丽的壁龛，"讲经坛"是宣读判决书和国务命令的讲台。

巴林清真寺的基本色调多呈沙土色，夜间在灯光的映衬下金碧辉煌、熠熠生辉。宣礼塔顶部装有高音喇叭，供宣礼员招呼穆斯林做礼拜用。巴林最大、最有代表性的清真寺是法蒂哈大清真寺（麦纳麦大清真寺）。

三、书法艺术

在传统的库法体和纳斯赫体等阿拉伯书法艺术基础上，巴林人创造出了带有地方色彩和书法家个人风格的变体。阿拉伯书法艺术在阿拉伯伊斯兰诸艺术形式中具有极高的地位，主要是因为书法艺术与伊斯兰教经典《古兰经》的联系密不可分。美国籍阿拉伯史学家希提在其所著的《阿拉伯通史》一书中谈到阿拉伯书法时写道："书法的艺术所以有威望，是由于书法的目的是使天经永垂不朽，而且得到《古兰经》(68:1, 96:4)的赞成，这种艺术在回历二世纪或三世纪时兴盛起来，不久就变成了享有极高评价的艺术。"[①] 这样，风格各异的阿拉伯书法艺术也成为一种敬事真主

---

① [美]希提著，马坚译：《阿拉伯通史》，商务印书馆，1995年版，第502页。

的手段，具有了比伊斯兰绘画更为崇高的地位。巴林《古兰经》之屋展出的各种《古兰经》手抄本和当代阿拉伯书法艺术品可谓精妙绝伦，值得细细鉴赏。

四、音乐艺术

巴林音乐是海湾音乐的重要组成部分，受非洲音乐、印度音乐和波斯音乐的影响较大。巴林著名音乐家有苏尔坦·哈米德、阿里·巴哈尔、哈利德·谢赫等。巴林在二战之后建立了海湾地区最早的录音棚工作室，现有巴林音乐学院、巴林乐团、巴林古典音乐学院等三家音乐机构。

哈立基（Khaleeji）是海湾地区的一种阿拉伯民间音乐。巴林的哈立基是多旋律的，其风格深受非洲音乐的影响。哈立基歌手阿里·巴哈尔是巴林著名的流行音乐明星，他用当地方言歌唱，还拥有自己的乐队"阿勒哈娃"（Al Ekhwa）。

撒瓦特（Sawt），在阿拉伯语中是"声音"的意思，是巴林和科威特的一种流行音乐。撒瓦特是一种都市音乐，最初是乌德琴和手鼓演奏的，后来加入了小提琴。这种音乐一般出现在晚间男人们聚会宵夜的场所，通常还有两名男士伴舞。巴林最早的撒瓦特歌手是二战前的穆罕默德·法里斯和道阿毕·本·瓦利德，他们早在1932年就在伊拉克的HMV工作室录制了撒瓦特音乐，在巴林和科威特广受欢迎。值得一提的是，巴林撒瓦特是海湾地区撒瓦特的主流形式。

飞迪杰瑞（Fidjeri）是巴林男性采珠人的传统曲目，包括歌唱、击掌、敲鼓、舞蹈和土制水缸等。里瓦（Liwa）主要是东非人后裔所在社区的歌舞音乐，如穆哈拉格和哈德地区。

以前卫的摇滚风著称的巴林奥西里斯（Osiris）乐队自20世纪80年代以来取得了一定的国际声誉，最近还加入了巴林民族音乐的新元素。

巴林乐器历史悠久，主要乐器是乌德琴（Oud）和拉巴布（Rebaba）。乌德琴是阿拉伯地区自古以来便家喻户晓的传统拨弦乐器，在阿拉伯音乐中占有重要地位。"乌德"在阿拉伯语中是"木棍"的意思，有人称之为弹拨乐器的鼻祖。据说中国琵琶、欧洲鲁特琴和现代吉它都是乌德琴的变体。关于乌德琴名称的来历众说纷纭，现在发现最早的乌德琴图片来自伊拉克南部，属于公元前4000多年的文物。拉巴布是一种一弦乐器，据说在公元10世纪时已经在叙利亚等地广泛流传，后来传到北非和东南亚一带。有一根琴弦的称为诗人拉巴布，是说唱艺人用来自拉自唱的；有两根琴弦的则称为歌者拉巴布，用来为歌唱伴奏。[①]

五、舞蹈艺术

巴林拥有悠久的民间舞蹈传统。阿尔道哈（Ardha）是一种男人的剑舞，伴乐一般是传统鼓手和吟唱诗人。这种舞蹈最初是纳季德中部沙玛尔（Shammar）部落的男人出战之前跳的舞蹈，形式多变，现在多用于各种庆典场合，如生育、婚礼、国家和民族节日等。阿尔道哈一词源于阿拉伯语动词Ard，"展示、表演"的意思，是在部落出征之前展示力量、鼓舞士气的一种表演。

20世纪20年代开始，巴林就有了电影院。巴林国内也拍摄了一些专题片。1990年，巴林拍摄了第一部戏剧电影《屏障》（The Barrier）。

为了彰显巴林传统历史文化遗产特色，文化与信息部斥资1亿美元，建造博物馆，设立考古遗址，力求将巴林打造成为海湾地区的文化中心。

第三节 现代艺术

巴林的艺术活动一直走在文化活动的前列，从未间断。近年来，随着巴林政府对文化艺术活动的大力宣传和推动，巴林的各项文化艺术活动精彩纷呈，涌现出了多家致力于宣传和推广巴林艺术的机构。

巴林艺术中心建成于1992年，是由非营利的文化组织巴林艺术团一手兴办的艺术场馆，旨在繁荣巴林文化和艺术。

巴林艺术协会是一个成立于1983年的非营利组织，目标是推广和发展巴林艺术，把巴林艺术家推向世界。该协会已成功举办了艺术展、艺术作坊、艺术讲座等多场活动。

2008年，巴林曾与巴黎阿拉伯世界博物馆联手举办过《乌姆·库勒苏

---

① 陈自明：《阿拉伯乐器》，《乐器》，1980年第4期。

姆——第四座金字塔》巡回展。据悉，巴林是第一个举办此类展览的海湾国家。与此同时，巴黎阿拉伯世界博物馆也在同步举办巴林珍珠展，涉及多领域的广泛交流。

2009年，《巴林之夏》拉开帷幕，观众在炎炎夏日里尽情享受一流的文化盛宴。

2010年，在麦纳麦成立的"巴林艺术"，是一家非营利性的组织机构，除了参加各地的艺术展览之外，还拥有双年刊和在线画廊。

一年一度的巴林艺术展由巴林文化局主办，至2015年已成功举办40届，俨然成了巴林的骄傲。除了得到巴林资深艺术家的推崇外，艺术展的大门也为巴林的后起之秀敞开，新生代艺术家们将青春与活力注入自己的艺术，为此项艺术盛事平添了一股清新之风。

在巴林众多草根艺术先锋中，最出名的莫过于柱廊艺术空间馆。柱廊艺术空间馆于1998年对外开放，最初作为巴林和海湾地区艺术家展示其作品的商业性场馆。2007年，柱廊艺术空间馆转为非营利性平台，由艺术家、志愿者、实习生共同组织举办文化讲座、艺术作品展览等活动，旨在激发巴林艺术家的创造力，丰富巴林的文化艺术生活。

巴林广阔画苑成立于1998年，旨在鼓励新生代艺术家搭建别具风格的文化聚集地，引领新式艺术潮流。画苑设有一个展示区和两个工作室，为成人与儿童定期开设艺术工坊、讲座、小组讨论等各种活动，向观众展示巴林当地乃至中东艺术家的作品，介绍他们的艺术造诣。同时，这里也进行艺术品买卖，为艺术家们开设了一个商业模式通道，便于各种艺术作品走进寻常百姓的生活。

总体而言，这些文化博物馆和艺术社团正在慢慢改变原有的结构，使巴林的文化艺术生活变得更有冲击力和创造力。另一方面，尽管巴林的艺术画廊和由政府资助的艺术机构如雨后春笋般涌现，当地艺术家和独立的专业艺术人士仍面临重重困难。非主流的当代艺术和艺术教育的相对缺失迫使许多年轻人放弃了他们的艺术追求。

第十一章 社会风情

社会风情，顾名思义，是指一个国家或地区社会上的风土人情。"十里不同风，百里不同俗"，世界各国都有自己的风土人情。巴林的社会风情既有与其他阿拉伯国家共同的特征，也有其自身的地方特色。尽管巴林在海湾地区属于相对比较开放的国家，但在有些方面巴林人还是有其保守的一面。在巴林的街头巷尾几乎看不到公开示爱或亲密的举动，也很少见到在公众场合大笑或开玩笑的行为。配偶、朋友和陌生人之间通常只在私下场合下才会发生激烈的争论。巴林人的隐私意识很强，他们的住宅相当注重私密性，建筑墙体厚实牢固，以防邻居或外人看到里面的状况。

第一节 社交礼仪

社交礼仪指的是人们在社会交往过程中需要共同遵循的一些约定俗成的礼节和仪式。一个国家的社交礼仪是该国文化的重要组成部分。巴林与中国在社交礼仪方面有较大差异，我们在跨文化交流的时候需要予以高度关注。

一、见面礼仪

巴林人大多开朗大方，喜好社交，十分重视社交礼仪。在与巴林人的一般交往中，握手是通行的问候方式，但千万不要用左手，一定要用右手。握手之后，巴林男士还会把手放在自己的胸前，表示对见到对方的欣喜。与女士见面，男士一般不宜主动握手，要等女士主动伸出手来，男士方可与女士握手。见面或告辞的时候，一般要与在场的所有人握手。熟人或者亲密的友人见面，往往会行贴面礼，并拥抱几次，但这仅限于男人之间。见面一般先是互致问候,再开始交谈,他们一般不会直奔主题,见面直接谈事情会被认为是不礼貌的行为。巴林人见面时寒暄的时间比较长,以"萨莱姆 阿莱伊库姆"(Salam Alaikum)致意之后,还会问候对方的身体情况、工作情况,甚至还会逐个问候家庭成员的情况,但是男士一般不会问候别人妻子的情况。回答一般是"很好"或者"还不错",也总会加一句"赞美真主"。

与巴林人约好时间见面,对方因为各种原因迟到是常有的事,对此要有充分的心理准备和足够的耐心,因为巴林人迟到,大多不是为了怠慢你,而确实是因为有其他的事情耽误了。令人欣慰的是,现在巴林人的守时观念已经进步了很多,大多都能够按时赴约。

二、商务礼仪

去巴林拜访客户,最好带上英文和阿拉伯文对照的双语名片,事先约好时间。避开星期五、六、日和穆斯林做礼拜的时间,尽量约在上午见面。巴林人对外国人的穿着打扮没什么过分的要求,只要合身得体就可以了。但是女性不宜穿着过于暴露,否则会被认为有伤风化。

与巴林人谈生意,一定要考虑对方的工作节奏和生活习惯,要有耐心。巴林人喜欢与生意伙伴直接洽谈,不喜欢通过驻邻国的商务代表进行间接沟通。巴林政府规定"中标者必须在巴林设有代理人",所以有关投标企业最好在当地找一家专门的进口商作为代理。

三、做客礼仪

去巴林人家里做客,必须遵守一些基本的礼仪。首先,去巴林人家里做客最好事先约好,不速之客通常不受欢迎。其次,拜访时先要在大门口等候,不能擅自进屋,也不能朝门内窥探。如果主人摊开右手招引,则表示欢迎客人进入里屋。多数巴林家庭在入门过道处设有一个特别的房间,称为会客厅。女宾则通过一条女性专属过道,进入单独的女宾会客厅。一些西式会客厅内通常摆放着沙发和茶几,而一些传统会客厅则几乎不设任何家具,客人和主人盘腿坐在地毯上谈话聊天。无论是坐在沙发上,还是席地而坐，都不要亮出足底，不然就会被视为是非常失礼的行为。巴林人喜欢以猎鹰或马为闲谈的话题，因为这是他们非常喜爱的两种动物，但是他们不太喜欢与外人谈论中东局势或者伊斯兰教派等敏感问题。

巴林人待客十分热情。主人会尽一切所能，殷勤款待，使客人有宾至如归的感觉。进门之后，巴林人会问客人喜欢喝咖啡还是茶。这时候，客人完全可以根据自己的喜好回答。喝咖啡的话，还会问你要不要加糖或奶。巴林人一般喝红茶，加白糖。用餐时，主人会慷慨地端上丰富的待客食物，直至每一位客人吃饱为止。若主人提前吃完盘中食物，为了表示对客人的尊重，一般也会假装继续用餐，直到所有客人用餐完毕才肯离开餐桌。

如果有朋友从远方旅行归来，亲朋好友或邻居都会前去拜访问候。如果有人患病或住院休养，亲朋好友会带上一些椰枣、巧克力、水果或鲜花，前去探望病人，给予病人精神上的鼓励。如逢婚嫁场合，新人的亲戚朋友和邻居会送礼金或家居用品作为结婚贺礼。如逢妇女生育，产妇在产后40天内会住在娘家，由母亲和姐妹来照顾其生活起居。

四、禁忌

与巴林人交往，有一些禁忌是必须要注意的。若不遵守这些禁忌，则被视为对穆斯林与伊斯兰教的不敬，可能会带来意外的麻烦。

巴林人跟其他国家的阿拉伯人一样，认为右手是干净的，而左手是不洁的。所以，巴林人忌讳用左手递送东西，他们认为使用左手是把"不洁"传递给别人，带有污辱、贬低对方的含义，因此用左手递送东西是极不礼貌的。

传统穆斯林家庭有一些饮食禁忌，如：禁食含酒精饮料、猪肉、血液、自死之物、无鳞的鱼类、外形丑陋的食物、不反刍的动物，以及未念诵安拉之名而宰杀的动物等。在穆斯林看来，饮酒罪大恶极，不但会使人消耗资财、打架斗殴，还会醉酒误事，使人神志不清，不能履行拜功。关于穆斯林禁食猪肉的原因，有各种说法，但主要原因是西亚北非人自古以来就视猪为不洁之物。

在巴林，忌讳在公众场合做出接吻之类的亲密动作，也不宜未经允许给穆斯林妇女拍照或者采访她们，这些违反伊斯兰教教规的行为，若被发现，轻则罚款，重则判刑。与巴林人交往，忌讳以酒或者含酒精的饮品、猪肉制品、女人照片或雕塑作为礼品相赠。若赠送给巴林友人这类礼物，会被认为是对他们的冒犯，对于进一步发展双方的友好关系会产生不利影响。

还有很重要的一点，就是与巴林人交往的时候不宜给对方的妻子带礼物，不宜主动问候或询问对方妻子的状况或行踪，不宜邀请对方妻子一起用餐或参加活动。

伊斯兰教历9月为斋月，每天日出后至日落前这段时间禁止饮食甚至不准吸烟，禁止餐饮业在斋戒时间营业，也一并禁止任何人在公共场所进食。

第二节 休闲娱乐

相对于其他海湾国家而言，巴林人的休闲娱乐项目较为丰富多彩。所以，周边国家的阿拉伯兄弟们都会在周末或假期跑来巴林休闲娱乐。除了逛街、参观、欣赏文艺节目等一般的休闲节目外，巴林人还十分喜欢体育运动。

一、休闲

从古代起，巴林就流行携带猎鹰打猎。这种猎鹰很有名气，价格昂贵。主人用前臂托着猎鹰，用绳子绑住它的一条腿，猎物出现时，迅速放开它，猎鹰就会猛然扑向猎物。节假日期间，人们怀着浓厚的兴趣跳起民族舞蹈，一般会有鼓和铙钹等乐器伴奏。

巴林人也喜欢吸食阿拉伯水烟。水烟枪多由烟馆伙计事先准备好，炭火旺的时候，加进一盏烟料，让它充分燃烧，缕缕轻烟飘溢缭绕，香气袭人。男人们在烟馆里一坐就是半天，边聊天，边喝茶，好不自在，这几乎成了阿拉伯男子传统的休闲方式。但是巴林自2007年5月31日"世界无烟日"当天起，禁止在商城内吸烟，违者罚款。据悉，巴林烟民占总人口的24%，系癌症和心脏病的高危人群。

独有的开明风气，使这个岛国呈现出一派充满文化和动感气息的繁荣景象。巴林的娱乐设施堪称世界一流，有能容纳4000人的剧院、国际知名酒店、会议中心以及各种各样的现代娱乐设施等。这些充满现代气息的场所加上相对宽松的社会风气，使巴林不仅成为海湾地区主要的旅游目的地，更成为召开商务和学术研讨会、举行演唱会、歌剧和芭蕾舞等演出的首选之地。

值得一提的是，位于麦纳麦阿迪利亚区的"336中心"已经成为人们休闲娱乐的时尚之地。该中心汇集了博物馆、艺术展览、购物中心等，各个年龄段的男女老少都可以在这里找到适合自己的娱乐项目。人们在这里可以一边吃着地道的巴林菜，一边悠闲地欣赏巴林的美景。

二、"文化之春"艺术节

"文化之春"艺术节始于2006年，是巴林政府为丰富国内外观众文化生活而设立的一年一度的盛会，旨在繁荣巴林文化艺术，娱乐巴林民众，迎合大众兴趣口味，一般在3—4月份举办。

2007年第二届"文化之春"艺术节于3月2日开幕，一直持续到4月13日，阿尔及利亚著名思想家穆罕默德·阿尔库尼、叙利亚著名诗人阿多尼斯以及巴林本国的诗人和造型艺术家悉数登场。2012年第七届"文化之春"艺术节于3月1日开幕，主题是"拥抱体验"，有超过35个活动项目，包括胡里奥·伊格莱西亚斯和安德烈·波切利的演唱会和埃及女伶哈金、国际知名歌手安吉里克·基德尤、尼日利亚新晋女歌手阿萨、巴勒斯坦诗人塞米·阿尔卡希姆等的演出。此外，还举办各种展览会、讲座、研讨会、歌舞表演，如：日本太鼓、竹笛音乐、特技舞、街舞等。2015年恰逢第十届"文化之春"艺术节，从3月1日开始，至4月30日落幕，期间举行了中国艺术节、沙特当代艺术节、沙特小说和时代变迁展览、摩洛哥柏柏尔妇女节等演出或展览以及多场音乐会。

三、足球

与大多数海湾国家一样，巴林最流行的体育运动是足球。巴林足球协会成立于1957年，并于1966年加入国际足联。1970年主办第一届海湾杯赛，以1胜1平1负的成绩获得亚军。1982年和1992年两度获得海湾杯赛亚军。巴林一向以高水平的青少年足球队著称，曾获得1989年世青赛第四名。20世纪90年代以来，巴林在海湾国家掀起足球职业化的热潮推动之下，引进外籍球星，聘请外籍教练，改变原来的赛制，向欧洲职业联赛转变，取得了显著成绩。巴林球员身材高大，作风硬朗，经验丰富，整体配合默契，颇有欧洲球员的风格。历史上，巴林队仅参加过两届亚洲杯，但战绩不俗。2004年在中国举办的亚洲杯足球赛上，巴林队成为最大一匹黑马，最终获得第四名，这也是巴林足球有史以来的最佳战绩。由阿拉伯足协每两年举办一次的海湾国家杯是中东地区最高级别的足球赛事，巴林队曾先后斩获1970年、1982年、1992年和2003年四次冠军。2010年11月，国际足联公布国家队世界排名，巴林队位列亚洲第六，紧随沙特。

在巴林，仅次于足球的球类运动项目还有排球、篮球、乒乓球和手球等。

四、赛马

赛马与赛骆驼一样都是巴林人历来热衷的传统体育运动。巴林人对于马的热爱由来已久。阿拉伯马被誉为全世界最著名、最古老的品种之一，平均身高在150—160厘米之间，头形短小，呈凹面型，鼻孔粗大，双瞳黑亮，耳朵末端呈锥状，修长的颈部曲线表现出优雅的气质，马背稍短下凹，尾巴高耸。阿拉伯马生长在沙漠气候中，精力旺盛，耐饥渴能力强。过去，贝都因人将阿拉伯马视为珍宝，经常将它们安置在居家帐篷内予以保护。正因为与人类有过亲密接触，阿拉伯马性情温驯，亲近主人。同时，它们具备高度的警觉性和动作敏捷迅速等特点，适合攻击与战争。由于这种兼具敏感与彪悍的特性，现代阿拉伯马的主人必须付出足够的耐心与尊重才能驾驭它们。18世纪末，哈利法家族将纯种阿拉伯马引进巴林，

第十一章 社会风情

主要用于赛马和马术竞技。

每年，位于南部沙漠地区的萨赫尔马场会定期举办赛马活动，吸引着来自世界各地的顶级人马在此争相角逐。同时，作为世界阿拉伯马组织的成员之一，巴林的赛马和马术协会还举办各项赛事，深受大众欢迎。巴林的赛马会通常在穆斯林假日星期五举行。赛马会开始当天，跑马场周围插满旗帜。赛马会后有时还会有赛骆驼比赛。

五、高尔夫

进入21世纪以来，高尔夫也日渐成为巴林的一项时髦的休闲运动。巴林皇家俱乐部里法高尔夫球场，由苏格兰著名高尔夫选手科林·蒙哥马利设计，于2009年1月落成，球场占地约196亩，为18洞标准球场，周围配有俱乐部、餐厅、水疗美容院、训练场、宴会厅等一应俱全的休闲设施。在不久的将来，这里还会拓展两个18洞标准球场和一个9洞场地。

六、F1大奖赛

长期以来，每年F1大奖赛在世界五大洲举行，尤以欧洲场次为最多。埃及、阿联酋、巴林、黎巴嫩都曾有意竞逐中东地区的F1赛事承办权，但巴林最终胜出，并于2002年9月与国际汽车联合会（FIA）签订主办F1大奖赛的合约，巴林站F1大奖赛就此诞生，成为国际汽车联合会全球扩展中的重要一环。

2004年4月4日，由巴林承办、海湾航空公司赞助的F1大奖赛在巴林国际赛道上举行。这是史上第一次由中东国家承办F1大奖赛，当年国际汽车联合会授予其"最佳承办奖"，足以证明巴林沙漠的无限魅力。

巴林国际赛道位于麦纳麦以南25公里的萨赫尔，于2002年开工，2004年3月建成，由德国建筑师赫尔曼·蒂尔克设计，总造价约1.5亿美元。项目完工后，该赛道成为海湾地区汽车运动的中心赛场，承办年度F1大奖赛及拉力赛、GT大奖赛、F3比赛和澳大利亚V8超级车赛等各项赛事。

巴林国际赛道由一座高9层的贵宾塔、F1大奖赛技术中心、新闻中心、行政楼、主看台和正面看台等主体建筑组成。赛车场共有6条赛道，单圈长5.407公里。由于地处沙漠，炎热的气候考验着赛车的散热性能和稳定性。从赛道设计来看，巴林国际赛道巧妙地结合了中低速弯角，F1赛车的平均圈速预计为1分30秒，赛车的平均时速为210公里，最大上坡度3.6%，最大下坡度5.6%，共有15个弯道。赛场可容纳5万名观众，其中主看台的观众席可容纳1万名，正面看台的观众席可容纳3万名，共有1.3万个停车位。

自2004年以来，巴林国际赛道成为中东地区唯一一个承办F1大奖赛的场地，散发着巨大的魅力，在为巴林带来世界各地的大量游客和巨大经济利益的同时，也使巴林成功走向世界。据统计，在该赛道举办的F1巴林站比赛自2004—2007年已为巴林的旅游、通讯、广告、交通、酒店、餐饮等行业累计带来10亿多美元的收入。2011年之前，该站一直是赛季的揭幕战，按照原来的续约合同，巴林站将延续至2021年。

近年来，F1巴林大奖赛也受到国内反政府游行示威的影响。2011年，因为巴林政局的动荡，当年赛事被迫取消。2012年，尽管局势紧张，但F1巴林大奖赛还是如期举行了。

2013年世界F1锦标赛的第四场分站赛事开赛前，巴林方面负面消息不断，在赛事前后又发生了大规模的抗议示威活动，巴林反政府人士采取了袭击警察、实施爆炸袭击以及焚烧轮胎等暴力方式，企图阻挠巴林大奖赛举行，以此达到影响巴林国际形象的目的。警察同众多高喊"不要F1"的示威者在麦纳麦附近的数个村庄发生冲突，燃烧着的轮胎阻碍了交通，警察甚至动用了催泪瓦斯和声音炮来驱散示威者。巴林反对派在网络上还表示会发起更猛烈的名为"愤怒的火山"的袭击和破坏活动。鉴于如此严峻的形势，巴林政府对赛事相关机构和人员进行了专门的培训，训练警察识别和发现犯罪嫌疑人和爆炸物，出动了8000多名警察守护赛场及其周围地区以确保比赛顺利进行。此外，巴林政府还成立了一个爆破小组，安置在赛场内外的各个角落。同时，在通往巴林国际赛道的主要道路以及海湾国家观众必经的沙特至巴林的法赫德国王大桥上都有大量警察守卫。警力的增加效果显著，最终F1巴林大奖赛于4月19日至21日在有惊无险中顺利结束。2014年4月6日和2015年4月19日，F1巴林大奖赛正赛在萨赫尔赛道顺利举行。

自2004年举办至今，F1巴林大奖赛日渐成为中东地区首屈一指的国际赛事。虽然巴林国土面积狭小，却拥有一条世界顶尖水准的F1赛道。为了营造出独特的中东风情，赛道维修区后方特意规划了绿地区，与赛道另一侧的沙漠景观遥相呼应。车手们在这个融合了传统与现代风格的赛车场里上演着一场场速度与激情的竞争。F1巴林大奖赛对于巴林而言，无疑拉动了赛车运动的人气，也极大地促进了巴林经济，提升了巴林的国际化形象。

第三节　服饰和饮食

巴林人的服饰和饮食是巴林传统文化的重要组成部分，体现出巴林鲜明的地域特色。

一、传统服饰

巴林是相对开放的阿拉伯国家，这也体现在人们的衣着打扮上。一些大城市的居民穿着西式服装或者现代职业装，但是巴林的农村人大都穿着传统服饰。正式会见场合，男士只要着正装，女士着装大方得体即可，并无穿黑袍、戴头巾的强制要求。

巴林男性的传统服饰是一种长袍，叫做斯瓦布（Thawb）。冬季为深色羊毛或者驼毛面料，夏季为白色棉质面料。巴林男性还常穿着浅色棉质灯笼裤。在一些特殊场合，男性身着宽松的米色或黑色羊毛面料织成的斗篷，再配以金饰。通常情况下，巴林男性头戴用钩针编织的帽子，顶上有白色或者红白格子的头巾，配有黑色双层的羊毛箍圈。现在的有钱男性喜欢穿着裁剪更为西式的大袍，一般都有口袋和法式袖口。

根据伊斯兰教法，穆斯林妇女在公共场合必须从头到脚裹黑袍，以黑纱蒙面。巴林穆斯林妇女穿的长袍叫做阿巴亚（Abaya），一般都比较宽松，外加黑色面纱。麦纳麦等一些大城市的巴林妇女虽然身着黑袍，里面却穿着时髦的高级套装。在特殊场合，巴林女性会穿着色彩艳丽的服装，同时佩戴金银首饰。现在的巴林，也有少数的少女穿着会露出脸或整个头部。巴林还有一种传统服装叫做"纳什尔"（Nashr），是巴林新娘的婚礼服装或者节日服装，一般用丝绸制作，镶上金线，花纹大多采用印度式样。

赴巴林的外国游客可穿长裤或过膝短裤，避免穿露肩的上衣。外国女性若穿裙子的话，长度必须过膝，不能穿透视装，但海滩、游泳池、酒店等场所例外，可以穿比基尼泳衣。

二、饮食文化

巴林国土面积狭小，物产资源有限，很大程度上依赖进口食品。巴林出产的主要果蔬包括椰枣、香蕉、柑橘、石榴、芒果、松子、杏仁、葡萄干、黄瓜、番茄等，主要牲畜有：牛、山羊、绵羊等。独特的岛国地理环境造就了巴林蜿蜒曲折的海岸线，盛产石斑鱼、篮子鱼、鲭鱼、鲷鱼等鱼类和各种虾类。

巴林人的传统饮食以鱼、肉、面食、大米、椰枣等食物为主，在饮食习惯上注重食材的鲜嫩，口味一般不喜太咸，好微辣，尤其偏爱用煎、炸、烤等烹调方法制作菜肴。巴林最普遍的一道传统主食"玛吉布思"（Machbus）是一种以大米为原料加上鱼或肉一起焖煮的手抓饭。巴林人十分热衷的食物除了独具阿拉伯特色的烤鱼之外，还有：

1. 法拉费尔（Falafel）：把磨碎的鹰嘴豆做成丸子，油炸后，再包入饼里，可以加入金枪鱼、番茄、酸黄瓜等。

2. 沙瓦尔玛（Shawarma）：阿拉伯国家常见的烤羊肉或鸡肉卷饼，也被称为中东的三明治。

3. 萨摩萨（Samosa）：以薄面皮卷入馅料包成三角形状，再经油炸而成的一道开胃菜。馅料通常包括土豆泥、洋葱、豌豆、香菜、小扁豆、牛或羊或鸡肉末、咖喱香料等。

4. 古孜（Ghoozi）：一种以烤羊肉配米饭、鸡蛋、洋葱和香料制成的拌饭。

第十一章 社会风情

另外，受英国殖民统治和现代西方文化的影响，炸鱼、炸薯条也是深受巴林人喜爱的小吃。

巴林是个美食王国，游客可以在这里找到满足其各种口味的餐厅，如：阿拉伯餐厅、法国餐厅、意大利餐厅、墨西哥餐厅、塞浦路斯餐厅、中国餐厅、印度餐厅、泰国餐厅、美式快餐店等。到巴林的游客可购买英文版《巴林餐馆指南》一书，这本口袋书每年更新出版。该书全面详细地介绍了巴林美食攻略，列出了最值得一试的2000家餐馆。在巴林，极少有打着"巴林风味小吃"与"纯正阿拉伯菜"广告的餐厅，绝大多数餐厅都由亚裔人经营，尤以印巴裔居多，菜肴以印度香饭和咖喱角等传统食物为主，价廉物美，分量十足。印度香饭（Biryani，源自波斯语，意为"烤制的"），属于中东和南亚菜，使用咖喱、印度香米、肉、蔬菜和酸奶混合烹饪而成。另外，中国菜和菲律宾菜在巴林也占有一席之地，价格略高，菜品更为精致。在麦纳麦的大型购物中心内还遍布着各式各样的美式快餐店，尽管服务快捷，但价格不菲，相同份量的快餐售价约是当地普通餐馆的两倍左右。

巴林人喜欢甜食，最著名的甜品当属"穆哈玛尔"（Muhammar）和"舒威迪尔"（Showaiter），香甜可口的滋味令人欲罢不能。穆哈玛尔是一种将棕色大米拌入糖或椰枣的甜食，舒威迪尔是一种由玉米淀粉、藏红花、蜂蜜和各种坚果制成的果冻甜品。

巴林人喜欢喝咖啡、矿泉水、红茶和橙汁。咖啡是巴林人的传统饮料。巴林人请客人喝咖啡有一套考究的工序，先将一勺咖啡粉和三杯清水倒入煮锅，加热约2分钟。趁着咖啡溶解的间隙，主客双方互相寒暄问候。随后，可根据个人喜好加入小豆蔻和藏红花玫瑰水，再煮5到10分钟。最后将煮好的咖啡倒入一个小杯中。客人饮完第一杯后，可以要求续第二杯，也可以左右晃动杯子，示意无需再续。

正如中国人喜欢喝茶，阿拉伯人对咖啡和水烟情有独钟。巴林随处可见的咖啡馆和水烟馆是当地人重要的社交场所。人们悠闲地围坐一圈，兴致盎然地侃侃而谈，或惬意悠闲地喝着咖啡，或抽着芳香四溢的阿拉伯水烟，演绎着神秘而慵懒的天方夜谭。

巴林是伊斯兰国家，正式宴请用清真餐，禁食猪肉和含酒精饮料。尽管如此，却还是可以在巴林的很多饭店买到酒精饮料和猪肉。

第四节　古今婚俗

像巴林这样的伊斯兰教国家，宗教在人们的婚姻生活中发挥着举足轻重的作用。直到今天还可以说，巴林人的婚姻是以伊斯兰教为基本准则的。尽管伊斯兰教对于穆斯林的婚姻有着普遍的适用性，但是巴林古今婚俗已有很大不同，主要体现在以下几点。

1. 结婚年龄明显推后。过去，男性结婚年龄一般是14—20岁，女性是9—15岁。现在，男性结婚年龄一般是20—26岁，女性是18—25岁，若女性超过30岁就会被认为是嫁不出去的"老处女"。

2. 婚姻当事人更有选择权。过去实行的是包办婚姻，一般都是根据父母或者媒人的建议，与自己的表兄妹或者堂兄妹联姻，夫妻双方在结婚之前没有发表自己意见的权利。男性与自己家族之外的女性结婚是很少见的，若真依照自己的意愿结了婚，这名男性与其家人之间就会产生一种敌对的关系。现在的婚姻一般是男方先做出选择，还须征得女方同意，家人一般不会对他们施加压力。

3. 求婚。过去的订婚一般都是由姑妈或者姨妈到女方家里表达男方的意愿。若女方同意的话，男方的父亲或全家会约见女方的父亲并与其商量结婚费用问题。现在则是男方的母亲及其姐妹询问女方的意愿，若女方同意的话，男方会亲自与女方商定结婚费用问题。

4. 订婚。巴林人订婚一般在晚上，也需要选定良辰吉日，邀请谢赫或见证人。《古兰经》指出："你们在男子中邀请两人作证，如果没有两个男人，那么，从你们所认可的证人中请一男二女来作证。"（2：282）①订婚的时候，见证人会询问女方的父亲关于聘礼的金额，男方需要用一匹绿色

---

① 本书所引《古兰经》经文，均出自马坚译本，中国社会科学出版社，1986年版。《古兰经》经文引用采用国际通行的惯例，如此处（2：282）表示经文引自《古兰经》第2章第282节。

的布把聘礼包裹起来，交给女方的父亲。《古兰经》提到："你们应当把妇女的聘仪，当作一份赠品，交给她们。如果她们心甘情愿地把一部分聘仪让给你们，那么你们可以乐意地加以接受和享用。"（4：4）聘礼是伊斯兰教保护妇女的一种经济手段，是一份赠品，而非彩礼，其多寡取决于男方的经济能力和女方情谊。尽管聘礼的金额随着经济形势的变化会有差异，但是普通人家的聘礼一般不会少于1500巴林第纳尔（大约4000美元）。此外，男方还得支付婚礼当天厨师的费用、新娘买首饰、衣服、香水和家庭用品的费用等。订婚次日，男方的父亲带着礼物（通常是鱼）前往女方家里，男方的女眷也会挎着装满发酵饼、坚果、甜点和衣服的篮子，一路上载歌载舞前往女方家里。在农村，以前出席订婚仪式的只有男女双方的父亲、谢赫、见证人，现在则是所有的亲朋好友甚至全村的人都会出席，不但需要为他们供应饮料，而且需要准备晚餐。

5. 婚前交往。传统上，正式结婚之前，男方不能与未婚妻见面或者谈话。但是自20世纪70年代以来这个传统逐渐淡化，男方会编造各种借口登门拜访女方，甚至男方会每个晚上都去女方家里。现在的人们已经逐渐习惯了这个新的现象，若男方不去未婚妻家里的话，甚至很可能会被人们怀疑"有病"。

6. 宣告结婚。婚礼之前的三天，男方一般都会邀请亲朋好友和村里人来家里聚会。外村朋友一般由男方父亲邀请，同村里的人由一个叫做"阿宰穆"的人负责召唤。现在则是用邀请信或者在墙壁、电线杆、清真寺张贴告示邀请大家。

7. 圆房的日子。圆房的日子不能是月初或月末那一天，也不能在伊历的一、二月，最好是某个伊玛目的诞辰，很多人会选择星期五聚礼日。现在一般是男方选定圆房的日子，再告诉女方及其家人。

8. 新娘的婚服和装扮。新娘通常会穿着绿色的服装和绣花的裤子，带着脚镯、戒指和项圈。现在的新娘一般都穿白色的连衣裙。以前的新娘梳洗完毕之后还会把麝香、茉莉花、番红花等插在头上，玫瑰花水喷在身上，涂上眼黑和口红，手脚涂抹花粉软膏。现在一般都是全套的现代妆容和时尚的发型。

9. 婚礼当天。以前，新郎家里通常是邀请亲朋好友和邻居来享用一个星期的午宴和晚宴，新娘家里也会在结婚的前一天邀请亲戚和女眷来吃午宴。现在，很多人家中午只供应饮料而已，还有的夫妻会选择外出度蜜月。过去，女方村里人会在日落之前把新娘送到新郎家里。现在是男方携带自己姐妹用车队去女方家里接新娘，一路上鸣放汽车喇叭，奏出各种欢快的音符。新郎出门之前，亲吻自己的母亲，征得母亲同意之后，去清真寺念诵"圣纪"祈福。新娘到了之后坐在新郎房间的椅子上，女眷们念诵"愿真主赐福给你"。之后，新郎揭开新娘的面纱，取下戴在她头上的斗篷，双膝跪下，祈求真主赐福于未来。

10. 婚后生活。以前，大都是一家人住在一起，包括父母、孩子、祖父母和其他亲戚等。所以，结婚以后一般是新娘嫁到新郎家里，与新郎及其家人住在一起。现在越来越多的年轻夫妇选择独立居住。性别与年龄在巴林家庭中扮演着至关重要的角色。在多数传统家庭中，父亲为一家之主，是生活来源的主要提供者。在传统的伊斯兰文化中，妇女承担着养育孩子和操持家庭的责任。然而近些年来，随着夫妻同时在外工作的现象越来越普遍，家务的重担一般会落在仆人身上。如今多数家庭的重大事务，都是由夫妻双方共同商量决定的。

值得关注的是，如今巴林的年轻一代正面临着前所未有的婚姻危机，很大一部分原因缘于高额的聘礼。近年来女方要求的聘礼越来越高，一般经济状况的男性难以承担，导致社会上出现了适龄女性嫁不出去的现象。因此，巴林30—40岁的大龄女性婚嫁问题日益突出。另一方面，巴林男性因为支付不起本国女性要求的聘礼而同外国女性结婚的现象越来越普遍，这样一来，巴林本国适龄女性嫁不出去的现象还会愈加严重。

第五节　丧葬习俗

丧葬习俗反映的是人们的生死观，在不同地区有不同形式。巴林的丧葬习俗基本上就是伊斯兰教的丧葬习俗。

伊斯兰教认为死亡只是从今世过渡到后世的一个阶段。世界末日那天，每个人都会复生，并在真主面前接受审判，审判的依据是每个人在今世所作的善恶。穆斯林相信，今世是短暂的，后世是永恒的，今世应努力耕耘，为永恒的后世做好充足的准备。所以，穆斯林不害怕死亡，不因死亡而恐惧，他们认为人死是必然的。对此，《古兰经》多处提到："不得真主的许可，任何人都不会死亡；真主已注定个人的寿限了。"（3:145）"人人都要尝死的滋味。在复活日，你们才得享受你们的完全的报酬。谁得远离火狱，而入乐园，谁已成功。今世的生活，只是虚幻的享受。"（3:185）

穆斯林临终的时候，最好躺在一个安静的环境里。如果条件允许，亲属最好都守在身旁。穆斯林临终时一般会趁着头脑清醒的时候立下遗嘱，向真主忏悔自己一生的所作所为并祈求真主宽恕，亲自念诵清真言或者由别人代念。

伊斯兰教提倡速葬。伊斯兰教本着"入土为安"的精神，主张从速埋葬亡人。伊斯兰教法规定，亡人三日之内必葬，不择时日，不问风水，就地而葬。伊斯兰教认为，人从泥土而来，死后人的血肉之躯葬于大地，复转成泥土，是一件很自然、清净的事。所以穆斯林都用土葬的形式，这同时也体现了穆斯林复命归真、视死如归的人生态度。

穆斯林的葬礼是一种生者对亡人的告别仪式，葬礼之后亡人启程走向后世。葬礼之前，亡人的遗体必须用清水洗净，白布裹身，放在葬礼现场。参加葬礼的人都要举行大小净，穿戴也要干净，为亡人举行"站礼"。伊斯兰教主张"薄葬"，就是说不管一个人生前多么富有，死后都是一匹白布裹身而去。葬礼结束之后，亡人遗体被运往墓地安葬。送葬的过程是为亡者祈祷和沉思死亡意义的时刻，一般要克制感情，切忌嚎啕大哭。

穆斯林的葬礼庄严肃穆，宁静平和，其特点可以概括为：速葬、土葬、简葬。巴林前埃米尔伊萨虽贵为国家元首，但并没有举行规模宏大的葬礼。1999年3月6日，伊萨突然去世之后，身披绿色寿衣，被人抬到清真寺举行了一个祷告仪式之后便下葬了，前后时间不足24小时。

第十二章 妇女解放

伊斯兰国家的妇女及其社会地位和发展状况是世人瞩目的焦点之一。妇女是巴林社会的一个重要组成部分,巴林妇女在阿拉伯国家中受教育程度最高,在海湾国家的妇女解放运动中也走在前列。

第一节 穆斯林妇女

伊斯兰教兴起之前,包括巴林在内的整个阿拉伯半岛都处于部落社会形态,妇女地位极其低下。她们像商品一样可以被随意买卖,被男性当作财产继承,男性可以毫无节制地娶多个妻子。阿拉伯人把生女孩当作一件耻辱的事,甚至形成了活埋女婴的陋俗,阿拉伯妇女地位之低下可见一斑。

很多人认为伊斯兰教对妇女采取歧视政策,穆斯林妇女没有名分、没有地位,饱受虐待。事实上,伊斯兰教在历史上极大地解放了妇女。美国女权主义学者邓尼丝·卡莫迪说:"学者们一致认为,穆罕默德的启示对于妇女来说是给她们带来了相当大的好处,因为伊斯兰教兴起之前,阿拉伯妇女几乎还没有任何权利。"[①] 伊斯兰教不仅高度重视妇女,提出男女同根同源,男女人格平等的理念,还使妇女在宗教、婚姻、家庭、政治、经济、文化、教育、社会等领域都享有一定的权利和权益,全面提高了阿拉伯妇女的地位。

---

① [美]D.L.卡莫迪著,徐钧尧、宋立道译:《妇女与世界宗教》,四川人民出版社,1989年版,第153页。

第十二章　妇女解放

伊斯兰教对于妇女的保护性措施包括：一、伊斯兰教禁止活埋女婴的陋习，要求穆斯林爱护女童；二、伊斯兰教禁止无限制的一夫多妻制，规定在符合条件的情况下最多可以娶四位妻子。

妇女是伊斯兰国家和穆斯林社会的重要组成部分，具有极其重要的作用。这是因为穆斯林妇女在伊斯兰社会具有基础性作用，《古兰经》赋予妇女社会、经济等方面的具体权利，这要比西方妇女获得类似权利早很长时间。

伊斯兰教没有剥夺妇女的财产权，而是赋予她们保留、支配自己钱财、遗产的权利，以及把财产转入自己名下的权利。关于继承权，《古兰经》提到："男子得享受父母和至亲所遗财产的一部分，女子也得享受父母和至亲所遗财产的一部分。"（4：7）规定女子继承的财产等于男子继承的1/2。伊斯兰教还赋予穆斯林妇女作证的权利，规定两个女子的证词抵得上一个男子的证词。婚姻并不改变她们的地位，也不逼迫她们改变自己的姓名或采用丈夫的姓，她们依然是独立存在的。由此可见，伊斯兰教的兴起在一定程度上提高了穆斯林妇女的地位，甚至走在同时代世界其他地区的前列，具有一定的历史进步性。另一方面，《古兰经》和伊斯兰教法的神圣性和权威性也使公元7世纪穆斯林社会的政治、经济、文化发展模式固化，并长期延续下来。

妇女解放运动是社会发展到一定历史阶段的产物。20世纪以来，穆斯林妇女开始觉醒，她们在争取自身解放的同时，积极投身民族解放运动。各国有识之士看到了穆斯林妇女的力量，开始提倡妇女解放。20世纪20年代，巴林妇女的地位就得到了很大程度的提高。70年代，大多数伊斯兰国家都通过国家立法或家庭立法提高穆斯林妇女的地位，包括巴林在内的海湾阿拉伯国家的妇女解放运动也取得了一定进展。

第二节　伊斯兰婚姻中的妇女

婚姻，是指遵循特定时期特定地区的社会制度、文化和社会伦理道德规范的男女两性的结合。婚姻是组建家庭的前提条件，家庭则是任何社会不可缺少的基本单位,是人类和社会生存和延续的基本组织。因此,任何一种文化,任何一个民族对婚姻制度都十分重视。

伊斯兰婚姻在今天的阿拉伯国家仍然十分盛行。这使得阿拉伯国家的男性仍可从法律上获得多妻的许可,在一定程度上导致了阿拉伯国家妇女地位低下。但从历史角度看,伊斯兰婚姻制度终结了先前的道德沦丧、女权低下、无限制的多妻制等社会现象,无疑是一个很大的进步。伊斯兰婚姻制度限制多妻、增加妇女的自由,有一定的历史进步性。

一、鼓励结婚

伊斯兰教法规定,穆斯林男女成年后缔结婚姻,组成家庭是他们的义务。独身寡居遭反对,而忽视结婚往往也招致众人的非议。《古兰经》有多处强调男女两相结合的重要性,认为婚姻是真主的恩赐,如:"真主的一种迹象是:他从你们的同类中为你们创造配偶,以便你们依恋她们,并且使你们互相爱悦,互相怜恤。"(30:21)"你们中未婚的男女和你们的善良的奴婢,你们应当使他们互相配合。"(24:23)"真主以你们的同类做你们的妻子,并为你们从妻子创造儿孙。"(16:73)穆罕默德也曾说过:"有婚娶能力者都应当结婚。"穆罕默德时代,有些穆斯林情愿为了专心致力于宗教功修而不娶不嫁,过独身生活。这一想法不但没有得到穆罕默德的鼓励和赞扬,反而受到他的批评和否定。他说:"结婚是我的道路,不力行圣行者,不是我的教民。"

尽管世界上各大宗教对于男女结婚的态度千差万别,但是伊斯兰教鼓励男女结婚,认为婚姻是一种神圣、崇高的行为。伊斯兰教正是以结婚这样一种合情合理、具有相当约束力的正当婚姻,彻底消除可能滋生种种败坏社会道德的不合理的情欲观念,从而在根本上杜绝卖淫、嫖娼、淫乱等犯罪行为。可以说,伊斯兰教对待婚姻问题中庸、理性的态度,既是对成年男女的一种怜恤与关爱,也是对整个人类社会文明与发展的一大贡献。

二、择偶自主权

《古兰经》充分尊重人们的婚姻自主权,承认男女有权择偶:"婚姻是真主赋予男女双方为爱情生活结合的权利,这种权利有如契约,必须双方完全自愿协定。"再次,伊斯兰教明确承认结婚双方的求允和承诺是婚姻成立的根本因素,但其前提是相信真主的前定。《古兰经》还特别强调妇女择偶自由,旁人不得无故干涉:"当她们与人依礼而互相同意的时候,你们不要阻止她们嫁给她们的丈夫。"(2:232)穆罕默德曾说:"未获姑娘同意,不能婚娶她,未获寡妇同意,也不能婚娶她";"不论寡妇或处女,没其许可,别人不得作主缔结婚约"。尽管伊斯兰教上述规定在过去很长时间里都没有得到很好的执行,但近年来巴林人已拥有了很大的婚姻自主权。

三、择偶标准

信仰是穆斯林择偶的第一标准。《古兰经》曰:"恶劣的妇女,专配恶劣的男人;恶劣的男人,专配恶劣的妇女;善良的妇女,专配善良的男人;善良的男人,专配善良的妇女。"(24:26)。伊斯兰教法规定穆斯林男子不得同伊斯兰教、犹太教、基督教和琐罗亚斯德教以外的任何女子通婚;穆斯林女子不得同非穆斯林男子结婚。《古兰经》告诫穆斯林说:"你们不要娶以物配主的妇女,直到她们信道。已信道的奴婢,的确胜过以物配主的妇女,即使她使你们爱慕她。你们不要把自己的女儿嫁给以物配主的男人,直到他们信道。已信道的奴仆,的确胜过以物配主的男人,即使他使你们爱慕他。这等人叫你们入火狱,真主却随意地叫你们入乐园和得到赦宥。"(2:221)这些规定,其实质是在维护伊斯兰教的尊严,保证婚姻在宗教层面上的纯洁性。所以,若有非穆斯林爱上了穆斯林并想要结婚的话,非穆斯林的一方必须改信伊斯兰教,然后才可以跟对方结婚。

四、婚姻禁律

伊斯兰教明文规定禁止血亲、姻亲婚姻和乱伦婚姻。《古兰经》第四章妇女章提到:"你们不要娶你们的父亲娶过的妇女,但已往的不受惩罚。这确是一件丑事,确是一件可恨的行为,这种习俗真恶劣!"(4:22)"真主严禁你们娶你们的母亲、女儿、姐妹、姑母、姨母、侄女、外甥女、乳母、同乳姐妹、岳母,以及你们所抚育的继女……真主还严禁你们娶你们亲生儿子的媳妇,和同时娶两姐妹。"(4:23)

在海湾国家,已婚夫妻有亲属关系的婚姻家庭占的比例相当高。但是巴林家庭中已婚妇女与丈夫有不同程度的亲属关系的比例和与堂兄、表兄结婚的比例都是最低的,分别占39%和23%。

五、妻子数量

伊斯兰婚姻中被世人误解和歪曲最多的就是"一夫多妻制"。伊斯兰教在原则上主张一夫一妻制,但在特殊情况下实行有限的一夫多妻制。这种特殊情况指的是:一、恐怕孤儿不能得到公平对待;二、能确保公平地对待众妻。如果能满足这两个条件,"那么,你们可以择娶你们爱悦的女人,各娶两妻、三妻、四妻;如果你们恐怕不能公平地待遇她们,那么,你们只可以各娶一妻,或以你们的女奴为满足。这是更近于公平的。"(4:3)从以上规定看,伊斯兰教最多允许穆斯林同时拥有四个妻子,且这几个妻子之间的关系是平等的。因此,伊斯兰婚姻被认为是有限的一夫多妻制。

事实上,并不是每个巴林人都愿意娶四个老婆。调查显示,现在大多数巴林家庭是一夫一妻,只有大约9%—11%的家庭是一夫多妻。农村一夫多妻的家庭比例高于城市,农村占14%,城市占5%。①

六、离婚

伊斯兰教鼓励结婚,也允许离婚,但同时强调"离婚是在真主允许的所有合法事物中最令人讨厌的事情",要求人们慎重对待离婚,不要草率行事。

伊斯兰教规定,丈夫可以在妻子月经干净并证明未怀孕之后两次提出离婚(休妻),之后若有悔意还可以复婚,但是第三次离婚之后,就不可以复婚,除非妻子通过正常、自然的方式改嫁后又离了婚或丈夫死亡,那么,才可以和原来的丈夫重新缔结婚约。《古兰经》提到:"休妻是两次,此后应当以善意挽留(她们),或以优礼解放(她们)。你们已经给过她们的财产,丝毫不得取回,除非夫妻两人恐怕不能遵守真主的法度。如果你们恐怕他们俩不能遵守真主的法度,那么,她以财产赎身,对于他们俩

---

① 马寿海:《海湾国家妇女婚姻、生育及婴幼儿健康状况》,《人口与计划生育》,1998年第1期。

是毫无罪过的。这是真主的法度,你们不要违犯它。谁违犯真主的法度,谁是不义的人。"(2:229)

七、离婚再嫁

与伊斯兰教兴起之前歧视妇女、反对妇女再嫁的恶习不同,伊斯兰教允许离过婚的妇女再嫁,认为男子向"待婚"妇女求婚是正当的,应当给她们提供一切机会,而不能破坏它。"如果你们休妻,而她们待婚期满,那么,当她们与人依礼而互相同意的时候,你们不要阻止她们嫁给她们的丈夫。"(2:232)至于改嫁给谁?《古兰经》有明确的规定:"如果他休了她,那么,她以后不可以做他的妻子,直到她嫁给其他的男人。如果后夫又休了她,那么,她再嫁前夫,对于他们俩是毫无罪过的,如果他们俩猜想自己能遵守真主的法度。"(2:230)即她改嫁的男人不能是刚休了她的男人,而是其他的男人。

尽管近些年来,巴林日趋现代化,但多数巴林人仍固守传统的阿拉伯生活习俗,其中包括伊斯兰婚姻制度。他们的家庭生活依然受到部落制度和伊斯兰教信仰的双重影响。前者与伊斯兰教法依然是构成巴林社会习俗、法律体系以及生活实践的基础。

第三节 巴林妇女解放运动

历史上,巴林妇女的职责主要是相夫教子、照顾家庭。为了谋生,生活艰苦的巴林妇女与丈夫一起打拼。嫁给渔民的妇女,协助丈夫洗鱼、卖鱼。嫁给农民的妇女,协助丈夫种地、卖农产品。城里的妇女大多在家里操持家务、照顾孩子,富人家里一般都会雇佣保姆做家务。此外,巴林妇女还擅长编制传统织物。虽然家庭在巴林社会中具有关键性作用,但这绝不意味着巴林妇女的作用仅局限在组成家庭方面,或者说仅局限在为家庭服务和生养后代方面,巴林妇女懂得如何协调自己的利益和对家庭、社会的责任。

一、独立前的妇女解放运动

与埃及和沙姆地区比较,海湾的妇女解放运动开始得较晚,但是巴林的妇女解放运动在海湾各国来说还是走在前面的。这与巴林较早开展女子教育、巴林报业的发展等都有很大关系。1924年,巴林在海湾国家中率先举行了全国范围的选举,巴林妇女也参加了这次选举。当时,包括英国在内的欧洲国家都还禁止妇女参加竞选。因此,巴林的这次选举被誉为是一次重大的里程碑式的成就,既见证了巴林人民的整体政治参与,又见证了巴林妇女这个群体的首次政治参与。后来,在1945—1965年的民族运动中,巴林妇女积极参与反抗英国殖民统治的游行示威,促成了巴林妇女解放运动的第一次高潮。期间,巴林妇女提出了获得与男性同等权利的要求和脱去面纱的倡议。20世纪50年代,有一批巴林妇女在开罗和贝鲁特接受教育,她们回到巴林之后担任了巴林女子学校的教师或校长。黎巴嫩女作家茹兹·葛丽博曾在《巴林之声》报上发表文章,呼吁妇女走出家门,参加工作,参与政治。1955年,巴林建立了海湾第一个妇女协会"巴林妇女发展协会",之后又成立了(妇女)混合职业协会和(妇女)政治协会。1959年,巴林建立了第一所护理学校和卫生学院,为巴林妇女进入医护领域就业打开了大门。1960年,巴林妇女儿童保护协会宣告成立,主要成员是巴林的统治家族和富商贵族。1965年,巴林成立了海湾第一个妇女社会组织。1970年,巴林成立了阿瓦勒妇女协会和里法文化慈善协会,其成员大多是教师、职员等新兴的中产阶级。

二、独立后的妇女解放运动

巴林独立之后,妇女获得了更多的权利和自由。1974年,巴林成立了主要由富商、外交界人士、经理人和外国实业家组成的国际性妇女组织"巴林国际妇女协会",旨在向外国侨民介绍巴林文化和巴林妇女解放运动取得的进步,发展至今已有20多个国家的近200名会员。20世纪80年代,有一批在科威特、开罗和贝鲁特学成回国的巴林女性加入巴林妇女发展协会,她们受当时的学生运动和政治运动的影响较深,积极投身于要求妇女权利的解放运动中去。1986年,巴林大学的建立为巴林妇女接受高等教育提供了良机,也唤醒了她们的权利意识和平等意识。20世纪90年代,巴林加入了三个保护人权的国际公约。1990年加入《联合国消除一切形式种族歧视国际公约》,1992年加入《联合国儿童权利公约》,1998年加入《联合国禁止酷刑及其他残忍、不人道或有辱人格的待遇或处罚公约》。巴林加入上述国际公约,在一定程度上保护了巴林妇女和她们的权益。1994—1999年,巴林妇女争取权利的呼声高涨,她们联名给伊萨埃米尔提交了诉状。

世人对穆斯林妇女,包括巴林妇女的印象或者想像大多是没知识、没文化、没权利、不能驾车、任人摆布、饱受委屈、从头到脚用黑布严密包裹着、活着只为了满足男性家庭成员的要求。产生这种极端形象的主要原因是西方人从西方的原则和意识形态出发看待穆斯林妇女,而没有考虑现今伊斯兰国家的实际情况。

但是,巴林社会上一些传统的"禁区"还是不能触碰。1999年"巴林公主与美国水兵约翰逊私奔事件"在阿拉伯人看来就是一个严重违反巴林社会风俗和伊斯兰教规的重大事件。与大多数伊斯兰教国家一样,巴林妇女若未征得父亲的许可就私下与人约会,会被视为有损于家庭、家族和部落名望。巴林公主与非穆斯林男子私奔美国,更是违反了伊斯兰教关于穆斯林妇女不得嫁给非穆斯林的教规。巴林公主自己断定:如果回到巴林,保守的教长会以"王公违法与庶民同罪"为由,鼓动他人一起攻击和伤害她。她说:"我做的事情,在我们国家看来无异于犯下了滔天大罪。我居然爱上了一个非伊斯兰教徒,更糟糕的是,他居然还是美国人。"约翰逊说:"如果她回国,我想他们一定会杀了她。她让王室蒙羞,为了维护声誉,他们一定会报复。"[1]

第四节 当代巴林妇女

长期以来,巴林社会上有两种互相矛盾的妇女观:本土的传统要求妇女局限在私人生活领域,限制她们参与公共生活;现代化的观点则肯定妇女的权利和地位,鼓励她们积极参与公共生活。尽管当代阿拉伯妇女解

---

[1] 陈凤丽:《巴林公主与美国大兵私奔》,《环球时报》,2000年7月18日第3版。

放运动取得了不小的成绩,但是很多阿拉伯国家的妇女在政治权利和社会地位等方面仍然处于与男性不平等的地位,她们在教育、卫生、就业、资源分配等方面均处于劣势。当代巴林妇女的受教育程度在阿拉伯国家中最高,她们活跃在巴林的各个领域。近年来,巴林妇女的参政议政能力在海湾国家已处于领先地位。

一、妇女解放

自哈马德国王进行民主改革以来,巴林政府努力促进男女平等,保证巴林妇女有更多机会涉足政治事务和社会公共事务。男女平等意味着无论在社会活动还是政治进程中,男女之间建立一种真正的伙伴关系,也意味着男女承担着共同的社会责任。在尊重社会基本价值观与行为准则的框架下,巴林妇女能够充分表达自身意愿并拥有行使权利的自由和更多的自主权。现在的巴林妇女三五成群,甚至独自一人在商场购物的情景在巴林比比皆是——这在其他伊斯兰国家还是比较少见的。更多时候,巴林妇女不再黑袍裹身、黑纱蒙面,她们或在果汁摊上买上一杯饮料,或聊天说笑,或在商店橱窗旁驻足,或在某一家高级餐厅吃饭,这些在巴林均已不足为奇。她们开出租车、骑马、公开为F1大奖赛加油助威,可谓活力无限。除了哈马德国王具有的民主意识和巴林妇女积极争取政治参与权之外,新闻媒体和社会舆论在提高妇女地位、发挥妇女作用方面也起到了相当重要的作用。

2002年宪法关于女性政治权利的内容体现了男女平等,如:"公民,包括男性和女性公民,有权参与公共事务并享有政治权利,……不可剥夺公民的选举和被选举权","国家保证协调妇女的家庭义务与其在不违背伊斯兰教法规定情况下的社会工作,以及与男子在政治、社会、文化、经济生活中的平等"。

2002年,巴林加入了《消除对妇女一切形式歧视公约》,这是联合国为消除对妇女的歧视、争取性别平等而制定的一份重要的国际人权文书,它确立规则,保障妇女在政治、法律、工作、教育、医疗服务、商业活动和家庭关系等各方面的权利。第二条规定法律面前一律平等,禁止任何法律中出现歧视妇女的条款,确保在伊斯兰教法范围之内予以实施。第四条第15款规定妇女在自由迁移和选择住宿地方面与男性平等。第十六条规定在婚姻、家庭关系中消除对妇女一切形式的歧视。

巴林妇女为了维护自身权利、追求自由，还积极呼吁国家建立统一的《家庭法》和《个人状况法》。

二、政治权利

2001年2月，巴林全国公投通过的《国家行动宪章》赋予公民选举权，这意味着巴林妇女有史以来第一次享有了选举权和被选举权，被认为是巴林乃至整个海湾地区妇女解放和妇女参政史上开创性和标志性的事件。[①] 2001年5月9日，巴林举行地方选举，这是海湾国家妇女第一次行使选举权和被选举权，共有31位巴林妇女成为候选人，占候选人总数（320名）的9.68%。尽管参加投票的女性人数在第一轮和第二轮的投票中分别达到51%和55%，最后却没有一名女性候选人成功当选。对于这次妇女参加选举，保守的伊斯兰政治派别表示反对，也有60%的妇女说她们没有把选票投给女性候选人。这说明一个问题，就是尽管巴林妇女在选民数量上占有优势，但是她们中很多人还没有从思想和行动上认同妇女参政，依然固守尘封在延续了数千年的传统观念和价值观里不能自拔。总体上看来，巴林妇女还需要解放思想、加强权利意识和参政意识。

2002年2月，新出台的巴林宪法规定，妇女有选举权和被选举权，在任何场合享有言论自由。2002年10月24日，巴林议会众议院选举中，有8名女性候选人参选，占候选人总数的4.5%，其中2人进入第二轮选举，一些女性候选人获得了较高的票数。虽然最后没有妇女当选，但整个巴林妇女群体的政治、法律以及社会地位都在发生着可喜的变化。2002年，包括1名基督教徒在内的6名巴林妇女获得协商会议席位，占到议员总数（40名）的15%，妇女在巴林政治决策领域中的地位有了大幅的提升。

2006年11月25日，有16名女性候选人参加了第二届国民议会众议院选举，占到候选人总数（206名）的7.7%，表明巴林妇女参政意识逐步增

[①] 丁隆：《巴林变法：一个海湾酋长国的民主试验》，《国际商务》（增刊），2003年第5期。

强。最终，时任巴林财政部人事司司长拉提夫·加乌德女士当选，她也成为海湾国家通过直选当选的第一位女议员。这次选举中，大部分女性候选人来自左翼协会或是独立人士。另有10名女性进入协商会议，占到议员总数（40名）的25%。但也有保守的宗教团体对妇女参政持反对态度，如"萨拉菲传统协会"就公开反对妇女参选。

近年来，巴林妇女参政比例比以往有了显著提高。2010年10月，有8名女性候选人参加了第三届国民议会众议院选举，占到候选人总数（127名）的6.3%，结果有1名女性候选人成功当选，1名妇女在市政选举中胜出，并担任所在选区市议会主席一职，妇女在协商会议中占到27.5%的比例。在2011年的议会补选中另有3名妇女当选众议院议员。2014年第四届国民议会众议院选举中有3名妇女当选，另有3名妇女在地方议会选举中当选。

三、社会就业

巴林率先在海湾国家中推行免费教育制度，使巴林妇女的受教育程度普遍较高，为她们实现充分就业打下了坚实的智力基础。现在，巴林妇女的就业率在海湾国家中首屈一指。

20世纪90年代初，妇女约占巴林就业总人数的15%，这一数字远远高出其他海湾国家妇女就业的比例。巴林妇女就业呈现的惊人增长始于20世纪70年代。1971年到1981年期间，妇女就业比例从3.8%上升至13.3%，多数供职于传统意义上适合妇女的职业，如教师和护理行业等。然而从20世纪80年代初起，妇女就业范围逐渐扩展至行政、银行、商业、贸易、金融、工程和公务机关等行业。在一些服务性行业中，巴林妇女从业比例在2001年接近34.27%。巴林的职业妇女大多数为单身或未婚，她们从中等或高等学校毕业之后，通常会工作2至5年再考虑结婚成家。

为了鼓励更多已婚妇女外出就业，巴林政府制定了相关法律，以维护她们的权益，促进巴林籍国民尤其是巴林妇女的就业。如：要求雇主必须给予育儿妇女产后45天带薪产假和15天半薪产假。另外，雇主还必须向产妇提供一定期限的护理补助。法律明文规定禁止以任何形式歧视妇女就业。巴林独有的开明风气，让越来越多的妇女有了自己的声音。越来越多的妇女在银行、商店、医院、电视台、公司担任各种职位，她们有的穿着西式便服，操着流利的英语，穿梭在巴林的各个写字楼里；有的尽管还穿着长袍、披着头巾，但大都会热情大方的跟你微笑、握手。据统计，现在巴林公务员队伍里妇女比例已经占到46%。妇女爆发的活力，令巴林"动感十足又含情脉脉"。

四、杰出妇女典型

进入新世纪以来，巴林社会中涌现出一批积极活跃、成绩斐然的妇女，她们在政治、法律界的影响力不断增强。2000年初，哈亚·拉希德·阿勒哈利法被任命为驻法国大使，成为巴林第一位女大使。2004年，纳达·哈法兹被任命为卫生部部长，成为巴林第一位女部长。随后，法蒂玛·巴露什于2005年被任命为社会发展部部长。2005年4月，阿里斯·萨姆阿主持协商会议，这在阿拉伯世界也是首次。2006年，莫娜·卡瓦里被任命为巴林最高民事法院法官，她也是海湾国家中的第一位女法官。另外三位杰出的巴林妇女是露艾露艾·宾特·穆罕默德·阿勒哈利法、哈亚·拉希德·阿勒哈利法和多哈·齐亚妮。

露艾露艾·宾特·穆罕默德·阿勒哈利法，1930年出生在穆哈拉格省，多年来为争取巴林妇女权利奔走呼号。她曾负责建立巴林妇女儿童保护协会并担任主席，担任残障儿童保障协会、妇女儿童信息协会以及个人事务委员会等机构的主席职务，参与成立巴林最高妇女委员会和妇女权利保护机构。对于巴林妇女获得的权利保障，她认为这不仅应归功于那些来自叙利亚、黎巴嫩和埃及的女教师为巴林妇女提供良好的教育环境，更重要的是巴林男性知识分子对她们的宽容开放态度，他们赞成妇女接受教育，并自由穿梭在不同的工作领域。

2006年6月8日，时任巴林王室法律顾问的哈亚·拉希德·阿勒哈利法女士当选为联合国大会第61届会议主席。哈亚是最早在巴林从事法律工作的两位妇女之一，她还曾在国际律师协会等多个国际法律组织担任高级职务。1997—1999年，哈亚在国际律师协会担任仲裁和解决争端委员会副主席，是担任该职务的首位中东妇女。除了在法律领域起到开创作用之外，她还担任过重要的外交职务，2000—2004年担任巴林驻法国大使，兼任驻比利时、瑞士和西班牙的无任所大使。她同时担任巴林王国常驻联合国教科文组织代表、世界知识产权组织仲裁中心协商委员会成员、巴林驻国际商会国际仲裁法院的代表。哈亚是妇女权利的捍卫者，特别是在法律领域。她一直积极参加提高巴林妇女在伊斯兰教法法院地位的运动，倡导开明地理解适用于妇女的伊斯兰经文。她是巴林律师协会前副主席，曾为巴林文化、艺术和文学最高理事会成员。她是巴林儿童发展协会、阿拉伯妇女法律网成员。哈亚精通阿拉伯语、英语和法语三种语言，在美国、欧洲和亚洲各地举行的法律会议上宣读了许多关于外交、国际仲裁、解决争端和中东妇女地位的论文。她在科威特大学获得法学学士学位，曾在法国的邦岱翁—索邦—巴黎第一大学学习国际公法，还拥有埃及亚历山大大学民事私法和艾因·夏姆斯大学比较法研究生学位。历届联合国大会仅有三位女性主席，她是第三位，也是1969年第24届联合国大会以来的第一位女主席。①哈亚曾在2007年6月22日访问我国，在北京与时任国务院总理温家宝和外交部长杨洁篪举行会谈。她认为，中国作为安理会常任理事国和最大的发展中国家，对联合国工作做出了积极贡献，对全球有效应对新威胁和新挑战发挥了重要作用，联合国愿与中国保持并加强协调与合作。

2007年4月26日，多哈·齐亚妮被任命为巴林王国宪法法院法官，她也是海湾国家宪法法院的首位女法官。多哈曾留学埃及并获得民法学博士学位，在出任宪法法院法官前长期在巴林司法部担任总书记员等职务，并在多个法律咨询机构和协会任职。宪法法院是巴林王国的最高司法机构和最高法院，由巴林国王哈马德于2002年10月宣布成立。

五、巴林最高妇女委员会

2001年8月22日，巴林最高妇女委员会正式成立，目的是为巴林妇女

---

① 联大第六十一届主席哈亚·拉希德·阿勒哈利法阁下简历，http://www.un.org/chinese/ga/61/president/presskit/president.shtml。

提供一个表达自己意愿的通道。按照规定，政府各部门在作出与妇女有关的决议之前都必须征询巴林最高妇女委员会的意见。该委员会总部设在里法，主席是哈马德国王的夫人萨比卡·宾特·易卜拉欣·阿勒哈利法。委员会委员由16名具有丰富经验的妇女担任，每届任期三年，可连任。委员们分管教育、学术研究、健康居住环境、文化宣传、经济、社会、法律、参政、非政府组织、对外关系等方面的事务。成立之后，巴林最高妇女委员会增设离异妇女基金，专为离异妇女、儿童提供法律援助；重新修订维护男女双方权益的婚姻文件；定期召开妇女问题研讨会；成立妇女研究中心。巴林最高妇女委员会的成立在巴林妇女解放运动史上具有里程碑的意义。

巴林最高妇女委员会的主要职能是对涉及妇女发展的问题提出政策性建议，使妇女能够履行社会责任并融入国家全面发展计划，反歧视，制定妇女发展规划，解决妇女发展过程中面临的问题，协调各部门以全面落实巴林王国宪法中涉及妇女问题的条款，对涉及妇女的立法提出建议，追踪与妇女有关的国际法在巴林的执行情况，对涉及妇女的信息和文件进行认证，召开妇女研讨会，让社会意识到妇女的作用和权利，发行有关期刊杂志，完成国王交办的其他任务等。

2010年11月8—10日，巴林最高妇女委员会举办了巴林全国妇女工作会议，讨论将巴林妇女的发展纳入国家社会经济发展计划，以提高妇女地位。2013年，巴林最高妇女委员会制定了《2013—2022年巴林妇女发展国家计划》，从妇女作为男性的伙伴、妇女的竞争力、妇女事业的可持续发展和妇女的稳定发展等角度对巴林妇女的未来发展做出具体规划。2015年9月12日，以"凝聚妇女力量 共建丝绸之路"为主题的2015中国—阿拉伯国家博览会妇女论坛在宁夏举行，巴林最高妇女委员会成员哈萨·宾特·哈利法·阿勒哈利法出席并在论坛上介绍了巴林妇女工作的进展情况以及中巴妇女之间的交流合作，为中阿妇女在更多领域的交流和合作打下了良好的基础。

六、巴林妇女节

根据巴林最高妇女委员会主席萨比卡的建议，自2008年起每年12月1日为巴林妇女节。巴林妇女节得到政府各部门和各团体的高度重视，截至2015年已经连续举办了八届。巴林妇女节不但展示了巴林妇女的成就和贡献，而且也激励巴林妇女继续为国家经济建设做出更大贡献。2008年，巴林妇女节提出的口号是"我读了，我学了，我参与了"，目的是让人们意识到巴林妇女在国家发展中的重要角色。节日期间，巴林国王发表庆祝讲话，巴林最高妇女委员会主席还走访了麦纳麦的第一所女子小学。

2009年，巴林妇女节的主题是"健康"，提出了"妇女和健康安全：适应、护士和医生"的口号。萨比卡主席出席了在卫生科学学院举行的庆祝大会，并为在巴林卫生领域做出卓越贡献的女性工作人员颁发"阿瓦勒"奖。

2010年，巴林妇女节的主题是"妇女志愿工作"，提出的口号是"巴林妇女和志愿工作：55年的参与和奉献"，表达对为妇女志愿工作做出杰出贡献的人们的崇敬和感激之情。此外，巴林最高妇女委员会还宣布设立哈萨·宾特·萨勒曼·阿勒哈利法青年志愿工作者奖。

2011年，恰逢巴林最高妇女委员会成立10周年，巴林妇女节以"妇女的经济能力"为主题，提出了"经济发展中的巴林妇女：参与和奉献"的口号。萨比卡主席出席庆祝会，并对在过去10年支持巴林最高妇女委员会工作的企业进行奖励，设立杰出女实业家荣誉奖，为杰出女实业家展馆揭幕，设立妇女参与经济和实业领域的综合经济论坛。

2012年第五届巴林妇女节提出的口号是"妇女和体育：毅力、成就和未来"。2013年巴林妇女节的主题是庆祝巴林妇女在新闻领域取得的成就，希望新闻媒体在提高妇女地位和维护妇女权利方面发挥更大的作用。2014年巴林妇女节的主题是"军事领域的妇女"。2015年巴林妇女节的主题是庆祝巴林妇女在金融和银行领域取得的成就。据统计目前有1.44万人在金融和银行领域工作，其中巴林妇女占36%，她们大多都在中层管理岗位上兢兢业业，默默奉献。

第十三章 宗教信仰与传统节日

巴林是多国籍人口结构的国家,因此形成了一个多元文化的社会。宗教信仰是巴林各个历史时期社会文化的重要内容。巴林以伊斯兰教为国教,大多数巴林人信奉伊斯兰教。巴林外籍人口在宽容的氛围里和法律许可的范围内自由地信仰各自的宗教,履行各自的宗教仪式。巴林的传统节日主要是宗教节日和国家法定纪念日。

第一节 多元宗教共存

长期以来,巴林就致力于创造一个和平、进步和多样化的社会,它的宽容精神在阿拉伯世界首屈一指。在巴林工作、生活的人们,完全可以在安全、宽容的氛围里自由地信奉各自的宗教信仰并举行宗教仪式,无需担心受到歧视、迫害或干涉。

作为一个伊斯兰国家,巴林却不只有伊斯兰教,还有基督教、印度教等。尽管其他宗教在巴林并不具有普遍性或者举足轻重的社会影响力,但却形成了以伊斯兰教为主流宗教信仰,其他宗教信仰多元共存的基本态势。

伊斯兰教是巴林人信仰的主体宗教。统计数据显示,具有巴林国籍的居民中,大约有99.8%的人信奉伊斯兰教,其中什叶派约占66%—70%,逊尼派约占30%—34%。巴林的穆斯林群体结构是海湾地区独一无二的,它是阿拉伯世界什叶派比例最高的国家。尽管巴林国内什叶派人士占多数,但信奉逊尼派的哈利法家族仍是国家政治和经济权力的主要掌控者。所以,巴林国内最显著的文化差异便是国民对于伊斯兰教信仰上的差异。长期以来逊尼派和什叶派之间纷争不断,关系紧张。也正是因为这一点,信仰问题是巴林人身份归属中的首要因素。

现在的巴林，除了伊斯兰教的清真寺外，还分散着各种基督教堂和印度教神庙，供信徒举行宗教仪式。这些教堂和神庙的存在充分展现了巴林人对待其他宗教的宽容态度。这种多元宗教共存的状态，主要是由于巴林的外籍居民数量庞大，甚至超过了本国人口，大约占到巴林总人口的54%。这些外籍居民中，印度裔、伊朗裔、巴基斯坦裔和欧美裔占了相当大的比例。按照宗教信仰来看，他们中有55%是非穆斯林，其中基督教徒（包括天主教、新教、叙利亚东正教等）占巴林总人口的9%，印度教徒占8%，巴哈伊教徒占0.1%，还有犹太教、佛教、锡克教徒分布在全国各地。

需要指出的是，尽管巴林宪法确立了除伊斯兰教以外的其他宗教信仰者有活动自由的原则，但各宗教团体必须事先获得巴林伊斯兰事务部、巴林社会事务部和巴林新闻事务部批准，方可进行宗教活动。若宗教团体想开设学校，还必须事先获得巴林教育部批准。

第二节　伊斯兰教

伊斯兰教不是一般意义上的宗教，因为它不仅关注人们的精神生活，而且关注人们的物质生活；不仅为人们指明了后世，而且积极介入今世的生活。所以，伊斯兰教不仅是一种宗教信仰，而且是一种社会制度、法律制度和经济制度，一种具有广泛影响力的社会生活方式与文明方式，它对伊斯兰国家具有广泛而深刻的影响。同样，伊斯兰教在巴林的社会生活和个人生活中都起着十分重要的作用。正是在这个意义上，可以说若想了解像巴林这样的伊斯兰国家的社会与文化，就必须要深入了解伊斯兰教。

一、伊斯兰教概述

伊斯兰（Islam），是阿拉伯语的音译，意思是和平、顺从。伊斯兰教的兴起破除了阿拉伯半岛上流行数千年的偶像崇拜和血亲复仇等陈规陋习，其革命性意义在于以共同信仰取代部落血缘关系，实现了阿拉伯民族的统一。

公元7世纪初，伊斯兰教兴起于阿拉伯半岛的希贾兹地区。随后，伊斯兰教迅速扩张，发展为一个世界性的宗教。现今沙特境内的麦加和麦地那是伊斯兰教的两大主要发源地，在穆斯林心目中具有崇高的地位，有条件的穆斯林都会争取一生中至少去一次麦加，以完成"朝觐"功课。穆罕默德去世之后，围绕穆斯林世界的领导权问题产生了逊尼派和什叶派两大派别，逊尼派是多数派，什叶派是少数派，分别占世界穆斯林人口的90%和10%。

伊斯兰教的本质属性是一神教，最重要的信仰有两条：一是万物非主，唯有真主；二是穆罕默德是真主的使者。《古兰经》是伊斯兰教的根本经典，阐明了伊斯兰教的信仰和教义，是伊斯兰教法的第一渊源。《圣训》是伊斯兰教的先知穆罕默德的言行录，是伊斯兰教中仅次于《古兰经》的基本经典，涉及对《古兰经》教义思想的具体阐述，是伊斯兰教法的第二渊源，受到穆斯林高度推崇。

伊斯兰教的信仰体系由三个部分构成：信仰、功课和善行。除了鼓励多做各种善行之外，穆斯林把信仰和功课概括为六信和五功。

二、伊斯兰教的六信

伊斯兰教有六大信仰，即信真主、信天使、信经典、信使者、信末日和信前定，简称"六信"。六信是穆斯林对安拉启示的《古兰经》及其所规定的基本信条的确认和高度概括。

1. 信真主

《古兰经》开宗明义指出宇宙万物的创造者独一无二的真主，精神和物质源于他，宏观和微观属于他，现实和未来取决于他，宇宙万物皆遵循他的意旨各行其是，和谐运行。信真主是伊斯兰教六大信仰的核心和根本，是伊斯兰教的基本要求。具体来说，信真主包括相信真主的存在、真主的造物主身份、真主的神性和真主的德性和美名等四个方面。

穆斯林要相信除安拉之外别无神灵，安拉是宇宙间至高无上的主宰，是宇宙万物的创造者、恩养者、主宰者和受拜者。真主无形象、无方位、无比拟、无匹偶、无所在而又无所不在、不生而又不被生、超然绝对、自在永恒，真主全知全能、大慈大悲、支配一切而又不被一切所支配。关于真主的唯一性，《古兰经》中提到："你说，他是真主，是独一的主；真主是万物所仰赖的；他没有生产，也没有被生产；没有任何物可以做他的匹敌。"（112：1-4）另外，《古兰经》中提到："故你们当确信真主和众使者。如果你们信道，而且敬畏，那么，你们将受重大的报酬。"（3：179）

2. 信天使

天使是安拉用光所造的妙体，分布于天地之间，充当他的仆役，受安拉差遣，执行各种不同的任务，天使没有神性也没有造物者身份，它们没有性别之分，圣洁无瑕。安拉在创造人类之前已经创造了天使，它们各有分工，各司其职。有的管理天堂、地狱；有的负责惩罚不信者，斩其头，鞭其尸；有的专门呼风唤雨；有的监护人类，记录人们的行为。叛逆的天使是易卜劣厮，它在创世时不崇拜安拉，并继续引诱人们误入迷途，到末日时，它和服务于它的精灵都将受到审判。

具体而言，信天使包含四个方面。第一，相信天使的存在，他们独来独往，往返于天上人间，完成真主的任务。第二，相信所有有名或无名的天使，如吉卜利勒、米卡伊来、伊斯拉菲来等，当然那些不知道名字的天使也要信。第三，相信真主和众使者赐予这些天使的特性，如天使是有翅膀的、天使是不吃不喝的、天使能够以人的形象出现；天使是服从于真主的、天使是崇拜并赞美真主的、天使是热爱并且宽恕穆斯林的。第四，相信真主和众使者派遣给众天使的各项任务。

3. 信经典

信经典就是相信安拉在不同历史时期降示给使者们的所有经典，要相信《讨拉特》、《则逋尔》、《引支勒》这些经典中的所有内容，特别要相信《古兰经》。《古兰经》是安拉最后的启示，它证实以前的经典，并澄清以前的一切歪曲和篡改，从而取代以前的经典。"故你们当信仰真主和使者，和他所降示的光明。真主是彻知你们的行为的。"（64：8）"我降示你这部包含真理的经典，以证实以前的一切天经，而监护之。故你当依真主所降示的经典而为他们判决，你不要舍弃降临你的真理而顺从他们的私欲。"（5：48）

伊斯兰教认为,《古兰经》是安拉存在的世间表征,是安拉通过大天使吉卜利勒降给穆罕默德使者的最后一部真正的经典,是永恒的和先在的,不是被创造的。《古兰经》是最伟大的奇迹,所有的人和精灵通力合作,也不可能创造出同《古兰经》一样的妙文。"如果人类和精灵联合起来创造一部像这样的《古兰经》,那么,他们即使互相帮助,也必不能创造像这样的妙文。"(17:88)因此,穆斯林应当只信奉《古兰经》,遵守《古兰经》的教诲。作为伊斯兰教经典的《古兰经》,是伊斯兰教法学和教义学的基本源泉,是穆斯林学习宗教理论的最高标准。

4. 信使者

信使者即相信穆罕默德是安拉的使者和伊斯兰教的先知。安拉曾不断挑选和派遣先知和使者向人们布道,最重要的有阿丹、奴哈、易卜拉欣、穆萨、尔撒和穆罕默德。穆罕默德是封印的先知,因而是最伟大的先知,他是一个凡人,但无论在传说、民间故事、大众信仰中,他都被赋予一种超凡的灵气。

相信使者包含以下几个方面:第一,相信所有的使者,如果背叛了一个使者,那么就背叛了所有的使者。第二,相信先知及使者的工作和言论及安拉在《古兰经》中称呼他们的名字。有25个先知,第一个先知是阿丹,第一个使者是奴哈,最后一个先知和使者是穆罕默德。第三,相信所有的先知和使者,特别是先知穆罕默德及他所指引的正道,他是所有人的使者,他是封印的先知,在他之后没有先知,走向安拉和天堂的道路唯有追随先知穆罕默德才能到达。第四,相信使者的奇迹和证据,安拉给予了使者众多的证据来证明他们的忠诚。先知的证据是多种多样的。

5. 信末日

信末日,即信后世。后世在《古兰经》中又被称为复活日、审判日、临近日、清算日等。伊斯兰教认为,整个宇宙及一切生命,终将有一天全部毁灭,之后,复活日(后世)来临,安位使一切生命复活。复活日到来的时候,宇宙万物依安拉的命令而复活,并接受安拉最终的判决:行善的人将进入天堂,永享欢乐;作恶的人将被驱入地狱,永食恶果。

信末日包含信死后复生、信清算和因果报应、信天堂和地狱、信死后坟墓中的痛苦和恩惠。

6. 信前定

信前定,即相信世间一切事物及其变化都是由万能的安拉预先设定和安排的。信前定包括信安拉知道过去的一切事情,信第一本经典,信世间一切都是安拉的意愿,信世间万物都是安拉用其品质造的。但是,安拉在前定中也给了人相当的自由。"你们只依自己的行为而受报酬。"(37:39)伊斯兰教反对那种将一切都归于前定而不去奋斗的人生态度,认为这是对信前定的曲解。"我以你们为大地上的代治者,以便我看你们怎样工作。"(10:14)

由于人类不具备认知前定的能力,真主在人的前定与努力之中注入了美好与奥妙,如:真主将死亡隐藏于人生的某个不可知的时刻;将贫富隐藏于一生的奋斗与机遇之中;将成败隐藏于付诸的行动之中。所以,经过不懈努力与奋斗之后,欣然接受真主前定的结果,才是穆斯林对信前定的正确态度。

伊斯兰教的六大信仰是伊斯兰教最重要的构成部分,穆斯林的一切宗教行为都是围绕这六大信仰展开的。

三、伊斯兰教的五功

伊斯兰教的五大功修,即念、拜、斋、课、朝,简称"五功"。五功是伊斯兰教规定穆斯林必须履行的神圣义务和功修课程,是穆斯林实践六信的具体举措和伊斯兰教的立教基石。

1. 念

念,即念诵清真言:"万物非主,唯有真主;穆罕默德是真主的使者。"念诵清真言位于五功之首,是整个伊斯兰教信仰的核心,其他信仰皆是它的补充。"万物非主,唯有真主"说明,除真主之外,绝对没有其他任何可以崇拜的,宇宙万物的创造者真主独一无二,穆斯林不能丝毫怀疑和质疑他的唯一性。"穆罕默德是真主的使者"说的是穆罕默德是真主委派给人类的使者,穆罕默德是人,不是神。"念",是穆斯林表白和承认真主独一和穆罕默德使命的集中体现,是穆斯林一切思想和行为的轴心。

2. 拜

拜，即做礼拜，是穆斯林信仰真主的具体表现，意义重大。从时间上来说，穆斯林每年的开斋节和宰牲节还会举行盛大的会礼，每个星期五举行一次聚礼，每天礼拜五次，分别是日出时的晨礼、中午的晌礼、下午的晡礼、日落时的昏礼和睡前的宵礼。每次礼拜前都要洁净身体（小净或大净）、脱鞋进寺，礼拜时都要朝向麦加克尔白鞠躬、叩头，口中默念《古兰经》的开端章等经文。

3. 斋

斋，即斋戒，指的是在伊斯兰教历的9月（斋月，或音译为赖买丹月）把斋，白天不许进食或喝水，禁止房事，但患病者、旅行者、乳婴、孕妇、哺乳妇女、产妇、正在行经的妇女以及作战的士兵除外。具体时间是以伊斯兰历8月最后一天傍晚见新月开始封斋，至9月29日见新月开斋，若斋至30日，未见新月亦开斋。对于穆斯林来说，斋月是一个圣洁、吉祥、喜庆的月份，因为"赖买丹月中，开始降示《古兰经》。"（2:185），著名的白德尔之战也是在这个月里获胜。伊斯兰教的斋戒是培养恻隐心的好方法。当斋戒者经历饥饿的滋味时，就会体验到穷人整天在饥饿中挣扎的苦楚；当斋戒者饥渴了一天，在傍晚品尝津津有味的开斋饭时，又会体验到那些整天挨饿的穷人和难民吃顿饱饭时的快乐心情。通过这样的亲身体验，斋戒者便可与穷人同甘共苦，对穷人的怜悯心、恻隐心和爱心就会油然而生。因为穆斯林在斋月里白天不进食，所以到访巴林等伊斯兰国家的非穆斯林也不得在公开场合进食。斋月期间，很多伊斯兰国家的作息时间也相应地缩短。

4. 课

课，即课功，或称天课，是伊斯兰教法定的施舍，即"奉主命而定"的宗教赋税，是伊斯兰教重要的经济制度。穆斯林须每年将资财作一次清算，除去正常开支所需外，其盈余的资财包括动产和不动产，均按不同税率交纳：商品和现金纳1/40，农产品纳1/20至1/10，牲畜及矿产亦有不同税率。伊斯兰教坚持万物归主的财产观，人类只是拥有对真主创造物的使用权。天课主要用于救济穷人和需要帮助的人等，通过分舍"真主的所赐"，实现人与人之间的相互关怀，减少因贫富差距造成的社会不和谐因素。天课制度与一般赋税制度的不同在于它是人类为获得真主的喜悦而自我约束、自我奉献的一种神圣行为。

5. 朝

朝，即朝觐，指的是伊斯兰教历每年12月9—12日到麦加举行的一系列宗教仪式。伊斯兰教规定，每一位有经济实力和体力的成年穆斯林男女都负有赴麦加朝拜的宗教义务。"凡能旅行到天房的，人人都有为真主而朝觐天房的义务。"（3:97）正式履行过朝觐礼仪的人，即具有"朝觐者"的身份，被称为"哈吉"。

四、伊斯兰教传入巴林的历史

在伊斯兰教传入巴林之前，当地居民的宗教信仰不尽相同。公元7世纪初，伊斯兰教传入巴林之后，巴林人信奉的是逊尼派。倭马亚王朝统治时期，哈瓦立吉派曾经占据巴林。894年，什叶派的一个分支卡尔玛特派举行起义，宣布脱离哈里发的统治。10世纪，巴林成为卡尔玛特派的一个重要据点，并建立了卡尔玛特派统治的穆斯林国家，大批城市居民、农民和贝都因人都加入了什叶派。11世纪中叶，卡尔玛特派穆斯林国家瓦解，巴林成为霍尔木兹国的一部分，逊尼派势力重新恢复，并在部落贵族、宗教人士中广泛传播。尽管当时的统治者竭尽所能想提高逊尼派马立克教法学派的地位，但是巴林的大批底层人士，如农民、渔民、手工业者等都信奉什叶派，势力仍然强大，因此逊尼派和什叶派之争大大超出了宗教矛盾的范围，带上了社会斗争的性质。16世纪以后，巴林相继被葡萄牙人、波斯人和英国人侵占，巴林群岛各个势力之间为了夺取权力，不断进行斗争。1783年，哈利法家族征服了巴林，结束了什叶派在当地占主导地位的历史。

五、巴林的清真寺

清真寺，阿拉伯语为"麦斯吉德"，意为礼拜之地，是伊斯兰教的宗教场所。清真寺对于伊斯兰教和穆斯林的重要性不言而喻。巴林最早的哈米斯清真寺和最大的法蒂哈大清真寺最为著名。

哈米斯清真寺是巴林国内的第一座清真寺，位于麦纳麦市郊，始建于692年，距今年代久远。寺内的书法绘画作于11世纪，精美绝伦。14、15世纪，哈米斯清真寺分别进行了两次重建，修葺了宣礼塔，但总体来看还是基本保持了原有风貌。近年来的考古发现，在清真寺地下还有伊斯兰教兴起前的古建筑遗迹和古墓。

法蒂哈大清真寺亦称麦纳麦大清真寺，位于麦纳麦市郊的加费尔区，建于1987年，是巴林第一座向游客开放的清真寺，也是巴林规模最大、最神圣的一座清真寺，可容纳7000人同时祷告。"法蒂哈"在阿拉伯语中意为"征服者"，是为纪念1783年艾哈迈德·本·哈利法（史称"征服者"）结束波斯帝国的统治，在巴林建立哈利法王朝而命名的。法蒂哈大清真寺殿堂的大圆顶是世界上最大的，顶部用60吨半球形的纯玻璃纤维打造，目的是为了能让自然光透进殿堂里的每一个角落。为了增强采光效果，清真寺殿堂还挂有逾千盏吊灯，营造出神圣、明亮的气氛。作为伊斯兰教的宗教圣地，法蒂哈大清真寺是游客游览巴林最重要的观光景点之一，它吸引了来自世界各地的旅游爱好者，除了每周五和当地的节假日之外，其他时间均对游客开发。如今，法蒂哈大清真寺旁还建有2006年开馆的巴林国家图书馆，吸引着更多游客和读者慕名前来。

六、逊尼派穆斯林

巴林逊尼派穆斯林主要信奉马立克教法学派，少数信奉罕百里学派。尽管逊尼派占少数比例，但从历史上来看，包括哈利法家族在内的逊尼派一直主导着巴林的政治与经济，并在教育、市政、公共设施等方面享有更高的权利。巴林的逊尼派穆斯林主要包括三个类别：

1. 1783年追随信奉逊尼派的哈利法家族来到巴林的部落，如：儒麦西、穆萨拉姆、苏丹和达瓦斯尔等部落，他们是组成巴林防御力量的中流砥柱。在英国接管巴林的国防力量后，这些逊尼派人士组编成采珠舰队，从事传统的潜海采珠活动。根据规定，他们不得从事农业或商贸活动。随着采珠业逐渐衰退，他们不得不从事一些与石油相关的行业或商贸买卖。

2. 纳季德人。他们差不多与哈利法家族在同一时期从阿拉伯半岛中部的纳季德地区迁徙至巴林定居。纳季德人并非部落民族，他们中比较出名的有古塞比家族和扎雅尼家族。纳季德人主要定居在城市，大多从事商贸活动，一部分人做了政府的高级官员。

3. 哈瓦拉人。据说这个词是从阿拉伯语动词"tahawwalah"（意为转变）演变而来，专指海湾地区那些移居至波斯或附近海岸的阿拉伯人。巴林的哈瓦拉人历代从事商贸活动，他们与纳季德人一起在科威特附近组成类似于商会性质的团体。直至今日，哈瓦拉人依然赫赫有名，如：由卡努家族经营的卡努集团公司是阿拉伯半岛上最大的海运代理商；前任巴林教育部部长阿里·法赫鲁博士以及工业和发展部部长优素福·希拉维也都是哈瓦拉人的后裔。

七、什叶派穆斯林

巴林群岛上原本就有什叶派穆斯林居住。自18世纪末起，信奉逊尼派的哈利法家族及其追随者进入巴林，什叶派文化在当地的兴盛期宣告终结，这也成为以哈利法家族为统治核心的逊尼派和当地什叶派矛盾的历史根源。

巴林什叶派按民族主要分为两类：一类是巴林群岛上的原住民，属于阿拉伯人，约占什叶派人口的67%—75%，主要是社会底层贫民，他们约构成巴林90%的劳动力。另一类是来自伊朗和印度半岛的什叶派后裔，约占什叶派人口的25%—33%，他们主要是一些中产阶级富商和非政治人士。这两类居民居住在各自的社区，相互之间也很少通婚。18世纪末，哈利法家族邀请沙特的达瓦斯尔部落一起协助驱逐生活在巴林岛西部的什叶派居民，什叶派村庄数量从原先313个逐渐减至现今的50个。与此同时，哈利法家族推行选择性移民方案，希望借此对什叶派人口的数量进行制衡和约束。虽然巴林政府先后推出两项住房措施，试图通过"城镇熔炉"的方式，将国内什叶派和逊尼派融合一起，然而收效甚微。

尽管什叶派占巴林穆斯林人口的多数，但总体而言，他们依然处于边缘地位，从政治、社会、经济地位来看，均无法与以哈利法家族为核心的逊尼派相提并论。以麦纳麦为例，这是一座以信奉逊尼派为主的城市，其周围的一些村庄则大多信奉什叶派。虽然巴林人均国民收入非常高，2011年达到2.73万美元，但国家财富高度集中在少数逊尼派手中，占人口多数的什叶派生活贫困，贫富分化严重。即便如今有什叶派人士担任巴林内阁部长，但只能主管卫生、劳工等缺乏实权的部门，无力影响国家重大决策。2003年，在巴林政府572个高级职位中，只有101个由什叶派人士担任，约占总数的18%；47名部长级官员中，仅有10名为什叶派人士。

第三节 伊斯兰教节日

节日是人们熟知的一种社会现象，人们在每年特定的时期在各种公众或私人场合为纪念或庆祝某一件事、某一个人举行一定的仪式和活动，代代相传，相沿成习，便成节日。世界上的各民族和地区都有各自的节日。伊斯兰教节日是一种宗教节日，也是巴林民俗文化的重要组成部分。伊斯兰教节日包括伊斯兰教历新年元旦、阿舒拉节、圣纪、登霄节、开斋节、宰牲节等，其中的开斋节和宰牲节是两个最盛大的节日。值得注意的是，上述宗教节日均是根据伊斯兰教历而定，由于伊斯兰教历与现行公历的差别，它们在现行公历中的日期并不固定。

一、伊斯兰教历新年元旦

伊斯兰教历新年元旦为伊斯兰教历的1月1日。公元622年，穆罕默德从麦加迁移到麦地那，开创了伊斯兰教新纪元。对于伊斯兰教历的新年元旦，伊斯兰世界没有特定的纪念仪式，但在大部分伊斯兰国家，伊斯兰教历是穆斯林共同使用的历法，一般都知道在这一天"辞旧迎新"，新的一年开始了。世界各地的穆斯林聚集在清真寺里，谈论伊斯兰教历新年的意义，他们回忆穆罕默德从麦加迁移的历史事迹，解释有关《古兰经》启示的经文，赞美真主和穆罕默德，歌颂圣门弟子们的大无畏精神。巴林全国放假一天，禁止销售含酒精的饮料。

二、阿舒拉节

阿舒拉节为伊斯兰教历1月10日,是什叶派的宗教节日,目的是纪念穆罕默德的外孙、第四任哈里发阿里的次子侯赛因在680年遇难。什叶派认为侯赛因是殉教圣徒,所以伊斯兰教历的1月10日被奉为什叶派的蒙难日或哀悼日,也是什叶派最重要的节日。巴林的什叶派在这一天举行隆重的纪念活动,他们有的整月不沐浴、不洗漱,以表示自己的沉痛之情;有的身穿丧服、嚎啕大哭、捶胸顿足,甚至还有的刻意折磨、伤害自己,让鲜血染红衣服,以此表示为已故的侯赛因分担痛苦。

三、圣纪节

伊斯兰教历3月12日(什叶派则为伊斯兰教历3月17日)是伊斯兰教先知穆罕默德诞辰和逝世的日子,故称圣纪,是巴林最重要的节日之一,全国放假一天。节日里,巴林穆斯林会沐浴更衣,穿戴整齐,举行游行,举办讲座,讲述或者恭听穆罕默德生前的丰功伟绩,歌颂穆罕默德的善行和美德。

四、登霄节

登霄节为伊斯兰教历7月27日。"登霄"一词取自阿拉伯语"米阿拉吉",原意为"阶梯"。据说,当天晚上,穆罕默德在大天使吉卜利勒陪同下乘天马从麦加到圣城耶路撒冷并登上了七重天,见到了真主。节日当天,巴林不放假,但是穆斯林会在晚上到清真寺举行礼拜、祈祷,以示纪念。人们一般都较迟入睡,聆听穆罕默德登霄的意义、情景以及受到真主的特别恩赐,以穆罕默德的言行为明镜,严格要求自己的言行。

五、斋月与开斋节

斋月为伊斯兰教历9月,开斋节为伊斯兰教历10月1日,一般会持续三天。斋月期间,只要是穆斯林,除孕妇、病人、儿童和在旅途中的人之外，都要封斋，即从日出到日落之间禁止饮食和房事，忍受饥饿和干渴的痛苦，体会逆境困苦，磨练意志。穆斯林在完成了一个月的斋戒之后，迎来了普天同庆的盛大节日开斋节。这一天，穆斯林沐浴净身，去清真寺参加聚礼和庆祝活动，还会穿上节日盛装，走亲访友，互道节日问候、互赠礼物，到处洋溢着欢乐的气氛。

六、加尔吉安节

加尔吉安节（Qarqe'an），是巴林人每年伊斯兰教历8月15日和9月15日进行的庆祝活动，现在已经成为巴林最具特色的节日，其目的主要是在大人和孩子之间传播爱、幸福和感恩。节日当天，孩子们穿上传统服饰，唱着传统歌曲，到邻居家门口祝贺，请求安拉降福给这家的孩子，希望收到各种糖和坚果。

据说，这个节日在海湾地区已经持续了数百年的时间。至于这个节日的来历，有人说是节日当天人们用铁锅制作糖果或翻炒坚果的时候会发出叮叮当当的响声，加尔吉安节由此得名。也有人说这个节日源自麦地那，据说伊斯兰教先知穆罕默德的女儿法蒂玛生下哈桑·本·阿里之后，麦地那的孩子们聚集在穆罕默德家附近高唱"Qarrat Al Ain, Qarrat Al Ain Wa Ajr Aljo'an"表达对哈桑诞生的祝贺，穆罕默德给孩子们分发糖果、椰枣和葡萄干等。

加尔吉安节对逊尼派穆斯林和什叶派穆斯林来说，都很重要。8月15日是什叶派第12伊马目穆罕默德·马赫迪的诞辰，9月15日则是第2伊马目哈桑·本·阿里的诞辰。因此，加尔吉安节被巴林什叶派穆斯林看作是一个喜庆的节日。节日里，在麦纳麦、多哈等海湾都市，人们或聚集在清真寺，或走上街头进行各种庆祝活动。现在巴林的超市、商场，每逢这个节日，都会借机打出广告，进行各种促销活动，一派热闹景象。

七、宰牲节

宰牲节为伊斯兰教历12月10日，也就是穆斯林在麦加参加一系列朝觐活动的最后一天，节日一般持续三天。据说这个节日是为了纪念阿拉伯人的祖先易卜拉欣忠实执行真主命令，向真主献出自己的儿子易司马仪，而后真主又用羊羔代替其子的这一事件。为了感谢真主，穆罕默德继承了这一传统，并将其列为朝觐功课礼仪之一。宰牲节当日，巴林有条件、有能力的穆斯林家庭都会因袭传统的宗教习俗，屠宰绵羊、骆驼、牛等牲口，不仅自家享用，而且要分送给穷人，确保所有的穆斯林都要有一份肉食，欢乐情景如同中国人过春节一样。

第四节　公众节假日

巴林的公众节假日除了周休之外，还包括每年1月1日元旦、5月1日国际劳动节、8月14日独立日、12月16日国庆日和12月17日国王登基日等。

一、周休

巴林把星期五和星期六作为周末休息日，星期天至星期四作为工作日。政府部门下午两点以后一般不上班。商业部门通常一星期营业六天，即星期六至星期四。星期五是穆斯林的聚礼日，一般不工作。伊斯兰教规定，星期五晌礼时间，凡成年、健康的男性穆斯林均须在当地较大的清真寺举行集体礼拜，称为"聚礼"。除了周休之外，政府工作人员和公司职员每年可享有1个月带薪休假。

二、元旦

元旦，即世界上多数国家通称的"新年"，是公历新一年的第一天。巴林的基督教徒会举行一系列庆祝活动，如：举行派对和现场音乐会、畅饮酒精饮料、燃放烟花等。

三、国际劳动节

每年5月1日为国际劳动节，是全世界劳动人民共同拥有的节日。巴林全国放假一天。

四、独立日

独立日为每年8月14日,在这一天会燃放烟花、举行歌剧演出和全天候的欢庆活动等。

五、国庆日

巴林的国庆日为每年的12月16日,以纪念1971年12月16日巴林脱离英国实现独立。每年的这一天,巴林都会举行隆重的阅兵庆典,手举国旗或者脸上画上国旗团图案的巴林人走上街头,以示庆祝。

六、国王登基日

国王登基日为每年12月17日。节日当天,重要景点或者标志性建筑都会采用大范围灯光照明,流光溢彩。巴林王室成员的照片会贴满麦纳麦的街头巷尾,欢庆节日。

第十四章 国民生活与社会福利

国民生活和社会福利是国家社会与文化的重要内容之一。根据联合国开发计划署公布的2015年度人类发展指数报告,[①] 巴林的人类发展指数在188个国家中排名第45位,在阿拉伯国家中仅次于卡塔尔、沙特和阿联酋。

第一节 市政建设

巴林政府十分重视和支持市政建设工作。1919年7月,巴林成立了第一个市政府——麦纳麦市政府,这也是整个阿拉伯世界第一个市政府。麦纳麦市政府最初由8名成员组成,曾颁布巴林第一部市政法律。当时,麦纳麦市政府的职责只是清扫街道、清除垃圾、为住宅和商店编号等。后来,随着市政建设的范围不断扩大,麦纳麦市政府的权力与职责也扩展到对周边城市和乡村的管理和服务。

目前,巴林全国共有12个市政府,受中央市政委员会管理。各市政府负责根据各个城市的建设计划颁发土地开发建设和挖掘许可证,审查公共建设规划。巴林各市政府有一个统一的清洁队,包括85辆垃圾收集车,负责各种清洁工作,如:清除垃圾、打扫公共街道、疏通下水道等。此外,各市政府还负责所辖区内的市场管理。这些市场设计美观、宽敞明亮、组织有序。以1996年12月开业的"珍珠"市场为例,它是巴林目前

[①] 联合国开发计划署(UNDP)于2015年12月14日发布人类发展指数(Human Development Index),该指数综合考量收入、寿命长短和教育等指标,旨在描画出一个国家过去25年间的整体发展状况,共分为极高、高级、中等和低等四个等级,巴林处在"极高"等级。

最现代化的市场，设施俱全，内设百余家商店。

一、水电服务

巴林政府大力发展实现经济发展的基础大动脉——水电服务，已逐步形成惠及全体国民的基本公共服务体系。近年来，巴林政府不断扩展电网，提高供电能力，满足国民供电需求，以保证国家为实现经济、社会各领域快速发展情况下的高负荷运作。

受本国国内经济不断发展的需要和国内不断增加的人口的需求影响，巴林的水电行业急需更多的电力资源供应并更新电网。2009年7月，巴林内阁会议决定注资约合13.33亿美元用于水电管网改建工程。2009年年底，巴林的发电量达2.4万千瓦，基本能够满足全国高峰期的用电总量需求。据国际货币基金组织预测，随着巴林经济的不断增长，工业领域对水资源的需求也将逐渐增多，并超过对农业资源的依赖。据巴林水电局预测，到2020年，巴林的用电量将以每年7%的速度增长。巴林作为2009年成立的海合会国家互联电网体系成员，电力供应可以依靠其他海湾国家进行调剂。

巴林政府在扩建发电站和输电网的同时，对输电网实行严格的监督制度，采取更先进的输送和分配电力的方式，确保电网安全。1982年，乌姆哈桑建立了电网监督与控制中心，负责监督和管理所有发电站的工作。

巴林政府在充分调研的基础上，投资2470万巴林第纳尔在萨法拉新建一座变电站，为沿海电站架设22万伏的输电和变电线路。1995年，巴林水电局又建成一座6.6/22万伏的新萨法拉电站。1999年，哈德水电站建成，开始并网发电。第一组发电机工作时，每天能发电280兆瓦，同时生产3000万加仑（约13万立方米）的淡化水。哈德水电站的设计使用能力是每天发电900兆瓦，日生产9000万加仑（约41万立方米）淡化水，以满足国民对水电日益增长的需要。2007年12月11日，巴林设立水电管理局，作为水电行业的行政管理机构。巴林水电局专门负责提供用电服务，特别是在用电需求日益增多的情况下，保证有效的电力供应。

巴林当局鼓励发展私人电厂，并将一些国有电厂私有化。巴林是海湾地区少数几个发布电力行业私有化法规的国家。根据《巴林水电法修正案》，巴林水电管理局负责向水电私有企业发放产供销执照和监管，企业按照特定条件自行生产和销售。巴林私有企业和部门已经开始对巴林水电行业进行开发建设。第一个私有的发电厂阿兹勒（Ezzel）联合循环电厂和哈德水电站的扩建就是最好的例子。杜尔（Dur）私人水电工程于2011年全面运营，是巴林最大的电厂和海水淡化厂，该工程是由法国燃气苏伊士集团和海湾投资局一同建设经营管理的。

近年来，巴林的水电供给可满足国内生产和生活需要。2012年，巴林的日供电能力可达4000兆瓦，而日均用电量3150兆瓦。2013年，巴林石油公司对位于锡特拉二号发电站的数台汽轮发电机进行改造升级。此次升级将推动锡特拉炼油厂发电系统的可靠性和可操作性，大大节约发电成本，并改善电厂的安全生产条件，使其更环保、人性化作业。全国共有33千伏变电站10座、66千伏变电站114座、22千伏变电站21座，2014年的发电量达16259兆千瓦小时。2014年6月11日下午3点，巴林全年最高用电峰值达304万千瓦，日用水量达1.68亿加仑（约76万立方米）。预计2030年巴林用电需求为每天6500兆瓦，用水需求每天113.7万立方米。

二、海水淡化

历史上，巴林曾经以淡水资源丰足闻名，但是由于现代工业的发展和人口的增长，淡水消耗量急剧上升。20世纪80年代初开始，巴林的淡水资源已经相当紧张。据世界资源研究所（WRI）统计，巴林将在2040年成为世界上最缺淡水的国家。因此，海水淡化成为巴林解决淡水资源短缺问题的现实选择。海水淡化亦称海水脱盐，是指将水中的多余盐分和矿物质去除，从而得到淡水的工序。海水淡化主要是为了提供饮用水和农业用水，有时食用盐也会作为副产品被生产出来。巴林对于经海水淡化的水资源利用得相当充分。

1985年1月，艾布·扎尔朱尔海水淡化工厂正式落成，日均生产3500万加仑（约16万立方米）的淡化水。2000年建成的哈德海水淡化工厂，日均生产7000万加仑（约31.8万立方米）的淡化水。2003年，全国海水淡化量1.024亿立方米。2005年，废水处理量6200万立方米，另有1630万立方米的废水经三次处理之后用于农业灌溉。2008年1月开始建设的杜拉特阿勒巴林岛海水反渗透淡化工厂日均生产950万加仑（约4.3万立方米）的淡化水，满足岛上居民生活所需。2011年，巴林新增投资提高海水淡化水的产量，从原有的1.43亿加仑（约63.65万立方米）/天提高到2亿加仑（约91万立方米）/天。同时，新的转化系统和储存设备也陆续使用。2012年，巴林海水淡化和地下水总量1.5637亿加仑（约71万立方米），消费水总量1.5012亿加仑（约68.25万立方米）。2015年，废水处理量达到16万立方米/年。

第二节 环境保护

同其他海湾国家一样，巴林正面临着因土地开垦、工业化、汽车尾气以及石油渗漏所带来的环境污染问题。一些巴林特有的物种，如：细角瞪羚、鳖、煤烟灰猎鹰、阿拉伯大羚羊、儒艮都因环境问题濒临灭绝。红树林等大片湿地生态系统也因污染面临灭绝的境地。为此，巴林将环境保护视作国家发展的重要任务之一，并将每年的2月4日定为野生动物保护日。

巴林环境保护委员会自成立之日起，就承担着保护陆地、海洋和天空环境的重任。在经济振兴、社会发展、城市建设不断扩大的情况下，该委员会秉承不过度使用自然资源、不损害陆地环境和海洋环境的原则，保护环境。

巴林共有四个环境检测站，其中三个为固定站，一个为流动站，每五分钟对空气进行一次测量，然后测得每小时、每日、每周、每月和每年的平均数值。

巴林政府制定了若干计划，包括杜绝汽车尾气污染以及在工厂安装滤净器等。同时，政府还将环境保护的先进技术引入到各制造业中，并对破坏臭氧层的物质进行分析研究，制定相关方案。

此外，巴林政府将图布里湾约50万平方米划为自然保护区；用循环水灌溉里法高尔夫球场；对全体公民尤其是儿童加强环境保护意识教育。

巴林参加了1992年在巴西召开的联合国关于环境与发展的首脑会议，并为此组成一个全国委员会，制定执行21世纪工作计划的全国性战略。全国委员会确定了五个方面的内容：保护水源、管理化学废弃物、保护海洋环境、保护大气层、改变消费模式。除此以外，巴林政府还与海合会成员国、其他阿拉伯国家以及国际组织保持着持续不断的合作，希望通过积极努力，继续探索可持续的环境保护新道路，并为此做出贡献。

巴林水电局非常注意保护水资源。面对水资源日益短缺的严重问题，巴林水电局努力遏制巴林地下水位下降速度。1985年，巴林水电局通过引进先进技术和设备切实有效地降低了水资源的消耗。根据规划，巴林海水淡化工厂的日均生产量不得超过7000万加仑。1996年，日均海水淡化量为5119万加仑，基本接近这一数字。同时，巴林水电局号召国民节约用水用电，通过一系列的宣传和教育活动，指导国民更好地用水和保护水资源。

第三节 住房保障

早在巴林住房部尚未设立之前，巴林政府就特别重视住房问题。自1968年起，政府实行向巴林公民提供住房的政策，第一阶段提供的居民住房面积约5平方千米。从1975—1980年的第二阶段，是巴林政府管理部门趋于完善的阶段，住房事业居于政府事务之首。由于一些建房计划、方案已经出台，因此，设立相关的住房管理机构显得迫在眉睫。1975年巴林住房部成立后，制定了具体的规划与方案，在全国各地推出一系列住房项目，为每一位巴林公民及其家庭提供合适住房，包括分配土地、分配住房、提供房产抵押贷款、发行房地产债券和社会住房基金等，以确保每一位巴林公民能够按照自身实际情况从中获益。据统计，1976—1990年，巴林住房部用于建房的费用达5.5亿巴林第纳尔。1990年，巴林全国共有52979个家庭受益。2010年，巴林政府建成约3万套居民住房，同时有4万人提出住房申请。

由巴林政府出资建设的居民住房共分44种，其中十几种是单元式住房。这些式样各异的住房或分布在郊区，如：乌姆哈桑、赛纳比斯、阿拉德、哈德、阿里、萨法拉、布代伊等地方，或分布在新建的城市，如：伊萨城和哈马德城。

一、住房银行

巴林住房银行（Eskan Bank）成立于1979年，是巴林政府全资银行，注册资金4亿巴林第纳尔，其职责包括投资基本服务项目、提供建房贷款、改良临海土地，在全国各地建设商业区和工业区等。

统计数据表明，截至1996年10月底，住房款项共计13745笔，动用国库资金2.9亿巴林第纳尔；建房贷款共计10063笔，贷款额为1.2亿巴林第纳尔；单元贷款2796笔，共计45万巴林第纳尔。截至2013年年底，住房银行资本金为5.76亿巴林第纳尔。

建设商业区和工业区是住房银行的服务项目之一。除了发展和建设首都麦纳麦的若干个商场之外，住房银行还在伊萨城和哈马德城新建或重建了所有市场。由该银行建设的赛夫贸易市场是巴林国内最大、最现代化的市场，占地面积为3万平方米，整个市场分为两层，共有340家商店。

二、伊萨城

伊萨城（Isa City）位于巴林岛北部，距首都麦纳麦西南8公里，是巴林政府的第一个建房项目所在地，也是巴林中产阶层的主要聚居地。1963年，伊萨城建设奠基。1968年，第一期建房项目开工，包括350套住房。目前，伊萨城的面积已扩大到498公顷，其中200公顷用于建设居民住房，包括5600套住房，其中5018套是独立别墅，582套是单元房。在建设这座现代化城市的过程中，巴林住房部坚持保质保量地完成建设计划，向全城居民提供一切住房与生活必须设施。

住房部对伊萨城周围地区进行了全面规划，通过设立现代化的公路网，将该城与周边地区连接起来。伊萨城共有16所公立学校、1座体育场、1个卫生中心、18座清真寺、1个贸易中心以及各种社会与娱乐设施。同时配套建设了社会中心、残疾人中心、老人院、婴儿保育院、环境卫生发展中心和巴林文化厅等。此外，住房部还进行城建测量，对目前伊萨城的土地使用情况和未来规划进行了分析，对未来的城市建设做了科学的研究和规划。

三、哈马德城

哈马德城（Hamad City）位于巴林岛西部，距离麦纳麦18公里，总面积为1300公顷，是巴林政府另一个庞大而重要的现代住房项目所在地。1982年，该镇建设奠基，1984年正式动工。该城设计的初衷是为了给那些无力承担日益增长的房价的人提供住宿。1990年至1991年初，哈马德城曾作为深受海湾战争之苦的科威特人的避难所。2001年，哈马德城居民共计166824人。在行政管理上，哈马德城隶属于北方省，大部分居民都在麦纳麦工作。城里有学校、邮局、公园、诊所和数座清真寺，位于北部的"瓦格夫市场"是镇上的大型购物中心。

四、北方城

北方城（Northern City）位于巴林西北部的海岛上，由巴林住房部负责开发，计划开发4100套住房，包括3110套社会住房，其余的为投资性住房。整个开发项目耗资大约2.08亿巴林第纳尔，已于2012年1月开始动工建设。

第四节 医疗卫生

巴林全国实行免费公共医疗服务，居民卫生服务普及率达100%，是海湾地区医疗卫生体系最完善的国家。2012年，巴林男、女人均寿命分别为76周岁和78周岁，是海湾地区人均寿命最长的国家之一。

一、医疗卫生概况

从1925年至今，巴林一直实行全民免费医疗服务，包括免疫接种和

第十四章　国民生活与社会福利

住院治疗。巴林公民还享受内科、口腔科、眼科、精神科、妇产科、小儿科等免费门诊治疗。不仅如此，巴林还对所有入境期间的外国游客和劳工实行免费医疗服务。

完善的医疗保健服务使得巴林成为卫生成本较低、健康绩效良好的国家之一，也使预防和医疗保健得到广泛普及，还根除了天花、砂眼、痢疾等地方传染性疾病。巴林响应世界卫生组织"2000年人人享有卫生保健"的口号，确保将基本医疗保健100%遍及全国所有地区，使居民在家门口就可以得到保健服务。

巴林在医疗卫生领域取得的主要成就包括：

1. 儿童免疫率超过了97%，根除危害儿童的疾病，如：白喉、百日咳、婴儿破伤风、小儿麻痹症等。全国每年患麻疹的儿童降低至10名以下。从20世纪90年代起，巴林卫生部通过给新生儿接种疫苗来消灭乙型肝炎。巴林婴儿死亡率已经从1970—1975年期间的55‰降至1995年的19‰。

2. 加强预防保健服务，减少居民感染流行性传染病的几率。同时，开展专门针对心脏病、癌症、营养过剩类疾病以及遗传等新型疾病的研究和预防。

3. 培训和提高医务人员的水平与能力，扩展医院容纳病人的能力。目前，卫生部所属医院共有病床1250张，巴林军用医院有病床300张，私人医院有病床177张。

2009年，巴林成立了国家健康监督管理局（The National Health Regulatory Authority, NHRA），其基本职能是通过检查公共卫生系统的医疗设备和执业医生以达到提高卫生水平的目的。巴林国家健康监督管理局制定了一套卫生行业的标准和法规，以促进公平竞争、开放投资环境、确保卫生从业人员及医疗设施赶上世界一流水平。该局还致力于推进问责制、鼓励研发、增加病患选择、加强药品管理和促进预防保健方面的投资。

2012年，巴林卫生总支出占GDP的3.9%，人均卫生支出按购买力评价计算约为971国际美元。2013—2014年，巴林财政预算法律草案中提出，对医疗卫生拨款占政府支出的6.6%。尽管近年来巴林医疗发展显著，但从人口增长和现今服务的范围来看，该领域仍存在巨大的增长潜力。其中，最有发展前途的领域是三级医疗机构和研究机构。自2007年，私立医院每年增长速度超过12%，已超过公共医疗的发展速度，占据巨大的市场份额。

二、发展公共卫生服务

巴林卫生部制定了长期卫生保健规划，对过去20年期间的国民健康变化做了深入研究，对未来国民健康状况做了精确预测。研究表明：在过去20年间，流行病致死的现象已经消失，原因是巴林卫生部成功推行了预防和医疗政策，使卫生保健服务网络覆盖全国所有居民区，人均寿命得以大大提高。然而，巴林老年性疾病的发病率开始凸显，如：心脏病、心血管疾病、肿瘤以及糖尿病等患者数量增长明显。为此，卫生部正在开展一项预防此类疾病，并减少并发症的计划。加瓦哈尔中心（Al Jawahara Center）是巴林国家健康监督管理局批准的研究机构，该中心对约1.5万名婴儿进行基因筛检，开展对诸如糖尿病（2010年7059例）和高血压（7522例）等广发性疾病的基因研究。该中心是巴林第一个综合性的基因研究机构，专注于分子诊断和遗传缺陷领域的研究，以及地域性流行疾病、心血管疾病、遗传药理学、人类基因组和生物标记等。总体而言，巴林国民的健康状况与发达工业国家的国民健康状况基本相似。

三、培养医务人员

巴林卫生部十分重视对医务人员的培养，加大对临床科研的投入力度，逐步提高医务人员的整体水平。卫生部制定了一系列培训计划，邀请本国或外国专家进行授课，以提高医务人员的技术水平；将医生、技术人员和护士派往国外，进行学习或教学，提高他们的业务能力；采用继续教育达标的方式，对医务人员进行考核鉴定，督促他们不断提高自身综合素质。20世纪70年代初，巴林籍医务人员不足3000人。2009年，巴林籍护士约占50%、医生为80%。尽管执业医生的人数有所增长，但在医生占总人口数比例方面，巴林仍低于发达国家的平均水平。2010年，巴林每1000人中有1.4名医生，经合组织国家的平均数据为2.8名。

目前，巴林卫生部下属的医务人员近6000人，巴林籍比例占57%，技术人员占85%，口腔科医生占90%，女护士中有43%是巴林人。

巴林卫生部下属的保健科学学院成立于1976年，为巴林的医疗卫生业、护理业、保健科学领域提供了源源不断的人才力量。学院设有大专部和本科部。大专部主要培养卫生行业、心理护理、分娩接生、公共护理方面的教师。大学本科部专设护理专业，并对各种诊断、护理、医疗服务、口腔卫生等方面进行专业化培训，发放毕业证书。此外，该学院还为医疗卫生、保健科学专业制定教学方案，提供维修医疗器械的方案。到目前为止，保健科学学院已培养了2500名卫生护理人才。

四、妇女儿童的医疗卫生

巴林政府对于妇女和儿童健康给予了很高的关注，专为妇女提供婚前和孕期医学检查服务。巴林卫生部还组织了一系列以家庭生活为主题的社团活动。据调查，巴林有70%以上的孕期妇女至少做过一次产前检查，95%以上的妇女在医院分娩，99%的巴林妇女享有良好的孕期医疗卫生服务，孕产妇死亡率下降至0.22‰。

五、医院分布

巴林公共卫生医疗体系包括分布在全国各地的8所公立医院和41家医疗中心，为居民提供一般诊断、简单外科手术、口腔科、产前及产后护理、日常家庭卫生保健等初级医疗服务。另外，巴林的16家儿童福利救济中心也被纳入该体系。与此同时，巴林政府还设立军用医院，专为军队及其家属提供后勤服务。

此外，私立医院发挥的作用越来越重要。2010年，巴林共有14家私立医院，其中两家较为有名，一家为美国教会医院，由美国宾夕法尼亚州荷兰基督教协会阿拉伯教会管理，拥有45张床位，它是巴林国内历史最悠久的一家医院，也是海湾阿拉伯国家中历史最悠久的医院之一。巴林的不少王室成员都诞生于这家医院，这里也是王室成员治疗和养病的指定就医地点。另一家私立国际医院，拥有23张床位，是一些超级富豪的就医地点。

六、萨勒曼医学中心

巴林最大的公立医院是麦纳麦的萨勒曼医学中心，是集完善的抢救设施和化验室于一身的医学院附属医院。在全巴林400名医师中，就有超过一半以上的人员在萨勒曼医学中心就职。1957年，巴林政府开始进行第一阶段建设，1959年进行第二阶段建设。20世纪70年代，萨勒曼医学中心进行了重建，并于1978年正式投入使用。1984年，中心成为阿拉伯海湾大学医学院的教学医院。1997年，中心完成扩建，配备了1000张床位。

萨勒曼医学中心设门诊部和住院部，开设内科、外科、骨科、耳鼻喉科、眼科、口腔科、妇产科、心血管科、儿科等，实施器官移植的计划。1996年，萨勒曼医学中心先后开始实施肾脏移植计划和骨髓移植计划。

萨勒曼医学中心的扩建，是巴林历史上最大规模的医疗工程扩建项目之一，扩建工程增加了病床位，引进了最先进的医疗设备等，主要包括：

1. 增加一部当时最先进的核磁共振设备，已于1996年开始使用。

2. 引进核医学设备，包括利用同位素、核图像等手段进行诊断的设备，已于1996年初投入使用。

3. 开设放射治疗科，为癌症患者提供治疗。

4. 开设肿瘤科，为肿瘤患者提供治疗与临终关怀服务。

5. 扩建急诊部，增加急救病床，成为海湾地区规模最大的急诊部。

6. 开设心脏病患者护理部。引进最先进的观察心绞痛和其他心脏疾病的设备，提供迅速而有效的服务，减少此类疾病的各种并发症，降低死亡率。

7. 开设器官移植门诊。

七、精神及心理疾病治疗医院

巴林在过去几年里，精神及心理疾病治疗医院得到了迅速发展。医院包括三个部门：

1. 门诊部，每天可容纳80名患者接受治疗。

2. 急诊部，共有9张病床，接待严重的心理失常患者。

3. 儿童心理关怀部，共有12张病床，为病患儿童提供心理治疗。值得一提的是，儿童心理关怀部还设有教学班，让病患儿童在患病期间继续学习。

从1989年起，精神及心理疾病治疗医院对吸毒成瘾者进行干预治疗。除了现代化的医疗手段外，医院对患者心理问题的早期发现、及时干预和跟踪服务等方面做了切实有效的努力，这是巴林对于精神及心理疾病治疗计划取得巨大成功的标志之一。

第五节　劳动与社会保障

劳动与劳动力是国家社会发展的关键力量。劳动与社会保障是国家和社会为了保障国民的基本生活需要，提高生活水平而建立的一种保障制度。按世界银行统计，巴林属于高收入非经合组织国家。美国中央情报局国别情报信息数据显示，巴林的人均GDP按照购买力平价计算在2012年、2013年和2014年分别是4.45万、4.69万和4.9万美元。

一、劳动力

20世纪60年代期间，巴林超过一半以上的外国劳动力来自阿曼和伊朗。70年代后期开始，一半外国劳动力来自南亚，主要以印度、巴基斯坦为主，其余为孟加拉国、菲律宾、斯里兰卡和泰国。1971年后，外国劳动力比例显著增加，占经济活动人口的37%。1990年，南亚裔劳动力占巴林总人口的13%，伊朗裔占6%，来自其他阿拉伯国家的劳动力则占总人口不到10%。这些阿拉伯人中，以埃及人数量为最多，他们中约有一半在巴林公立学校教书；其次是巴勒斯坦裔，他们多数持约旦或黎巴嫩护照。1992年，巴林的劳动力为16万人，外国劳动力占总劳动力的55%，较1981年58%的比例略有下降。2010年，巴林劳动力为59万人，外国劳动力45万人，本国劳动力14万人。

巴林政府要求所有外国工作者必须拥有有效的住所和工作许可证。工作许可证在原始合同期失效后仍可办理更新续签。尽管如此，巴林政府并不鼓励外国人在巴长期居住，因为大多数外国工作者是非技术或半技能劳工，他们的家属通常居住在自己的国家，正因如此，这些工作者会将收入的一大部分比例汇给本国家庭。

鉴于巴林籍公民占全国劳动力总数的比例远低于外国人，巴林政府针对这一现象草拟了有关规定，并制定法律，鼓励外国人加入巴林国籍。在外国人超过三分之二比例的非公职部门内，雇主可自行为巴林籍公民开展专门培训课程，或为政府培训课程提供经费资助。同时，巴林政府会向这些公司征收一笔特别税，数额相当于所有外国雇员薪金的4%与所有巴林籍雇员薪金的2%之和。除此以外，巴林劳动和社会事务部官员鼓励各招聘公司在与外国人的合同到期后，应雇佣更多巴林籍公民。

二、劳动政策

长期以来，因为巴林劳动力市场上本国人的就业条件要求高，外国人劳动力廉价，因此巴林劳动政策强调，在遵守"不歧视原则"的前提下，给予巴林籍公民提供工作机会。但是，所有人均有权享有劳动权和就业权，包括雇佣关系。具体规定如下：提高巴林籍公民的用工待遇；拨专款每年为巴林籍公民提供职业发展与培训计划，提高其技术能力；鼓励巴林年轻人创业；建立小型职业介绍机构，提供一些有特色的工作机会。

巴林政府根据不断变化的形式，不断改革劳动政策和劳动法规，如1976年颁布私营部门劳动法，对于雇佣儿童、妇女和本国人、外国人做了相应的规定，也对工作条件、工作时间、工作报酬、雇佣合同和工伤事故等做了详细的规定。

2006年，劳动市场改革包括政府向外籍劳工强制收取每人每月100巴林第纳尔的工作签证费，同时取消有关业主必须雇佣当地人的强制比例。建立一个规模不少于2亿巴林第纳尔的劳动基金，支付劳动和职业培训以及支援失业救济。

2012年，巴林协商会议通过了劳动法修正案，由哈马德国王签署后正式生效。新劳动法赋予了雇员更多的权益，同时兼顾了雇主利益。根据新劳动法，雇员遭遇不公正解雇后，将得到等额年薪的赔偿金。雇主违反劳动法将被处以200到500巴林第纳尔的罚款。私营部门雇员将享受每年30天的带薪假期。15—18岁的非正式合同员工亦可享受30天带薪年假。私营部门女性雇员产假将从45天延长至60天，还可以额外申请15天无薪产假。雇员每年可申请15天带薪病假、20天半薪病假以及20天无薪病假。如果有医学证明，病假最长可达182天。新劳动法更加重视员工工作场所的卫生要求和安全规范，如果没有达到标准，雇主将会被判最长3个月的监禁或者罚款500—1000巴林第纳尔，或者两者并处。如果再犯，惩罚加倍。

2015年12月25日，国王签署劳动法补充案，雇主若因停业或缩小经营规模等原因需要缩减员工数量，须提前30天以上通知劳动部，可终止与员工签订的合同。但同时规定，在缩小经营规模的情况下，如果巴林籍员工和外籍员工同样胜任工作，不可先行终止本地员工合同。

三、劳动培训

巴林政府对劳动力培训计划给予大力支持，成立了职业培训最高委员会，宗旨是"培训是每一个单位与机构的职责，必须对员工进行培训"，目的是使巴林成为海湾地区的培训中心。同时，大力发展人力资源，创造适宜的环境，吸引世界各国人士或公司在人力资源培训领域进行投资，开设世界知名人力资源公司的培训中心或分部，以满足劳动力市场的需要。除此之外，每年将巴林籍学员的规模扩大到2万名。目前，职业培训最高委员会共耗资362万巴林第纳尔，对行政管理、机械、驾驶等各个行业的10527名学员进行了培训。

四、社会保障制度

巴林的社会保障制度由社会保险、社会福利、社会救济三部分组成。社会保险由巴林政府举办，为丧失劳动能力、暂时失去劳动岗位或因健康原因造成损失的人口提供收入或补偿的一种社会和经济制度。在社会福利方面，劳动与社会事务部对老年人提供了各种关怀服务，包括成立老年人中心，给予他们健康方面和营养方面的关怀。社会救济专门针对年老、寡居、病弱、离婚、贫困人士，为他们提供财务方面的帮助。这种社会保障制度体现了巴林政府对于社会弱势群体的关怀与尊重。巴林政府还建立保育院，对被父母遗弃的儿童或因家庭破裂而遭遗弃的儿童给予社会关怀。同时，政府开设了一家残疾儿童康复所和两个儿童日托中心，对轻度、中等或重度智力低下的儿童以及脑瘫患儿进行康复训练和日常照顾。据统计，受益儿童已达255人。值得一提的是，巴林政府对残疾人给予了极大的关怀，向他们免费配发手杖、助听器等，并对其中具备部分劳动能力的人提供劳动机会。

1976年，巴林建立社会保障体系，并成立了社会综合保险组织，向巴林籍公民和逗留巴林期间的外国居民所遭遇的意外事故提供赔偿。但同时规定，只有巴林籍公民才享有退休金制度。从1986年起，社会综合保险组织负责支付退休金及各类工伤事故的赔偿金，本国公民和外国工作者都能获得意外事故赔偿金。社会综合保险组织要求所有参保公司的资质必须符合雇佣10人以上这一条件，规定雇员每月向社会综合保险组织缴纳月薪的7%，雇主则缴纳相当于国内人均月薪的11%作为退休金计划。此外，该组织还规定雇主额外支付雇员月薪的3%作为意外事故保险金。

五、妇女职业计划

巴林政府通过建立各种妇女职业培训班的形式，如：扫盲班、美容化妆班、美发训练班、裁剪缝纫班等，为部分妇女提供劳动机会或提高她们现有的收入水平。另外，还举办关于心理学、营养学等家庭教育知识讲座，提高妇女的自身素质和家庭教育水平。为了支持此项计划，巴林政府免费提供活动场地，并出资出版一系列书籍与印刷品，可谓用心良苦。

第十五章　军事安全

军事，即军队事务，是与军队、国防、武装力量和战争等有关事务的总称。安全对于一个国家来说是一种基本利益，国家安全是一个国家处于没有危险的客观状态。尽管巴林处在军事要地，但却囿于国小人少，兵员和装备都很有限。对于巴林来说，军事与安全十分重要，其目标就是保证既不受到来自其他国家的威胁，也不受到国内动乱的干扰。

第一节　概述

从军事地理的角度来看，尽管巴林是海湾地区最小的国家，但战略位置却非常重要。巴林王国位于海湾中部，地处沙特阿拉伯和卡塔尔之间，西南是沙特重要的油田和港口，东南是卡塔尔的天然气田，紧邻伊朗、科威特和伊拉克，又扼海湾石油外运通道交通要冲，是全球最大的石油、天然气产区中心，麦纳麦也是美国海军第五舰队和中央司令部的大本营。从巴林出发可以控制整个海湾及其出入口霍尔木兹海峡，也可轻易控制红海的出入口曼德海峡、苏伊士湾和亚喀巴湾。因此，巴林历来是兵家必争之地，先后被阿拉伯帝国、葡萄牙、波斯、英国占领或入侵。

巴林执行与海合会统一的防御政策，国内实行志愿兵役制，18至49周岁的巴林公民都可以志愿参军。武装力量包括武装部队和半军事化部队。武装部队总兵力持续小规模增长，目前大约有1.3万人，半军事化部队大约1.2万人。

巴林的国防体制是由最高国防委员会统管国防军、内政部、海合会部队巴林分支和其他军事安全力量，框架组织结构如下图所示。

表一：巴林军事安全组织架构

最高国防委员会	
国防军	陆军、海军、空军、国防军医院、皇家卫队
内政部	公共安全部队、特别安全部队
海合会	半岛盾牌
其他	国民卫队、国家安全局

国王哈马德兼任最高国防委员会主席、国防军最高统帅和武装部队总司令，他是巴林国防军的缔造者，曾任巴林国防大臣。王储萨勒曼自1999年3月起任武装部队副总司令。穆罕默德·本·阿卜杜拉·阿勒哈利法中将自2010年11月起担任国防事务国务大臣。

最高国防委员会成立于1973年12月8日，是巴林最高军事、安全决策机构，全体委员均出自哈利法家族，所有军事、安全机构必须服从最高国防委员会的决议。1973年，第24号法律第4条规定最高国防委员会由首相领导。1999年3月6日，哈马德任最高国防委员会主席。2003年，最高国防委员会进行了重组，国王兼任国防军最高统帅和最高国防委员会主席，成员包括王储、首相、国防军总司令、外交大臣、内政大臣、王宫办公厅主任、国防大臣、国防军副总统帅兼国民卫队司令、国家安全局局长、总参谋部长和新闻部长。国王办公厅取代大臣委员会成为最高国防委员会办公地。最高国防委员会进一步扩大了职权范围，负责国内外军事行动、宣布国家紧急状态、决定防御性战争、协调军事和国防各部门统一行动等。在2011年2月14日发生大规模游行示威的动荡之后，最高国防委员会宣布全国进入紧急状态，组建一个小型的危机处理委员会，每天开会讨论局势进展、跟踪安全部门行动、讨论军事行动计划等。

巴林的军事与安全力量在数量和设备上保持一定的优势，总共有3万多人分布在内政部部队、国民卫队、巴林国防军、国家安全部队和情报部门等五大机构。他们大多来自巴基斯坦、叙利亚、约旦、也门或苏丹，采取合同制的雇佣形式。

巴林军队尽管拥有先进的装备，但战斗力还有待于提高。这一方面是因为战斗经验缺乏,仅参加过第二次海湾战争等仅有的几次实战。另一方面是巴林高科技军事人才缺乏,有些先进武器发挥不了最佳效果。还有就是统治家族要确保军队为自己效力,他们非常担心军队力量壮大,甚至发展为独立力量。为了防止军队叛变,巴林建立了国民护卫队作为替补力量。巴林政府要求军队绝对服从哈利法家族,绝对支持逊尼派。

事实上,巴林武装力量主要是维护国内稳定局势,对外安全有在海合会框架内的安全合作,也有与美国的安全合作。

第二节 军事力量发展历程

巴林军事力量的发展经历了从无到有的几个重要发展阶段,分别是:

1. 1783—1867年。1783年,哈利法家族占领巴林之后,当时的军事力量主要是哈利法家族及与其联盟的其他部落的成员自愿组成的小分队,主要是维护各部落内部的稳定局面或者参加部落之间的战争。这支力量主要靠战利品维持,参战的人可以获得牛羊、珠宝或者免除部分税赋。1783—1846年大约发生了15场战争,未参战的人必须缴纳额外的税赋或者交出部分财产。穆罕默德·本·哈利法攻陷麦纳麦之后曾允许参战的贝都因人根据自己的喜好自由选择战利品。

2. 1867—1968年。1867年,英国支持阿里酋长发动政变之后,以承担"保护"巴林安全为名加紧实施"保护"制度,并以政治稳定为名刻意消除军队的部落印记。同时,英国允许部落酋长继续保有各自的私人军队,以保护酋长安全。这支私人军队构成为后来1923年组建的警察部队的核心力量。事实上,巴林警察部队的上层官员大都与统治家族关系密切,但是普通警察主要是印度人和非洲黑人等外国人构成,基本都是被雇佣来的。

3. 1968—1999年。1968年8月,关于建立巴林国防军的埃米尔令标志着巴林建立现代军事力量的开始。1969年,哈马德开始负责军队建设,致力于建设陆、海、空多兵种的正规军队。同年2月,组建了机械化步兵旅。1970年,组建了巴林国防军的重要支柱"皇家盾牌"部队,由时任王储哈马德直接领导。1972年，组建皇家卫队，配备最先进的武器，拥有76毫米口径的"萨拉丁"主战坦克，后来又配备了M-60型坦克、直升机等先进设备。1974年，在各部队诊所的基础之上成立了卫生连。1976年，组建特殊部队，专门保护酋长和政权安全。1979年2月5日，成立了国防军医院。1982年，巴林获得海合会17亿美元资助扩充军队。1992年3月3日，国防军医院新楼落成，9个科室分布在3个层楼，总共有34张床位。穆罕默德·本·哈利法·阿勒哈利法心脏病医院同天开业。

4. 1999年至今。1999年起，哈马德国王担任国防军最高统帅。随后，哈马德埃米尔宣布吸收巴林人入伍，改变了以往军队中外国人占大多数的局面。哈马德长期在巴林的军事和安全部门苦心经营，把一支人数寥寥无几的军队逐渐扩建到超过万人的规模。现在的巴林国防军武器装备精良，陆、海、空三军俱全，已形成完整的协调作战体系。2008年起，王储萨勒曼·本·哈马德·本·伊萨·阿勒哈利法担任国防军副统帅，同时任命哈利法·本·艾哈迈德·阿勒哈利法元帅担任总指挥，兹雅布·本·萨格尔·阿卜杜拉·纳伊米中将担任参谋长。

2001—2012年，巴林的军费支出总额78亿美元，大约每年都在增长（2005年略低），占GDP的比例在3%—5%之间。

表二：2001—2012年巴林军费支出（单位：亿美元）

年度	金额	占GDP的比重
2001	4.05	4.2%
2002	4.83	4.7%
2003	5.55	4.8%
2004	5.59	4.3%
2005	5.53	3.6%
2006	6.02	3.4%
2007	6.37	3.2%
2008	6.88	3.0%
2009	7.74	3.9%
2010	7.74	3.5%
2011	8.78	3.3%
2012	9.24	3.5%

* 数据来源：MilitaryBudget.org

另据美国中央情报局统计，巴林在2013年和2014年的军费支出占GDP的比重分别是4.1%和4.2%。

第三节 军种与装备

巴林已经建立了一支能够在一般情况下维护自身安全的国防军队。巴林国防军由海、陆、空三军组成。此外，巴林还有一支半军事化部队维护国内安全。鉴于与美国紧密的军事安全合作关系，巴林在中东进口美国先进武器方面处于领先地位，95%以上的武器装备来自美国。

一、陆军

陆军成立于1974年，规模不大，总兵力8500人，大部分武器装备来自美国或英国，哈利法·本·阿卜杜拉·阿勒哈利法少将担任陆军总司令。

1. 人员编制

1个装甲旅，下辖2个装甲营、1个侦察营。

1个机械化步兵旅，下辖2个机械化步兵营、1个摩托化步兵营。

1个炮兵旅，下辖1个重型炮兵连、2个中型炮兵连、1个轻型炮兵连、1个多管火箭炮连。

1个防空营，下辖1个防空高炮连、2个地空导弹连。

1个特种部队营，1个轻型警卫营，1个工程兵连，1个勤务连，1个运输连和1个医务连。

2. 装备构成

主战坦克：M-60A3型180辆。

装甲侦察车：AML-90型22辆，S52"肖兰"型8辆，"白鼬"型8辆，"萨拉丁"型8辆。

装甲步兵战车：YPR-765型（装备25毫米火炮）25辆。

装甲运兵车375辆，包括（1）履带式M-113A2型200辆；（2）轮式120辆，其中AT-105"撒克逊人"型10辆，M-3"庞阿尔"型110辆；

（3）巡逻型55辆，其中"眼镜蛇"型49辆，NIMER-1型6辆。

火炮151门，包括（1）自行火炮：155毫米20门，203毫米62门；（2）牵引式火炮：105毫米8门，155毫米28门；（3）多管火箭炮：227毫米9门；（4）迫击炮：120毫米12门，81毫米12门。

便携式反坦克导弹发射器："轻标枪"型60部，BGM-71A"陶"型15部。

无后坐力反坦克炮：106毫米25门，120毫米6门。

防空导弹发射器91部，其中自行式（"响尾蛇"型）7部，牵引式（MIM-23B"霍克"改进型）6部，便携式78部（FIM-92A"毒刺"型18部，RBS-70型60部）。

防空火炮：35毫米12门，40毫米12门。

装甲维修车："法赫德"240型53辆。

二、海军

海军成立于1974—1979年，总兵力1770人，基地设在萨勒曼港。

20世纪70年代，为监控周边海上运输线，巴林建立了海湾地区第一支海军力量。1971年8月15日，建立海岸警卫队，隶属内务部，1979年，开始组建快速反应舰队。1987年，海岸警卫队更名为巴林埃米尔海军，也称巴林国防军海军分部，主要基地位于麦纳麦，在锡特拉和萨勒曼港附近也建有海军及海岸警卫队基地。

2002年2月14日，随着国名更为巴林王国，巴林埃米尔海军更名为巴林皇家海军，拥有各型舰艇35艘，具有较强作战能力，通过近年来多次军购和参加美国海上军事行动，巴林皇家海军已成为海湾地区战斗力较强的海上力量，足以打击海盗、走私、非法入境活动及提供渔业保护。巴林皇家海军下设舰队司令部、1个飞行联队（相当于海军航空兵）和海岸警卫队。其主要作战舰艇包括：

1. 主站水面舰

"萨巴赫"级导弹护卫舰（可搭载直升机）1艘，是海湾地区比较大的战舰。该舰实为美国海军退役"佩里"级导弹护卫舰16号舰——"杰克·威廉斯"号，1981年9月19日加入美国海军服役，1996年9月13日退役后转让给巴林皇家海军，舰龄已达30年，长138米，宽14米，吃水6.7米，航速超过29节，航程5000海里/18节，排水量4100吨，满载排水量4200吨，舰员编制205人（含军官15人），装备2台通用电气公司型燃气涡轮发动机，2台辅助发动机，1根可调距螺旋桨推进，1部AN/SPS-49型对空搜索雷达，1部AN/SPS-55型对海搜索雷达，1部CAS&STIR火控雷达，1部AN/SQS-56型声纳，1座"奥托·梅莱拉"MK75型76毫米62倍口径主舰炮，1座SM-1MR型"标准"式舰空导弹发射装置，1部"密集阵"近程武器系统，4挺12.7毫米口径机关枪，备40枚"标准-1MR"防空导弹，1座MK13MOD4型"鱼叉"反舰导弹发射装置，装备4枚"鱼叉"式反舰导弹，2具MK32型联装324毫米口径鱼雷发射管，备6枚MK46型鱼雷。该舰使巴林皇家海军成为海湾地区唯一装备美国海军现役主战舰艇的海上力量。

2．巡逻舰艇

"阿尔·马纳马"级导弹巡逻艇2艘，装备双联装MM-40型"飞鱼"式舰舰导弹发射装置2座，76毫米舰炮1门。

1987—1988年，巴林皇家海军从德国吕尔森船厂订购2艘德制轻型护卫舰，1992年服役。该级舰长62米，宽8.5米，吃水2.6米，巡航速度18节，最大航速37节，航程4000海里/节，排水量595吨，舰员编制49人（含军官8人），装备4台迈巴赫MTU16V538TB93型高速柴油发动机，总输出功率12600千瓦，1部爱立信公司"海长颈鹿"150HC型雷达（启用G/H波段频率工作），1部凯尔文休斯公司型导航雷达（启用I波段频率工作），1部埃尔比特公司光电火控雷达，1部汤姆森辛特拉公司型声纳，1部埃利斯拉公司SEWS型电子支援系统，1部拉斐尔公司RAN1101型电子对抗系统，2部管鱼雷诱饵发射器，2座拉斐尔公司远程鱼雷诱饵发射器，1座"奥托·梅莱拉"76毫米口径主舰炮，1挺CIS50MG型12.7毫米口径机关枪，42座8单元垂直发射系统，备18枚巴拉克防空导弹，4枚MM40型"飞鱼"反舰导弹，2具3联装鱼雷发射管，备6枚A244型鱼雷，最初搭载法制AS365"海豚"直升机，还搭载1架德制MBB公司BO—105舰载直升机。

"艾哈麦德·埃尔法蒂"级导弹巡逻快艇4艘，装备双联装MM-40型"飞鱼"式舰舰导弹发射装置2座；1984至1989年，巴林皇家海军还从德国吕尔森船厂采购4艘"艾哈迈德·法特赫"（20）级TNC-45型快速攻击艇，均部署在萨勒曼港，首艇"艾哈迈德·法特赫"于1984年服役，2号艇"贾贝利"号（21）也于1984年服役，3号艇"阿卜杜勒·拉赫曼·法德尔"号（22）1986年服役，4号艇"萨巴赫"号（23）1989年服役，长45米，宽7米，吃水2.46米，航速40.5节，满载排水量259吨，艇员编制36人，装备1部PEAB 9LV200型火控雷达，1座76毫米口径主舰炮，1门40毫米口径双管副炮，2挺62毫米口径机关枪，4枚MM40型"飞鱼"反舰导弹。

这6艘德制战舰为巴林皇家海军打造了一支海上快速突击舰队，提升了其应对海上冲突的快速反应能力。

此外还有"阿尔里法"级巡逻艇4艘，"迅速"式（FPB-20）快速巡逻艇2艘。

3. "阿吉拉"级通用（多用途）登陆艇9艘。

4. 后勤支援舰4艘："虎"式气垫艇1艘，提升了巴林皇家海军快速兵力投射能力，增强了其抗登陆作战能力和抢滩登陆能力，为决战境外提供了坚强后盾。

5. 海军航空兵还装备有BO-105型轻型舰载运输直升机2架，系1994年末从欧洲直升机公司购入，均装备在海军的巡逻快艇上，执行搜索与救援和反舰任务。BO-105CBS直升机携带MM-40"飞鱼"反舰导弹，并安装有本迪克斯/金RDR-1500B 360度搜索与监视雷达、GPS和雷卡公司的RNS252导航系统。

6. 渡船3艘。

三、空军

空军成立于1977年，其前身是巴林埃米尔空军，是巴林国防军的空中武装力量，参加了第二次海湾战争。现下辖四个空军基地，分别是伊萨空军基地（Isa Air Base）、萨赫尔空军基地（Sakhir Air Base）、里法空军基地（Riffa Air Base）、穆哈拉格空军基地（Muharraq Air Base）。

总兵力1500人，编成2个歼击机中队，1个强击机中队，1个运输机小队，2个教练机中队，2个攻击直升机中队，2个运输直升机中队。作战飞机34架，武装直升机40架。

歼击机12架：F-5E"虎"型8架，F-5F"虎"型4架；

强击机21架：F-16C"战隼"型17架，F-16D"战隼"型4架；

载人运输机10架：B-727型1架，B-747型2架，"湾流"Ⅱ型1架，"湾流"Ⅳ型1架，"湾流"450型1架，"湾流"550型1架，BAe-146型3架；

教练机9架："隼"Mk-129型6架，T-67M"萤火虫"型3架；

直升机61架：攻击型直升机28架（AH-1E"眼镜蛇"型16架，AH-1F"眼镜蛇"型12架），运输直升机27架（S-70A"黑鹰"型3架，S-92A型1架，UH-60L"黑鹰"型1架，UH-60M"黑鹰"型8架，"贝尔"212型11架，Bo-105型3架），教练直升机6架（TAH-1P"眼镜蛇"型）；

空地导弹（AGM-65D/G"小牛"型）若干、中程空空导弹（AIM-9P"响尾蛇"型）若干、半主动雷达寻的空空导弹（AIM-7"麻雀"型）若干；"陶"型反坦克导弹发射器若干。[1]

四、半军事化部队

半军事化部队包括公共安全部队、特别安全部队、国民卫队和国家安全局等。

1. 公共安全部队

1961年，巴林建立了警察局，负责国内安全，穆罕默德·本·萨勒曼·阿勒哈利法担任局长。1971年独立之后，巴林警察局改制为内政部，警察改称公共安全部队，包括内政部所有负责安全和秩序的各部门，如各省区警察署、特别安全部队、特别保护局、反恐中心、警卫总局、交警局、执行局、事故海岸警卫队等。现任负责人塔里格·哈桑。

---

[1] 参考战略网：《巴林军事力量详表》，http://www.chinaiiss.com/military/view/184。

2. 特别安全部队

特别安全部队，指的是防暴警察，大部分人员构成来自埃及、约旦、伊拉克、叙利亚或巴基斯坦，不接受什叶派人士参加。2007年，巴林与法国签署协议，由法方军官负责培训巴林防暴警察。

3. 国民卫队

国民卫队成立于1997年，由哈马德的同胞兄弟穆罕默德·本·伊萨·本·萨勒曼·阿勒哈利法少将担任司令。国民卫队是独立的常规武装军事力量，效忠于国家和国王，总兵力大约有4000人，大多是外国人。

4. 国家安全局

国家安全局成立于2002年，哈利法·本·阿卜杜拉担任局长。自2006年以来，国家安全局保持与国王办公厅和最高国防委员会的协调，发挥的作用越来越大，基本上取代了内政部安全机构。2012年，哈马德国王任命非统治家族成员阿迪勒·本·哈利法·法迪尔少将为局长，兼任最高国防委员会秘书长和国王国家安全事务顾问。

巴林国家安全的内部威胁主要是国内什叶派争取平等权利的游行示威、反对美国在巴林驻军的抗议活动和恐怖主义活动，如20世纪80—90年代的数起什叶派抗议活动。1996年，巴林几家宾馆和饭店被炸弹袭击，造成大量人员伤亡，局势一度十分紧张。2003年2月15日，巴林警方成功挫败了一起针对美国人的恐怖袭击阴谋，逮捕了5名恐怖分子，其中2名是巴林现役军人。3月24日，美国海军第五舰队驻地外突然发生气罐爆炸，尽管没有造成人员伤亡，也没有抓获嫌疑犯，但是巴林安全部门高度紧张，反恐压力倍增。2013年2月，巴林安全部门对外宣称他们破获了一起企图颠覆现政权的恐怖主义活动，组织者自称是"伊玛目军"，他们受境外伊朗革命卫队指导。2014年11月9日，打击资助恐怖主义国际会议在麦纳麦举行，中国、美国、英国、法国、俄罗斯、其他阿拉伯国家以及世界银行和国际货币基金组织的代表就如何切断恐怖组织资金链进行了探讨。此外，巴林安全部门还严厉打击走私、贩毒、海盗、洗钱等违法犯罪活动。

外部的威胁主要来自伊朗。自20世纪80年代起，巴林政府一直指责伊朗暗地里煽动和支持巴林动乱，因此把伊朗视为对手加以防范。

第四节 外国驻军

巴林的外国驻军指的是以有关协议或条约为基础，经巴林政府允许驻扎在巴林领土上的外国军队。巴林的外国驻军主要是美国军队、英国军队和海合会"半岛盾牌"部队。外国在巴林驻军既是巴林重要的战略地理位置使然，也是巴林政府出于安全考虑做出的对外军事合作的一个重要组成部分。

一、美国军队

巴林既是美国海军重要的补给站，也为美国实施"东遏两伊"（伊朗和伊拉克）政策发挥过重要作用。美国在巴林驻军固然有美国对抗前苏联、控制海湾石油、称霸全球的战略考虑，但是也与巴林寻求安全保护的需求有关。

1. 驻军历史

英国撤出巴林之后，美国乘虚而入。巴林海军基地是美国海军在印度洋上的第二大海军基地，主要有贾法勒海军基地（Juffair Navy Base）和萨勒曼港。从巴林基地出发，美国海军可以控制整个海湾及其出入口霍尔木兹海峡，以及红海的出入口曼德海峡、苏伊士运河和亚喀巴湾，其地理位置的重要性不言而喻。20世纪40—50年代，美军就从英军手里租用巴林的港口。1971年，英国海军撤出巴林之后，美国开始按照与巴林签署的安全合作协议使用贾法勒海军基地。1990—1991年海湾战争期间，巴林发挥了重要作用，美军250架战机从海军基地的航母或伊萨空军基地起飞执行轰炸任务。1991年10月27日，巴林与美国签订为期10年的新军事合作协议，为美国提供港口设施并开展联合军演，美军还可以使用巴林的穆哈拉格空军基地以及其他军事设施，允许美军为应对不测预先部署战备物资。"9·11"之后，巴林还成为美国反恐战争的重要基地。2003年2月，巴林决定允许美军继续使用贾法勒海军基地和空军基地。2003年伊拉克战争中，巴林允许美军部署驱逐舰，有力地保障了美国海上力量在海湾的安全。2011年巴林发生较大规模的动乱，也对美国海军基地构成一定的威胁，美国方面开始考虑将巴林海军基地转移到迪拜或卡塔尔。

2. 驻军规模

美国在巴林驻军官兵的数量处于不断变化之中。1991年，海湾战争中，美国在巴林驻扎了1.75万名士兵。2003年伊拉克战争之前大约为4.2万至5000人，伊拉克战争之后减至3000人左右，2008年仅有1496人。据统计，美军每年为巴林基地军人提供餐饮的费用就达2500万英镑。

美国在巴林的海军基地也从最早时候的10英亩扩张到后来的60多英亩。2010年，美国海军制定了耗资5.8亿美元5年扩张计划。2015年，基地已经扩张到了100英亩。

3. 驻军基地

（1）贾法勒海军基地距离麦纳麦东南部大约8公里，驻有美国海军第五舰队司令部、中央司令部海军司令部、中央司令部陆战队分遣队、特种作战指挥与控制分遣队等单位，是美国海军在中东地区的大本营。贾法勒海军基地常驻军队包括20多艘舰船和1200名海军官兵。

（2）萨勒曼港是美国海军驻中东地区部队的指挥中枢，可为在海湾、印度洋和阿拉伯海活动的美舰艇提供补给、维修和通信等勤务，是美军在海外第二大后勤运输港口。萨勒曼港的主要设施有大型突堤码头1座，长800米，有长150米泊位8个；杂货船泊位2个，各长300米，水深10.9米；集装箱船泊位2个，各长300米，水深11米；其余舰船码头总长1353米，水深5.3—7米；船厂有干船坞1座，375×75米，可修50万吨级船；浮船坞两艘，分别为252×45米、227×41米，可修12万吨级船。

（3）美国第五舰队（U.S. Fifth Fleet），成立于二战期间的1943年，1944年4月26日编成，主要改组自美国中太平洋部队，首任司令是美海军名将斯普鲁恩斯将军，当时是太平洋舰队的主力作战舰队，二战结束后于1947年1月遭撤编。1995年7月1日，为加强在海湾地区前沿军事存在，理顺驻中东海军部队作战指挥关系，重新组建第五舰队，作为美国海军六大舰队之一，隶属于美国中央总部海军司令部。1995年第五舰队进驻巴林，1998年第五舰队司令部新建项目竣工，海军基地扩大至62英亩，价值达3650万美元。第五舰队是美国在中东军事基地的重中之重，辖区范围从海湾、红海、阿拉伯海、阿曼湾、亚丁湾，到东非肯尼亚的印度洋海域一带，下辖1个航空母舰战斗群（包括1艘航母、6艘水面作战舰只）和1个两栖作战小组，2艘攻击型核潜艇、3艘两栖舰只和4艘反水雷舰艇，常备舰只保持在15艘左右。

（4）空军基地

穆哈拉格空军基地位于穆哈拉格岛上的巴林国际机场内，驻扎有美军第一空中侦查中队特遣队，部署了P3和EP-3等飞机，主要任务是进行情报侦察。从穆哈拉格空军基地起飞的美军飞机只需要5至10分钟就可以到达周边国家执行战斗任务。

20世纪90年代，美国海军陆战队接管伊萨空军基地后，美国空军第366空中远征联队的1200名官兵以及B–IB、F–15和F–16战斗机、KC–135空中加油机等40余架战机也进驻该空军基地。①

因为美国在巴以问题上一再坚持偏袒以色列，巴林政府又为美国提供军事基地，允许美军驻扎在巴林境内，巴林国内反美情绪不断高涨，甚至促生了反美极端分子。2002年，巴林发生了数起反美游行示威。最严重的一次，美国驻巴林大使馆遭到了燃烧弹袭击。2003年，美国发动伊拉克战争伊始，巴林发生反美游行，美国人再次遭到暴力攻击。

二、英国驻军

1935年4月13日，英国海军建立了贾法勒海军基地。二战期间，贾法勒海军基地曾遭到意大利空军轰炸。1941年美国参战之后，英军曾允许美军使用基地的部分地域。尽管英军于1971年撤出了巴林，但是鉴于海湾重要的地理位置和能源供应，其后40多年的时间里，至少有一艘英国军舰一直活动在海湾地区。1990—1991年海湾战争期间，英国皇家空军与美国空军飞行员从伊萨空军基地起飞对伊拉克实行空中打击。2001年，英

---

① 孙德刚：《美国在海湾地区军事部署的"珍珠链战略"》，《阿拉伯世界研究》，2015年第4期。

国海事组织指挥中心（UKMCC）在巴林建立了永久性指挥部，并于2014年又建立了一个新的指挥部。英国空军还有1架Bae-125型飞机和1架Bae-146型飞机驻扎在巴林的空军基地。

2014年12月5日，英国外交部宣布与巴林签署了一项安全合作协议，将在萨勒曼港建立军事基地，驻扎包括驱逐舰和航空母舰在内的舰只。该港口目前已经驻有4艘英国扫雷艇，它将被建设成为英国海军用于前方作战使用的永久性基地。2015年11月，该军事基地正式开土动工。这将是英国自1971年正式撤出中东以来在这一地区建立的首座永久军事基地，预计花费1500万英镑。

三、海合会"半岛盾牌"部队

根据海合会共同安全合作协议，海湾任何一个成员国受到的威胁将被视作所有成员国受到的威胁。1982年，在海合会第三次会议上，根据各国国防部长的建议，决定建立一支联合武装力量，即日后的"半岛盾牌"部队。1984年，海合会决定成立联合军事指挥部。1985年海合会组建的"半岛盾牌"部队是一支包含了步兵、炮兵、装甲兵及其他支援力量的快速反应部队，由海合会各成员国派兵组成，沙特籍军人占大多数。经过三十多年的扩充，现有兵力2.5万人，在沙特建有永久性军营。2011年3月，联合部队开进巴林帮助恢复秩序的行动是"半岛之盾"成立以来最大规模的跨界行动。此后，驻扎在巴林协助维持当地安全的"半岛盾牌"部队大约1000人。

2014年12月10日，海合会发表声明说，将分别以阿拉伯联合酋长国首都阿布扎比和巴林为基地，成立一支地区联合警察部队和海军部队，以应对各成员国所面临的安全挑战和海上威胁。

参考文献

1. 中文

[1]《古兰经》,马坚译,中国社会科学出版社,1986年版。

[2] 巴林国驻华使馆:《前进道路上的巴林》,1997年版。

[3] 巴林法律事务局:《巴林王国宪法及其解释文本》,2002年版。

[4] 巴林王国驻华使馆:《巴中友谊新篇章》,巴林王国政府出版局,2005年版。

[5] [苏]瓦·拉·波将斯基:《巴林》,北京人民出版社,1974年版。

[6] 江淳、郭应德:《中阿关系史》,经济日报出版社,2001年版。

[7] [美]希提著,马坚译:《阿拉伯通史》,商务印书馆,1995年版。

[8] 中国现代国际关系研究所:《阿拉伯新生代政治家》,时事出版社,2004年版。

[9] [美]D.L.卡莫迪著,徐钧尧、宋立道译:《妇女与世界宗教》,四川人民出版社,1989年版。

[10] [巴林]易卜拉欣·欧莱德著,王复译,《文学与文学批评》,五洲传播出版社,2015年版。

[11] 全国人大常委会办公厅外事局编:《外国议会简介》,中国民主法制出版社,2010年版。

[12] 安维华:《论海湾国家政治制度类型的划分》,《西亚非洲》,1993年第6期。

[13] 陈广元:《海湾六国纪行》,《中国穆斯林》,1996年第4期。

[14] 陈万里:《明珠更灿烂》,《阿拉伯世界研究》,1996年第4期。

[15] 陈远望:《巴林铝公司再次扩产30万t/a》,《世界有色金属》,2003年第3期。

[16] 程星原:《海湾经济一体化及其成果与问题》,《阿拉伯世界研究》,2004年第4期。

[17] 丁隆:《巴林变法:一个海湾酋长国的民主试验》,《国际商务》(增刊),2003年,第5期。

[18] 国洪更、吴宇虹:《古代两河流域和巴林的海上国际贸易——楔形文字文献和考古发现中的狄勒蒙》,《东北师大学报(哲学社会科学版)》,2004年第5期。

[19] 刘元培:《飞架沙特和巴林间的法赫德国王大桥》,《中国穆斯林》,2005年第4期。

[20] 全国妇联国际部:《顾秀莲率中国妇女代表团访问马里和巴林》,Women of China,2005年第2期。

[21] 夏凉:《巴林传统工业的现状与保护》,《阿拉伯世界研究》,1999年第2期。

[22] 徐惠喜:《海湾国家争创地区金融中心》,《金融博览》,2006年第3期。

[23] [巴林]亚斯:《巴林王国的教育概况》,《外国中小学教育》,2006年第1期。

[24] [美] B.贝内特、[澳] M.豪厄尔、[以] U.西姆利,方士敏译:《巴林体育与竞技运动》,《齐齐哈尔师范学院学报》,1995年第2期。

[25] 余荨:《历史与现代文明的激荡——巴林》,《中国宗教》,2003年第9期。

[26] 周顺贤:《巴林现代文学》,《阿拉伯世界》,1996年第3期。

[27] 丁珊珊、杨椅伊:《巴林王国保险行业的现状及分析》,《东方企业文化》,2013年第20期。

[28] 陈自明:《阿拉伯乐器》,《乐器》,1980年第4期。

[29] 王广大:《试论阿拉伯伊斯兰艺术的特征》,《世界民族》,2003年第3期。

[30] 王宏伟:《巴林的军火贸易》,《阿拉伯世界研究》,2003年第2期。

[31] 马寿海:《海湾国家妇女婚姻、生育及婴幼儿健康状况》,《人口与

计划生育》，1998年第1期。

[32] 陈凤丽：《巴林公主与美国大兵私奔》，《环球时报》，2000年7月18日第3版。

[33] 孙德刚：《美国在海湾地区军事部署的"珍珠链战略"》，《阿拉伯世界研究》，2015年第4期。

[34] 唐逸如：《巴林的伊斯兰金融中心梦》，《国际金融报》，2014年12月15日，第24版。

[35]《巴林军事力量详表》，战略网，http://www.chinaiiss.com/military/view/184。

[36] 中国国际贸易促进会驻海湾地区代表处：《巴林能源产业报告》，http://daibiaochu.ccpit.org/Contents/Channel_1417/2012/0522/331682/content_331682.htm。

[37] 黄培昭：《巴林搬来海湾救兵》，《环球人物》，2011年3月28日，http://world.huanqiu.com/people/2011-03/1592381.html。

[38] 中国驻巴林王国国大使馆经济商务参赞处网站，http://bh.mofcom.gov.cn。

2. 阿拉伯文

[1] إبراهيم بشمي، " المنامة شانزليزيه الخليج"، مؤسسة الأيام للصحافة والطباعة والنشر، المنامة، 1994.

[2] إبراهيم بشمي، " مملكة هرمز الفقاعة الذهبية"، مؤسسة الأيام للصحافة والطباعة والنشر، المنامة، 1994.

[3] "صاحب السمو الشيخ عيسى بن سلمان آن خليفة ومسيرة بناء البحرين"، مركز زايد للتنسيق والمتابعة، أبو ظبي، 2001.

[4] وزارة الإعلام شئون الإعلام الخارجي، "ملك وخمس سنوات من الإنجازات"، المطبعة الحكومية، المنامة، 2004.

[5] وزارة الإعلام شئون السياحة، "البحرين..سحر وجاذبية" المطبعة الحكومية، المنامة، 2004.

[6] أحمد محمد عطية، "كلمات من جزر اللؤلؤ: دراسة في أدب البحرين الحديث"، مطابع الهيئة المصرية العامة للكتاب، 1988.

[7] عبد الله المدني، "أوائل رواد الحركة المسرحية في البحرين"، القدس العربي، 2014.

[8] محمد غانم الرميحي، "البحرين: مشكلات التغيير السياسي والجماعي"، دار الجديد، بيروت، الطبعة الرابعة، 1990.

[9] هيفاء أبو غزالة، "دراسات برلمانية إقليمية"، صندوق الأمم المتحدة الإنمائي للمرأة، 2007.

[10] محمد نعمان جلال، "السياية الخارجية للبحرين انعكاس لهويتها الوطنية"، صحيفة الوسط البحرينية، 24 أغسطس 2010.

[11] العربي بلا، "التجربة الديمقراطية في مملكة البحرين: الأسس، الواقع، التحديات، والآفاق المستقبلية"، التاريخ العربي، العدد 42، خريف عام 2007.

[12] محمد البزاز، "السياسة الخارجية للبحرين: المحددات والإنجازات والتحديات"، التاريخ العربي، العدد 42، خريف عام 2007.

3. 英文

[1] Carol Ann Gillespie. *Bahrain*[M]. Philadelphia: Chelsea House Publishers, 2002.

[2] Kenneth Katzman. *Bahrain: Reform, Security, and U.S. Policy:* Congressional Research Service 7-5700, www.crs.gov, 95-1013.

[3] Hudson, M.C. *Arab Politics: The Search for Legitimacy* [M]. New Haven: Yale University Press, 1979.

[4] Robinson, G. & P. Greenway. *Bahrain, Kuwait & Qatar*[M]. Hawthorn Victoria: Lonely Planet Publication Pty Ltd, 2000.

[5] Lisa Urkevich, *Music and Traditions of the Arabian Peninsula: Saudi Arabia, Kuwait, Bahrain, and Qatar,* Routledge, 2015.

[6] Harriet E. W. Crawford, *Dilmun and its Gulf Neighbors,* Cambridge University Press, March 1998.

[7] *Bahrain Exhibition & Convention Authority* [DB/OL]. http://www.bahrainexhibitions.com/

[8] *Bahrain News Agency* [DB/OL]. http://www.bna.bh/

[9] *Bahrain Tourism* [DB/OL]. http://www.bahrain-tourism.com/

[10] *Gulf Air* [DB/OL]. http://www.gulfair.com/

[11] *Kingdom of Bahrain Central Informatics Organization* [DB/OL]. http:// http://www.cio.gov.bh/

[12] *Kingdom of Bahrain Ministry of Education* [DB/OL]. http://www.moe.gov.bh/

[13] *Kingdom of Bahrain Ministry of Health* [DB/OL]. http:// www.moh.gov.bh/

[14] *U.S. Department of State* [DB/OL]. http://www.state.gov/

[15] *Bahrian Authority for Culture & Antiquities* [DB/OL]. http://culture.gov.bh

[16] *Bahrain Economic Development Board, Kingdom of Bahrain, Economic Yearbook 2013* [DB/OL]. http:www.bahrainedb.com

[17] *Kingdom of Bahrain Ministry of Foreign Affairs Annual Report 2013* [DB/OL]. http://www.mofa.gov.bh/Default.aspx?tabid=7994&language=en-US

[18] *Report of the Bahrain Independent Commission of Inquiry* [DB/OL]. http://files.bici.org.bh/BICIreportEN.pdf

[19] Shirawi, May Al-Arrayed (1987) Education in Bahrain - 1919-1986 an analytical study of problems and progress, Durham theses, Durham University. Available at Durham E-Theses Online: http://etheses.dur.ac.uk/6662/.

[20] *CIA World Factbook: Bahrain* [DB/OL]. https://www.cia.gov/library/publications/the-world-factbook/geos/ba.html

[21] *World Bank Data: Bahrain* [DB/OL]. http://data.worldbank.org/country/bahrain

[22] *Human Development Index 2015* [DB/OL]. http://hdr.undp.org/en/content/human-development-index-hdi

附录一

巴林王国宪法

奉普慈特慈的真主之名

哈马德·本·伊萨·阿勒哈利法
巴林国埃米尔

  根据全民公投一致通过的国家行动宪章所述,在审阅宪法及关于批准国家行动宪章的2001年(17)号埃米尔令之后,根据按2001年(5)号令组成的宪法修正委员会主席的递呈,在内阁审阅后,特批准此经修正的宪法并予以颁布。

巴林国埃米尔
哈马德·本·伊萨·阿勒哈利法

伊历1422年12月2日
公历2002年2月14日
颁于里法鸥宫

附录一　巴林王国宪法

奉普慈特慈的真主之名

巴林王国宪法

奉至高无上真主之名，托真主之洪福，借真主之佑助，巴林王国国王，哈马德·本·伊萨·阿勒哈利法，出于对所负国家、民族、国际之一切责任的决心、信心、信念与领悟；出于对真主之权利、祖国与公民之权利、原则与人道责任之权利的感知。

为贯彻对我们国家行动宪章所包含的原则一致赞同的民意，为实现我们伟大人民委托的修正宪法的使命，怀着使我们亲爱的祖国民主政体的各种因素得以完善的愿望，为奔向更加美好的未来，在政府与公民认真的、建设性的、克服前进中困难的合作之荫护下，使祖国和公民未来更加繁荣、进步、发展、稳定、昌盛。由于相信未来及为未来而工作是我们全体在下阶段中之先导，由于对实现这一目标所需的努力具有信心，为了完成我们的进程，我们对现有的宪法进行了修正。这一修正，纳入了宪章所包含的所有崇高价值观及伟大的人道主义原则。这些价值观与原则所肯定的是，巴林人民蒙至高无上真主的允诺，正在胜利的道路上向着辉煌的未来前进。在那样的未来，所有各界与个人均并肩合力，一切权力机构均以崭新的面貌专注于在一个充满宽容的时代里实现各种期望与宏愿。巴林人民宣布：坚持伊斯兰教的信仰、律法与纲领，始终隶属于光荣的阿拉伯民族，维系当前与未来和阿拉伯海湾国家合作委员会的联系，致力于一切为全人类实现公正、福利、和平的事业。

宪法的各项修正，出自于渊源深远的巴林人民虔信，伊斯兰中有对今生后世之善事，它并不意味着僵化与偏执，而是十分坦诚地确定，明智之理为信徒所求，一旦发现随即采纳。巴林人民虔信，尊贵的《古兰经》对任何事物均未忽略。

为将此兑现，应使我们的视听达至东西方一切人类遗产，从中撷取我们认为有益、有利，与我们的宗教、价值观、传统相符，和我们的情况相宜的东西。因为我们相信，社会与人类的各种制度，并非僵死的种种工具或机器，可不加改变地从一方移至它处，而是与人的智慧、灵魂、心灵的一种对话，受其情感及其社会各种状况的影响。

宪法的各项修正如此产生，它体现出我们亲爱的祖国的先进文明思想，令我们的政体建成为君主立宪制。这一君主立宪制，建于作为伊斯兰统治范例的协商及人民参与执政的基础之上。此政体亦为现代政治思想的基础。执政者以其智慧从公民中选择一些有识之士组成协商会议；具有觉悟、自由、忠诚的人民通过选举产生组成众议院的人选；两会共同实现其在国民议会上所体现的民意。

无疑，宪法修正，反映了国王与人民的共同愿望，为所有人实现了宪章中所包含的崇高的价值观和伟大的人道主义原则。这些价值观与原则，确保人民能达到与其能力和才干相称、与其伟大的历史相符的最高地位，使其在全世界众文明的人民中占有与之相宜的位置。

今所颁布宪法，包含了根据宪章内容所作的一些修正，与未作修正的所有条文相互补足。另附之以一个解释文本，其内容作为解释宪法章程的依据。

第一章　国家

第一条

1. 巴林王国是一个具有完整主权的独立的伊斯兰阿拉伯国家，其人民为阿拉伯民族的一部分；其领土为大阿拉伯的一部分，不容放弃其主权或割让其领土。

2. 巴林王国的政体为世袭君主立宪制。已故谢赫伊萨·本·萨勒曼·阿勒哈利法已传位于其长子谢赫哈马德·本·伊萨·阿勒哈利法担任国王，其后，将再传位于其长子。除按下列条款所述之承袭法章程，国王生前任命并非长子之另一儿臣为继承人外，将依此层层承袭。

3. 按国王特别令对承袭法其他章程的安排，具有宪法性质。除非符合宪法第一二〇条之章程，否则不容对其进行修正。

4. 巴林王国的统治制度为民主制,这一制度的主导权属于一切权力之源的人民,按本宪法所阐明的方式实施。

5. 男女公民,均有权参与公共事务,享有政治权利;其中包括,按照本宪法并符合法律阐明的条件和情况,享有选举权和被选举权。除非符合法律,否则不得剥夺任一公民的选举权和被选举权。

6. 本宪法只能依其中所述的方式,进行部分修改。

第二条

国家宗教为伊斯兰教,伊斯兰教法为立法主要依据。国家官方语言为阿拉伯语。

第三条

法律规定王国国旗、国徽、肩章、勋章及国歌。

第二章 社会基本要素

第四条

公正为统治基础;合作并相互关爱为公民间最亲密的关系;自由、平等、安全、安宁、科学、社会团结、公民机会均等为国家予以保障的社会柱石。

第五条

1. 家庭是社会的基础;宗教、道德、热爱祖国是家庭的支柱;法律维护家庭这一合法实体,巩固家庭关系及其价值,保护家庭中的妇幼,照顾家庭中的后代,令其不被利用,免受道义、身体、心灵上的忽视;国家还特别关心青年在体、德、智方面的成长。

2. 国家保证协调妇女的家庭义务及其在不违背伊斯兰教教法规定的情况下的社会工作以及与男子在政治、社会、文化、经济生活中的平等地位。

3. 国家保证给予老、病、失去工作能力及孤、寡、失业的公民以必要的社会保障；国家为他们提供社会保险及保健服务；国家致力于使他们免受愚昧、恐惧、贫苦之害。

4. 遗产为伊斯兰教法所规定的受保障的权利。

第六条

国家保护阿拉伯及伊斯兰遗产，为人类文明作出贡献；国家致力于加强伊斯兰各国间的联系，实现阿拉伯民族对统一和进步的希望。

第七条

1. 国家关注科学、文学与艺术，鼓励科学研究；国家还保证为公民提供教育与文化服务；按法律所规定的各初等阶段及其所阐明的方式，实行义务的免费教育。依法律制定扫除文盲所需的规划。

2. 在各阶段、各类型的教学中，法律均对宗教及爱国教育给予各方面关怀，并于这一切之中关心加强公民的个性，并加强其对自身阿拉伯特性的珍视。

3. 个人或机构，可于接受国家监督并符合法律的情况下，建立私立学校和大学。

4. 国家确保各科学院的不可侵犯性。

第八条

1. 公民均有保健权；国家关心公共健康，建立各种医院及卫生机构以确保疾病预防和医疗设施。

2. 个人或机构，可在接受国家监督并符合法律的情况下，建立医院、疗养院和诊疗所。

第九条

1. 所有权、资本、劳动，按伊斯兰公正原则，为国家的社会实体及国民财富中的基本要素；这一切均属于个人权利，具有法律安排的社会职能。

2. 公共财物，具有不可侵犯性；保护公共财物，为每个公民的责任。

3. 私人所有权受保护，除非有法律限制，否则不禁止个人支配自己的财物；个人财物的剥夺，只能出于法律所阐明情况中的公共利益，按法律所述方式进行，并应给予公正的补偿。

4. 禁止全面收缴财物；特殊的惩罚性的收缴，仅能于法律阐明的情况下依司法判决执行。

5. 根据经济基础，遵照社会公正，由法律协调土地及房产主与其租赁者间的关系。

6. 国家致力于对收入有限的居民提供住房。

7. 国家采取必要措施以实现对可耕地的有效利用；国家致力于提高农民的水平；法律确定扶助小农的方法，令其拥有土地。

8. 国家采取必要措施以保护环境，保护生态环境。

第十条

1. 国民经济的基础是社会公正，其支柱是公营与私营之间的公平合作；其目标是按制订的计划发展经济，实现公民富裕；凡此均应限于法律界定的范围之内。

2. 国家致力于实现阿拉伯海湾国家合作委员会各国和阿拉伯联盟各国的经济一体化；致力于能使这些国家接近、合作、互助、互援的一切事情。

第十一条

一切自然资源均为国家财产，根据国家安全及国民经济的需要，由国家对其进行保护或妥善开发。

第十二条

国家确保社会团结一致地承受由一般性灾害所带来的负担，向遭遇战争伤害或因执行军务的受伤者支付补偿。

第十三条

1. 劳动是每个公民的义务，为尊严所需，公益所求；每个公民均有权劳动，并根据公共秩序及礼法选择工种。

2. 国家确保为公民提供就业机会和公正的工作条件。

3. 不可迫使任何人进行强制性劳动，除非出于国家需要，出于法律所确定的情况之中，并予以公正报酬；或旨在执行司法判决。

4. 按经济基础，遵照社会公正原则，由法律协调工人与业主的关系。

第十四条

国家鼓励合作与储蓄，监督信贷安排。

第十五条

1. 税金及公共税费，其基础是社会公正；依据法律纳税是一项义务。

2. 法律给小笔收入免除税收，以确保不影响生活所需的最低限度。

第十六条

1. 公职为委托予任此职者的一种爱国服务；国家公务员履行其职务旨在公共利益；除法律所阐明的情况外，外籍人士不得担任公职。

2. 依法律规定的条件，凡（巴林）公民均可担任公职。

第三章　公民权利与义务

第十七条

1. 巴林国籍由法律确定，具有国籍者不可予以吊销，除非有重大叛国情形或法律确定的其他情况。

2. 不得将公民逐出巴林或禁止其返回巴林。

第十八条

人的尊严，人人相同；在法律上，所有公民的权利和公共义务一律平等，不因种族、出身、语言、宗教、信仰而有所区分。

第十九条

1. 个人自由，依法受到保障。

2. 对任何人不得予以拘捕、扣押、囚禁、搜查、软禁、限制居住或迁移自由，除非符合法律规定，并处于司法监督之下。

3. 不得于非监狱法指定的场所进行扣押及监禁；监狱包含有卫生及社会福利，并处于司法机关监督之下。

4. 对任何人都不得进行物质或精神折磨，不得予以诱惑或有损尊严的对待；法律确定对有此行为者的惩罚；确认因受折磨或诱惑或此种遭遇或任何威胁所说的话或所作的供词一律作废。

第二十条

1. 仅能根据法律进行定罪论罚；仅能按照下述做法，以法律对此所作的规定，进行惩处。

2. 惩罚针对个人。

3. 被告于法庭确认罪之前，系为无辜；按照法律，应予以必要保证，以便在调查及审判的各个阶段行使申辩权。

4. 禁止在身体及精神上对被告进行伤害。

5. 对每个控以刑事罪的被告，应在其同意下有律师为之辩护。

6. 根据法律，控辩权受到保护。

第二十一条

禁止引渡政治避难者。

第二十二条

心灵的自由是绝对的;国家确保礼拜场所的神圣不可侵犯性,确保按地方习俗进行宗教仪式、宗教礼仪及集会的自由。

第二十三条

依照法律所阐明的条件和情况,言论与科研的自由受到保障,人人均有表达看法,并以口头、书面或其他形式发表意见的权利,但不得触犯伊斯兰信仰准则及人民的团结,不得引起宗派情绪。

第二十四条

遵照前一条规定,新闻、出版、发行的自由依法律所阐明的条件和情况受到保护。

第二十五条

住宅具有不可侵犯性,未经主人允许不得擅入或对其搜查;除非是法律所确定的不得已的情况方可例外,并按法律条文所述的方式进行。

第二十六条

邮政、电报、电话、电子通讯自由受保护,其秘密性受保障;除非是法律阐明的必要情况,并按法律规定的步骤及担保进行,否则不得对其监视、泄密。

第二十七条

以爱国主义为基础,具有合法目的,用和平方式成立的社团及工会的自由,依法律阐明的条件和情况受到保护;但不得触犯宗教准则与公共秩序;不得强迫任何人加入任何社团或工会,或继续留在其中。

第二十八条

1. 个人拥有私人聚会的权利,不必请示或事先通报;但警察部队人员不得参与此类私人聚会。

2. 公众集会、游行、集结,依法律阐明的条件和情况得到允许;但集会的目的和方式必须是和平的,不得与公共礼法相悖。

第二十九条

人人均可以署名方式书面与公共当局对话;以集体名义与当局对话,仅能出自正规机构或有关人士。

第三十条

1. 和平是国家的宗旨,祖国安全是大阿拉伯国家安全的一部分;保卫祖国是每个公民的神圣义务,服兵役是法律规定的公民荣誉。

2. 只能由国家建立国防部队、国民卫队及警察部队;除非处于最需要的情况,并按法律所规定的方式处理,公民方能担任这些职务。

3. 总动员及局部动员由法律规定。

第三十一条

只能由法律或根据法律来整顿或限定本宪法所述的权利与公共自由;整顿或限定不得影响权利与自由的实质。

第四章 政权总则

第三十二条

1. 依本宪法的规定,政权体制建于立法权、行政权、司法权分离并相互合作的基础之上;三权力机构中之于任何一方,均不得将本宪法规定的自身职权全部或部分转让予其他机构;但允许于某一时期内就特定的一个或数个问题进行有限的法定授权,并按授权法及其条件实施。

2. 依本宪法的规定，立法权由国王与国民议会掌握；国王与内阁及各部大臣掌握行政权；以国王之名义颁布司法条令。

第一节 国王

第三十三条

1. 国王是国家元首和最高代表；其尊驾受保护，不容触犯；国王是宗教与祖国的忠实护卫者、国家统一的象征。

2. 国王维护统治的合法性及宪法、法律的主导性；国王保护个人及机构的权利与自由。

3. 国王通过各部大臣直接实施政权；各部大臣团结一心，向国王负责政府的大政方针；各大臣负责其所在各部的工作。

4. 国王敕令任命内阁首相或免除其职位；根据内阁首相的递呈，敕令任命各部大臣或免除其职位。

5. 按本条上述方式，于两会每个立法季度开始之时，重组内阁。

6. 国王敕令任免协商会议委员。

7. 国王是国防力量的最高统帅，掌握军队的领导权，并委以王国国土内外的保护任务；国防力量直接与国土联系，对本身事务保守必要秘密。

8. 国王领导最高司法委员会，根据最高司法委员会的建议，敕令任命法官。

9. 国王依法颁发荣誉勋章。

10. 国王敕令建立、授予或收回文职、军职官衔及其他荣誉称号；国王亦可委托他人执行此事。

11. 依法以国王名义发行货币。

12. 国王登基时，在国民议会的特别会议上宣读如下誓言："我以伟大的真主起誓，尊重宪法及国家各项法律，保护人民的自由、利益与财产，维护祖国的独立与领土完整。"

13. 国王办公厅隶属于国王，按颁发的敕令组成，并依国王特别令确定办公厅预算及其监管条例。

第三十四条

1. 国王出国,王储又不能代理的情况下,国王敕令任命代理人行使其缺位期间的职权;此敕令可包含一种特殊安排,以行使其缺位期间的职权,或包含对职权范围的限定。

2. 本宪法第四十八条第二项所述的规定及条件适用于国王代理;若其原为大臣或协商会议、众议院的委员,则在其代理国王期间不参与各部或国民议会的工作。

3. 国王代理在行使其职权前,宣读前条所述誓言,并附加一句:"我忠于国王。"国民议会召开期间,此誓言于会上宣读,否则,则面对国王宣读。

王储即使数次代理国王,此誓言仅需宣读一次。

第三十五条

1. 国王有对宪法进行修正的建议权及各种法律修改的建议权;批准并颁布法律是国王的特权。

2. 如协商会议及众议院向国王呈报的法律,自呈报日起六个月后未退回两会复议,此法律即为批准,由国王颁发。

3. 遵照有关宪法修正的条款,若国王在上述条款的期限内,将法律草案退回协商会议与众议院,下令复议,并于令中说明原因;则国王可确定复议于本次会期还是下次会期进行。

4. 若协商会议、众议院或国民议会以三分之二委员之多数重新通过此草案,国王予以批准,并自第二次通过之时起一月之内予以颁布。

第三十六条

1. 进犯性战争是禁止的;防卫性战争颁令宣布;一经宣布即提交国民议会,对战争的前景予以判断。

2. 仅能以颁令宣布国家的和平状态或军事管制状态;宣布各种状态

不应超过三个月；须经国民议会与会委员多数同意方能予以延长。

第三十七条

国王颁令批准各种条约，并附上相关说明下达协商会议与众议院；条约在批准通过并于官方报纸发表后即具有法律效力。

凡有关议和、结盟的条约；涉及国家领土、自然资源、主权、公民的公共权利及私人权利等条约；商贸、航运、居留条约；国库需负担某些未列入预算经费的条约；含有对巴林法律修正内容的条约，凡此类条约，须颁发公布之后执行。

任何情况之下，条约均不得含有与公开条件相悖的秘密条件。

第三十八条

在协商会议与众议院各会期之间，或在众议院解散期间，如发生需迅速采取措施而不能拖延的情况，国王可就此颁令，具法律效力，但该令不得违宪。

若两会正值会期，则应自颁令后一月之内将此令送交至协商会议与众议院；在会议解散或立法季结束的情况下，应在新任两会第一次会议后一月之内予以送达；若未送达，则原来所具有的法律效力失效，无需对此发布决议；若送达后未经两会通过，则原来所具有的法律效力同样失效。

第三十九条

1. 国王颁令订立法律的必要条例，但不包含对法律修正、废除或免予执行的内容；法律可确定颁令之外的其他方式，来公布执行法律的必要条例。

2. 国王颁令订立拘捕条例及安排各类公共机关部门所需要的条例；条例不得与各项法律相悖。

第四十条

国王任命文职与军职官员、驻外国及国际机构的政治代表，并依法律所规定的范围和情况，免除其职务；国王接受各国代表及其进驻机构。

第四十一条

国王可颁令减免刑罚；大赦仅能按法律实施，并仅能对赦免提议前所犯的罪行生效。

第四十二条

1. 国王下令按法律规定进行选举，产生众议院。

2. 国王敕令国民议会召开会议，按法律规定，主持本次会期的开幕与闭会。

3. 国王可颁令解散众议院，并于令中说明其原因；不可因相同原因再次解散众议院。

第四十三条

国王可就法律及有关国家利益的重大问题进行民意测验，若发表意见者多数同意，议题即为通过；测验结果公诸官方报纸，自宣布之日起遵守执行。

第二节　行政机构内阁各部大臣

第四十四条

内阁由首相及数名大臣组成。

第四十五条

1. 任大臣之职者，应为巴林人，不小于公历三十岁，享有完全的政治权和民权；如无与此相悖的行文，则有关大臣的规定适用于内阁首相。

2. 法律确定内阁首相及各部大臣的薪俸。

第四十六条

首相与各部大臣在就职之前，应根据宪法第七十八条之规定在国王面前宣誓。

第四十七条

1. 内阁关注国家利益，制定和执行政府大政方针，主持政府机关的工作进程。

2. 国王主持所参与的内阁会议。

3. 内阁首相指导内阁任务的履行及工作进程，执行内阁决议，实现各部工作的协调和互补。

4. 内阁首相因任何原因而解职均包含全体内阁大臣的解职。

5. 内阁议事秘密进行；于多数阁员出席，多数与会者同意的情况下作出决议；若票数相等，则首相支持的一方获胜；少数派于并未辞职的情况下遵守多数意见；若需就有关内阁决议颁令，则应呈交国王批准。

第四十八条

1. 各大臣主持本部事务，执行政府涉及本部的大政方针，规划本部的工作方向并指导执行。

2. 大臣于主持本部工作期间，不得担任其他公共职务；不得从事自由职业或工业、商贸、财经工作，即便通过间接途径；不得于政府或公共机关所签约之承包项目中入股；不得既任部职又兼任公司理事会理事，除非作为政府代表，并不予酬金；任部职期间，任何国家资产即便公开拍卖，亦不得将其与之交易。

第四十九条

若首相或大臣因任何原因离职，继续处理其职务中的紧急事宜，持续至其后任任命为止。

第五十条

1. 法律组建公共机构和地方行政机关，保证其在国家指导与监督之下的独立性，保证地方行政机关能管理具地方特色、属地方行政的范围并予以监督。

2. 国家指导公益机构，使之符合国家大政方针及国民利益。

第三节　立法机构国民议会

第五十一条

国民议会由两会组成：协商会议与众议院。

第一部分　协商会议

第五十二条

协商会议由四十位按敕令任命的委员组成。

第五十三条

协商会议委员须为巴林人，享有全部民权及政治权；姓名登录于一份选民表中，其年龄于任命之日不得小于公历三十五周岁；须具有丰富阅历或曾为祖国作出重大贡献。

第五十四条

1. 协商会议委员任期四年，任期结束可再次任命。

2. 协商会议某一委员于任期结束前因任何原因空缺，国王补任一委员，至其前任任期结束为止。

3. 协商会议任何委员均可向会议主席提请免去其委员资格，会议主席应将此申请呈交国王；该委员资格自国王接受申请之日终止。

4. 国王任命协商会议主席，其任期与会议任期相同；每一会期由会议选举两名副主席。

第五十五条

1. 协商会议于众议院召开时举行会议，两会的各次会期相同。
2. 若众议院解散，协商会议中止。

第二部分　众议院

第五十六条

众议院由四十名委员组成，委员依法律阐明的章程由直接、秘密大选产生。

第五十七条

众议院委员应具备的条件：

1. 应为巴林人；享有全部民权及政治权；姓名登录于一份选民表中。
2. 选举之日年龄不小于公历三十周岁。
3. 精通阿拉伯文读写。
4. 因丧失信任、信誉或因渎职被协商会议或众议院决议已取消委员资格者除外；但若作出取消委员资格决议时之立法季结束后，或若作出取消委员资格之该次会期结束后，其所在大会作出决议消除因取消委员资格所产生阻其候选之影响，则取消委员资格者仍可参加候选。

第五十八条

众议院的任期为自其召开第一次会议起公历四年；任期最后四个月内，遵照本宪法第六十四条之规定，进行新一届众议院的选举；委员满任者仍可再选。

必要时，国王可敕令延长众议院的立法季，延长期不超过两年。

第五十九条

如众议院某一委员满任前因任何原因空缺，自大会宣布此一空缺之日起两个月内进行补选；新委员任期至其前任任期结束为止。

若在大会立法季结束前六个月内出现委员空缺，则不再补选委员。

第六十条

众议院于其首次会议上从委员中选出一位主席和两位副主席，任期与大会相同；若其中一位空缺，大会另选该职位人选，任期至大会任期结束为止。

于任何情况之下，选举以与会者的绝对多数而定；若首次未获此多数，于两名获最多选票者之间进行复选；若另有人与此两者选票相等，则此人参与两者的复选；在这种情况下，选举将以相对多数而定；若有一人以上同时获得相对多数，大会在他们之间以抽签方式选择。

首次会议由最年长的委员主持，至选出大会主席为止。

第六十一条

大会于其年会第一周内组织必要的大会工作委员会，这些委员会可于大会休会期间履行其职权。

第六十二条

按相关法律，由鉴别法庭专事裁决有关众议院选举的指控。

第六十三条

众议院专事接纳其委员之辞呈，自大会决定接受辞呈之时起方可认为该辞呈为最终决定；自接受辞呈之日起该名额成为空缺。

第六十四条

1. 若众议院解散，应在不超过解散后的四个月内选举新一届大会；若在此期间未进行选举，解散的大会恢复其全部宪法权力，可立即召开会议，与未曾解散一般，并继续工作至新一届大会选出为止。

2. 虽有上款之规定，若有不可克服的情况，从而内阁认为进行选举无法实行，则国王可推迟新一届大会的选举。

3. 若上款所述的情况继续存在，根据内阁意见，国王可恢复解散的大会，令其召开。自复会的令颁布之日起，该大会即视作成立，履行其全部宪法职能，本宪法之条款均可对其适用，包括其中有关大会任满及解散内容；在这种情况下，大会所召开的会议，不论其开始日期，被视作惯常的首次会议。

第六十五条

可根据至少五名众议院委员签名要求，向任一大臣质询其职权内的事务。

质询不可涉及被质询者，或其第四层次内的亲属，或其某位代理人等的私人利益。

仅能于提出质询至少八日以后，且大臣并未同意提前的情况下，方可对质询进行答辩。

按本宪法第六十六条之规定，质询可导致向众议院提出对大臣的信任问题。

第六十六条

1. 每位大臣均为本部的工作向众议院负责。

2. 仅能根据大臣的意愿，或在对其质询进行答辩后由众议院十名委员签名申请，方可提出对大臣的信任问题；大会不得在该申请提出后的七日前，发表对申请的决定。

3. 若大会以由三分之二委员组成的多数决议对某一大臣不予信任，则自不信任决议之日起该大臣视作脱离部职，应立即提出辞呈。

第六十七条

1. 众议院不对内阁首相提出信任问题。

2. 若众议院三分之二委员认为无法与首相合作，将此事转交国民议会审理。

3. 国民议会不得在此事递交后的七日前对无法与首相合作的问题作

出决议。

4. 若国民议会以三分之二委员的多数通过无法与首相合作，将此事呈交国王决断，以免去首相，任命新内阁，或解散众议院。

第六十八条

众议院可就公共问题向政府提出书面要求，若政府无法接纳这些要求，应向大会书面阐明原因。

第六十九条

众议院随时有权组成调查委员会或委派一名或数名委员对宪法规定大会职权内的任何事务进行调查，但该委员会或委员应于调查开始之日起不超过四个月内提交调查结果。

各部大臣及所有国家官员均应提交要求其交出的证明、文件及资料。

第三部分　两会共同章程

第七十条

唯有按情况经协商会议、众议院或国民议会通过，由国王批准，方能颁布法律。

第七十一条

国民议会于十月初的第二个周六召开会议，除非国王决定在此之前召开会议；若此日为官方假日，则在假日后的第一个工作日开会。

第七十二条

协商会议与众议院的每年会期不少于七个月，决定预算前不得闭会。

第七十三条

作为前两条章程的例外，自协商会议任命之时起，或与其互动的众议院选定之时起一个月后的次日，国民议会召开会议；除非国王决定于此日前召其开会。

若国民议会会期召开之日晚于宪法第七十一条所订的每年定期，第七十二条所订的会期减去上述两定期之差。

第七十四条

国王为国民议会的常规会期致崇高的开幕词；国王可令王储或其确定之人代其致词；两会从委员中各选出一个委员会拟定答词草案；两会通过后分别将答词呈交国王。

第七十五条

如国王认为必要，或根据多数委员的要求，协商会议与众议院按敕令召开非常规会议。

非常规会议期间，大会不得审视为其召开的议题以外之事。

第七十六条

国王敕令宣布常规及非常规会议闭会。

第七十七条

协商会议或众议院于非既定的时间、地点召开的每一会议均为无效，所作决议作废。

第七十八条

协商会议及众议院的委员在履行其大会或委员会职务前，在公开会上宣读如下誓言："我以伟大的真主起誓，忠于祖国与国王，尊重宪法及国家法律，捍卫人民的自由、利益与财产，忠诚地履行我的职务。"

第七十九条

协商会议与众议院的各次会议公开进行；根据政府、会议主席或十个委员的要求召开秘密会议；对此要求的讨论于秘密会议上进行。

第八十条

协商会议与众议院所开会议的正当性取决于过半数委员之与会,以与会委员的绝对多数作出决议,需要特别多数的情况除外;若票数相等,以主席所在一方而定;若投票涉及宪法,应在委员中进行唱名投票。

若连续两次未满会议召开的法定人数,则大会会议视作正当,但与会人数不得少于大会四分之一的委员。

第八十一条

首相向众议院递交各项法律草案,众议院对该草案有权接受、修正或否决;在任何情况下,草案将被提交至协商会议;协商会议对该草案有权接受、修正或否决;对众议院为草案所作的任何修正,协商会议有权接受、否决或再作修正;但一般应优先讨论法律草案及政府所提的建议。

第八十二条

若协商会议不同意众议院已通过的某一法律草案,不管协商会议的决议为否决、修正、删节或增补,会议主席均须将此草案返回众议院复议。

第八十三条

如众议院接受来自协商会议的法律草案,则协商会议主席将其交付首相转呈国王。

第八十四条

众议院可否决协商会议所通过对某一法律草案的任何修正,可坚持己方原决议,对法律草案不作任何新的修正,在这种情况下,草案再次返回协商会议审议;协商会议可接受众议院决议,亦可坚持己方原决议。

第八十五条

两会若对任何法律草案二度产生分歧,协商会议主席主持国民议会开会研究有分歧的条款；草案的接受取决于国民议会与会委员多数所作的决议；草案若在这种情况下受到否决，则不得于本次会期内再度提交国民议会。

第八十六条

在法律草案得到通过的任何情况下，协商会议主席将其提交内阁首相转呈国王。

第八十七条

每项涉及经济及财政问题、政府要求急速审议的法律草案，首先递交众议院，使其在十五日内作出决断；过此期限，将其与众议院可能产生的意见一并递交协商会议，使其在此后的十五天内对相关看法作出决议；若两会对所呈的法律草案产生分歧，则将此事交付国民议会，于十五日内进行表决；若国民议会于此期间未能作出决断，国王可下令颁布之，并具法律效力。

第八十八条

每个部成立之后，即将其计划提交国民议会，大会可提出有关该计划的意见。

第八十九条

1. 协商会议与众议院的委员代表全体人民关注公共利益，任何方面都不得控制其在大会或大会各委员会中的工作。

2. 协商会议与众议院委员于大会或大会各委员会中所提的意见、看法不得受到指责，除非其所表达的意见触犯信仰基准，或民族团结，或国王应有之尊严，或对个人的私生活进行攻击。

3. 会期内，于并非已证实罪行的情况下，不得对委员采取停职、审查、搜索、逮捕、拘禁等措施，亦不得采取任何其他惩处措施，除非得到其所在大会的同意；非会期时，应得到大会主席的同意。

若大会或大会主席对批准之申请于申请送达后一月内不作决议,则视作同意。

按前段所述,会期内,应通知大会可能采取的措施;大会年度休会期间对任一委员采取的任一措施,则一般应于首次会议上通知大会。

第九十条

国王可敕令推迟国民议会会议,期限不超过两个月;同一会期重复推迟不超过一次;推迟的期限不计入本宪法第七十二条明文规定的会期时段。

第九十一条

协商会议与众议院的每位委员均可向各部大臣书面提问,询问其职权内的事务,唯提问者有权对答复进行一次评论;若大臣增述新的问题,则该委员可重新评论。

问题不得涉及提问者,或其第四层次内的亲属,或其某一代理人的私人利益。

第九十二条

1. 协商会议与众议院的每十五名委员,有权提出修改宪法建议的要求;两会任何委员,均有法律建议权;每一建议均转致提出该建议的大会特设委员会,以提出意见;若大会接受该建议,则将其转致政府,以纳入宪法修正草案或法律草案,并将其提交本次会期或下次会期的众议院。

2. 按前段依法提出的任一建议,在遭到所提交的大会否决后,不得于本次会期内再次提出。

第九十三条

首相及各部大臣有权出席协商会议和众议院的各次会议,他们要求讲话时应被听取;亦可借助于所需的高级官员,或由他人做其代表。

大会讨论有关某部事务时,可要求该部大臣出席。

第九十四条

1. 法律阐明协商会议、众议院及两会各委员会的工作制度和讨论、投票、提问、质询等规则以及宪法规定的其他职能；亦阐明对委员违反制度或并无可接受的理由而缺席大会或其各委员会会议所采取的惩处措施。

2. 两会对与之相关的法律均可按各自意见增补章程。

第九十五条

于协商会议及众议院内部维护制度属各会主席的专职；两会分别设保卫人员，听候主席号令。

其他武装力量未经会议主席请求不得进入该机构或在其大门近处滞留。

第九十六条

依法确定协商会议及众议院委员的酬劳，遇对此酬劳进行调整的情况时，仅能于下一立法季开始时实施调整。

第九十七条

协商会议与众议院的委员不得相互兼任，两会委员亦不得兼任公职。法律确定其他不得兼任的情况。

第九十八条

协商会议及众议院委员任期内不得于公司董事会任职或于政府或公共机关所签约承包项目中入股，除非是在法律所阐明的情况下。

委员于任期内，不得购置或租赁任何国家资产，不得将任何个人资产出租或出售为国家资产，亦不得将其与之交易，除非公开拍卖或竞标，或为公共利益实施征用制度。

第九十九条

若协商会议及众议院任一委员于任职期间出现不合格的情况，其委员资格被撤消；根据其所在大会三分之二多数委员作出的决议，其位置成为空缺。

若协商会议与众议院的任何一名委员失去信任和信誉，或玩忽职守，其委员资格被撤消；撤消委员资格的之决议应由其所在的大会委员三分之二多数作出；若此决议由协商会议作出，则应呈交国王核准。

第一〇〇条

协商会议及众议院委员任职期间不被授予勋章。

第四部分　有关召开国民议会的章程

第一〇一条

国民议会除按宪法规定召开会议的情况外，国王认为需要或根据内阁首相的要求，国王也可召集此类会议。

第一〇二条

协商会议主席主持国民议会会议；如其缺席，则由众议院主席主持；而后依次为协商会议第一副主席、代表大会第一副主席。

第一〇三条

在并非宪法要求特别多数的情况下，国民议会各会议须由两会各自多数委员出席方视为符合法律；决议由两会的多数票作出，主席除外；票数相等时，主席投决定一票。

第五章　司法机构

第一〇四条

1. 司法荣誉，法官廉洁、公正，是统治的基础、权利与自由的保障。

2. 法官司法之时，任何当局不得凌驾其上，不得干预司法运作；法律确保司法独立性，阐明法官的各种保障及与其有关的章程。

3. 法律制定有关总检察院的章程、有关法律裁决的任务、立法、于司法面前代表国家的章程，及有关此类事务工作人员的章程。

4. 法律组织律师条例。

第一〇五条

1. 法律确定法院的各种类别与等级，阐明其职责与权限。

2. 军事法庭的职权，仅限于国防力量、国民卫队、警察部队人员的军事犯罪，不得波及他人；除非于军事管制时期，并按法律确定的界限进行。

3. 除法律所阐明的特殊情况外，法院庭会一律公开。

4. 依法建立最高司法委员会，监督各法院及其协作单位工作的顺利进行；法律阐明该委员会在司法、检察人员的职能事务方面的权限。

第一〇六条

建立宪法法庭，按敕令任命由一名庭长、六名庭员组成；由法律确定任期；该法庭专事监审各项法律与条例的符宪性。

法律阐明确保该法庭人员不受免职的规定；确定对该法庭所遵循的程序；关于各项法律与条例的符宪性在该法庭受到控告时，法律确保政府、协商会议、众议院、当事人及其他人等的权利；对某项法律或条例中某一条文判定其违宪，若法庭未附加日期，则判决立即生效；若有关违宪的判决涉及某一刑法条文，则根据该条文所作的惩罚判决视作无效。

各项法律颁布前，国王可按其旨意将法律草案转致该法庭，以决定其符宪程度；所有国家机关及所有人必须遵守该决定。

第六章　经济事务

第一〇七条

1. 公共赋税的建立、调整、取消仅能依法进行；除法律阐明的情况，任何人均不得全部或部分免缴；除非符合法律范围，否则不得让任何人缴纳除此之外各种名目的税费。

2. 法律阐明有关税、费和其他公款的收取与支付手续的章程。

3. 法律阐明有关国家财产的保护、管理、支配条件、允许部分转让的范围等章程。

第一〇八条

1. 依法协约公共贷款；在预算法为此目的确定的信贷范围内，国家可依法提供贷款或保障贷款。

2. 依据有关法律，地方市政机关或公共机构可提供或获得贷款，或保障贷款。

第一〇九条

1. 依法确定财政年度。

2. 由政府制订国家收支的全面年度预算法草案，于财政年度结束至少两个月前提交众议院讨论，随后转致协商会议按宪法章程进行审议；在与政府协商一致后对预算可作任何调整。

3. 对预算的辩论按其门类进行；可制订多于一个财政年度的预算；除非按照法律，否则不得将公共收入的某一部分拨给某一特定方面的支出。

4. 国家的总预算依法颁布。

5. 若财政年度开始前预算法尚未颁布，则按前一预算执行，直至其颁布为止；收入的征集与支出的支付按上年度末实施的律法进行。

6. 对预算法和调整后各法律中所列开支的估定，不得超过最大限度。

第一一〇条

未列入预算的每笔开支，或多于预算估定的开支，必须依法执行。

第一一一条

1. 若银行性质所需，可依法拨出多于一个财政年度的特定款项，然后根据前述法律的规定，于国家随后的每个年度预算中列入专项信用贷款。

2. 亦可为前项所述的银行单作额外预算，有效期多于一个财政年度。

第一一二条

预算法中不得包含可导致设立新赋税、或增加现有赋税、或调整现有法律的任何条文；亦不得包含任何条文，使其导致不能颁布有关本宪法规定须依法组织的事务的法律。

第一一三条

对于上一年度国家财政事务的决算，于财政年度结束后的五个月内首先提交众议院；由协商会议及众议院作出决议对其批准，并附加两会意见刊登于官方报纸。

第一一四条

法律制订关于独立的及附属的各项公共预决算章程；关于国家预决算的章程对其行之有效；法律亦制定关于地方市政及公共机构的各项预决算章程。

第一一五条

作为年度预算草案的附件，政府向众议院提交有关资料，表明国家财经状况和为实施已执行的预算信贷所采取的措施，以及这一切对新预算草案的影响。

第一一六条

依法设立财务监督办公厅，法律确保其独立性；办公厅协助政府及众议院监督国家预算范围内的收支情况；办公厅向政府及众议院提交年度工作报告及有关意见。

第一一七条

1. 每项对某一自然资源或某一公共设施的投资权均需依法确定，并有一定期限；预备程序确保简化研究开发工作并实现公开性与竞争性。
2. 除非依据法律并确定期限，否则不授予垄断权。

第一一八条

法律组织货币、银行；确定度量衡。

第一一九条

法律安排为国库订出的工资、津贴、补偿、援助、奖金等事务。

第七章　总体章程及终结章程

第一二〇条

1. 除本宪法第三十五条第二、三、四项规定之外，本宪法任何一条条款的修正，须取得组成协商会议与众议院三分之二委员多数对修正的赞同；须得到国王对修正的批准。
2. 若对宪法的某修正案遭否决，在否决后的一年内不得重提。
3. 对本宪法的第二条不得建议修改，亦不得于任何情况下建议修改巴林君主制度、世袭统治原则、两会制度及本宪法所规定的自由、平等原则。
4. 本宪法所阐明的国王权限，于代理期间不得建议修改。

第一二一条

1. 贯彻本宪法并不违背巴林王国与其他国家及国际机构所缔结的条约与协议。

2. 除本宪法第三十八条第二段的规定外,按本宪法所订的制度,国民会议第一次会议前发布及实施的法律、法令、政令、条例、命令、决议、公告,若并未修正或取消,则依然有效并通行。

第一二二条

各项法律自颁布之日起两周内于官方报纸上公布;自公布之日起一月后执行;可依法律内特别条文缩短或延长这一期限。

第一二三条

按法律所阐明的界线,除非于宣布军事管制期间,不得废除本宪法的任何章程;于此期间或于国家和平时期,任何情况下均不得中止召开协商会议或众议院,不得有损其委员的稳定性。

第一二四条

法律章程仅对其执行之日起所发生之事有效,于此之前发生之事不受其影响;除惩治条例外,经协商会议与众议院或国民议会多数委员根据情况通过,法律可对其章程之逆向实施作出规定。

第一二五条

修正后的本宪法于官方报纸公布,自公布之日起执行。

哈马德·本·伊萨·阿勒哈利法

附录二

2030年巴林经济愿景

——从地区先锋到全球竞争者

我们致力于把以石油财富为基础的经济转变为生产性的、具有全球竞争力的、政府主导——开拓型私人企业驱动的经济，使一大批巴林中产阶级通过不断增长的生产力和高薪工作而拥有更高品质的生活。

我们的社会和政府将秉承持久性、竞争性、公平性原则，保证每一位巴林公民能够享有安全而充实的生活，能够充分发挥他们的潜力。

我们的最终目标是，确保每一个巴林家庭在2030年实际拥有的可支配收入至少是目前的两倍。

前 言

过去几十年间，巴林的经济蓬勃发展。过去五年间，受到油价回升、金融业崛起和区域经济繁荣的刺激，巴林国内生产总值（GDP）年均增长率超过6%。国际投资者对巴林经济发展信心十足，巴林直接外汇投资流入从2003年的2亿美元增长至2006年的11亿美元。经济发展提高了巴林人民的生活水平。过去20年，巴林人均寿命从68岁增长到75岁，新生儿死亡率从23‰降至10‰。

配套改革的必要性

如果我们能够对周边世界的挑战和机遇做出有效应对的话，巴林经济会繁荣增长。这一部分将考察给我们配套改革方向和动力的国内因素、区域因素和国际因素。

1. 国内：经济需要转型

巴林目前面临用工短缺和技能型人才匮乏的问题。预计今后10年，巴林劳动力数量将会翻一番。目前，每年约有4000名专科及以上学历的巴林公民进入劳动力市场。如果当前经济形势继续发展的话，现有的工作性质和工作数量都将得不到满足：

• 在过去几年内，巴林劳动力市场出现了更多低薪酬工种，导致在私营企业就业的巴林籍劳动者的平均工资滞后。

• 巴林私营企业每年为非巴林公民提供约2700个职位，而仅为巴林籍公民提供1100个相应职位，平均月薪超过500巴林第纳尔（约合1326美元）。由于巴林现有的教育体系尚不完善，同时具备知识和技能的巴林青年人才严重匮乏，因此即使是中等或中等偏上薪酬的职位，私营企业也更青睐非巴林籍公民。

长久以来，巴林依靠丰厚的石油收入，为巴林公民在国有企业创造了大量职位，这些企业规模庞大，结构臃肿。随着石油贮量逐年减少，这种发展模式显然不可持续。鉴于就业市场的不平衡性，巴林当下的经济转型升级势在必行，政府将推动私营企业蓬勃发展，为更多巴林籍技能型人才提供更具吸引力的职位。

2. 区域：前所未有的增长机会要求迅速采取行动

随着近来国际原油价格一路走高，海湾合作委员会各成员国的石油收入大增。尽管全球经济面临诸多不稳定因素，海湾区域资本流入势头不减，依然坐拥巨额主权财富基金，掌握巨大外汇储备，经济水平高速发展，包括巴林在内的海湾地区已经成为区域金融、工业和旅游的新兴产业中心。

• 适宜的商务环境：
巴林处在海湾地区的中心，战略地理位置重要，是通向欧、亚、非的枢纽地带。针对私营企业与个人零关税或少量间接关税、自由资本运作等优惠待遇使巴林成为名副其实的中东自由港。

- 进步而稳定的政府：

巴林政府强有力的法律保证了当地安全、稳定的投资环境。近年来国内出台的一系列政治改革带动了经济变革，开放、民主的氛围鼓舞着经济发展。

- 进取而多元化的社会：

巴林人一如既往地为未来繁荣而努力奋斗。他们以包容、好客的伊斯兰传统情怀欢迎来自世界各地的外国人融入当地社会，与他们一起和谐地生活、工作。

3. 全球：日趋剧烈的竞争需要更强的生产力和创新力

近年来，随着低成本制造业的全球化竞争日益加深，巴林涌入了大量廉价外来劳动力。巴林政府开始重新思考本国在全球价值链中的地位，定义未来经济实力的新资源。在加速转型的世界经济中，各国公司都在学习新的发展趋势，开发新产品与生产模式，实现高效型企业。其中，生产力和创新力是竞争的关键。巴林在以下两方面仍需努力：

- 近25年来，世界各国平均劳动生产力提高21%，而巴林的劳动生产力仅提高17%；
- 巴林创新产业在全球同领域中处于可忽略不计的地位。

可见，加快巴林的科技发展迫在眉睫，倘若生产力和创新力继续不足的话，巴林本土企业无法在世界上立足、谋求长远发展。巴林政府必须尽快实现国内经济转型，通过高新技能推动生产力和创新力。

2030年经济愿景的指导原则

- 持久性：在过去20年间，巴林的经济发展很大程度上依靠国有企业，这一模式在目前看来显然已经不合时宜，亟待改进。预计到2030年，巴林私营企业也将成为带动国家经济发展的一个重要方面。在今后几十年里，巴林将继续秉持成熟稳健、高瞻远瞩的经济原则，从教育、培训、应用科技等产业完善人力资本。与此同时，巴林政府也将不遗余力地保护自然环境和文化遗产。

• 竞争性：在全球经济增长的背景下，持续高增长的生产力是确保企业为员工加薪的唯一途径。对于巴林而言，希望外资企业和本地企业实现双赢，在竞争中共同成长。

• 公平性：为保证公平起见，巴林的国企、私企交易必须做到透明化，允许自由公平竞争，包括招聘录用、土地公开拍卖等在内的私人或公开活动。政府应当搭建法制化框架，公平对待企业业主，保护消费者，杜绝一切腐败现象滋生。社会公平是指在平等的法律条件下，按照国际人权，每个人享有平等获得服务的权利，如：教育和医疗，这需要通过适当培训和有针对性的社会安全网的支持。

经济、政府与社会愿景

巴林2030年经济愿景指导原则需要转化为行动。第一步是确定经济发展各方面的愿景，如：经济、政府和社会，包括巴林想要生活在什么样的社会、私营企业如何协同发展经济以及巴林政府的作用是什么。为此，巴林必须形成一个大胆的未来发展政策议程以及实现上述愿景的措施。

1. 经济：有益于国民的强劲的经济增长

巴林所有的经济愿景都将促使私营企业驱动经济增长。

1.1 提高生产效率和生产技能，刺激经济增长

巴林未来的经济增长来自两方面：一、私营企业生产力不断提高；二、巴林公民成为高附加值企业的首选员工。预计到2030年，巴林生产力将跻身世界发达国家水平，私营企业的竞争力不再依赖廉价的外国劳动力，而是以金融业为首的高效、高薪职位比例大幅提高。巴林政府将从以下几方面支持提高生产力：

– 通过控股公司完善国有企业管理；

– 提供奖励机制激励私营企业生产力；

– 开放巴林市场，充分展现工艺创新和最佳实践；

– 继续吸引外资，将其作为创新过程和实施成功转型的关键驱动因素。

此外，经济增长将创造更多就业机会，聘用更多巴林公民进入就业市场，而那些已就业的巴林公民将获得更好的职位与薪酬。随着生活质量的提高，中产阶级人群将会不断壮大。巴林政府将通过以下几个方面使经济增长发展成果公平地惠及全体公民：

– 确保经济增长的同时，创造更多中、高收入职位并进一步提高薪酬；

– 通过移民改革和劳动法的修订，创建公平竞争的就业市场；

– 通过支持各种项目和终身培训，帮助巴林公民获取中、高收入职位。

1.2 经济多样化，重点聚焦于现有的高潜力行业

巴林将继续加强非石油行业的GDP增长。这类增长来自多元化的经济引擎，将越来越多地依靠潜在行业的增长，主要包括以下两方面：

– 除了金融业外，鼓励在一系列选定行业内进行投资，如：旅游业，商务服务业，制造业和物流业；

– 促进出口行业的发展。

1.3 进行长期经济转型，捕捉新兴机会

巴林将抓住新机遇，特别是扩大知识领域，通过增加高价值的商品和服务产出，在全球价值链中占据有利位置。巴林政府和私营企业将从以下三个方面入手：

– 营造创业、创新兼备的有益环境；

– 完善中、小企业获得资本与风险资本；

– 建立促进创新市场的平台，进军全球知识经济产业。

2. 政府：卓尔有效的政府机构

2.1 政府重点致力于制定高效政策

巴林政府将逐渐摆脱单纯的服务，着眼于前瞻性的关键领域，如：经

济、金融、医疗卫生、教育、环保、安全以及社会正义。

巴林政府将借鉴国际经验，减少公共服务成本，通过将非核心政府项目外包的方式，提高公共服务质量，并从以下几个方面着手：

— 建立有力、集中、前瞻性、可操作性的政府机构；

— 谨慎选择私营企业，积极寻求合作，缔结外包服务合约；

— 私营化前建立卓尔有效的法规机制，私营化后严格监管。

2.2 公共部门效率更高，通过精简机构和操作提供更优质服务

巴林政府部门精简机构和操作，去除重复性服务步骤，包括以下几个方面：

— 公共部门人力资源管理的转变；

— 加强公职人员管理；

— 审查和调整政府组织，简化流程，提高透明度；

— 建立绩效管理系统，设定明确目标，并结合考核结果，奖励公司员工和机构。

2.3 可预见的、透明公平的监管制度以促进经济增长

可预见的、透明公平的监管制度是经济增长的一个关键条件。无论是巴林企业，还是个人，都将从健全的制度中获得诸多好处，这将维护竞争的自由和公平，促进经济增长。

— 争取质量最优和统一性监管；

— 改善执法；

— 继续对腐败和裙带关系采取零容忍政策；

— 改进司法系统，确保公正，迅速解决纠纷。

2.4 通过减少对石油收入的依赖，促进经济可持续发展

为了确保持久、稳定的财政收入，巴林政府将逐渐减少对石油收入的依赖。与此同时，通过降低水、电、汽油、食品等成本，避免稀缺资源过度消耗。

2.5 世界水平的基础设施将巴林与世界经济连接

预计到2030年，巴林将与全球贸易和信息高速公路完全接轨。为了实现这一目标，巴林政府将吸引公共和私募资金，来创建和维护必要的基

础设施和服务。

巴林将建成超一流的公路、海路和空路系统,与全球紧密相连。除此以外,巴林还将配备完善的公用事业(水、电、煤气)和公共服务(物流、公共交通、电信),采取低价政策,为各企业提供稳定的基础。

3. 社会：公平、繁荣的社会

巴林人对他们的社会有如下愿景。

3.1 高标准的社会协助使所有巴林人能够平等起步

预计到2030年,所有巴林人将享有平等的机会,无论天才精英,还是辛勤奋斗者,都能获取成功的回报。巴林政府将实现以下目标：

— 提供给特定的人群住房保障和补贴；

— 支持和培养优秀年轻人接受教育课程；

— 鼓励私人慈善事业和慈善机构发展。

3.2 所有巴林居民享有高质量的医疗服务

巴林将成为现代医药中心,在海湾地区提供高质量、经济、持续的医疗护理。患者能够自由选择公共或私立医疗服务机构。巴林医疗体系将满足人口快速增长和老龄化浪潮的需求。巴林政府将扮演至关重要的角色,通过以下几个方面促进医疗体系的发展：

— 推动和鼓励健康的生活方式；

— 提供便捷、简单、公平的方式,与高质量医疗服务对接；

— 通过独立的医疗监管机构,对医疗体系进行监管；

— 发展、引进和留住医疗护理人才,制定高水准的职业道德规范。

3.3 一流的教育体系帮助全民实现梦想

教育帮助全民在商业、政府和社会中发挥潜力。教育将塑造、发展国家的未来领袖,并向每位巴林公民提供技术、知识和价值观,赋予与他们个人需要、愿望以及能力相吻合的受教育机会。

为了达到这一目标,巴林政府设计了清晰的战略,来提升中小学、专业学术机构和大学的标准和水平。此项战略包括：

— 聚焦于教育资源,通过改进教师招聘和培训,强化教师日常管理,增加教学领域职业的吸引力；

— 在应对全球竞争和吸引新兴行业方面，向全民提供应用类和先进技术领域的高质量培训；

— 为教育质量设置标准，全面审视教育和培训机构的表现，并与竞争者作比较；

— 鼓励大学学术研究，创造一个以知识为基础的经济平台；

3.4 安全和保密的环境

巴林将通过推动一项降低所有风险和威胁的综合战略来实现安全和保密，同时采取多项措施，来减少犯罪和暴力行为，降低风险漏洞。计划采取的措施主要有：

— 在警务服务和社区警务项目中，采取最新技术和现代化措施；

— 在预防犯罪领域，普及认知文化。

3.5 全体巴林国民和居民享有可持续、有吸引力的生活环境

巴林将继续成为丰富、古老、可持续的自然人文基地。政府将采取多项举措促进和保护文化与自然环境，包括：

— 保留后代享有的自然空间；

— 执行能效制度（如：楼宇和电力设备）；

— 直接投资减少碳排放、减少污染以及可持续能源的技术领域。

为确保创造一个充满魅力的生活环境，巴林政府将采取下列举措：

— 为家庭提供更具吸引力的公共空间；

— 提供更现代化的设施，定期开展文化和体育活动；

— 完善文化保护法律制度；

— 使考古和伊斯兰文化遗址成为彰显本国历史名胜的重要部分；

— 鼓励巴林新一代年轻人从文化遗产中获取经验和深度知识。

附录三

中国与巴林有关协议

巴林国政府和中华人民共和国政府经济、贸易、技术合作协议

巴林国政府和中华人民共和国政府,以下称"缔约双方"为肯定两国及两国人民间已建立的友好关系,鉴于两国通过经济、贸易和技术各领域的合作所取得的利益,双方都希望在平等互利的基础上,加强和鼓励这种友好关系,双方一致同意:

第一条
缔约双方致力于鼓励以下方面的经济和技术合作:
1. 建筑工程项目
2. 化学工业项目
3. 发现及勘探石油和天然气
4. 轻工业和加工工业项目
5. 卫生医疗
6. 农业、畜牧业和渔业
7. 公共事业
8. 植树、园林和水利
9. 监督和维护食品环境
10. 防止和改良沙化
11. 其他缔约双方一致同意的、有利于两国并有可能的经济技术合作领域

同时，缔约双方为增加双方贸易额，致力于实施各种适当的措施，依据两国制定的法律、规章制度进行商品交换。

第二条

缔约双方将通过以下方面致力于实现本协议第一条中规定的各领域的合作：

1. 执行承包项目
2. 提供技术服务和在提供劳务方面进行合作
3. 建立独资或合资企业
4. 培训技术人员、交换技术专家
5. 举办商业展览，参加国际或在两国举办的专业展览
6. 互派官方经贸代表团和私营企业代表团
7. 其他缔约双方同意的途径

第三条

允许缔约双方在执行本协议所规定的合作必要的时候制定专门的协议。

第四条

两国的有关部委，根据其业务及职权范围，依照两国的法律和规章制度，相互合作解决在执行本协议中出现的问题，在另一方的企业执行本协议时，给予必要的方便。

第五条

为监督执行本协议，缔约双方同意设立巴林中国经济贸易技术合作混委会，建议适当的计划，确定两国在经济贸易和技术合作的优先项目。巴林国的国家财政经济部和中华人民共和国的对外经济贸易合作部负责此混委会的商讨、安排和组织。

为工作需要，允许混委会成立分支机构或下属机构。

第六条

本协议自双方政府代表签字之日起生效。有效期为自签字之日起三年,并在任何一方未在有效期结束前至少六个月向另一方提出结束协议的要求的情况下,自动更新。

协议有效期结束和协议终止不影响正在执行中的项目的完成。

本协议于1990年7月6日在北京签署,中文、阿文两种文字一式两份,两种文本具有同等法律效力。

中华人民共和国政府代表　　　　　　　巴林国政府代表
　　　（签字）　　　　　　　　　　　　　（签字）

中华人民共和国政府与巴林王国政府
关于对所得避免双重征税和防止偷漏税的协定

中华人民共和国政府和巴林王国政府,愿意缔结关于对所得避免双重征税和防止偷漏税的协定,达成协议如下:

第一条 人的范围

本协定适用于缔约国一方或者同时为双方居民的人。

第二条 税种范围

一、本协定适用于由缔约国一方或其地方当局对所得征收的所有税收,不论其征收方式如何。

二、对全部所得或某项所得征收的税收,包括对来自转让动产或不动产的收益征收的税收、对企业支付工资薪金总额征收的税收以及对资本增值征收的税收,应视为对所得征收的税收。

三、本协定特别适用的现行税种是

(一)在中国:

1. 个人所得税;

2. 外商投资企业和外国企业所得税。

(以下简称"中国税收")

(二)在巴林:

所得税(所得税法第22/1979号)。

(以下简称"巴林税收")

四、本协定也适用于本协定签订之日后征收的属于增加或者代替现行税种的相同或者实质相似的税收。缔约国双方主管当局应将各自税法所作出的实质变动通知对方。

第三条　一般定义

一、在本协定中，除上下文另有解释的以外：

（一）"中国"一语是指中华人民共和国；用于地理概念时，是指实施有关中国税收法律的所有中华人民共和国领土，包括领海，以及根据国际法，中华人民共和国拥有勘探和开发海底和底土资源以及海底以上水域资源的主权权利的领海以外的区域；

（二）"巴林"一语是指巴林王国的领土，以及巴林根据国际法行使主权权利和管辖权的海域、海床及其底土；

（三）"缔约国一方"和"缔约国另一方"的用语，按照上下文，是指中国或者巴林；

（四）"税收"一语按照上下文，是指中国税收或者巴林税收；

（五）"人"一语包括个人、公司和其他团体；

（六）"公司"一语是指法人团体或者按照缔约国一方或另一方法律组成的实体或者在税收上视同法人团体的实体；

（七）"缔约国一方企业"和"缔约国另一方企业"的用语，分别指缔约国一方居民经营的企业和缔约国另一方居民经营的企业；

（八）"国民"一语是指：

1. 任何具有缔约国一方国籍的个人；

2. 任何按照缔约国一方现行法律建立的法人、合伙企业或团体。

（九）"国际运输"一语是指缔约国一方企业以船舶或飞机经营的运输，不包括仅在缔约国另一方各地之间以船舶或飞机经营的运输；

（十）"主管当局"一语，在中国方面是指国家税务总局或其授权的代表；在巴林方面是指财政和国民经济部或其授权的代表。

二、缔约国一方在实施本协定时，对于未经本协定明确定义的用语，除上下文另有解释的以外，应当具有该缔约国适用于本协定的税种的法律所规定的含义。

第四条 居民

一、在本协定中,"缔约国一方居民"一语是指按照该缔约国法律,由于住所、居所、总机构(实际管理机构)所在地,或者其他类似的标准,在该缔约国负有纳税义务的人。

二、由于第一款的规定,同时为缔约国双方居民的个人,其身份应按以下规则确定:

(一)应认为是其有永久性住所所在缔约国的居民;如果在缔约国双方同时有永久性住所,应认为是与其个人和经济关系更密切(重要利益中心)所在缔约国的居民;

(二)如果其重要利益中心所在国无法确定,或者在缔约国任何一方都没有永久性住所,应认为是其有习惯性居处所在国的居民;

(三)如果其在缔约国双方都有,或者都没有习惯性居处,应认为是其国民所属缔约国的居民;

(四)如果其同时是缔约国双方的国民,或者不是缔约国任何一方的国民,缔约国双方主管当局应通过协商解决。

三、由于第一款的规定,除个人以外,同时为缔约国双方居民的人,就认为是其总机构所在缔约国的居民。

第五条 常设机构

一、在本协定中,"常设机构"一语是指企业进行全部或部分营业的固定营业场所。

二、"常设机构"一语特别包括:

(一)管理场所;

(二)分支机构;

(三)办事处;

(四)工厂;

(五)作业场所;

(六)矿场、油井或气井、采石场或者其他开采自然资源的场所;

（七）炼油厂；

（八）销售店；

（九）为他人提供存储设施的仓库。

三、"常设机构"一语还包括：

建筑工地，建筑、装配或安装工程，或者与其有关的监督管理活动，但仅以该工地、工程或活动连续十二个月以上的为限。

四、虽有本条上述规定，"常设机构"一语应认为不包括：

（一）专为储存、陈列或者交付本企业货物或者商品的目的而使用的设施；

（二）专为储存、陈列或者交付的目的而保存本企业货物或者商品的库存；

（三）专为另一企业加工的目的而保存本企业货物或者商品的库存；

（四）专为本企业采购货物或者商品，或者搜集情报的目的所设的固定营业场所；

（五）专为本企业进行其他准备性或辅助性活动的目的所设的固定营业场所；

（六）专为本款第（一）项至第（五）项活动的结合所设的固定营业场所，如果由于这种结合使该固定营业场所的全部活动属于准备性质或辅助性质。

五、虽有第一款和第二款的规定，当一个人（除适用第六款规定的独立代理人以外）在缔约国一方代表缔约国另一方的企业进行活动，有权并经常行使这种权力以该企业的名义签订合同，这个人为该企业进行的任何活动，应认为该企业在该缔约国一方设有常设机构。除非这个人通过固定营业场所进行的活动限于第四款的规定，按照该款规定，不应认为该固定营业场所是常设机构。

六、缔约国一方企业仅通过按常规经营本身业务的经纪人、一般佣金代理人或者任何其他独立代理人在缔约国另一方进行营业，不应认为在该缔约国另一方设有常设机构。但如果这个代理人的活动全部或几乎全部代表该企业，不应认为是本款所指的独立代理人。

七、缔约国一方居民公司，控制或被控制于缔约国另一方居民公司或者在该缔约国另一方进行营业的公司（不论是否通过常设机构），此项事实不能据以使任何一方公司构成另一方公司的常设机构。

第六条 不动产所得

一、缔约国一方居民从位于缔约国另一方的不动产取得的所得（包括农业或林业所得），可以在该缔约国另一方征税。

二、"不动产"一语应当具有财产所在地的缔约国的法律所规定的含义。该用语在任何情况下应包括附属于不动产的财产，农业和林业所使用的牲畜和设备，有关地产的一般法律规定所适用的权利，不动产的用益权以及由于开采或有权开采矿藏、水源和其他自然资源取得的不固定或固定收入的权利。船舶和飞机不应视为不动产。

三、第一款的规定也应适用于从直接使用、出租或者任何其他形式使用不动产取得的所得。

四、第一款和第三款的规定也应适用于企业的不动产所得和用于进行独立个人劳务的不动产所得。

第七条 营业利润

一、缔约国一方企业的利润应仅在该缔约国征税，但该企业通过设在缔约国另一方的常设机构在该缔约国另一方进行营业的除外。如果该企业通过设在该缔约国另一方的常设机构在该缔约国另一方进行营业，其利润可以在该缔约国另一方征税，但应仅以属于该常设机构的利润为限。

二、除适用第三款的规定以外，缔约国一方企业通过设在缔约国另一方的常设机构在该缔约国另一方进行营业，应将该常设机构视同在相同或类似情况下从事相同或类似活动的独立分设企业，并同该常设机构所隶属的企业完全独立处理，该常设机构可能得到的利润在缔约国各方应归属于该常设机构。

三、在确定常设机构的利润时，应当允许扣除其进行营业发生的各项费用，包括行政和一般管理费用，不论其发生于该常设机构所在国或者其他任何地方。但是常设机构由于使用专利或其他权利支付给企业总机构或其他办事处的特许权使用费、费用或其他款项，或者为提供特别劳务或管理而支付的手续费，或者借款给常设机构而支付的利息，银行企业除外，都不得作任何扣除（属于偿还代垫实际发生的费用除外）。

四、如果缔约国一方习惯于以企业总利润按一定比例分配给所属各单位的方法来确定常设机构的利润，则第二款规定并不妨碍该缔约国按这种习惯分配方法确定其应纳税的利润。但是，采用的分配方法所得到的结果，应与本条所规定的原则一致。

五、不应仅由于常设机构为企业采购货物或商品，将利润归属于该常设机构。

六、在上述各款中，除有适当的和充分的理由需要变动外，每年应采用相同的方法确定属于常设机构的利润。

七、利润中如果包括本协定其他各条单独规定的所得项目时，本条规定不应影响其他各条的规定。

第八条 海运和空运

一、缔约国一方企业以船舶或飞机经营国际运输业务所取得的利润，应仅在该缔约国征税。

二、第一款规定也适用于参加合伙经营、联营经营或者参加国际经营机构取得的利润。

第九条 联属企业

一、当：

（一）缔约国一方企业直接或者间接参与缔约国另一方企业的管理、控制或资本，或者

（二）同一人直接或者间接参与缔约国一方企业和缔约国另一方企业的管理、控制或资本。

在上述任何一种情况下，两个企业之间的商业或财务关系不同于独立企业之间的关系，因此，本应由其中一个企业取得，但由于这些情况而没

有取得的利润，可以计入该企业的利润，并据以征税。

二、缔约国一方将缔约国另一方已征税的企业利润，而这部分利润本应由该缔约国一方企业取得的，包括在该缔约国一方企业的利润内，并且加以征税时，如果这两个企业之间的关系是独立企业之间的关系，该缔约国另一方应对这部分利润所征收的税额加以调整，在确定上述调整时，应对本协定其他规定予以注意，如有必要，缔约国双方主管当局应相互协商。

第十条　股息

一、缔约国一方居民公司支付给缔约国另一方居民的股息，可以在该缔约国另一方征税。

二、然而，这些股息也可以在支付股息的公司是其居民的缔约国，按照该缔约国法律征税。但是，如果收款人是股息受益所有人，则所征税款不应超过股息总额的百分之五。缔约国双方主管当局应协商确定实施该限制税率的方式。

本款不应影响对该公司支付股息前的利润所征收的公司利润税。

三、本条"股息"一语是指从股份或者非债权关系分享利润的权利取得的所得，以及按照分配利润的公司是其居民的缔约国法律，视同股份所得同样征税的其他公司权利取得的所得。

四、如果股息受益所有人是缔约国一方居民，在支付股息的公司是其居民的缔约国另一方，通过设在该缔约国另一方的常设机构进行营业或者通过设在该缔约国另一方的固定基地从事独立个人劳务，据以支付股息的股份与该常设机构或固定基地有实际联系的，不适用第一款和第二款的规定。在这种情况下，应视具体情况适用第七条或第十四条的规定。

五、缔约国一方居民公司从缔约国另一方取得利润或所得，该缔约国另一方不得对该公司支付的股息征收任何税收。但支付给该缔约国另一方居民的股息或者据以支付股息的股份与设在缔约国另一方的常设机构或固定基地有实际联系的除外。对于该公司的未分配的利润，即使支付的股息或未分配的利润全部或部分是发生于该缔约国另一方的利润或所得，该缔约国另一方也不得征收任何税收。

第十一条 利息或从债取得的所得

一、发生于缔约国一方而支付给缔约国另一方居民的利息或者从各种债权取得的所得,可以在该缔约国另一方征税。

二、然而,这些利息也可以在该利息发生的缔约国,按照该缔约国的法律征税。但是,如果收款人是利息受益所有人,则所征税款不应超过利息总额的百分之十。缔约国双方主管当局应协商确定实施限制税率的方式。

三、虽有第二款的规定,发生于缔约国一方而为缔约国另一方政府、地方当局及其中央银行或者完全为其政府所有的金融机构取得的利息;或者为该缔约国另一方居民取得的利息,其债权是由该缔约国另一方政府、地方当局及其中央银行或者完全为其政府所有的金融机构间接提供资金的,应在该缔约国一方免税。

四、本条"利息"一语是指从各种债权取得的所得,不论其有无抵押担保或者是否有权分享债务人的利润;特别是从公债、债券或者信用债券取得的所得,包括其溢价和奖金。由于延期支付的罚款,不应视为本条所规定的利息。

五、如果利息受益所有人是缔约国一方居民,在利息发生的缔约国另一方,通过设在该缔约国另一方的常设机构进行营业或者通过设在该缔约国另一方的固定基地从事独立个人劳务,据以支付该利息的债权与该常设机构或者固定基地有实际联系的,不适用第一款和第二款和第三款的规定。在这种情况下,应视具体情况适用第七条或第十四条的规定。

六、如果支付利息的人为缔约国一方政府、其地方当局或该缔约国居民,应认为该利息发生在该缔约国。然而,当支付利息的人不论是否为缔约国一方居民,在缔约国一方设有常设机构或者固定基地,支付该利息的债务与该常设机构或者固定基地有联系,并由其负担利息,上述利息应认为发生于该常设机构或固定基地所在缔约国。

七、由于支付利息的人与受益所有人之间或者他们与其他人之间的特殊关系，就有关债权所支付的利息数额超出支付人与受益所有人没有上述关系所能同意的数额时，本条规定应仅适用于后来提及的数额。在这种情况下，对该支付款项的超出部分，仍应按各缔约国的法律征税，但应对本协定其他规定予以适当注意。

第十二条　特许权使用费

一、发生于缔约国一方支付给缔约国另一方居民的特许权使用费，可以在该缔约国另一方征税。

二、然而，这些特许权使用费也可以在其发生的缔约国，按照该缔约国的法律征税。但是，如果收款人是特许权使用费受益所有人，则所征税款不应超过特许权使用费总额的百分之十。缔约国双方主管当局应协商确定实施该限制税率的方式。

三、本条"特许权使用费"一语是指使用或有权使用文学、艺术或科学著作，包括电影影片、无线电或电视广播使用的胶片、磁带的版权，专利、商标、设计或模型、图纸、秘密配方或秘密程序所支付的作为报酬的各种款项，或者使用或有权使用工业、商业、科学设备或有关工业、商业、科学经验的情报所支付的作为报酬的各种款项。

四、如果特许权使用费受益所有人是缔约国一方居民，在特许权使用费发生的缔约国另一方，通过设在该缔约国另一方的常设机构进行营业或者通过设在该缔约国另一方的固定基地从事独立个人劳务，据以支付该特许权使用费的权利、财产或合同与该常设机构或固定基地有实际联系的，不适用第一款和第二款的规定。在这种情况下，应视具体情况适用第七条或第十四条的规定。

五、如果支付特许权使用费的人是缔约国一方政府、其地方当局或该缔约国居民，应认为该特许权使用费发生在该缔约国。然而，当支付特许权使用费的人不论是否为缔约国一方居民，在缔约国一方设有常设机构或者固定基地，支付该特许权使用费的义务与该常设机构或者固定基地有联系，并由其负担这种特许权使用费，上述特许权使用费应认为发生于该常设机构或者固定基地所在缔约国。

六、由于支付特许权使用费的人与受益所有人之间或他们与其他人之间的特殊关系，就有关使用、权利或情报支付的特许权使用费数额超出支付人与受益所有人没有上述关系所能同意的数额时，本条规定应仅适用于后来提及的数额。在这种情况下，对该支付款项的超出部分，仍应按各缔约国的法律征税，但应对本协定其他规定予以适当注意。

第十三条 财产收益

一、缔约国一方居民转让第六条所述位于缔约国另一方的不动产取得的收益，可以在该缔约国另一方征税。

二、转让缔约国一方企业在缔约国另一方的常设机构营业财产部分的动产，或者缔约国一方居民在缔约国另一方从事独立个人劳务的固定基地的动产取得的收益，包括转让常设机构（单独或者随同整个企业）或者固定基地取得的收益，可以在该缔约国另一方征税。

三、转让从事国际运输的船舶或飞机，或者转让属于经营上述船舶、飞机的动产取得的收益，应仅在该企业总机构所在缔约国征税。

四、转让一个公司财产股份的股票取得的收益，该公司的财产又主要直接或间接由位于缔约国一方的不动产所组成，可以在该缔约国一方征税。

五、转让第四款所述以外的其他股票取得的收益，该项股票又相当于缔约国一方居民公司至少百分之二十五的股权，可以在该缔约国一方征税。

六、转让第一款、第二款和第三款所述财产以外的其他财产取得的收益，应仅在转让者为其居民的缔约国征税。

第十四条 独立个人劳务

一、缔约国一方居民由于专业性劳务或者其他独立性活动取得的所得，应仅在该缔约国征税。但具有以下情况之一的，可以在缔约国另一方征税：

（一）在缔约国另一方为从事上述活动设有经常使用的固定基地。在这种情况下，该缔约国另一方可以仅对属于该固定基地的所得征税；

（二）在有关历年中在缔约国另一方停留连续或累计达到或超过一百八十三天。在这种情况下，该缔约国另一方可以仅对在该缔约国进行活动取得的所得征税。

二、"专业性劳务"一语特别包括独立的科学、文学、艺术、教育或教学活动，以及医师、律师、工程师、建筑师、牙医师和会计师的独立活动。

第十五条　非独立个人劳务

一、除适用第十六条、第十八条、第十九条、第二十条和第二十一条的规定以外，缔约国一方居民因受雇取得的薪金、工资和其他类报酬除在缔约国另一方从事受雇的活动以外，应仅在该缔约国一方征税。在该缔约国另一方从事受雇的活动取得的报酬，可以在该缔约国另一方征税。

二、虽有第一款的规定，缔约国一方居民因在缔约国另一方从事受雇的活动取得的报酬，同时具有以下三个条件的，应仅在该缔约国一方征税：

（一）收款人在有关历年中在该缔约国另一方停留连续或累计不超过一百八十三天；

（二）该项报酬由并非该缔约国另一方居民的雇主支付或代表该雇主支付；

（三）该项报酬不是由雇主设在该缔约国另一方的常设机构或固定基地所负担。

三、虽有本条上述规定，在缔约国一方企业经营国际运输的船舶或飞机上从事受雇的活动取得的报酬，应仅在该企业总机构或实际管理机构所在缔约国征税。

第十六条　董事费

缔约国一方居民作为缔约国另一方居民公司的董事会成员取得的董事费和其他类似款项，可以在该缔约国另一方征税。

第十七条 艺术家和运动员

一、虽有第十四条和第十五条的规定，缔约国一方居民，作为表演家，如戏剧、电影、广播或电视艺术家、音乐家或作为运动员，在缔约国另一方从事其个人活动取得的所得，可以在该缔约国另一方征税。

二、虽有第七条、第十四条和第十五条的规定，表演家或运动员从事其个人活动取得的所得，并非归属表演家或运动员本人，而是归属于其他人，可以在该表演家或运动员从事其活动的缔约国征税。

三、虽有本条上述规定，作为缔约国一方居民的表演家或运动员在缔约国另一方按照缔约国双方政府的文化交流计划进行活动取得的所得，在该缔约国另一方应予免税。

第十八条 退休金

一、除适用第十九条第二款的规定以外，因以前的雇佣关系支付给缔约国一方居民的退休金和其他类似报酬，应仅在该缔约国一方征税。

二、虽有第一款的规定，缔约国一方政府或地方当局按社会保险制度的公共福利计划支付的退休金和其他类似款项，应仅在该缔约国一方征税。

第十九条 政府服务

一、（一）缔约国一方政府或地方当局对履行政府职责向其提供服务的个人支付退休金以外的报酬，应仅在该缔约国一方征税。

（二）但是，如果该项服务是在缔约国另一方提供，而且提供服务的个人是该缔约国另一方居民，并且该居民：

1. 是该缔约国另一方国民；或者

2. 不是仅由于提供该项服务，而成为该缔约国另一方的居民，该项报酬，应仅在该缔约国另一方征税。

二、（一）缔约国一方政府或地方当局支付或者从其建立的基金中支付给向其提供服务的个人的退休金，应仅在该缔约国一方征税。

（二）但是，如果提供服务的个人是缔约国另一方居民，并且是其国民的，该项退休金应仅在该缔约国另一方征税。

三、第十五条、第十六条、第十七条和第十八条的规定，应适用于向缔约国一方政府或地方当局举办的事业提供服务取得的报酬和退休金。

第二十条　教师和研究人员

一、任何个人是、或者在紧接前往缔约国一方之前曾是缔约国另一方居民，主要是为了在该缔约国一方的大学、学院、学校或为该缔约国一方政府承认的教育机构和科研机构从事教学、讲学或研究的目的，停留在该缔约国一方。对其由于教学、讲学或研究取得的报酬，该缔约国一方应自其第一次到达之日起，三年内免予征税。

二、本条第一款的规定不适用于不是为了公共利益而主要是为某个人或某些人的私利从事研究取得的所得。

第二十一条　学生和实习人员

一、学生、企业学徒或实习生是、或者在紧接前往缔约国一方之前曾是缔约国另一方居民，仅由于接受教育或培训的目的，停留在该缔约国一方，对其为了维持生活、接受教育或培训的目的收到的来源于该缔约国以外的款项，该缔约国一方应免予征税。

二、第一款所述学生、企业学徒或实习生取得的不包括在第一款的赠款、奖学金和劳务报酬，在接受教育或培训期间，应与其所停留国居民享受同样的免税、优惠或减税。

第二十二条　其他所得

一、缔约国一方居民取得的各项所得，不论在什么地方发生的，凡本协定上述各条未作规定的，应仅在该缔约国一方征税。

二、第六条第二款规定的不动产所得以外的其他所得，如果所得收款人为缔约国一方居民，通过设在缔约国另一方的常设机构在该缔约国另一方进行营业，或者通过设在该缔约国另一方的固定基地在该缔约国另一方从事独立个人劳务,据以支付所得的权利或财产与该常设机构或固定基地有实际联系的,不适用第一款的规定。在这种情况下,应视具体情况分别适用第七条或第十四条的规定。

第二十三条 消除双重征税方法

一、在中国,消除双重征税如下:

中国居民从巴林取得的所得,按照本协定规定在巴林缴纳的税额,可以在对该居民征收的中国税收中抵免。但是,抵免额不应超过对该项所得按照中国税法和规章计算的中国税收数额。

二、在巴林国,消除双重征税如下:

根据巴林法律规定,巴林居民从中国取得的所得,按照本协定规定在中国缴纳的税额,应允许从对该居民征收的巴林所得税中扣除,扣除额应赞同于可以在巴林征税所得扣除前在中国缴纳的所得税额。

第二十四条 无差别待遇

一、缔约国一方国民在缔约国另一方负担的税收或者有关条件,不应与该缔约国另一方国民在相同情况下,负担或可能负担的税收或者有关条件不同或比其更重。虽有第一条的规定,本规定也适用于不是缔约国一方或者双方居民的人。

二、缔约国一方企业在缔约国另一方常设机构的税收负担,不应高于该缔约国另一方对其本国进行同样活动的企业。本规定不应理解为缔约国一方由于民事地位、家庭负担给予该缔约国居民的任何扣除、优惠和减免也必须给予该缔约国另一方居民。

三、除适用第九条第一款、第十一条第七款或第十二条第六款规定外,缔约国一方企业支付给缔约国另一方居民的利息、特许权使用费和其他款项,在确定该企业应纳税利润时,应与在同样情况下支付给该缔约国一方居民同样予以扣除。

四、缔约国一方企业的资本全部或部分,直接或间接为缔约国另一方一个或一个以上的居民拥有或控制,该企业在该缔约国一方负担的税收或者有关条件,不应与该缔约国一方其他同类企业的负担或可能负担的税收或者有关条件不同或比其更重。

第二十五条 协商程序

一、当一个人认为,缔约国一方或者双方所采取的措施,导致或将导致对其不符合本协定规定的征税时,可以不考虑各缔约国国内法律的补救办法,将案情提交本人为其居民的缔约国主管当局或者如果其案情属于第二十四条第一款,可以提交本人为其国民的缔约国主管当局。该项案情必须在不符合本协定规定的征税措施第一次通知之日起,三年内提出。

二、上述主管当局如果认为所提意见合理,又不能单方面圆满解决时,应设法同缔约国另一方主管当局相互协商解决,以避免不符合本协定的征税。达成的协议应予执行,而不受各缔约国国内法律的时间限制。

三、缔约国双方主管当局应通过协议设法解决在解释或实施本协定时所发生的困难或疑义,也可以对本协定未作规定的消除双重征税问题进行协商。

四、缔约国双方主管当局为达成第二款和第三款的协议,可以相互直接联系。为有助于达成协议,双方主管当局的代表可以进行会谈,口头交换意见。

第二十六条 情报交换

一、缔约国双方主管当局应交换为实施本协定的规定所需要的情报,或缔约国双方关于本协定所涉及的税种的国内法律的规定所需要的情报(以根据这些法律征税与本协定不相抵触为限),特别是防止偷漏税的情报。情报交换不受第一条的限制。缔约国一方收到的情报应作密件处理,仅应告知与本协定所含各种有关的查定、征收、执行、起诉或裁决上诉有关的人员或当局(包括法院和行政管理部门)。上述人员或当局应仅为上述目的使用该情报,但可以在公开法庭的诉讼程序或法庭判决中公开有关情报。

二、第一款的规定在任何情况下,不应被理解为缔约国一方有以下义务:

(一)采取与该缔约国或缔约国另一方法律和行政惯例相违背的行政措施;

(二)提供按照该缔约国或缔约国另一方法律或正常行政渠道不能得到的情报;

(三)提供泄露任何贸易、经营、工业、商业、专业秘密、贸易过程的情报或者泄露会违反公共政策(公共秩序)的情报。

第二十七条　外交代表和领事官员

本协定应不影响按国际法一般规则或特别协定规定的外交代表或领事官员的税收特权。

第二十八条　生效

本协定在缔约国双方交换外交照会确认已履行为本协定生效所必需的各自的法律程序之日起的第三十天开始生效。本协定将适用于在协定生效年度的次年一月一日或以后开始的纳税年度中取得的所得。

第二十九条　终止

本协定应长期有效。但缔约国任何一方可以在本协定生效之日起满五年后任何历年六月三十日或以前,通过外交途径书面通知对方终止本协定。在这种情况下,本协定对终止通知发出年度的次年一月一日或以后开始的纳税年度中取得的所得停止有效。

下列代表,经正式授权,已在本协定上签字为证。

本协定于二〇〇二年五月十六日在北京签订,一式两份,每份都用中文、阿拉伯文和英文写成，三种文本具有同等效力。如在解释上遇有分歧，应以英文本为准。

中华人民共和国政府代表　　　　　巴林王国政府代表
　　　金人庆　　　　　　　　　阿卜杜拉·哈桑·赛义夫
　　国家税务总局局长　　　　　　财政和国民经济部部长

中华人民共和国政府和巴林国政府关于鼓励和相互保护投资协定

中华人民共和国政府和巴林政府（以下称"缔约双方"），

愿为鼓励和保护缔约一方的投资者在缔约另一方领土内投资，并为这种投资创造有利条件，愿在相互尊重主权、平等互利原则的基础上，加强两国间的经济合作，

达成协议如下：

第一条

本协定内：

一、"投资"一词系指缔约一方投资者依照接受投资缔约另一方的法律和法规在其领土内所投入的各种财产，主要包括：

（一）动产，不动产及其他财产权利；

（二）公司股份或以其他形式享有的公司利益；

（三）金钱请求权或其他具有经济价值的行为请求权；

（四）著作权，工业产权，专有技术和工艺流程；

（五）法律或公共合同授予的权利，法律授予的任何特许权。

二、"投资者"一词

在中华人民共和国方面，系指：

（一）具有其国籍的自然人；

（二）按照中华人民共和国的法律设立，其住所在中华人民共和国领土内的经济组织。

在巴林国方面，系指：

（一）具有巴林国国籍的公民；

（二）按照巴林国法律组建，其住所在巴林国领土内的合伙，公司和

其他法律实体。

三、"收益"一词系指由投资所产生的款项，如利润，股息，利息，提成费和其他合法收入。

第二条

一、缔约一方应鼓励缔约另一方的投资者在其领土内投资，并依照其法律和法规接受这种投资。

二、缔约一方应在法律许可的情况下，尽可能地为在其领土内从事与投资有关的活动的缔约另一方国民获得签证提供帮助和便利。

第三条

一、缔约任何一方的投资者在缔约另一方的领土内的投资和与投资有关的活动应享受平等待遇并受到保护。

二、本条第一款所述的待遇和保护不应低于其给予任何第三国投资者的相同投资及与投资有关的相同活动的待遇和保护。

三、本条第一款和第二款所述的待遇和保护，不应包括缔约另一方依照关税同盟，自由贸易区，经济联盟，避免双重征税协定和为了方便边境贸易而给予第三国投资者的投资的任何优惠待遇。

第四条

一、只要符合下列条件，缔约任何一方可以为了公共利益对缔约另一方的投资者在其领土内的投资采取国有化或其他类似措施（以下称"征收"）：

（一）依照国内法律程序；

（二）非歧视性的；

（三）给予补偿。

二、本条第一款（三）所述的补偿，应等于宣告征收时被征收的投资财产的市场价值；补偿的支付应可自由兑换和转移，并不得不当迟延。

三、缔约一方的投资者在缔约另一方领土内的投资,如果由于战争或其他武装冲突、革命、全国紧急状态、反叛或其他类似事件而遭受损失,缔约另一方给予其的待遇,不应低于它给予任何第三国投资者的待遇。

第五条

缔约任何一方应按照其法律和法规,保证缔约另一方投资者转移在其领土内的投资和收益,包括:

(一)利润,股息,利息及其他合法收入;
(二)投资的清算款项;
(三)与投资有关的贷款协议的偿还款项;
(四)本协定第一条第一款第(四)项的提成费;
(五)技术援助或技术服务费、管理费;
(六)有关承包工程的支付;
(七)在缔约一方的领土内从事与投资有关活动的缔约另一方国民的正常收入。

第六条

上述转移应采用可自由兑换货币,依照转移之日接受投资缔约一方的通行汇率进行。

第七条

如果缔约一方或其机构对其投资者在缔约另一方领土内的某项投资做了担保,并据此向投资者作了支付,缔约另一方应承认该投资者的权利或请求权转让给了前一缔约方或其机构,并承认前一缔约方或其机构对上述权利或请求权的代位。代位的权利或请求权不得超过该投资者的原有权利或请求权。

第八条

基于缔约双方的一致同意,如果本协定与投资所在缔约一方的法律法规没有冲突，本协定将适用于投资者于协定生效前在该缔约一方境内所作的投资。

第九条

一、缔约一方投资者与缔约另一方之间就在缔约另一方领土内的投资产生的任何争议，应尽可能由争议双方当事人通过协商友好解决。

二、如争议自协商解决之日五个月内，未能按照本条第一款的规定通过协商友好解决，缔约一方的投资者可以将争议提交投资所在国有管辖权的法院解决。

三、如涉及国有化和征收补偿款额的法律争议，自协商之日起五个月内，未能按照本条第一款的规定通过协商友好解决，应任何一方的请求，争议可提交下列仲裁庭仲裁：

（一）依据1965年3月18日在华盛顿签署的《解决国家和他国国民之间投资争端公约》设立的"解决投资争端国际中心"；或

（二）专设仲裁庭。

但是，如果作为争议一方当事人的投资者已经诉诸了本条第二款规定的程序，则本款规定不适用。

四、在不损害本条第三款规定的前提下，该款第二项规定的专设仲裁庭应按照下列方式逐案设立：争议双方应各任命一名仲裁员，该两名仲裁员应共同提名一位与缔约双方均有外交关系的第三国国民作为首席仲裁员。前两名仲裁员应在争议一方书面通知另一方要求仲裁之日起两个月内任命，首席仲裁员应在四个月内任命。如在上述规定的期限内仲裁庭尚未组成，争议任何一方可邀请"解决投资争端国际中心"秘书长作出所需的任命。

五、专设仲裁庭应自行制定其程序。但是在制定程序时，仲裁庭可以参照"解决投资争端国际中心"的仲裁规则。

六、本条第三款第（一）项和第（二）项所指的仲裁庭应以多数票作出裁决。裁决是终局的，对争议双方具有法律拘束力。缔约双方应承担执行裁决的义务。

七、本条第三款第（一）项和第（二）项所指的仲裁庭，应依照争议中接受投资的缔约一方的法律作出裁决，包括冲突法规则、本协定的规定和可适用的国际法原则。

八、争议各方应承担其仲裁员及出席仲裁程序的代表的费用。首席仲裁员和其他费用应由争议双方平均承担。仲裁员可在裁决中指示争议双方中的一方承担较高比例的费用。

第十条

一、缔约双方对本协定的解决或适用所产生的争议，应尽可能通过外交途径协商解决。

二、如果争议未能友好解决，根据缔约任何一方的要求，可将争端提交仲裁庭解决。

三、该仲裁庭应按下列方式逐案设立：自收到仲裁要求之日起两个月内，缔约双方应各自任命一名仲裁员。该两名仲裁员应选定一位第三国国民，经缔约双方的同意担任首席仲裁员。首席仲裁员的任命应在自前两名仲裁员任命之日起两个月内作出。

四、如果未能在本条第三款规定的期限内作出必要的任命，缔约双方间又无其他约定，缔约任何一方可以提请国际法院院长作出必要的任命。如果国际法院院长是缔约任何一方的国民，或由于其他原因不能履行此项任命，应请国际法院副院长作出必要的任命。如果国际法院副院长也是缔约任何一方的国民，或同样由于其他原因不能履行此项任命，应请国际法院中非缔约任何一方国民的下一位最资深法官履行此项任命。

五、仲裁庭的裁决应以多数票作出。裁决对缔约双方具有法律拘束力。争议各方应承担其仲裁员及出席仲裁程序的代表的费用；首席仲裁员和其他费用应由争议双方平均承担。仲裁庭可在裁决中指示争议双方中的一方承担较高比例的费用，这种裁决对缔约双方具有法律拘束力。仲裁庭将自行决定其仲裁程序，并按照本协定的规定作出决定。

第十一条

根据本协定第三条的规定，如果缔约一方根据其法律和法规给予缔约另一方投资者的投资或与投资有关活动的待遇较本协定的规定更为优惠，应从优适用。

第十二条

一、本协定自缔约双方完成各自国内法律程序并以书面形式相互通知之日起三十天后生效，有效期为十年。

二、如果缔约任何一方未在本条第一款规定的有效期届满前一年书面通知缔约另一方终止本协定，本协定将继续有效。

三、本协定第一个十年有效期届满后，缔约任何一方可随时终止本协定，但至少应提前六个月书面通知缔约另一方。

四、对本协定终止之日前所作出的投资，本协定第一条至第十二条的规定应自本协定终止之日起继续适用十年。

由双方政府正式授权其各自代表签署本协定，以昭信守。

本协定于一九九九年六月十七日在北京签订，一式两份，每份都用中文、阿拉伯文和英文写成，三种文本同等作准。若文本解释发生分歧，以英文本为准。

中华人民共和国政府和巴林国政府民用航空运输协定

中华人民共和国政府和巴林国政府,以下称为"缔约双方";为了便利两国人民之间的友好往来,发展两国民用航空方面相互关系;作为一九四四年十二月七日在芝加哥开放签字的《国际民用航空公约》的参加国;就建立和经营两国领土间及其以远地区的定期航班,达成协议如下:

第一条 定义

除非文中另有需要,本协定中:

(一)"航空当局",中华人民共和国方面指中国民用航空总局,巴林国方面指民航局所代表的交通部,或双方均指受权执行上述当局目前所行使的职能的任何个人或机构。

(二)"空运企业",指提供或经营航班的任何航空运输企业。按条文所需,在用单数形式提及该词时应被视为包括复数,在用复数形式提及该词时应被视为包括单数。

(三)"航班",指以航空器从事旅客、行李、货物或邮件的公共运输的任何定期航班。

(四)"国际航班",指飞经一个以上国家领土上空的航班。

(五)"非运输业务性经停",指任何目的不在于上下旅客、行李、货物或邮件的降停。

(六)"运力",

1. 就航空器而言,指该航空器在航线或航段上可提供的商务载量;

2. 就规定航班而言,指飞行这一航班的航空器的运力乘以该飞机在一定的时期内在航线或航段上飞行的班次。

(七)"运价",指为运输旅客、行李和货物所支付的价格以及采用这些价格的条件,包括提供代理和其他附属服务的价格和条件,但不包括运输邮件的报酬或条件。

（八）"航线表"，指本协定所附的航线表或根据本协定第十八条的规定所修改过的航线表。该表构成本协定的组成部分。除另有规定外，对本协定的一切援引应包括对该航线表的援引。

（九）"指定空运企业"，指根据本协定第三条经指定和获准的空运企业。

（十）"经营许可"，指根据本协定第三条由缔约一方航空当局给予的许可。

第二条　授权

一、缔约一方给予缔约另一方以本协定规定的权利，以使其指定空运企业在航线表规定的航线上建立和经营国际航班（以下分别称为"规定航线"和"协议航班"）。

二、在不违反本协定规定的情况下，缔约一方指定空运企业在规定航线上经营协议航班时，应享有下列权利：

（一）沿缔约另一方航空当局规定的航路不降停飞越缔约另一方领土；

（二）在上述领土内缔约双方航空当局协议的地点作非运输业务性经停；和

（三）在航线表规定的航线上的地点经停，分别或混合地上下国际旅客、行李、货物或邮件。

三、本条第二款的规定，不应被认为缔约一方的空运企业有权在缔约另一方领土内为出租或取酬装上以该缔约另一方另一地点为目的地的旅客、货物和邮件。

四、缔约一方指定空运企业如欲在规定航线上作加班或包机飞行，应向缔约另一方航空当局提出申请，获得批准后方可飞行。

第三条　指定和许可

一、缔约一方有权通过外交途径向缔约另一方书面指定一家空运企业，在本协定规定航线上经营协议航班。

二、缔约一方指定空运企业的主要所有权和有效管理权应属于该缔约方或其国民。

三、缔约另一方航空当局可要求缔约一方指定空运企业向其证明，该空运企业有资格履行上述当局根据法律和规章所制定的，在经营国际航班方面所通常和合理地予以实施的条件。

四、缔约另一方在收到指定后，应遵照本条第二、三款内容，发给该指定空运企业相应的经营许可。

五、空运企业一经指定和获得许可，即可在双方航空当局商定的日期开始经营协议航班。

第四条 经营许可的撤销

一、在下列任一情况下，缔约一方有权撤销或暂停业已给予缔约另一方指定空运企业的经营许可，或对该指定空运企业行使本协定第二条规定的权利，附加它认为必要的条件：

（一）如对该空运企业的主要所有权和有效管理权是否属于指定该空运企业的缔约方或其国民有疑义；或

（二）该空运企业不遵守给予其权利的缔约方的法律和规章；或

（三）该空运企业在其他方面没有按照本协定规定的条件经营。

二、除非本条第一款所述的撤销、暂停或附加条件必须立即执行，以防止进一步违反法律和规章，这种权利只能在与缔约另一方协商后方可行使。

第五条 提供技术服务和费率

一、缔约一方应在其领土内指定供缔约另一方指定空运企业经营协议航班所使用的主用机场和备降机场，并向该空运企业提供飞行协议航班所需的通信、导航、气象和其他附属服务。关于上述的具体办法应由缔约双方航空当局协商确定。

二、缔约一方指定空运企业使用缔约另一方的机场、设备和技术服务应按缔约另一方的公平合理的费率付费。这些费率不应高于从事国际航班飞行的其他国家空运企业使用类似设施和服务所付的费率。

第六条 关税和其他费用

一、缔约一方指定空运企业飞行国际航班的航空器，以及留置在航空器上的正常设备、零备件、燃料、油料（包括液压油）、润滑油和机上供应品（包括食品、饮料和烟草），在进入缔约另一方领土时，应豁免一切关税、检验费和其他税捐或费用，但这些设备和物品须留置在该航空器上直至再次运出。

二、缔约一方指定空运企业运入或代表该企业运入缔约另一方领土的、只供飞行国际航班使用的燃料、油料（包括液压油）、润滑油、零备件、正常设备和机上供应品，或装上该企业的航空器的上述物资，即使在装机的缔约方领土内的航段上使用，应豁免所有税收和费用，包括缔约另一方领土内所征收的关税和检验费。上述物资应交海关监管。

三、留置在缔约任何一方航空器上的机上正常设备、零备件、机上供应品、燃料、油料（包括液压油）和润滑油，只能在缔约另一方海关当局同意后，方可在缔约另一方领土内卸下。该当局可要求将这些物品置于他们监管之下，直至再次运出，或按海关规定另作处理。

四、缔约任何一方指定空运企业运入缔约另一方领土的客票、货运单以及宣传品和小纪念品，应豁免一切关税、检验费和其他税捐或费用。

第七条 代表机构和人员

一、为了经营规定航线上的协议航班，缔约一方指定空运企业有权在对等的基础上在缔约另一方领土内规定航线上的通航地点设立代表机构。本款所述的代表机构的人员应受驻在国的现行法律和规章的管辖。

二、除非另有协议，缔约一方指定空运企业设在缔约另一方领土内的代表机构的工作人员，应为缔约任何一方的国民，其人数由缔约双方航空当局在对等的基础上商定。

三、缔约一方应尽可能保障缔约另一方指定空运企业代表机构及其工作人员的安全,并保护上述空运企业在其领土内经营协议航班所用的航空器、供应品和其他财产。

四、缔约一方应向缔约另一方指定空运企业的代表机构及其工作人员有效地经营协议航班提供必要的协助和方便。

第八条 空运企业收入的结汇

缔约任何一方给予缔约另一方指定空运企业权利,以使其按官方比价,自由结汇该指定空运企业因运输旅客、行李、货物和邮件而在缔约一方领土内所得的收支余额。如缔约双方间的支付按一项专门协定办理,则应适用该协定。

第九条 入境和放行规章

一、缔约一方关于从事国际飞行的航空器进出、飞越和在其领土内停留的法律和规章,以及关于旅客、机组、行李、货物和邮件进出其领土和在其领土内停留的法律和规章,均适用于缔约另一方指定空运企业在缔约一方领土内的航空器和该航空器所载运的机组、旅客、行李、货物和邮件。在缔约另一方提出要求时,缔约一方应立即向其提供上述法律和规章的文本。

二、对直接过境缔约任何一方领土的旅客,只采取非常简化的控制措施。直接过境的行李和货物应予豁免关税、检验费和其他税捐和费用。

第十条 运力规定

一、缔约双方指定空运企业在规定航线上经营协议航班方面应享有平等的机会。

二、有关班期时刻表、机型、飞行时刻、地面服务和关于经营协议航班的其他事项,应由缔约双方指定空运企业及有关当局协商确定。达成的安排应经航空当局批准。如缔约双方指定空运企业不能就班次、机型和飞行时刻达成协议,缔约双方航空当局应设法通过协商解决。

三、在经营协议航班方面，缔约一方指定空运企业应考虑到缔约另一方指定空运企业的利益，以免不适当地影响后者在整条航线或其航段上经营的航班。

四、指定空运企业提供的协议航班，其主要目的应是以合理的载运比率提供足够的运力，以满足来自或前往指定该空运企业的缔约方领土的旅客、货物和邮件的运输需要。缔约一方指定空运企业在缔约另一方领土地点上下前往或来自第三国的国际业务的权利应是辅助性质的。

第十一条 资料和统计数据

缔约任何一方航空当局应按缔约另一方航空当局的要求，向其提供审查缔约一方指定空运企业在规定航线上提供的运力而可能合理需要的统计资料。这些资料应包括为确定该指定空运企业所载运的业务量所需的全部情况。

第十二条 运价的制定

一、任何协议航班的运价，应在合理的水平上制定，适当照顾到一切有关因素，包括经营成本、合理利润、航班特点（如速度和舒适水平），以及其他空运企业在规定航线任何航段上的运价。这些运价应根据本条下列规定制定。

二、本条第一款所述运价，应由缔约双方指定空运企业商定，如有必要和可能，应与在该航线或其航段上经营的其他空运企业进行磋商。商定的运价应经缔约双方航空当局批准，并至少应在距其计划采用之日九十天前提交各自航空当局。在某些情况下，经上述当局同意，这一时限可予缩短。

三、如指定空运企业不能就这些运价中的任何一项达成协议，缔约双方航空当局应设法达成协议，确定运价。

四、如航空当局未能就批准根据本条第二款向其提交的任何运价达成协议，或未能根据第三款就运价的确定达成协议，此问题应根据本规定第十七条规定提交缔约双方解决。

五、在根据本条规定确定新运价前，已生效的运价应继续有效。但是，运价不应由于本款规定在其应失效之日十二个月后仍然有效。

第十三条　文件

一、缔约任何一方指定空运企业在规定航线上飞行的航空器应具有该缔约方的国籍标志和登记标志，并携带下列证件和文件：

（一）登记证；

（二）适航证；

（三）航行记录表；

（四）机上无线电台执照；

（五）机组成员的执照或证件；

（六）机组名单；

（七）注明起讫地点旅客名单；

（八）货物、邮件舱单；

（九）总申报单。

如缔约一方发给或核准上述有效证件或执照的要求等同于或高于依据公约制定的最低标准，缔约另一方应予承认。

二、缔约一方指定空运企业可租用第三国的航空器飞行规定航线上的协议航班。但如有必要，在缔约任何一方提出要求时，航空当局可对第三国籍航空器问题进行协商。

第十四条　搜寻与援救

缔约一方指定空运企业的航空器如在缔约另一方领土内遇险或失事时，缔约另一方应：

（一）立即将失事情况通知缔约一方；

（二）立即进行搜寻与援救；

（三）向旅客和机组提供援助；

（四）对飞机和机上装载物采取一切安全措施；

（五）调查事故情况；

（六）允许缔约一方的代表接近航空器，并作为观察员参加对事故的调查；

（七）如调查中不再需要航空器和其装载物，应予放行；

（八）将其调查结论和最后报告书面通知缔约一方。

第十五条　航空保安

缔约双方承允互相提供一切可行的援助，以制止非法劫持航空器和针对航空器、机场和导航设施的其他非法行为及针对航空保安的威胁。

缔约双方应重视一九六三年九月十四日在东京签订的《关于在航空器内犯罪和其他某些行为的公约》，一九七〇年十二月十六日在海牙签订的《关于制止非法劫持航空器的公约》和一九七一年九月二十三日在蒙特利尔签订的《关于制止危害民用航空安全的非法行为的公约》。

缔约双方也应重视国际民用航空组织制定的适用于航空保安的条款。当非法劫持航空器的事件或威胁发生时，或针对航空器、机场或导航设施的其他非法行为发生时，缔约双方应为迅速而安全地结束这种事件提供联系的方便。如缔约一方要求为其航空器或旅客采取特殊保安措施以便对付特定威胁时，缔约另一方对此应给予同情的考虑。

第十六条　协商

一、缔约双方应本着密切合作和相互支持的精神，保证本协定的各项规定的正确实施和满意的遵守。为此，缔约双方航空当局应经常相互协商。

二、缔约任何一方可要求与缔约另一方进行协商，这一协商可以口头或书面进行，并应在收到要求之日起六十天内开始进行，除非缔约双方同意延长这一期限。

第十七条　解决争端

如对本协定的解释或实施发生任何分歧，如果适当，缔约双方航空当局应本着友好合作和相互谅解的精神，设法直接通过谈判予以解决。如所争执的问题不在他们主管范围以内，缔约双方航空当局应设法通过外交途径予以解决。

第十八条 修改

一、缔约任何一方认为需要修改包括航线表的本协定的任何条款，可要求与缔约另一方进行协商。此项协商可在航空当局之间通过会谈或信函进行，并应在收到要求之日起六十天内开始。

二、对本协定的修改应在缔约双方互相书面通知已各自完成所需法律手续之日生效。

三、对本协定附件的修改，在缔约双方航空当局通过会谈书面达成协议后即生效。

第十九条 终止

缔约任何一方可随时将其终止本规定的决定通知缔约另一方。通知发出后，本协定在缔约另一方收到终止通知之日起十二个月后终止，除非在期满前撤回该通知。在通知之日起十四天后，或在将通知递交缔约另一方在缔约一方领土内的外交机构之日，该项通知应认为已被收到。

第二十条 标题

本协定每条均冠以标题，其目的只是为了查阅方便，而绝非对本协定的范围或意图予以解释、限制或说明。

第二十一条 生效

本协定自缔约双方完成了各自的法律程序并以外交换文确认之日起生效。

下列签字人，经其各自政府正式授权，在本协定上签字，以昭信守。

本协定于一九九八年二月二十四日在北京签订，一式两份，每份都用中文、阿拉伯文和英文写成，三种文本具有同等效力。为解释之便，采用英文本为准。

中华人民共和国政府代表　　　　　巴林国政府代表
　　陈光毅　　　　　　　　阿里·本·哈利法·阿勒哈利法

附件：航线表

一、中华人民共和国政府指定空运企业往返航线如下：

始发点：中国境内地点

中间点：待定

目的地点：巴林

以远点：待定

二、巴林国政府指定空运企业往返航线如下：

始发点：巴林

中间点：待定

目的地点：北京，上海或另一点

以远点：待定

注：

（一）指定空运企业在任何或所有飞行中，可以自行决定不经停任何中间点或以远点，但航班须在指定该空运企业的缔约方领土内始发和终止。

（二）任何一方指定空运企业如欲在其规定航线上作加班飞行，应向缔约另一方航空当局提出申请，在取得许可后方可飞行。

附录三 中国与巴林有关协议

中华人民共和国政府和巴林国政府
关于文化交流的会谈纪要

应中华人民共和国文化部代部长贺敬之阁下的邀请，巴林国新闻大臣塔里格·拉赫曼·穆埃耶德阁下率领的巴林国政府文化代表团于一九九二年二月二十三日至二月二十九日对中华人民共和国进行了正式访问。

双方满意地回顾了中华人民共和国文化部代部长贺敬之阁下于一九九一年十月十日至十五日对巴林国访问所取得的积极成果，通过这次访问，在十月十日签署了两个友好国家之间的文化协定，并已经两国正式程序批准。这个协定是两国在文化、艺术、新闻、广播、电视、教育、青年、体育等方面进行友好合作的具体步骤。

双方还讨论了关于中华人民共和国政府和巴林国政府一九九二、一九九三、一九九四年文化交流项目，双方同意如下条款：

一、文化、艺术

第一条

双方鼓励作家、艺术家进行考察访问，以了解对方国家的文化和艺术发展。

第二条

双方鼓励参加在对方国家举办的国际艺术节、国际书展及其他文化活动。

第三条

中方派杂技团或芭蕾舞团访巴。

第四条

中方在巴举办中国绘画艺术展。

第五条

巴方在华举办造型艺术展。

第六条

双方鼓励在对方国家举办文物展。

第七条

双方鼓励两国图书馆间互换图书资料和图书馆专家的交流。

二、新闻

第八条

双方互派广播电视代表团进行考察访问。

第九条

双方交换广播、电视节目,特别是文化和艺术节目。

第十条

双方在官方节日之际,互换新闻节目,以供广播电视选用。

第十一条

双方同意,根据需要和可能,在官方代表团访问期间,通过卫星转播消息报导。具体事宜,双方将通过外交途径商定。

第十二条

中方派记者或新闻工作者代表团访巴。

第十三条

双方同意海湾通讯社与中国通讯社互换官方新闻。

三、教育和高等教育

第十四条

双方互派教师和学者到对方国家进行讲学和专业考察访问。

第十五条

根据需要和可能,双方相互提供奖学金名额。具体接受奖学金生的办法,按各自国家有关规定进行。

第十六条

双方鼓励两国教育机构包括高等院校之间建立联系和合作。

第十七条

双方鼓励本国学者和专家参加在对方国家召开的国际学术、教育会议,并尽可能为此提供便利。

四、体育、青年

第十八条

双方互派运动员、教练员和体育队进行访问、比赛和体育技术经验交流。

第十九条

双方互派青年代表团进行友好访问。

第二十条

双方同意在对方举办体育运动会、重大比赛和青年活动时,进行新闻采访。

五、总则

第二十一条

个人和代表团访问:派遣方负担往返国际旅费;接待方负担在其国内的食宿、交通和一般医疗费用。

第二十二条

展览:派遣方负担展品的国际运输费用;接待方负担组织展览和宣传的费用,并负责对方展品在其国内的安全与维护。

第二十三条

奖学金:派遣方负担往返国际旅费;接待方负担学费、生活费、医疗费及为对方学生的居住提供必要的方便。

本纪要于一九九二年二月二十六日在北京签署，一式两份，每份均用中文和阿拉伯文写成。

中华人民共和国政府　　　　　　　　　　　巴林国政府
　　刘德有　　　　　　　　　　　　　　　　穆埃耶德

中华人民共和国政府和巴林国政府
就巴林在香港委派名誉领事达成协议的换文

巴林国驻华大使馆：

中华人民共和国外交部向巴林国驻华大使馆致意，并荣幸地收到大使馆二〇〇一年三月二十六日5/5/1–61号照会，内容如下：

"巴林国驻华大使馆向中华人民共和国外交部致意，并谨代表巴林国政府确认，巴林国政府和中华人民共和国政府，本着发展两国之间友好关系的共同愿望，经过友好协商，就巴林国在中华人民共和国香港特别行政区设立名誉领事馆事达成协议如下：

一、中华人民共和国政府同意巴林国政府在中华人民共和国香港特别行政区设立名誉领事馆，领区为香港特别行政区。

二、巴林国驻中华人民共和国香港特别行政区名誉领事应在一九六三年四月二十四日《维也纳领事关系公约》和中华人民共和国有关法律和规定的范围内执行领事职务。

三、中华人民共和国政府根据《维也纳领事关系公约》以及中华人民共和国有关法律和规定，为巴林国驻中华人民共和国香港特别行政区名誉领事执行领事职务提供必要的协助和便利。

四、巴林国驻香港特别行政区名誉领事可以是缔约双方公民或与中华人民共和国有外交关系的第三国公民，但不得是无国籍者，且必须是中华人民共和国香港特别行政区永久性居民。

五、巴林国向中华人民共和国香港特别行政区委派职业领事后不再保留该名誉领事。

六、双方将本着友好协商的精神，根据《维也纳领事关系公约》和国际惯例，妥善处理两国间的领事问题。

上述内容，如蒙外交部代表中华人民共和国政府复照确认，本照会和外交部的复照即构成巴林国政府和中华人民共和国政府之间的一项协议，并自外交部复照之日生效。"

中华人民共和国外交部谨代表中华人民共和国政府确认，同意上述照会内容。

顺致最崇高的敬意。

附录四

巴林王国政府机构一览表

首相办公厅

电话：(+973) 1720 0000

司法兼伊斯兰事务部

电话：(+973) 1751 3000，网站：www.moj.gov.bh

外交部

电话：(+973) 1722 7555，网站：www.mofa.gov.bh

交通运输部

电话：(+973) 1753 4534，网站：www.mot.gov.bh

国防部

电话：(+973) 1765 3333

内政部

电话：(+973) 1757 2222，网站：www.interior.gov.bh

市政与城市规划部

电话：(+973) 1750 1501，网站：www.municipality.gov.bh

舒拉议会与地方代表议会事务部

电话：(+973) 1731 7070，网站：www.msrc.gov.bh

财政部

电话：(+973) 1757 5000，网站：www.mof.gov.bh

建筑工程部

电话：(+973) 1754 5555，网站：www.works.gov.bh

住房部

电话：(+973) 1753 3000，网站：www.housing.gov.bh

文化部

电话：(+973) 1729 8777，网站：www.moc.gov.bh

工商部

电话：(+973) 1757 4777，网站：www.moic.gov.bh

教育部

电话：(+973) 1727 8999，网站：www.moe.gov.bh

劳工部

电话：(+973) 1787 3777，网站：www.mol.gov.bh

卫生部

电话：(+973) 1728 8888，网站：www.moh.gov.bh

社会发展部

电话：(+973) 1710 0300，网站：www.social.gov.bh

人权保障部

电话：(+973) 1710 0300

内阁事务部

电话：(+973) 1722 3366

全国人权机构

电话：(+973) 1711 1666，网站：www.nihr.org.bh

招标会

电话：(+973) 1756 6666，网站：www.tenderboard.gov.bh

水电总署

电话：(+973) 1757 6576，网站：www.mew.gov.bh

海港总会

电话：(+973) 1735 9595

青年与体育总会

电话：(+973) 1711 4000，网站：www.goys.gov.bh

民政局

电话：(+973) 1736 4444，网站：www.csb.gov.bh

社保会

电话：(+973) 1753 2222，网站：www.sio.bh

立法与法律意见委员会

电话：(+973) 1751 8000，网站：www.legalaffairs.gov.bh

调查与土地注册局

电话：(+973) 1757 7999，网站：www.slrb.gov.bh

全国油气总署

电话：(+973) 1731 2644，网站：www.noga.gov.bh

皇家慈善总署

电话：(+973) 1731 3666，网站：www.orphans.gov.bh

环境最高法院

电话：(+973) 1738 6999，网站：www.pmew.gov.bh

劳工市场与监管总署

电话：(+973) 1738 8888，网站：www.lmra.gov.bh

劳工基金

电话：(+973) 1738 3333，网站：www.lf.gov.bh

副首相办公室

电话：(+973) 1774 7772，网站：www.dpmo.gov.bh

仲裁会

电话：(+973) 1751 1311，网站：www.bcdr-aaa.org

信息总署

电话：(+973) 1787 1111，网站：www.iaa.bh

图书在版编目（CIP）数据

当代巴林社会与文化 / 王广大著. —北京：世界知识出版社，2016.9
ISBN 978-7-5012-5166-7

Ⅰ.①当… Ⅱ.①王… Ⅲ.①巴林—概况 Ⅳ.①K938.6

中国版本图书馆CIP数据核字（2016）第224286号

书　　名	当代巴林社会与文化 Dangdai Balin Shehui Yu Wenhua
作　　者	王广大
责任编辑	贾如梅
责任出版	赵　玥
出版发行	世界知识出版社
地址邮编	北京市东城区干面胡同51号（100010）
网　　址	www.ishizhi.cn
电　　话	010-65265923（发行）　010-85119023（邮购）
经　　销	新华书店
排　　版	科鑫苑图文设计制作中心
印　　刷	北京毅峰迅捷印刷有限公司
开本印张	787×1092毫米　1/16　25½印张
字　　数	379千字
版次印次	2016年9月第一版　2016年9月第一次印刷
标准书号	ISBN 978-7-5012-5166-7
定　　价	49.80元

版权所有　侵权必究